Σ BEST
シグマベスト

大学入試

小論文の完全ネタ本 改訂版

〔自然科学系〕編

神﨑史彦 著

JN060561

文英堂

著者からのメッセージ

　私は大学や予備校で小論文の講座を受け持つかたわら，全国の高校で小論文に関する講演を行っており，これまでに延べ5万人以上の学生に小論文の大切さを伝えてきました。その時，講演の最後に必ず伝えていることがあります。それは，次の2点に注意して訓練を続ければ，小論文を書く力は必ずや身に付くということです。

　説得力のある小論文を書くためには，

① 書くための技術を身に付ける必要がある。

② 小論文入試に出そうな事実・知識・情報（いわゆるネタ）を蓄える必要がある。

　このうち，②のネタ集めの手助けをするのが本書です。本書では効率的にネタ集めができるように，大学入試に頻出のテーマを厳選し，それに関連したキーワードも併せてわかりやすく解説しました。その時，そのテーマに関して押さえておくべきポイントを簡潔にまとめることで，詳細過ぎたり，マニアックな解説にならないように配慮しました。なぜなら，あるテーマに関する小論文を書く時に押さえるべきポイントはシンプルであり，以下の4点に限られているからです。

① 一般的な意味・定義は何か（定義の把握）

② どういう問題点があるか，もしくはなぜ必要なのか（問題点・必要性）

③ 問題，もしくは必要となる背景は何か（問題点や必要性に潜む背景）

④ 今後，問題点をどう解決すべきか，どう継続すべきか（対応策・解決策）

　つまり，新聞や資料集に示されている詳細な情報や知識をすべて丸暗記する必要はなく，上の4つのポイントさえ押さえて極めれば，よい小論文を書くことができるのです。

　私は，大学入試小論文を本気で学習しようと決意した受験生に対して，どうすればその意にそえるかを真剣に考えました。そうした末に書きあげたのが本書で，安易で浅はかな受験テクニックを排除し，磨けば必ず光る基本的な論述ポイントをできる限り整理して記そうと心掛けました。そのことに関して，伝えたいことがあります。

● 参考書を読むだけでは，小論文を書く力は上達しない。
● ネタを記憶するだけではなく，自分なりの意見とその理由を持て。

　与えられたテーマに対して小論文を書く時，押さえなければならないポイントはそれほど多くありません。しかし，参考書を読んでポイントや知識を暗記したからといって，その内容をそのまま答案にしても，高い評価は得られません。採点者が答案で注目しているのは，受験生がどれだけ知識を持っているかではなく，知識をもとにして自分なりにどれだけ深く考えているかという点です。ただ参考書を書き写しただけの答案には諸君が独自に考えた部分が見られず，高い評価を与えることができないのです。こう考えると，「参考書を読むだけで小論文がうまくなる」といううたい文句は幻想であり，あり得ないことがわかるでしょう。

　模範となるものを見て，考え方ややり方を理解するのは最も大切なことですが，その考え方ややり方を自分で使えるようにならなければ意味がありません。つまり，入試に対応できる小論文を書くためには，確かな知識や情報を頭に入れたうえで自分なりの意見や理由を組み立てる必要があるのです。この作業を何度も繰り返し，その成果を積み重ねることで，ようやく独自性のある文章が書けるようになるのです。失敗しても，投げ出したくなっても，負けずに最後まで頑張る人だけしか大学入試小論文の達人にはなれません。

　最後に，本書が小論文学習に必要なネタを学ぶための1冊として，また，他の参考書とともに持ち歩く1冊として役立つ存在になることを心から願っています。そして，本書を手にしてくれたあなた，私と一緒に小論文マスターになりましょう。心から応援します。

カンザキ メソッド代表
神崎　史彦

もくじ

1 工学系学部特有のテーマ

2 理学系学部特有のテーマ

地球科学 ·· 132

生物学 ·· 141

化　学 ·· 152

3 農学系学部特有のテーマ

農　学 ·· 164

水産学 ·· 174

獣医学 ·· 183

4 環境・エネルギー

5 生活・スポーツ

6 社会情勢

7 人文・社会科学関連のテーマ

本書の構成と使い方

本書の紙面構成は，以下のような流れである。

✎ キーワード解説

タイトルになっているキーワードの解説は，以下のようにまとめてある。

> ① **定義**…各テーマの一般的な意味・定義とは何か。
>
> ② **問題点**（もしくは**必要性**）…各テーマには，現状においてどういう問題点があるのか，もしくはなぜ必要なのか。
>
> ③ **問題点の背景**（もしくは**必要性の背景**）…どういった背景からその問題が起こるのか，もしくは求められるのか。
>
> ④ **対応策・解決策**…今後，どう問題を解決または継続すべきか。

　各テーマの定義づけや解説を，現在（＝**問題点・必要性**），過去（＝**背景**），未来（＝**解決策・方向性**）という時間の流れを追いながら，キーワードに対する理解が進むように配慮した。記述はなるべく中立性を保つ配慮をしたが，テーマによっては否定的あるいは肯定的のいずれかの立場で述べてある。

　なお，すべてのキーワードに**★マーク**（三ツ星が最高）の数で学部別の出題頻度を示してある。まずは，★が多いテーマから学習することをお勧めする。

✎ 関連キーワード

　タイトルキーワード以外にぜひ押さえておきたい**関連用語**を厳選して示してある。これらも併せて理解しておくのが効率的な学習法だ。

✎ 答案例

　キーワード解説をもとに，スタンダードなテーマ型小論文の模範回答を示してある。

より受験を意識した学習法

❶ 過去問の分析を行い，学習テーマを絞り込む

　志望校の過去問を手に入れ，**どのようなテーマが出題されてきたかを知る**ことが不可欠だ。そのために見るべきポイントは，次の２点である。

- **どのようなジャンルのテーマが出題されているか。**

　「工学系学部特有のテーマ」「理学系学部特有のテーマ」「農学系学部特有のテーマ」「環境・エネルギー」「生活・スポーツ」「社会情勢」「人文・社会科学関連のテーマ」のいずれにあたるのかを見分ける。

- **出題されたテーマに偏りがあるか，ないか。**

❷ 学習が必要なテーマに重点的に取り組む

　志望校で出題されているテーマのジャンルが偏っている，もしくは毎年同じようなテーマであれば，それに該当する章に重点的に取り組もう。一方，ジャンルが広範囲に及んでいる場合は，各章において出題頻度マーク（★マーク）の多いキーワードから重点的に取り組もう。

❸ 頭の中で小論文の筋道を描きながら記憶する

　本書の解説では，「このテーマはこういう定義であり（**事実**），こういう問題点もしくは必要性が生じる（**意見**）。それにはこうした背景があり，こういう点が重要（あるいは問題）である（**理由**）。ゆえに，今後はこのようにすべきだ（**意見の再提示**）」という流れで示してあるので，その筋道を頭の中で描きながら理解してほしい。

❹ 実際に小論文を書いて，自分なりに思考を深める

　頭の中に入れた知識をもとに，実際に小論文を書いてみよう。その時，テーマに関する**調べ学習**をさらに行ったり，具体例を盛り込んだり，本書とは違う切り口を探ったりする作業を並行して行うと，さらに**独自性のある答案**に仕上がる。本書で示されている回答例を超えるような答案を目指してほしい。目標を高く設定すればするほど，小論文の質は上がっていくものである。

1 工学系学部特有の テーマ

　工学系学部の小論文では，それぞれの専門に特化したテーマが出題されることが多い。すなわち，電気・電子・情報・建築・生命工学などの専門的なテーマに関する設問を課し，その答えによって学科に関する関心の度合いや受験生の思考の深さ，ひいては未来の技術者や研究者としてふさわしいか否かを見ようとする。

　ここでは出題される頻度が高い6テーマを厳選し，「工学系学部特有のテーマ」として紹介する。

取り扱うテーマ

> 理系離れ

> ロボット

> インターネット

> スマートフォン

> まちづくり

> クローン人間

理系離れ

定義

　理系離れとは子どもや若者が算数・数学・理科などの理系学科への興味や関心を失うことを指し，こうした状況が，基礎的な科学的知識が不足したり，理解力が低下した若年層を生むことにつながることを懸念する意味合いで用いられる。

　例えば，2015年に実施された国際数学・理科教育動向調査（TIMSS2015；p.25参照）の結果は以下のとおりである。
「算数や数学の勉強は楽しい」と答えた割合

　　小学4年生…75％（国際平均：85％），中学2年生…52％（国際平均：71％）
「算数・数学の勉強は得意だ」と答えた割合

　　小学4年生…62％（国際平均：70％），中学2年生…39％（国際平均：48％）
「理科の勉強は楽しい」と答えた割合

　　小学4年生…90％（国際平均：87％），中学2年生…66％（国際平均：81％）
「理科の勉強は得意だ」と答えた割合

　　小学4年生…84％（国際平均：75％），中学2年生…45％（国際平均：53％）

　これらの結果から，国際平均と比べて，わが国の理系科目への興味や関心は低いことがうかがえる。また，小学校段階では理系科目には好意的だが，中学校段階になるとその割合が低くなっている。

問題点

　次世代の研究者や技術者の育成に悪影響が出ることが大きな問題である。TIMSS2015における中学2年生の回答を見ると，「将来，自分が望む仕事につくために数学や理科で良い成績をとる必要がある」と答えた者は，数学は65％（国際平均：81％），理科は51％（国際平均：72％）であった。また，2011年実施の TIMSS では「数学や理科を使うことが含まれる職業につきたい」という調査が行われたが，数学は18％（国際平均：52％），理科は

20％（国際平均：56％）であった。中学生の時点ですでに，理系の職業に対する興味や関心はかなり低い状況にあるといえる。

この傾向は，工学系学部への大学進学者の割合が減少していることにも表れている。学校基本調査（文部科学省）の学部学生の関係学科別構成比を見ると，工学系学科の学生は2002年の18.3％から年を追うごとに減少し，2018年には14.7％となった（ちなみに，理学系学科や農学系学科ではそれぞれ3％前後と低いままで推移している）。

こうした傾向が続けば，少子化に伴う学生数の減少もあり，理系の研究者や技術者も減っていくであろう。その結果，科学技術の発展に支障をきたすばかりでなく，科学技術創造立国（科学技術の振興によって国際貢献を果たす国）として日本が国際社会に寄与することが難しくなることも懸念される。

問題点の背景

こうした理系離れが進む背景には，

① 理系の授業に魅力を感じにくくなっていること

② 理系の進路に対する拒否感や失望感の存在

③ 学びそのものから逃走したがる児童や生徒の存在

といったことが挙げられる。

①に関しては，授業そのものの魅力の薄さがよく指摘される。TIMSS2011において，「私の先生の理科の授業はわかりやすい」と答えた小学4年生は81％（国際平均：90％）であるのに対して中学2年生では65％（国際平均：79％），「先生の算数・数学の授業はわかりやすい」と答えた小学4年生は85％（国際平均：90％）であるのに対して中学2年生では69％（国際平均：78％）となった。いずれも国際平均より低く，また学年を経ると低下していることがわかる。

この原因の一つは，受験体制を意識した指導だと言われている。中学理科や高校理科は定期試験対策や上級学校への受験を意識して行われることが多く，教科書中心・受験対策中心のいわば暗記重視の授業となりがちで，実験や観察の機会はきわめて少ない。そのことが影響してか，論理的思考

や予見・推論が苦手な児童生徒の存在が目立つ。数学や理科は抽象的な概念を扱う項目があるが，その内容が十分に理解できずに，公式や法則の暗記に追われる。こうした児童生徒は数学や理科を暗記科目として捉えてしまい，授業に面白みや魅力を感じなくなるのである。他方，教員の指導の質が低下しているという指摘もある。それは，教員の過剰労働により，教材研究時間や児童生徒との接触時間が制限を受けたり，研修などの教育技能向上の機会が奪われやすいことなどが原因といわれている。

②に関しては，理系進学後の厳しさや不安，「理系は文系より不遇である」という通念の存在など，若者が理系に対してマイナスイメージを抱いていることが背景にある。具体的には，私立の理系大学への進学は文系よりも経済的な負担を強いられる。実験や実習の時間の多さ，実験レポートの作成や設計・製図の準備など，文系進学者に比べて自由な時間が少なくなる。他方，その後の進路にも不安要素がある。大学院を修了しても，研究職のポストが少ないことからポストドクター（博士号取得後に任期制の職に就く研究者）はおろか，研究職自体にも就けないことが起こる。それらに加えて，企業内の技術開発や発明行為に対する報酬の低さ，理系は昇進しにくいという日本企業独特の昇進構造など，技術者の評価・待遇・社会的な地位は低くなりがちであることも問題視されている。

他方，③のように，理系離れではなく，勉強そのものへの拒否感（勉強離れ）なのではないかという指摘もある。時折「勉強しても意味がない（意味や面白さを感じることができない）」という児童生徒がいるが，彼らはその理由を学校の勉強が実社会と関連性が薄いからだと主張することが多い。その背景として，仕事や雇用形態さえ選ばなければ，勉強しなくても職に就ける現状があること，そもそも将来の夢や理想が描けていないために現実の勉強と結び付けられないこと，基礎学力が低く勉強の理解ができないことなどが挙げられる。言い換えれば，学習そのものの意義を理解できない児童生徒の存在が，「勉強離れ」を生んでいるともいえる。

対応策・解決策

理系離れを防ぐためには，

16

① 魅力ある理系の授業の実現
② 理系の進路に対する安心感の構築
③ 学びへの意欲向上策

が手段として考えられる。

　このうち①と③については、学習意欲を向上させるための策を講じる必要がある。まずは、授業そのものの質の向上が挙げられる。例えば、素数や素因数分解とインターネットの暗号技術との関連について取り上げる、紙オムツの仕組みを用いて高分子や浸透圧について理解させるなど、授業の中で学習内容と日常生活上の現象との関連性に結びつけることなどは興味を引くだろう。また、TT（チームティーチング；複数の教師が協力して行う授業方式）やディベート授業などによって興味や関心を呼び起こす授業の展開などが考えられる。一方で、少人数授業や習熟度別授業によるきめ細やかな指導を通して、生徒に学びに対する自信を喪失させないように配慮する必要もあるだろう。そのほか、教員研修の実施、授業評価の導入、実験や観察の機会の拡大、個性豊かな教員の確保、社会人講師の活用などによって授業のさらなる改善を講じることが考えられる。その具体化の一例として、SSH（p.23参照）では、大学や研究機関と連携してカリキュラムを開発したり、発展的・専門的な実験や実習を行ったりして、魅力ある授業の実現を目指している。

　②については、主として理系出身者の地位向上策が挙げられる。具体的には、研究開発に携わる人の待遇を改善すること、科学技術振興政策によって研究者の環境を整えること、研究開発減税などの優遇策による理系企業の地位向上、特許の保護、科学技術予算の増大などが考えられる。つまり、研究者や技術者の生活を安定させて研究開発活動に専念することができる環境を整える一方で、研究者や技術者の社会的地位を向上させ、魅力的な仕事であることをアピールする必要があると思われる。

👍 小論文にする時のポイント

　「理系離れ」は実質的には工学部離れともいえることから、工学部での出題が多い。出題のパターンとしては、① 理系離れの原因を尋ねるもの、② 理系離れ

に対する改善策がある。

　①の場合，「授業の魅力の乏しさ」を主張する回答が最も多いと思われる。その時，理系科目の授業の批判を展開し，教員の指導の質の低下だけを指摘することに終始してはならない。その背景には，高校や大学受験の影響による暗記重視の授業のほか，児童生徒の論理的思考や予見・推論への苦手意識，実験や観察の機会の減少，教員の多忙さなどの現実があることも踏まえて論じておきたい。また，「理系の進路に対する拒否感や不安感」「学びからの逃走」といった視点も交じえ，要因が複合的であることを論じてもよい。

　②の場合，「授業の魅力の薄さ」「学びからの逃走」を解消することの必要性を述べるのであれば，魅力ある授業の展開が欠かせないことを主張することになるだろう。その時，「授業を面白くするべきだ」程度の主張では表面的である。授業の魅力の乏しさにある背景（例えば，教員の多忙，高校や大学受験を意識した指導の現実，基礎学力の低さなど）を指摘しつつ，それらを解消するためにはどうすればよいかという筋道で論じてみるとよい。また，「理系出身者の地位向上策の実施」を主張するのであれば，理系に対するマイナスイメージの払拭について論じるだけでなく，理系不遇という社会通念が背景にあることまで論じたい。

過去の入試問題例

例　国際科学オリンピックに対する各国の意識の違いを紹介した新聞記事を読み，工学を目指す高校生の立場から理科離れを阻止するための提案を行い，その理由を述べよ。
（青山学院大・理工学部）

例　自然科学の大切さ，そのための理科教育の大切さは広く認識されているところだが，世の中では，いわゆる理科離れはやみそうにない。人が理科が好きになるために，あなたは何が役立つと思うか。あなた自身の経験を踏まえ，考えをまとめて書け。
（日本女子大・理学部）

例　若者の理科離れや熟練技術の継承が困難になってきていることにより科学技術立国としての日本の将来が危ぶまれている。その原因が何だと考えるか。また，その解決策を述べよ。
（山梨大・工学部）

例　専門家と一般市民が飲み物片手に気軽に科学について語り合う場を作ろうという試み「サイエンスカフェ」について述べた文章を読み，このような試みが

1 工学系学部特有のテーマ

必要となった背景について考え，説明せよ。また「理科離れ」について，サイエンスカフェによって改善されていくと考えるか否か，理由とともに考えを述べよ。

(岐阜大・応用生物科学部)

例 最近，理工系離れと言われ，理工系学部を志望する学生が少なくなってきていることが，技術立国の危機として報道で取り上げられている。これに関して，あなたはどのように考えるか，自分自身の体験や周囲の状況，社会的な状況の考察にもとづいて述べよ。

(佐賀大・理工学部)

🔎 関連キーワード

☑ 科学技術基本計画

科学技術の振興に関する施策を推進するため，1995年に施行された科学技術基本法(日本の科学技術政策について定めた法律。2001年改正)に基づいて策定された政府による基本的な計画のことをいう。研究開発の方針，研究開発推進のための環境整備などが盛り込まれている。第1期は1996年に始まり，5年ごとに策定されている。

☑ 学力低下

学力低下とは，子どもの学力が低下することを悲観的に捉えた概念のことである。日本では1980年代から社会問題化している。「学力」とは曖昧な概念であるが，ここでは普通教育によって得られる基礎学力のこととする。

最近では，各種の学力調査により子どもの学力の低さが問題視されている。例えば，学習到達度調査(PISA；p.25

参照)や国際数学・理科教育動向調査(TIMSS；p.25参照)において他国よりも劣っている結果が出たり，文部科学省や国立教育政策研究所といった公的機関のほか，民間の調査機関などが実施する学力調査においても正答率の低さが指摘されたりしている。

なお，学力低下が本当に起こっているのかどうかは疑問である，もしくは学力低下には歯止めがかかったと主張する立場もある。そのほかにも，「学力とは何か」といった定義付けやその評価方法が曖昧なまま調査を進めている点を挙げて批判する立場もある。

☑ 学ぶことの意義

「学び」とは，経験や伝聞によって新しい事柄(知識・技能・態度・行動・認知など)を身に付ける行為のことをいう。「学習」と同様の意味である。学びはその性質により，義務教育など

19

で行われる受動的なものと，研究など
で行われる能動的・積極的なものとに
分けることができる。

　本来，学びの意義は，学んだ本人に
よって見出されるものである。しかし，
あえて学びの意義を論じるなら，多く
の人は自己実現のための手段として捉
えるだろう。具体的には，学びを「豊
かな生活を営めるようにする手段」「自
己成長の手段」「社会の一員として他
人を支える手段」「事象を正しく捉え
る手段」として捉えることである。

　こうした学びが求められるのは，現
在の社会が高度化・複雑化しているこ
とが背景にある。日本をはじめ，世界
中でさまざまな科学・技術や制度・文
化・思考が進歩を続け，高度化してい
る。そして，社会で起こる事象もそれ
に合わせて複雑化している。こうした
状況の中で適切な判断を行うには，広
い教養と深い知識，それに伴う思考レ
ベルの高い判断が欠かせない。なぜな
ら，その内容を解きほぐし，問題点や
その背景にある理論や思想，さらには
重要性や深刻さを理解する必要がある
からだ。こうした事柄を学ばなければ
現代社会を真に理解することはできな
いし，逆に誤った理解や偏見を生む恐
れすらある。

　これらに加え，グローバル化やボー
ダレス化の進行がさらに状況を複雑に

している現実がある。さまざまな国の
人々や異分野・異業種の人々は，それ
ぞれが属している場の規則や空気に合
わせて物事を判断しているわけだから，
それらを理解するためには彼らの背景
にある文化・言語・思想・理論などを
学ばなければ，内容を解きほぐせない
のは当然といえる。

　学ぶ時には，こうした高度化・複雑
化した社会の中で生きていくにはどの
ような学習が必要なのかを考えるべき
である。具体的には，
・無知を無知のままにしておかないこと
・幅広い視野から物事を考えること
・学んだことを定着させること
などが考えられる。

☑ 教　育

　広義では，人間を望ましい姿にする
ために心身両面にわたって影響を与え
ることをいう。家庭から地域・国家・
民族社会の中でなされている教育全般
を指し，社会を維持するための機能と
して用いられている。学校などの制度
の中で行われないところから，広義の
教育を非制度的教育と呼ぶことがある。

　一方，狭義では，教育目的や目標な
どに基づいて意図的・計画的に人間形
成を行うことをいう。学校教育のよう
な狭義の教育では，目標や目的を実現
できたか否かが重要であり，その出来

によって「よい，悪い」「有効，無効」などのように価値判断が下されることになる。なお，学習と教育は対であり，教員は教育を施し，学生や生徒はそれを受けて学習する。

なお，大学は研究機関であるとともに教育機関でもある。幅広い教養を授けるとともに，深く専門的な研究をする場として成立している。未知の事象を解明していくためには，時には視点を変え，他の分野からもアプローチできる柔軟な思考力が必要であるが，大学ではそういう能力を持った知識人を育てることを目的としている。

☑ 学校教育

広義の学校教育とは，学校という形態をとって行われる教育のことである。家庭教育・社会教育とともに，教育の全領域を3分しているうちの1つを担っている。

これに対して狭義の学校教育とは，学校教育法第1条で定められる正系の学校（通称「1条校」という。幼稚園・小学校・中学校・中等教育学校・高等学校・高等専門学校・大学・特別支援学校がこれに当たる）で行われる教育のことをいう。これらの学校では，教科教育（学校教育法における教科に基づく教育。各学校によって教えられる教科は，文部科学省によって告示され

る学習指導要領によって定められている）など学校におけるすべての教育活動を介して，普通教育や専門教育を施す。

なお，学校教育は日本国憲法や教育基本法の精神に則って行われ，学校の設置目的や達成すべき努力目標は学校教育法に示されている。

☑ 教科教育

教科教育とは教授する教科を定めて学校教育を行うことを指す。具体的な教科は学習指導要領（p.27参照）により定められている。その内容は学習指導要領の改訂と共に変化することがある。例えば1992年の改訂時には，従来は小学校1，2年生で教えられてきた理科と社会科を廃止し，生活科を新設して1つの教科として取り入れている。

教科教育には，人類が作り上げてきた多岐にわたる知識を教科に体系化し，効率よく伝えるという役割と，教科ごとに設定したねらいに沿った教育を行うことで総合的に人間力を形成するという役割の2つがある。

☑ オルタナティブ教育

伝統的な学校教育にとらわれない新しい形式での教育や，主流とは異なる教育のことをいう。日本においてはフリースクール，ホームスクール，イン

ターナショナルスクール，外国人学校などの非正規学校における教育や，シュタイナー教育，モンテッソーリ教育などの新しい教育思想の下で行われる教育のことを指している。

但し，これらはいずれも学校教育法（p.23参照）の１条校に該当しないので，現状では卒業後に上位学校への入学資格を得ることができない。そのため，進学希望者は認定試験を受けたり，通信制などで正規課程を履修する必要がある。一方で，不登校の児童生徒に対しては，オルタナティブ教育が正規学校の出席扱いになる場合もある。

☑一貫教育

幼稚園から大学までの課程内において，その一部あるいはすべてを一貫した理念や制度，環境の下で教育を行うことをいう。この制度では，目的に即した教育を施しやすいというメリットがある。

私立学校では古くより一貫教育が多く見られたが，近年，公立学校においても中学校と高等学校を一貫させる中高一貫教育や，小学校と中学校を一貫させる小中一貫教育が徐々に導入されてきている。また私立学校においては，途中からの外部編入者を受け入れない完全一貫教育を行うところもある。

☑高等学校

中学校における教育の基礎の上に，心身の発達及び進路に応じて，高度な普通教育及び専門教育を施すことを目的とする学校のこと。高等学校の達成目標は，学校教育法第51条において，

① 義務教育として行われる普通教育の成果を更に発展拡充させて，豊かな人間性，創造性及び健やかな身体を養い，国家及び社会の形成者として必要な資質を養うこと

② 社会において果たさなければならない使命の自覚に基づき，個性に応じて将来の進路を決定させ，一般的な教養を高め，専門的な知識，技術及び技能を習得させること

③ 個性の確立に努めるとともに，社会について，広く深い理解と健全な批判力を養い，社会の発展に寄与する態度を養うこと

と示されている。

☑高校における専門教育

学校教育法（p.23参照）に基づき，すべての高等学校には学科が設置されており，そのうちの専門教育を主とする学科においては，選択した専門内容をより深く学ぶことが可能である。

専門教育の内容は２種類に分類され，一般的な科目を深く掘り下げて学ぶための専門学科と，一般科目とは異なる

職業的専門科目を学ぶための専門学科がある。前者に該当するものは理数科・英語科・体育科・音楽科などであり，後者に該当するものは商業科・情報科・工業系学科・農業系学科・水産系学科・家庭系学科などである。

職業的専門学科においては，選択した専門科目に関わる資格が取得できたり，あるいは資格取得のための授業がカリキュラム内に組み込まれている場合が多いのが特徴である。

☑ SSH，SGH

文部科学省に指定され，数学と理科教育を重点的に行う高校をスーパーサイエンスハイスクール(SSH)という。指定を受けた高校は，数学・理科の独自カリキュラムを組んだり，大学と協力して授業を行うなどの取り組みが可能になる。一度指定を受けると5年間継続される。

一方，国際的に活躍できる人材を育成することを目的とした高校をスーパーグローバルハイスクール(SGH)といい，指定を受けた高校は，国際化を進める国内外の大学や企業，国際機関等と連携を図り，グローバルな課題をテーマに横断的・総合的な学習，探究的な学習を行うことができる。この事業は文部科学省によって2014年に始められた。

☑ 教育基本法

日本国憲法の教育の義務に則って教育の原則を定めた法律で，第二次世界大戦後の1947年に施行され，2006年にすべての内容が改正された。

前文において個人の尊厳を尊重し，公共の精神，豊かな人間性と創造性，伝統の継承を目指す教育を推進すると定めた。また，教育の目的，方針，生涯学習，教育の機会均等，義務教育，学校教育，男女共学，政治教育，宗教教育，社会教育，家庭教育，幼児教育，教員，学校・家庭と地域社会の相互協力，教育行政などに関してさまざまな規定が設けられている。

なお，2006年の改正以前に，前文内容が愛国心や伝統の尊重につながるとする賛成派と，第二次世界大戦前のような国粋主義につながるとする反対派の間で対立が起こり，改正までに数年を要した経緯がある。

☑ 学校教育法

日本における学校教育のあり方を定めた法律で，1947年に施行された。その後改正を繰り返し，2007年に大幅改正がなされた。

このなかで幼稚園・小学校・中学校・高等学校・大学・高等専門学校・特別支援学校・中高一貫教育を行う中等教育学校を公の教育機関とし，各学校の

目的や修業年限などの基本事項を定めている。これらの施設は学校教育法第1条に定められているので1条校と呼ばれることがある。

また、各種学校や専修学校はその他の学校とされ、それぞれに関して内容が定められている。そのほかに、学校による自己評価の実施および公表が義務づけられている。

☑ 教育行政

国家または地方公共団体が、教育に関する法律制定事項を実現するための行為のことをいう。具体的には、教育事業を行政のもとで組織化して運営することを指す。

教育行政は国家により求める内容が大きく異なる。先進国においては平均学力を高める、あるいは政治・社会教育の充実を目的とする部分が多いが、開発途上国においてはまず不就学者と小学校中退者の解消に向けた対策が主目的となり、教育の質を高める段階に到達できない場合も多い。例えば、読み・書き・計算ができる能力を識字といい、識字が15歳以上の国民に普及している割合を識字率というが、ユネスコのデータによると先進国の識字率はほぼ100%に近いのに対して、開発途上国では国家によってばらつきがある。中国は約96%、ブラジルは約90%であ

るのに対して、アフリカの平均は約60%にとどまり、なかでもチャド、ニジェールのように識字率が30%前後と、アフリカの平均をも大きく下回る国家もある。

☑ 職業訓練

職業に就くために必要な技能や知識を高め、労働者としての能力を高めるために行う訓練のことをいう。

日本には公共教育訓練の制度があり、国や都道府県が設置している職業訓練校で学ぶことができるほか、民間教育機関に委託した講座を受講することで職業訓練を行うことができる。種類もさまざまで、高校新卒者向けに1年程度の訓練を行う職業能力開発大学校や、離職者向けに数か月の訓練を行うコース、高齢者や障害者向けの訓練コースなどがある。

また、かつては工業技術の取得に向けての職業訓練が多かったが、近年は職業の多様化に対応するために、事務系の資格取得に向けての訓練、パソコン技術や介護技術の取得のための訓練など、内容が幅広くなっている。

☑ 教育方法

実践的な教育手法はさまざまであるが、学校教育で取り入れられているものには以下のような方法がある。

まず，系統学習があるが，これは系統化された学習内容を決められた順に学習していく方法である。一般的に広く行われている講義型授業は系統学習を取り入れたものである。多くの情報を多くの生徒に短時間で伝えられる利点がある一方で，授業の受け手側の意見は反映されにくいので，興味や関心を引き出しにくい面がある。

それに対して，問題解決学習というのがあるが，これは生徒の自発性や能動性を重視し，体験的に学ぶ学習方法である。正しい答えに到達することよりも，その過程を重視する傾向にある。

また総合的な学習の時間とは，自発的に考え，主体的に判断することによって，問題解決能力や思考力・判断力・表現力を総合的に身に付けることを目的として開始された問題解決型，体験学習型授業である。小学校・中学校・高等学校・中等教育学校・特別支援学校で2002年より新設された。

☑ 学習到達度調査（PISA）

学習到達度調査（PISA）とは経済協力開発機構（OECD）が加盟国において，15歳の学校教育に参加している生徒を対象に実施する学習到達度に関する調査のことをいう。日本においては高校1年生が対象である。2000年より開始され，3年ごとに実施される。

調査内容は読解力・数学的リテラシー・科学的リテラシーであり，選択問題と記述問題で構成される。最近では，2018年に調査が実施された。

これによると日本は79の調査対象国・地域中，読解力が15位，数学的リテラシーが6位，科学的リテラシーが5位であった。前回2015年の調査では，読解力が8位，数学的リテラシーが5位，科学的リテラシーが2位でいずれも順位を下げており，改善に向けた取り組みが検討されている。

☑ 国際数学・理科教育動向調査（TIMSS）

国際数学・理科教育動向調査（TIMSS）とは，国際教育到達度評価学会（IEA）が小学生および中学生を対象に実施する教育調査のことをいう。日本においては小学4年生と中学2年生が対象となり，4年ごとに実施される。初等中等教育段階における算数・数学および理科の教育到達度を測定するほか，児童生徒・教師・学校へのアンケートも行われる。これにより，到達度と教師の資質や児童生徒の学習環境，教育制度やカリキュラムとの関係性を分析することができる。

なお，2015年の調査において日本は，調査対象国（小学生50か国，中学生40か国）の中で，小学4年生が算数で5

位(593点)，理科で3位(569点)，中学2年生が数学で5位(586点)，理科で2位(571点)であった。いずれも前回2011年の調査よりもスコアを伸ばしており，高いレベルで推移している。

☑ 子どもの学習意欲や主体性の低下

2011年の国際数学・理科教育動向調査によると，「算数(数学)の勉強は楽しいか」という質問に対して，「強くそう思う」「そう思う」と回答した小学4年生が2003年には65%であったのに対して2011年には73%に上昇したが，それでも2011年の国際平均である84%には及ばない。一方，中学2年生では2003年が39%であったのに対して2011年には48%と上昇したものの，それでも2011年の国際平均71%とは大きくかけ離れている。これらのことから，わが国における教科に対する学習への主体性は向上傾向にあるとはいうものの，国際平均と比較すると低いと言わざるを得ない。

☑ 全国学力・学習状況調査 (全国学力テスト)

日本全国の小学6年生，中学3年生を対象として行われる学力と学習状況調査のためのテストのことをいう。全国で約3割の学校が抽出され，その他の学校に関しては自主的に参加することができる。2007年より開始され，毎年4月にテストならびに学習に関するアンケートが実施される。

小学校は算数・国語の2教科と理科(3年に1度)，中学校は数学・国語の2教科と理科・英語(それぞれ3年に1度)の試験が行われ，知識力を測る問題と応用力を測る問題が出題される。2019年の調査には全国で小学校は99.3%，中学校は95.6%が参加したが，小・中学校に共通して応用力を問う問題の正解率が低いという結果が出ており，改善策として，文部科学省は弱点克服のための授業アイデアを提示している。

一方で，都道府県別の結果の点数も公表されることから，地域間競争の激化が懸念されるとして，日本教職員組合はテストの実施そのものに反対する姿勢を示すなど，結果の開示方法に関する議論は多い。

☑ 国内機関による学力調査

国内機関による学力調査には以下のようなものがある。

① 教育課程実施状況調査

これは，学習指導要領(次項参照)で定めた教科内容に合わせて実施されたテスト及び質問形式の調査で，今後の教育課程や指導方法の向上を目的としている。

② 小・中学校教育課程実施状況調査

　　これは，抽出された全国の小学5，6年生と中学3年生を対象とし，2001年と2003年に実施された。

③ 高等学校教育課程実施状況調査

　　これは，同じく抽出された全国の高校3年生を対象にして，2002，2003，2005年に行われたものである。

④ 大学入学共通テスト

　　これは，日本の大学を受験する際に利用される共通テストで，高校で学習する基礎内容の理解度を測るものである。大学入試センター試験にかわり，2021年から導入される。

　その他にも，民間会社や予備校が学習理解度を測る統一テストや模擬試験などを行っている。

　これらの調査やテストを行うことによる弊害として，高得点を取るためにテスト対策中心の詰め込み型授業が重視され，自発型学習を促す授業が軽視されやすくなる傾向にあること，また，テストに出ない教科は教えないという必修科目未履修問題が発生するなど，教育モラルの低下が起こりやすくなる点が挙げられる。

☑ 学習指導要領

　文部科学省によって定められている，教育課程編成の際に基準となる事項をまとめたもので，全国どこの地域でも偏ることなく教育が受けられるようにすることを目的としたものである。具体的には，小学校・中学校・高等学校別にそれぞれ学習すべき教科やその概要が示されている。

　第二次世界大戦後の1947年にGHQの指示により最初の学習指導要領が作成され，以後10年程度で改訂を繰り返してきた。近年における大きな変化としては，1998年の改訂で行われた総合的な学習の時間の新設，2008年の改訂で行われた小学校5，6年生を対象とした外国語学習の時間の創設，2017年の改訂で行われた小学3，4年生を対象とした外国語学習と小学5，6年生を対象とした英語の必修化，プログラミング教育の必修化などがある。

☑ 基礎学力

　基礎学力とは，すべての学習を成立させるために必要不可欠で，主体的な思考・表現・実践のために必要とされる基本的知識や技能のことを指す。具体的には読み・書き・計算などの初歩的知識が該当する。また，学習指導要領の記載事項が押さえるべき基礎内容となっていることから，これを基礎学力とする考えもある。

　一般的に基礎学力とは，人生を生き抜くための基礎となる力であり，学習

面だけでなく，日常生活にも応用することができることから，生涯を通して必要であると考えられている。そのため，特に小学校においては，基礎学力を向上させるのに効果がある反復学習に特に力を入れている。

☑ ゆとり教育

ゆとりのある状況下での教育を目指して取り入れられた制度のことをいう。具体的には，教科教育の時間数や教科内容を減らすかわりに総合的な学習の時間を新設するとともに，他の生徒との比較を行わない絶対評価ならびに完全週休2日制を導入した。おもに2002年から2011年の間に行われていたものであるが，1980年代より段階的に開始され，1998年の学習指導要領の全面改訂により開始された。いじめや不登校といった学校教育におけるさまざまな問題は，従来からの詰め込み型教育の弊害であるとされ，その解消も目指して導入された経緯がある。

しかしゆとり教育開始後，PISAなどの国際学力調査における日本の順位が年を追うごとに下がり，学力低下が問題視されるようになったため，ゆとり教育の見直しが行われた。2008年に再び学習指導要領の全面改訂を行い，学習内容を一部復活させた（いわゆる「脱ゆとり教育」）。この考えに基づいた新学習指導要領は，小学校では2011年度，中学校と高校の理数系では2012年度，高等学校のその他の科目においては2013年度からそれぞれ実施された。

☑ 学習動機

学習したいと思う気持ち（動機）のことをいう。一般的には外発的動機と内発的動機の2つに分けられるが，心理学者の市川伸一氏はこれとは別に，二要因モデルを示している。それによると，学習の動機には，実用志向（仕事や生活に活かすため），報酬志向（報酬を得る手段として），訓練志向（知力を鍛えるため），自尊志向（プライドや競争心から），充実志向（学習自体が楽しいから），関係志向（他人につられて）の6タイプがあり，それらは学習内容の重要性と学習の功利性という2つの要因の高低によって決まるとした。

また，学習内容の重要性が高い充実志向，訓練志向，実用志向の動機は一緒に生まれる傾向があり，他方で，学習内容の重要性が低い関係志向，自尊志向，報酬志向も一緒に生まれる傾向があると指摘している。なお，市川氏は前者を内容関与的動機，後者を内容分離的動機と名付けている。

☑ 生きる力

社会の変化に対応するための資質や

能力のことをいう。1996年に文部省
(現・文部科学省)の中央教育審議会が
示した。「実際の社会や社会の中で生
きて働く知識・技能」「未知の状況に
も対応できる思考力・判断力・表現力
等」「学んだことを人生や社会に活か
そうとする学びに向かう力・人間性等」
の3つの資質・能力をバランスよく育
むことを目指している。

☑ 主体的・対話的で深い学び

　新しい学習指導要領では、子どもた
ちが生涯にわたり能動的(アクティブ)
に学び続けるよう「主体的・対話的で
深い学び」を目標として掲げている。
自ら学ぶことに興味や関心を持ち(主
体的)、協働や対話を通して(対話的)、
問題を解決し自分の思いを形にするこ
と(深い学び)を目指している。

　授業でも、従来の教員による講義形
式の一方向的な教育とは異なり、問題
解決学習・体験学習・調査学習や、教
室内でのグループディスカッション・
ディベート・グループワーク等の学習
方法(アクティブ・ラーニング)を取り
入れるよう求められている。

☑ カリキュラム・マネジメント

　各学校が、生徒や学校、地域の実態
に応じて、カリキュラム等を教科等横
断的な視点で組み立てることなどを通

して、組織的かつ計画的に教育活動の
質の向上を図っていくことをいう。

☑ 教育現場におけるICT活用の遅れ

　2018年学習到達度調査(PISA)では、
日本の高校1年生の約8割が、授業で
パソコンやタブレットなどのデジタル
機器を「利用しない」と回答しており、
この設問に答えた経済協力開発機構
(OECD)加盟31か国中、最低の利用率
となっている。また、2018年にOECD
が行った国際教員指導環境調査
(TALIS)の報告によると、「課題や学
級活動で、ICTを『いつも』または
『しばしば』活用させている」と回答
した日本の中学教員の割合は17.9%、
「デジタル教材の活用が『非常によく』
または『かなり』できている」と回答
した割合は35.0%で、OECD平均の
51.3%、66.7%をどちらも大きく下
回っている。教育現場でのICT活用
が世界的に見ても立ち遅れている現状
があらわとなっている。

　教育現場でのICT活用が遅れてい
る背景としては、導入までのプロセス
に時間がかかることが挙げられる。指
導者の技術とレベルの担保、導入する
システムの予算やセキュリティなど、
導入に際してさまざまな準備が必要に
なる。現在、文部科学省を中心に、
ICTスキルの向上を図るため、児童・

29

生徒に一人一台の端末を持たせること
を検討している。また，指導者のレベ
ルを向上させるために，研修の場を提
供したり，実践事例を紹介したりと
いった対策を行っている。

☑ EdTech（エドテック）

　デジタルテクノロジーを活用するこ
とによってもたらされる教育分野の改
革のことをいう。Education（教育）と
Technology（技術）を組み合わせた造
語。教育現場の効率化や教育格差の解
消が期待されている。

☑ STEAM 教育

　「STEAM」とは，Science（科学），
Technology（技術），Engineering（も
のづくり），Art（芸術），Mathematics
（数学）の5つの単語の頭文字を組み合
わせた造語。理数系4領域の知識を活
用しながら，自由に創造，表現してい
くことにより，社会の問題解決にあた
ることを目指す教育手法のことをいう。
2018年に出された文部科学省の報告書
では，「文章や情報を正確に読み解き，
対話する力」「科学的に思考・吟味し
活用する力」「価値を見つけ生み出す
感性と力，好奇心・探求力」の3つを
STEAM 教育の柱として掲げている。

☑ キャリア教育

　将来を見据え，自らの人生（キャリ
ア）を設計することの意義やその方法
を指導・実践する教育のことをいう。
若者の資質や能力の開発を通して彼ら
の発達を支援し，「生きる力」を育成
する目的で行われる。

　具体的には，人間関係形成能力（自
他の理解能力，コミュニケーション能
力など）・情報活用能力（情報収集およ
び探索能力，職業理解能力など）・将
来設計能力（自己の能力・興味・価値観・
役割の認識と，人生設計への活用）・
意思決定能力（選択能力，課題発見お
よび解決能力），などの育成と強化が
行われる。

☑ 教育格差と学力格差

　生育環境により受けられる教育に格
差が生まれることを教育格差と呼ぶ。
保護者の経済状況に由来する面が大き
く，一般的に経済力のある保護者の児
童生徒ほど学費の高い私立学校に入学
したり，高額な塾に通塾するといった
形で補助学習を受ける機会が増えたり
する。一方，経済状況に恵まれない児
童生徒は学費の安い公立校を選択せざ
るを得ないだけでなく，なかにはアル
バイトなどで自宅学習の時間を削る必
要がある者もいる。

　また，経済的に恵まれている児童生

徒には学力が高い者が多く，逆に経済的に恵まれない児童生徒ほど学力が伸び悩む傾向にあり，これを学力格差と呼ぶ。実際に，所得水準が高い地域では学力レベルが高いこと，また，通塾している児童生徒の学力の方が相対的に高いことが，それぞれ文部科学省の調査でも明らかになっている。

☑ 大学全入時代

大学への進学希望者のほぼ全員がいずれかの大学に進学できるようになる時代のことをいう。2007年には大学全入時代が来ると予測されていたが，文部科学省の調査によると，2019年の大学進学希望者に占める実際の入学者の割合は93.6%で，全員入学には達していない。しかし，1992年には64.8%だったことを考えると，その率は大幅に増加していることがわかる。

その要因として，1つは少子化による影響がある。そのほかには，2000年代に入って進んだ規制緩和によって，大学の新設や短期大学の大学化のほかにも，既存大学の学部の増設が相次いだことなどによって入学定員数が増えたことが挙げられる。

一方で，日本私立学校振興・共済事業団の発表によると，定員割れを起こしている私立大学は2019年で全体の33%にも及んでおり，特に地方の私立大学で多く見られる。これらの大学では学校推薦型選抜枠や総合型選抜枠の拡大などで定員確保に努めているが，深刻な状態であることには変わりない。

☑ 大学生の学力低下

1999年の，京都大学教授らによる共著『分数ができない大学生』によると，調査対象約5000人の大学生のうち，約2割が小学生レベルの分数問題が解けなかったという。このことから，ゆとり教育の弊害が改めて問題視された。

また，文部科学省の諮問機関である中央教育審議会では，日本の大学生における1日あたりの勉強時間は4.8時間であり，欧米の平均1日8時間を大きく下回っていることが報告されている。同じく中央教育審議会においては，学校推薦型選抜や総合型選抜は定員割れに悩む私立大学の定員確保策であり，これが大学生の学力低下につながっていると危惧する声が上がった。

これらに対する大学側の対応策としてリメディアル教育がある。これは，一般入試による入学者よりも学力が低い傾向にある総合型選抜や学校推薦型選抜による入学予定者に対して，入学準備期間中に課題を与えたり，入学後も成績不振者に対しては特別授業を行ったりすることで学力の補充を行おうとする対策のことである。

答案例

問題 理系離れによって生じる問題点とその対策について，あなたの考えを述べよ。**600字以内**

模範回答 基礎的な科学的知識が欠落することで理解力が低下する，いわゆる「理系離れ」現象が問題視されている。こうした事態は次世代の研究者や技術者不足につながり，科学技術の発展に支障を来すだけでなく，科学技術創造立国として日本が国際社会に寄与することを困難にするといわれている。　（以上，第1段落）

その最たる原因は，教科書中心・受験対策中心の授業，論理的思考や形式的思考の敬遠，実験や観察の機会の減少，教員の指導力不足等により，理系科目は暗記科目と化し，児童生徒が授業に魅力を感じなくなったことだ。また，学校の勉強が実社会と関連性が薄く，理系のみならず勉強そのものに意味を感じない児童生徒も生まれる。こうしたことが理系科目に拒否感を生んでいるといえる。

（以上，第2段落）

理系離れを防ぐためには，学習意欲を向上させる必要がある。それにはまず，授業の質の向上が挙げられる。例えば，授業の中で学習内容と日常生活との関連性に注目させること，実験・観察の機会の増加，チームティーチングやディベート授業などによって興味や関心を湧かせることなどが考えられる。また，少人数授業や習熟度別授業によるきめ細やかな指導を通して，児童生徒に学びに対して自信を持たせるようにする配慮も必要である。すなわち，魅力ある理系の授業を展開することが最も効果的であると思う。　（以上，第3段落）

解説　第1段落：意見の提示…理系離れによってどのような問題が生じるのかを指摘している。
第2段落：理由説明…児童生徒が授業に魅力や意義を感じなくなっていることを理系離れの原因として挙げ，その背景を説明している。
第3段落：意見の再提示…理系離れの原因を踏まえて，学習意欲の向上に向けた取り組みを改善案として述べている。

ロボット

出題頻度 → 工学 ★ ★ ★

定義

ロボットとは，ある程度の作業や工程を自動で行ったり，自律的に行動したりできる機械のことを指す。前者の例としては産業用ロボットや清掃用ロボットなどがあり，後者の例としては人造人間と言われるような自律型ロボットがある。ロボットという言葉の語源はチェコ語の robota（強制労働）であるとされていて，チェコの作家カレル=チャペックの戯曲『R・U・R──ロッサム万能ロボット会社』(1920年)の中で初めて使われたと言われている。なお，重機のように人間がつねに操作しなければ作動しないものはロボットとはいえない。

必要性

ロボットには人間の作業を代行することで，

① 作業の効率化
② 身の安全の確保
③ 弱者の支援
④ コミュニケーションの担い手

などの機能が求められている。

①は主として産業用ロボットに求められる。例えば自動車製造工場で溶接ロボットや塗装ロボット，部品取り付けロボットなどを採用すると，ティーチングプレイバック(人間が動作を教え，ロボットが再生すること)によって作業スピードを高めるとともに，正確な動作による品質の安定化が期待できる。また，ファクトリーオートメーション(工場の自動化)によって最低限の人員だけで製品を大量生産することも可能であり，コスト削減にもつながる。近年ではロボットに人工知能(AI)(p.42参照)を組み込み，ロボット自らが学習してその機能性を高めている。

②は主としてレスキューロボットや，極限の環境下で作業するロボット

に求められる。災害現場，原子力発電所，対人地雷が埋まっている場所などで人間の代わりに作業を行わせることで，生命の危険を回避することができる。特に，阪神・淡路大震災や東日本大震災を契機に，災害救助などで実用性のあるロボットの研究・開発を進める動きが活発化している。これらのロボットには危険物や要救助者を発見するためのセンサーのほかに，瓦礫(がれき)の中を移動するための仕組み(無限軌道など)やアームなどを備えさせることで，高度な作業を安全に行うことが可能になる。現在は人による遠隔操作によるものが主流であるが，今後は自動捜索機能を装備することなども期待されている。

③は主として介護ロボットに求められる。介護従事者の多くが腰痛持ちであるなど，介護は非常に重労働である。こうした介護従事者への負担を軽減するとともに，社会的弱者である要介護者の行動を支援するために，ロボットが活用されつつある。例えば，パワードスーツ(p.39参照)・入浴作業・要介護者の運搬を担うロボットなどといった介護従事者にかかる労働の軽減を目的とするもの(介護支援型ロボット)のほかに，リハビリテーション用ロボット・歩行支援ロボット・上腕機能支援ロボットのように要介護者本人の活動を支援するもの(自立支援型ロボット)がある。介護従事者への就職希望が伸び悩んでいる現状からすると，ロボットの利用によってより一層の作業の効率化を図ることが求められる。

④は見守りロボットやエンタテインメントロボット(p.40参照)などがその例で，人間の代わりに対話をするもの，一人暮らしの高齢者などの様子の見守りをするもの，ペットのような行動をするものなどである。さらに，相手の会話を聞きとって感情を表現したり，具合が悪くなった人や安否不明者を見つけたら医療関係者に連絡したりする機能がついているものもある。このように，人間とコミュニケーションをとる担い手としてロボットを活用することも可能となる。

必要性の背景

各種のロボットの開発が進んでいる背景には，ロボット産業が成長産業として捉えられていることがある。経済産業省と新エネルギー・産業技術

総合開発機構(NEDO)によると，ロボット産業全体の市場規模は，2035年には9.7兆円まで成長すると予測されている。

2018年現在，日本の産業用ロボットの販売台数は世界第3位である。今までは完成したロボットそのものを販売することで利益を得てきたが，今後は設計から操作までを一貫して請け負うことができればさらなる利益拡大につながると考えられており，産業用ロボットに限っていえば，2035年には2.7兆円まで拡大すると予測されている。

また，今後は生活・医療福祉分野での需要が高まると考えられるが，その背景の一つに高齢化がある。高齢者が増加するのに伴い，医療介護に従事する人材が不足し，従事者には大きな負担を強いることになる。一方，介護者不足から，高齢者自身にも自立的な生活が求められることが避けられないだろう。こうした課題への対応策として，家庭用・サービス用ロボットの普及が有効である。つまり，ロボットが労働力を補完する担い手として活躍することで，自動化・省力化といったニーズを満たすことになるのである。この家庭用・サービス用ロボットは，2035年には約5兆円規模の市場に拡大するとされている。

そのほか，労働力の担い手としてのロボット需要も増えるだろう。先進国の企業の多くは，生産コストの削減のために低賃金労働者が確保できる国(新興国や途上国)での生産を行っている。しかし，そういった国々でも賃金は上昇しており，その対応策として生産設備の自動化・省力化が求められるようになった。さらに，今後はこうした国々でも高齢化が進行することは避けられず，労働力不足に陥ることが懸念されている。こうしたことから，ロボットの需要が中長期的に続くと予想されている。

対応策・解決策

今後は，① ロボット技術の発展，② 事業化支援，③ 安全性の確保などによって，ロボット産業のさらなる進展が期待されている。

①では，ロボット技術の国際競争力に対する懸念が問題視されている。科学技術振興機構(JST)研究開発戦略センターの『科学技術・研究開発の国際比較　2011年版』によると，日本の技術開発の継続性への疑問，また，

研究開発費の不足による公的なプロジェクトへの依存度が指摘されている。他方，製造業用・建設用・エンタテインメントロボットの競争力は強いものの，医療用・災害対応・バイオ産業用・探査ロボットの競争力が弱い。また，センサー技術・視覚認識技術には強みを持つものの，移動技術・遠隔操作機構・インターフェース・知的制御技術は標準レベルと言われている（日本ロボット工業会「21世紀におけるロボット社会創造のための技術戦略調査報告書」による）。継続した成長を遂げるためには，研究開発費の捻出を含めた技術開発の方法を考えるとともに，技術者育成プログラムの開発といったイノベーションを起こすための人材育成が急務となる。それに加え，プラットフォーム（p.41参照）の構築など，汎用性や拡張性を備えた技術開発が求められる。政府は，2015年にロボット革命実現会議を実施し，「ロボット新戦略」を打ち出した。

　②は，高額になりがちな開発のための費用を回収することが困難である点が問題となっている。それはニーズが多様であるために，大量生産・大量消費型のビジネスモデルに馴染まないからである。その対策として例えば，構造を簡素化して構成部品の点数を削減したり，既存のロボット技術を流用したり，機械系や電気系の設計の際に国際規格に則った部品を使ったりして（標準化；p.38参照），コストダウンを図ることが考えられる。また，産業用ロボットの設置基準を緩和し，ロボットを設置するためのスペースを縮小させることで工場建設の際のコストを削減することなども考えられる。

　③は，例えば産業用ロボットにおけるティーチング作業中や，トラブルの復旧作業中，あるいはシステムの立ち上げ作業中において特に事故が発生しやすい。また，家庭用ロボットについては人と同じ空間で稼働するため，安全性への懸念がある。今後は信頼性設計（p.41参照）・安全対策用部品の装備・安全柵や安全装置の設置だけでなく，安全教育や管理監督の強化，ロボットの安全規格や認証制度の整備が必要である。なお，産業用ロボットについては労働安全衛生法の指針によって一定の規制がなされていたり，国際標準化機構（ISO）や日本工業規格（JIS）によって規格が定められていたりする。また，こうした基準を介護ロボットや生活支援ロボットなどへ適合させることが検討すべき今後の課題となるだろう。

👉 小論文にする時のポイント ─────────────●

　ロボットに関するテーマは，機械工学・電子工学・情報工学系の学科でよく出題される。多くは① ロボット技術の必要性，② 今後のロボット像，③ ロボット技術の問題点の３点に関するものである。

　①を論じる時，「ロボットは人間の作業を代行するから必要だ」のような，代行の内容が不明確な論述は好ましくない。ロボットの種類に合わせ，どういう代行がなされるのかをまとめておきたい。例えば産業用ロボットならば作業の効率化，レスキューロボットならば身の安全の確保，介護用ロボットならば弱者支援，エンタテインメントロボットならばコミュニケーションの担い手などである。

　②は，「今後，どのようなロボットが必要か」などの形で出題されるが，多くの場合は「数十年後」といった近未来のことを論じさせる。例えば，「日本の強みであるセンサー技術や視覚認識技術を用い，高度経済成長期に建築されて老朽化した土木建築物を保守する作業用ロボットが求められる」「移動技術・遠隔操作機能の向上を図り，瓦礫が散乱するような危険な区域で人命救助が行えるレスキューロボットが求められる」「インターフェースや知的制御技術を向上させ，超高齢社会において介護の担い手となるロボットが必要だ」のように，サービス用ロボットの需要の高まり・災害対応・少子高齢化など，今後の動向や社会的背景を踏まえて論じると内容が充実する。もちろん「私はこういうロボットが欲しい」というアイデアも大切だが，自己の趣味に走りがちな回答となるので気をつけたい。また，人工知能(AI)に関連する出題もあり，利点と課題やどのように活用できるかなどが問われる。可能性ばかりでなく，研究者・技術者の不足，社会実験の難しさなど，人工知能の問題点も踏まえて回答するとよいだろう。

　③については，「現状におけるロボット技術への不安とは何か」など，ロボット技術の問題点を論じさせる。その時，「ロボットの操作の際に人に危害を与える事になるから，動かす時に注意すべき」などとヒューマンエラーへの指摘だけで主張するのは避けたい。今後自律性ロボットが家庭内で活躍する可能性を考えれば，操作が必要なロボットに限定して論じることは好ましいとは言えないからだ。例えば，ロボットの安全性への懸念を主張し，信頼性設計（フェールセーフ，フールプルーフ，冗長性設計），安全対策部品の使用，フォールトトレラント（システムの一部に問題が生じても，一部は動作し続けるシステム）などの対策まで示すなど，ロボットが抱える問題・原因・改善策まで提示できるとよい。

📝 過去の入試問題例 ―――――――――――――――――――――――――――――

例 10年後，20年後の社会において，実用化されていると予想されるロボットの
例をあげ，使用されるエレクトロニクス技術に関して述べよ。

(東北工業大・工学部)

例 少子高齢化社会における人手不足を補うためにロボットの利用が考えられて
おり，従来の産業用ロボットとは異なり，人々の生活領域に入り込み，人と共
存し，人の生活における様々な作業を支援することが期待されている。将来あ
なたが創造してみたい知能ロボットに必要な情報テクノロジーについて論じよ。

(青山学院大・理工学部)

例 ロボット技術は様々な科学技術・学問分野を融合した結果，現在の発展に至っ
ている。その基礎となる学問分野の1つが電気電子システム工学である。①〜
③について書け。 (金沢大・工学部)
① 具体的なロボットを1つ挙げ，それについて簡単に説明せよ。
② ①の中で用いられている電気電子システム工学技術について述べよ。
③ ①のロボットを今後どのように工学的に発展できるか述べよ。

例 生活をより豊かにするために，家庭用ロボットを含め，今後どのような電化
製品が望まれるか，その理由も含めて，具体的にあなたの考えを述べよ。ただ
し，電化製品は複数でも構わない。 (琉球大・工学部)

例 人工知能搭載ロボットの活躍が期待される分野を1つ挙げ，利点と課題を論
述せよ。 (名古屋工業大・工学部)

🔑 関連キーワード

☑ 標準化
　材料・製品・技術などの仕様や，作
業方法の「標準」を定めたりして，組
織や市場のなかで活用することをいう。
無秩序・多様化・複雑化を防ぐことを
目的とする。ISO や JIS といった標準
化団体で行われたり，複数のメーカー
間で策定されたり，社内で定められた
りする。そのことによって品質の向上，
コスト削減，作業・訓練の効率化など
が図られる。

38

☑ 国際標準化機構（ISO）

　工業分野（電気分野を除く）の国際標準（国際規格）を定めるために設立された非政府組織である。また，一般的に国際標準化機構が定めた国際規格（IS；International Standard）も ISO と呼ぶことがある。

☑ 日本工業規格（JIS）

　工業標準化法に基づく日本の工業標準，国家標準の一つで，品質の改善や生産性の向上，生産・流通・消費の合理化を目的とした規格である。これにより，鉱工業製品の種類・型式・形状・寸法・品質・等級・性能・耐久性・安全性などといった事項を全国で統一している。日本工業規格に合格した鉱工業製品には，JIS マークがつけられる。

☑ 産業用ロボット

　ティーチングプレイバック（p.40参照）によって動作する産業用の機械の総称である。国際標準化機構（ISO）では「3軸以上の自由度を持つ，自動制御，プログラム可能なマニピュレータ」とし，日本工業規格（JIS）では「自動制御によるマニピュレーション機能又は移動機能をもち，各種の作業をプログラムによって実行できる，産業に使用される機械」と定義している。また，産業用ロボットを活用して必要最低限の人員で運営する工場をファクトリーオートメーションという。

☑ サービスロボット

　サービス業で使われるロボットのことで，おもなものにはレスキューロボット（災害時に活躍するロボット。瓦礫を移動するための機能や，人間を発見するセンサー技術などが求められる），医療用ロボット（手術を補助するロボット。超小型カメラと移動装置を備えて患部に薬を塗布するマイクロマシンなど）がある。ほかにもロボット掃除機，壁面作業ロボット，警備ロボット，案内ロボット，車いすロボット，すしロボットなどがある。

☑ 二足歩行ロボット

　人間のように二本足で歩くロボットのことをいう。世界初の二足歩行ロボットは WAP-1（1969年発表。早稲田大学の加藤一郎氏による開発）である。ほかにはホンダの P2（1996年発表。ASIMO の前身）が有名である。足はシリアルリンク機構（複数のリンク機構を直列に制御して1点の動きを決める構造）で構成されている。

☑ パワードスーツ

　外骨格もしくは衣服の形をしていて，人間の動作をアシストする装置のこと

をいう。電動アクチュエータ（エネルギーを物理的運動に変換するもの）や人工筋肉などの動力を用いている。強化服，強化スーツ，ロボットスーツ，パワーアシストスーツ，マッスルスーツなどと呼ばれることもある。HAL（1996年発表。筑波大学の山海嘉之氏らによる開発）が有名である。

☑ 軍事用ロボット

軍事目的で用いられるロボットの総称で，軍用ロボットや軍事ロボットともいう。攻撃のための無人機（武装した無人航空機など），危険物処理用（地雷処理車，爆弾処理車など）がある。こうしたロボットの登場により，人命の損失が最小限に抑えられたり，地雷の除去・不発弾処理・治安維持などを通して平和のために活用できたりすると言われている。

☑ エンタテインメントロボット

人を和ませたり，楽しませたりするためのロボットの総称。AIBO（1999年にソニーより発売）のような家庭用ペットロボットが代表例。人工知能の搭載によって，人間と対話ができるものも開発されている。

家庭用ロボットの場合，移動・衝突による家財の損傷だけでなく，人への危害の可能性もあるため，安全性の確保は最優先事項である。また，人間とのコミュニケーション機能を持たせることのほか，ユーザーインターフェースの改良（言語だけでなく仕草や表情などの非言語コミュニケーション手段の利用）なども進められている。

☑ ロボット工学3原則 （ロボット3原則）

SF作家アイザック＝アシモフが小説において論じた，ロボットが従うべき原則のことである。それによると3原則とは，人間への危害の否定，人間の命令への服従，ロボット自身の防衛である。

なお，アメリカの科学者らが「現状のロボットは自律性があるわけではないから，人間がロボットに対して負う責任を強調すべきだ」と主張するなど，この原則に対する批判もある。

☑ ティーチングプレイバック

産業用ロボットのプログラムを作成する方法の一つで，ロボットが実際に行う作業を教示して記録させ（ティーチング），その動作を再生させる（プレイバック）というものである。ティーチングを行うティーチングマンは，労働安全衛生法によりティーチングに関する教育を受けることが義務付けられている。

現場のロボットに直接教示する場合，ティーチングの間は生産ラインの停止を余儀なくされる。それを避けるため，3DCG（3次元コンピューターグラフィックス）を使ってティーチングを行う場合もある。

☑ システムインテグレーション

顧客の業務に合わせてシステムの企画・立案，プログラム開発，ハードウェアやソフトウェアの選定，運用，システムの保守管理などを一括して行うことをいう。また，システムインテグレーションを行う企業をシステムインテグレーターと呼ぶ。

☑ 信頼性設計

製品が寿命を迎えるまで，その機能が失われないように設計する手法のことをいう。フェールセーフ（故障しても安全側に作用する設計），フールプルーフ（誤った操作をしても事故が起こらない設計），冗長性設計（故障しても二重の対策により機能が停止しない設計）などによって，設計の信頼性が高まるとされる。

☑ プラットフォーム

ソフトウェアやハードウェアを動作させるために必要なハードウェアやOS（オペレーティングシステム）と

いった基礎部分のことを指す。ロボット開発においても，さまざまな研究機関などで共通に用いることができる共通プラットフォームの開発が進められている。例えば産業技術総合研究所では，次世代ロボットソフトウェア開発プラットフォームROBOSSAを公開している。これは知能ソフトウェアモジュール「RTコンポーネント」を次世代ロボットの基本的な機能（「作業知能」「移動知能」「コミュニケーション知能」）ごとに整理したものである。

☑ ロボット工学

ロボットに関わる技術を研究する学問のことで，メカニズム・電子回路・ソフトウェアの設計から実装，情報処理，動作・行動などに関して研究する。具体的には，アクチュエータや機構，センサー技術・視覚認識技術（外界の情報を認識・知覚するための技術），制御技術（ロボットの運動・行動の制御），人工知能（ロボットの知能）などが対象となる。

☑ 機械工学

機械の設計・製作・利用などに関わる知識や技術を研究する学問のことをいう。

具体的には，熱力学（ガソリン燃焼や高熱の水蒸気を利用する機関につい

て研究する)，機械力学(固体に生じる力について研究する)，流体力学(液体と気体の運動について研究する)，材料力学(引張力や圧縮力による変形と応力について研究する)の4領域の力学をもとに，機械を安全に設計・製作する技術を学ぶ。また，各種機械の機構・制御方法・材料や電子回路，ハードウェアおよびソフトウェアも研究対象となる。

☑ 電気工学と電子工学

電気は，エネルギー輸送手段(強電流工学，強電)のほか，情報伝達手段(弱電流工学，弱電)としても用いられる。前者を取り扱うのが電気工学，後者を取り扱うのが電子工学(エレクトロニクス)である。

電気工学では発電・送電・電力の制御や応用方法についての研究を行う。一方，電子工学は電子の動きを利用して情報処理・制御を行うための研究を行う。

☑ 制御工学

機械などを人の思うように動かすために操作することを制御という。制御は人の手を介するもの(手動制御)と，人の手を介さない自律的なもの(自動制御)とに分けられるが，そうした制御の方法を研究する工学分野を制御工学という。

その研究内容を大まかにわけると，制御理論(数理モデルに対して主に数学を応用する)と制御応用(制御理論を実際に適用する)とからなる。

☑ 人工知能(AI)

コンピューター上で実現できるようになった人間と同様の知能のことをいう。機械が自動的に大量のデータから特徴を抽出し学習するディープラーニング(深層学習)技術の進歩により，近年様々な分野で実用化が進んでいる。人工知能という言葉は，1956年に開かれた人工知能に関する研究会議(ダートマス会議)において，ジョン=マッカーシーによって命名された。

具体的には，質問応答，機械翻訳，画像認識といった面でのシステムの研究が進められている。例えば，Siri(iPhoneに搭載されている秘書機能アプリケーションソフトウェア)のほか，アレクサ(アマゾンが開発した音声アシスタント機能)，ポケトーク(ソースネクストが開発した音声翻訳機)などが有名である。

答案例

問題 産業用ロボットの必要性と今後について，あなたの考えを述べよ。

600字以内

模範回答 産業用ロボットはロボット市場の多くを占めており，作業の効率化には欠かせない存在となっている。例えばティーチングプレイバックによって作業スピードを高めるとともに，正確な動作によって品質の安定化が期待できる。また，ファクトリーオートメーションによって最低限の人間のみで製品を大量生産することも可能であり，コスト削減にもつながる。 (以上，第1段落)

こうした産業用ロボットが求められる背景には，産業用ロボット市場が日本の成長産業として捉えられていることがある。ロボットそのものを販売するだけでなく，今後は設計から操作までを一貫して請け負うことができれば，利益拡大につながる。また，新興国や途上国での賃金上昇や高齢化に対応するためにも，それに代わる手段としてのロボットの需要が中長期的に続くと考えられる。今後は市場の拡大とともに，ロボット技術の発展が期待されている。 (以上，第2段落)

ただし，ロボット技術の国際競争力に対する懸念が問題視されている。継続した成長を遂げるためには，研究開発費の手当てを含めた技術開発の方法を考えるとともに，携わる人材の育成が急務となる。それに加え，プラットフォームの構築など，汎用性や拡張性を備えた技術開発も求められる。 (以上，第3段落)

解説 第1段落：意見の提示…産業用ロボットが作業の効率化には欠かせないことを述べている。

第2段落：理由説明…産業用ロボットが日本の成長産業の1つとして捉えられていることの背景について説明している。

第3段落：意見の再提示…現在は国際競争力に対する懸念があることから，その対策について意見を述べている。

インターネット

定義

　コンピューターを介して，情報を相互にやり取りできるように，回線を網の目状に張り巡らしたものを**ネットワーク**という。そして，複数の小さなネットワーク（**LAN**；Local Area Network）や広い範囲に及ぶネットワーク（**WAN**；Wide Area Network）を相互に接続して作り上げた地球全体をカバーするネットワークのことを**インターネット**という。インターネットは ARPANET（p.49参照）を起源とし，**インターネットプロトコル**という通信上の規定を定め，相互に情報のやり取りを行っている。

　インターネットの普及に伴って，即時に，国内のみならず国境を越えてでも，双方向的なコミュニケーションが取れるようになった。今では，情報端末とインターネットの接続環境さえ整えば，世界中からの情報が即時に入手できるとともに，情報を届けることもできる。こうした環境が整備されるのに伴い，ソーシャルメディア（p.50参照）などを用いた双方向通信やインターネットショッピングの普及，行政サービスのデジタル化（p.51参照）など，生活のさまざまな場面でインターネットが活用されている。つまり，手軽に情報を取り扱える環境が整い，幅広い世代が情報の恩恵を受けることができるようになったのである。さらに最近では，スマートフォンやタブレット端末が普及し，公衆無線 LAN が利用できるところが増えたことにより，インターネットの利用価値は非常に大きなものになっている。

問題点

　インターネットの普及に伴って問題点も多く発生しているが，そのなかでは使い手の悪意によって引き起こされる事例がよく指摘されている。そのおもなものは，
① 情報の信憑性の低下
② 個人情報の漏洩と悪用

44

③ なりすまし(他人になりすますこと)

④ インターネットを利用した違法行為

などである。

　①は，インターネット上では第三者による監視やチェックが入りにくいために起こることである。例えば本などの出版原稿であれば，出版社側(編集者など)によって原稿の内容がチェックされた後に刊行されるのが普通なので，問題は生じにくい。しかし，インターネットでは接続さえできれば誰でも好きな時に情報をネット上にアップロードすることができ，第三者のチェックが入らない。そのため，不正確な情報がネット上で提供される可能性は高くなり，信憑性の低い情報が拡散することになる。さらに最近では，スマートフォンなどの携帯端末の普及や，ブログや SNS などの利用者が増えたことにより，より手軽にその作業を行えるようになったこともあり，こうした傾向が顕著になりつつある。つまり，信憑性へのチェックがないままに情報が流布されることがあるのである。時にはサイバーカスケード(p.52参照)によって主張が極端に偏ったものになり，特定の人や企業への誹謗や中傷に発展することがあるなど，社会問題化するケースも起きている。

　②は，個人情報のデータ化が進んだことによる。コンピューターウイルス(p.52参照)への感染やハッカーやクラッカーによる不正アクセス(p.53参照)によって情報が漏洩することで，個人情報が悪用される恐れがある。それらは，暗号化やパスワードの使用をしないこと，さらにはウイルス対策ソフトの導入をしないことなど，個人情報漏洩に対するリスクマネジメントの不十分さが原因で起こると言われている。また，本物のウェブサイトを装った別サイトへ巧みに誘導し，その過程で個人情報を盗み出して架空請求や預金の引き出しなどを行うフィッシングと言われる詐欺行為も発生しているので，注意を要する。

　③は，他人が何らかの方法で個人情報を入手することによって起こる。他人のユーザー ID やパスワードなどの個人情報を入手し，その人になりすましてネットワーク上で使用することが問題となる。例えば，他人の名前を使って掲示板やブログに投稿したり，他人のメールアドレスを用いて

スパムメール(p.54参照)を送る，あるいは他人のIDやパスワードを用いてネットゲームに興じたりする。場合によっては，情報の改ざんやアダルトサイトなどへの誘導など，犯罪行為に発展することもあり，問題視されている。なお，こうした行為は不正アクセス禁止法違反となる違法行為である。

④は，インターネットオークションを利用した詐欺行為や，違法行為を行うサイトなどが代表例である。このうち前者は，オークションサイトを介して金銭を受け取ったにもかかわらず品物を渡さなかったり，逆に品物を受領したにもかかわらず代金を送らなかったりする詐欺行為である。また後者は，著作権者に無断で著作物などをインターネット上で公開したり，有害画像などを公開したりする違法サイトのことである。

問題点の背景

こうした問題が発生する背景には，ネットワークを通して多量の情報を即時に場所を選ばず得ることができる環境が整ったこと(IT革命を発端とした環境整備)，対面ではなく匿名で情報のやり取りができること(匿名性)といった，いわばネット社会の特性が関係している。匿名では情報の送受信の際に他人が介入しにくく，使用者は自己都合だけでネットワークを利用しがちである。そうした場合，情報リテラシー(p.55参照)や情報倫理観(p.56参照)を欠く使用者は，匿名性を悪用してこうした問題行為を平気で行うようになる。一方，問題行為に関与した者を発見しようにも，高度な専門性が必要とされるほか，調査範囲が広範に及ぶため，その発見や摘発は極めて困難であるのが現実である。

対応策・解決策

現在，日本ではユビキタス社会(p.50参照)が実現し，いつでもどこでも手軽に情報に接触できる環境が整ってきている。こうした流れを踏まえて，前記①〜④のような問題点に対する防止策を講じる必要がある。

例えば，①であれば，発信者側・受信者側双方に対する対処法を考えなければならない。具体的には，倫理観や情報リテラシーの育成，悪意のあ

る者への対応や処罰などが挙げられる。また，第三者機関が監視やチェックを行えるような機能の強化も必要となろう。さらに②③④であれば，自己防衛策を講じることを最優先にすべきであろう。具体的には，個人情報の管理を厳重にすること，セキュリティ面の強化，フィルタリング（インターネット上の特定の web ページを見せないようにするための仕組み），低年齢層の使用者に対する情報端末所持そのものや端末機能の制限などといった方法が考えられる。

　一方では，法整備と取り締まりの強化，倫理観や情報リテラシーの育成に向けての取り組みもより一層必要だろう。

👍 小論文にする時のポイント

　インターネットに関する出題は，特に情報・電気系の学科で多い。

　入試では主として，インターネットによる恩恵および問題点を指摘させるシンプルな問題が出題される。その時，匿名性や第三者のチェック機能が働きにくいというネット社会の特性を踏まえ，今後はどういう対策を講じるべきかというところまで論じておきたい。対策のポイントは，対症療法と根本的対策とに分けて考えられる。一般に後者の方が効果はあるので，その方向で述べることが多いかもしれないが，例えば「『政府の介入』による違法サイトの遮断（ブロッキング）」などのように，政府が個人の自由権に触れるような対策を講じるべきだといった意見を示す場合には，十分慎重に内容展開をする必要がある。

　また，受け手側に対する対策としては，ネット上に流れている情報の信憑性は自らの責任で判断できるようにしておくことが挙げられる。そのためには，何にも増して情報リテラシーを養っておくことが必要であるといえる。

📝 過去の入試問題例

例　インターネットの普及によって家族や仲間，人間同士のコミュニケーションが希薄になっていることについて述べた文章を読み，情報通信技術の今後の発展に何を期待するかを述べ，そのとき，あなたにとっての「真のコミュニケー

47

ション」とはどんなものかについて考えを述べよ。　　　　　　　　（北海学園大・工学部）

例　近年，情報通信技術の急速な革新に伴って，流通における情報システムの利活用が進んでいる。そして，インターネットを利用した決済システムが整備されることで，宅配システムの高度化，購入方法の多様化をもたらした。このような流通の情報化が社会に与える影響について，メリット，デメリットを挙げたうえで，今後の望ましい流通システムについて意見を論ぜよ。

（東京海洋大・海洋工学部）

例　インターネットを利用した情報検索に対するあなたの考えを述べよ。

（大同大・工学部）

例　インターネットなどのコンピューターネットワークの普及と発展は，コンピューターや情報技術の進歩とともに，現代社会に大きな変革を起こした。それは，どういう変革か。3点ほど項目をあげて，それぞれ説明せよ。

（佐賀大・理工学部）

例　SNS は，多くのユーザを獲得し，生活のインフラとなりつつある。個人情報の流出も含めたさまざまな問題もはらんでおり，現状では安全に利用できるとは言い難いが，今後も重要なコミュニケーションツールであることはまちがいない。これから情報技術を学んで新しいソフトウェアの創出を目指す者としては，既存の SNS のユーザであるだけでなく，自ら新しい SNS を構築してみるという態度も大切である。既存の SNS との差に言及して，自分で新たな SNS を作るとしたら，どのようなサービスを作りたいか述べよ。

（青山学院大・理工学部）

例　あなたが現在住んでいる地域(区，市，町，村など)特有の問題点を見出し，その問題点を改善するモノ・サービス・IoT システムを提案せよ。なお，地域の問題点を見出すために，自治体などから公表された複数の数値データを示すこと。また，提案するものが他地域で利用可能であっても差し支えないが，できるだけあなたが現在住んでいる地域に特化していることが望ましい。

（東京電機大・工学部）

例　IoT について述べた英文を読み，この英文で記述されているような IoT が世の中に普及していく上での技術的な課題または社会的な課題を考えて，述べよ。

（長崎県立大・情報システム学部）

🔍 関連キーワード

☑ 高度情報化社会

　情報がほかの資源や産業と比べて高い価値を持ち，主導的な地位を占めている社会のことをいう。脱工業化社会とも言われる。特に，1990年代から2000年代にかけて起こったコンピューター，インターネット，携帯電話それぞれの普及と情報技術の発達(IT革命)以後の社会を指すことが多い。コンピューターや携帯電話といった操作端末の性能や操作性が向上し，一方でブロードバンド環境(光通信など)や携帯電話通信網などといったネットワークの基盤が整備・拡大された。その結果，情報の蓄積・検索・伝達・処理・提供がしやすくなるなど，情報技術の進展が顕著になった。

☑ ARPANET (アーパネット)

　アメリカ国防総省高等研究計画局(ARPA)が軍事利用を目的として開発したコンピューターネットワークのことで，1969年に導入された。当時主流だった中央集中型のネットワークではなく，情報分散型のネットワークであったことから，インターネットの原型とされている。

　当初は米国内の4つの大学や研究所をネットワーク回線でつないだものにすぎなかったが，徐々にARPANETに接続する大学や研究所が増え，1983年には学術利用として独立した。その後，世界に向けてネットワークを開放することになったことで，爆発的に広まって現在に至っている。

☑ IT革命

　情報技術(IT)の発展に伴った社会の急速な変化を，革命になぞらえてIT革命と呼ぶ。このような急速な変化が起こった背景には，1990年代のパーソナルコンピューターの普及と機能向上，インターネットの普及，そしてスマートフォンの浸透などにより，瞬時に情報の交換が可能となったことが挙げられる。

　IT革命により，電子商取引などそれまでにない産業が起こったことによる経済活動への影響や，メールの普及によるコミュニケーションの取り方への影響など，もたらされた変化は非常に大きく，しかも多方面に及んでいる。

　一方で，ITを利用した新たな犯罪が生まれたり，新しい社会格差であるデジタルデバイド(p.56参照)などの問題も同時に起こっている。

☑ ユビキタス社会

そもそもユビキタスとは, 神が遍在する(広く行き渡って存在する)という意味である。そのことからユビキタス社会とは, いつでも, どこでも, 誰でも, 意識せずに情報通信技術が利用できる社会のことを指す。

パソコンや携帯電話端末だけでなく, 電化製品・電車・自動車・クレジットカードなど, あらゆるものが利用の対象となる。近い将来, ユビキタス化がさらに進むと, 「品物を持ったまま店舗を出ても, クレジットカードや電子マネーで自動的に決済される」「いま自分がいる場所の位置情報をもとに帰宅時間を予測し, 帰宅した時には自動的に風呂の用意や炊飯ができている」といったことが可能となるだろう。

☑ 情報産業

情報産業と呼ばれているものには, 通信機器・コンピューター・半導体など, いわゆるハードウェアを生産する電子工業と, ソフトウェアの開発や販売・情報処理・情報提供サービスを行う情報処理サービス業とがある。

情報産業が進展した背景には, 産業構造の変化がある。1970年代から80年代にかけて, 重工業に代表される重厚長大な産業から, 電子工業を主とした軽薄短小の産業へと転換した。そして,

電子工業の発展によって, ソフトウェアの開発や情報の必要性や価値が高まり, さらなる発展を遂げた。しかし, 1990年代の景気悪化に伴って, コンピューター市場も低迷した。その影響もあって現在では, ソフトウェア開発やソリューション(問題解決型)事業を主軸に置いたIT関連企業が多くなっている。

情報化社会の進展によって情報産業が盛んになり, 多くの雇用確保につながったという利点はあるものの, 国内産業が情報産業に偏るあまり, 産業の空洞化を引き起こすことに対する懸念も一部では根強くある。

☑ 情報通信技術(ICT)

情報や通信における技術の総称である。ITと同様の言葉とも言えるが, 情報技術(IT)にコミュニケーション(C)が加味されたもので, ネットワーク通信による情報の共有が念頭にある。

ITは情報技術そのものを指すことが多く, 主としてインフラ整備面に着目したが, ICTは, 世代や地域を超えたコンピューターの活用や人とのコミュニケーションを重視している。

☑ ソーシャルメディア

インターネット上で, ユーザーが情報を発信して形成していくメディアの

ことをいう。個人が日々更新する日記のような web サイト（ブログ）のほか，コミュニティ型の web サイト（SNS；ソーシャルネットワーキングサービス），「つぶやき」のような短い文章や写真などを投稿して公開するブログサービス（Twitter や Instagram），動画の共有サイト（YouTube）などがある。

これらは，自己の責任で自由に情報を発信することができることのほか，その内容に対して返信もできるなど，容易にコミュニケーションを取ることができるという特徴がある。

☑ 行政サービスのデジタル化

従来，役所の窓口での手続きが必要だった行政サービスを，コンピューターなどを利用することでデジタル化したり，省力化・簡便化しようとする試みのことをいう。おもな具体化として，住民票の発行や税の確定申告などがある。

こうした動きが進むと，事務手続きのワンストップ化（複数の窓口での手続きが必要だった事務手続きを 1 つの窓口ですませること）が可能となる。例えば，引越しの際には，運転免許証の住所変更は警察署か運転免許センターで，国民年金や印鑑登録は市町村役場で，自動車登録の変更は陸運局で，

電気やガスの移転手続きはそれぞれの会社での手続きが必要であるが，これらが一括してできるようになる。

2015年にはいわゆるマイナンバー法により，国民一人ひとりに個人番号が付与され，行政の様々な分野で利用されるようになった。また，2019年にはデジタル手続法が制定されるなど，行政サービスのデジタル化へ向けての動きが進められている。

☑ ブロードバンド

ブロードバンドとは，電波や電気信号・光信号などの周波数の帯域幅が広いこと，また，それを利用した高速・大容量の通信が可能な回線や通信環境のことである。したがって，ブロードバンドインターネット接続とは，高速通信が可能な回線によってつくられたコンピューターネットワークを活用したインターネットサービス網のことをいう。

大容量のデータの送受信を高速で行えるため，映像や音声を用いた通信も容易にできるようになった。IP 電話やスカイプを代表とするインターネット電話によってインターネット会議が普及したのも，ブロードバンド環境が整った恩恵といえる。

☑ サイバーカスケード

ある特定の考え方が，同調者を得ることにより集団行動化していくインターネット上の現象のことをいう。カスケードとは「滝」のことで，極めて短時間に同じ意見を持つ人を引き寄せていく様子を滝になぞらえたもので，アメリカの憲法学者，キャス＝サンスティーンが提唱した。

☑ ネット右翼

インターネットの掲示板やブログなどで，保守的・国粋主義的・右翼的な発言や表現をする人のことをいう。また，自分と相容れない意見に関して，執拗に書き込みを繰り返す人のことを指す場合もある。

発言が過激であったり，誹謗中傷的な言動であったりするのが特徴で，サイバーカスケードを引き起こしやすい。現実社会で右翼的な言動をしているかどうかは不明であり，匿名投稿が可能なインターネットの特性上，ネット右翼の存在数などの実態が掴めていないのが現状である。

☑ フェイクニュース（虚偽報道）

事実ではない，虚偽の内容の情報・報道のことで，主としてインターネット上で発信・拡散されるニュースのことをいう。近年のSNSの発達で，誰もが簡単に情報を発信できるようになり，その真偽が確認されることなく世界規模で拡散されるようになった。その結果，虚偽の情報が社会に大きな混乱を招いたり，選挙などの結果に影響を及ぼしたりといった事態を招くこともあり，社会問題となっている。

☑ インターネット犯罪

インターネット上で発生する犯罪のことをいう。インターネットは社会生活において，便利で有用なものである反面，悪用される事例もあとを絶たず，新たな社会問題となっている。

犯罪の代表的なものとして，実体のない利用料金を請求される架空請求，パソコンに不正アクセスして個人情報を抜き取る行為，他人のパソコンに不適切な働きをするプログラムを送りつけるコンピューターウイルス被害などが挙げられる。

さらに，不正アクセスによって，企業の顧客リストや機密事項などをネット上に流出させる情報漏洩も，インターネットを利用した犯罪である。

☑ コンピューターウイルス

ネットワークを介して他人のコンピューターに侵入することで被害をもたらす不正プログラムのことをいう。画面表示を変えてしまったりするもの

や，パソコンデータを盗み出すもの，蓄積データを破壊したりするものまで，種類は多岐にわたっている。

侵入したウイルスは侵入先のファイルの一部を書き換えて自分自身を複写するので，多くの場合，自分のコンピューターにウイルスによって書き換えられたファイルが存在することに気づかずにデータをやり取りすることで，ほかのコンピューターにウイルスを増殖させてしまうことが多く，さらなる問題となる。

増え続けるウイルス被害に対処するため，2011年には刑法の一部改正がなされ，コンピューターウイルスの作成や提供を罰することが盛り込まれた。

☑ ハッカー，クラッカー

ハッカーとは，もともとはコンピューター技術に深い知識があり技術的にも長けている人のことを指す言葉であった。インターネット普及間もない頃，ハッカーのなかにはあえてセキュリティを突破して侵入し，その証拠を残すなどの方法で相手にセキュリティに対する警告を発する人がいた。つまり，当時ハッカーが行う行為のなかには，自分の技術的知識を利用してネットワークのセキュリティを突破したり，コンピューターウイルスを作成したりすることも含まれていたのである。と

ころが，今日ではそれを悪用する者が増え，転じてコンピューターを利用して悪事を働く者もハッカーと呼ぶようになった。

しかし最近では，この用法は誤用が定着したものなので使用すべきでないとする人も多い。そして，技術を悪用する者のことをクラッカー（破壊者）と呼んで区別すべきだという主張も多い。

☑ 不正アクセス

コンピューターやネットワークへのアクセス権がない人が，IDやパスワードなどを不正に入手して，それらに侵入することをいう。侵入するだけの場合はハッキング，侵入後にファイルの改ざんやデータの消去などを行う場合はクラッキングと呼ぶ。

クラッキングを常習的に行うクラッカーは，侵入後にコンピューターの破壊作動をしたり，ほかのコンピューターへの侵入を行うプログラム（ワームという）を仕込んだりして，多くのコンピューターに影響を与えることがある。

1999年に不正アクセス禁止法が成立し，不正アクセスに関連する行為は処罰の対象となった。

☑ サイバーテロ

インターネット上での大規模な破壊

活動のことをいう。国家や社会の機能を麻痺させる目的で意図的に行われることが多い。

具体的には，企業や行政のコンピューターネットワークに侵入するスパムメール（無差別かつ大量に送信するメール）や，容量が大きいファイルを添付したメールの大量送付，webサイトへの不正侵入，バックドア（正規のアクセス権を使わずにコンピューターシステムへ侵入できる接続経路を設けること）を用いてコンピューターを遠隔操作するなど，さまざまな手段を使って，ネットワークやコンピューターを破壊したり改ざんしたりする。

☑スパムメール

営利目的で，無差別に大量一括配信されるメールのことをいう。受信者の意向や立場を無視して送りつけられるところから迷惑メールとも呼ばれている。

発信者側からすると，郵便や宅配便などにするよりコストや手間の削減になるなどメリットが多い。一方，受信者側にとっては，必要な電子メールよりもスパムメールの受信数が多くなり，文字通り迷惑である。

スパムメールの内容の多くは広告メールだが，なかにはワンクリック詐欺や架空請求，場合によってはコン

ピューターウイルスを含むメールまでもあるので，これらのメールの閲覧には注意が必要である。

☑チェーンメール

不特定多数の人々に対して，さらに連鎖的に多くの人に配布するように求めて出すメールのことをいう。不特定多数の人々に対して送付され，その人々がまた別の多くの人々に転送し，それが次々と続くといった連鎖が繰り返されることで，増殖しながら転送されていく。チェーンメールによってネットワークやメールサーバに対して負荷をかけるだけでなく，噂やデマが拡散するといった問題も引き起こす。東日本大震災においてもさまざまなチェーンメールが広まり，混乱を引き起こした。

メールの内容に情報源が示されているか，内容が伝聞によるものではないか，事実に基づいたものであるか，情報内容が偏重したものではないかなど，メールの信憑性を十分に検討・確認する必要がある。

☑架空請求

使用実態のない名目で料金を請求されることをいう。利用していない有料サイトの利用料を電子メールや郵便などを使って請求し，不当に金銭を騙し

取ろうとするのがおもな手口である。

インターネットの普及によって出現した，いわゆる**インターネット犯罪**の一種で，2004年頃をピークに減少傾向にあったが，2018年に国民生活センターに寄せられた架空請求に関する相談件数は約22万6000件と，再び増加に転じてきている。

☑ ネットオークション

インターネット上で行われる競売（オークション）のことをいう。誰でも出品や落札（購入）が可能であること，違法でないかぎりどんな物でも出品や落札ができること，個人出品物には消費税がかからないことなどの利点から，インターネットを介した個人商取引の代表例となっている。

利用者数が拡大していることもあり，最近では小売業者がネットオークションを使って商品を販売したり，官公庁や地方公共団体が財産を処分する際に利用したりするなど，その形式は多様化してきている。しかしオークション詐欺（代金だけを受け取り，商品を発送しない）や違法品や盗品の出品，条例で禁止されている**チケット類の転売**など，問題点も多く存在する。

☑ ワンクリック詐欺

インターネット上のサイトや電子メールにアクセスしただけとか，ページ上で一度クリックしただけで，そのサイトを利用したり契約したかのような料金請求画面を表示し，その料金を振り込ませるという**不当料金請求行為**のことをいう。

双方の合意なくしては契約は成立しないにもかかわらず，IPアドレスや携帯電話の個体識別番号などを表示したうえで，個人情報を取得済みだから法的手段も辞さないなどと脅しをかけ，指定口座へ振り込ませるように仕向ける悪質な行為が多い。最近では，メールなどでプログラムのダウンロードを誘い，インストールをした瞬間に料金請求画面が現れるなど，手口が巧妙化している。

☑ 情報リテラシー

リテラシーとは，読み書きの能力のことを指す。そのことから，情報リテラシーとは情報機器やネットワーク，あるいは情報やデータを扱ううえで必要な知識や能力のことをいう。コンピューターリテラシー（コンピューターやソフトウェアの操作や，プログラミング能力，インターネットでの情報検索の能力など）だけでなく，他人への影響を考えることや，情報を適切に収集・判断・評価・取捨選択・発信することなど，情報を適切に取り扱う

ための能力も含む。

　そして，こうした能力を教育によって養おうとするのが情報教育であり，それを中等教育の課程で行うことを目的として，高校では2003年に「情報科」が設けられた。

☑ 情報倫理

　情報化社会における道徳的な規範のことをいう。

　インターネットの普及と発達により，さまざまな情報の公開や収集が容易となったが，反面，個人のプライバシーや知的所有権の侵害など，情報に関する被害が生まれやすい状況となっている。このような情報利用に関する倫理的な問題を解決するためには，個人個人がより高い情報倫理観を持つことが必要である。またインターネット上でのマナーの遵守も，いままで以上に重要となっている。

　なお，情報倫理として直接的に規制できる法律は存在しないが，情報倫理から派生した法律(不正アクセス禁止法など)は多数制定されている。

☑ デジタルデバイド(情報格差)

　情報機器を使いこなせる人とそうでない人との間に生じる情報の量における格差のことをいう。

　パソコンや携帯電話を所有していない人，機器の操作に不慣れな人，インターネットや携帯電話の通信網が遮断された人など，ネットワークからの情報収集が困難な人を情報弱者と呼ぶ。こうした弱者を減らすためにも，ブロードバンド通信基盤の整備を一層進めることのほかに，学校における情報教育カリキュラムを策定することや，情報教育を行える人材の育成を行うことなどの必要がある。

☑ 電子出版，電子図書館

　文字や画像などをデジタルデータ化し，インターネットなどのオンライン上やディスク(CD や DVD)などの電子メディアの形で販売や配布する出版形態のことをいう。

　インターネットの普及により，出版物をパソコンやスマートフォンにダウンロードする形で配布する電子出版が徐々に広まりつつある。また，デジタルデータ化された書籍をオンライン上で図書館のように集積し，公開しているウェブサイトを電子図書館というが，24時間，場所を選ばず閲覧可能なことや，複数の人が同時に同じ書籍を読むことができるなどの利点があり，こちらも徐々に認知されつつある。しかし，著作権の問題があり，蔵書数は一般の図書館には及ばない。

☑ 著作権の侵害

著作物を著作者の許諾を得ずに，無断で利用することをいう。近年のインターネットの普及に伴い，著作者の許諾を得ずに個人のホームページなどで著作物を使用することや，ファイル共有ソフト問題（音楽や映画，ソフトウェアなどを著作者の許諾なく，ファイル共有ソフトで交換すること）など，かつては存在しなかった形での著作権の侵害が新たな問題となっている。

著作権の侵害は，民事上の損害賠償を請求されるだけでなく，刑事的にも罰せられる。ただ，私的利用のための複製などの例外的な場合には，著作権侵害とならない場合もある。

なお，著作権が保護される期間は著作物が作られた時から，著作者の死後70年がたつまでの間とされている。

☑ 著作権法

著作権および著作隣接権の範囲と内容を規定し，著作者などの権利を保護するために制定された法律のことをいう。現行の著作権法は，1970年に制定された。

著作権とは本の著者，音楽の作詞・作曲者，コンピュータープログラムの製作者など，著作物（「思想又は感情を創作的に表現したものであって，文芸，学術，美術又は音楽の範囲に属するも

の」）をつくった者に与えられる権利である。また著作隣接権とは，レコード製作者や放送事業者など，著作物の製作に関係する者に与えられる権利である。著作物や著作製作物を複製したり，あるいは上演・上映・演奏・放送・翻訳したりするためには，著作権者や著作隣接権者の許諾を得ることが必要であり，違反した場合には著作権侵害および著作権法違反に該当する。

2010年には法改正がなされ，違法配信と知りながら音楽や画像をダウンロードしたり，違法複写物と知りながら販売したりすることも禁止された。

☑ 電磁的記録毀損罪

刑法で規定された犯罪の一つで，公有または私有の電磁的な記録物を毀損した者を罰することをいう。毀損に該当する行為には，電子記録物の消去や内容の不明化のほか，電子記録物を保管しているコンピューターやディスクそのものの破壊行為も含まれる。また，私文書のうちでは，権利・義務に該当する内容だけが電磁的記録毀損罪に該当し，単なる事実に関する記録（金銭データや携帯電話のメモリーなど）を消去しても罰せられない。

☑ 個人情報の保護

高度情報化社会の進展に伴って，ま

57

すます増え続ける個人情報の利用を保護することをいう。

　IT化が進むにつれて個人情報の集積や編集が容易に行えるようになり，またインターネットを介してその情報が世界中に広がりかねない現状においては，個人情報を保護することは個人のプライバシーや利益を守るという点において非常に重要なことである。

　個人情報の有効利用とその保護のために，2005年には個人情報保護法が施行され，個人情報を取り扱う事業者に対してその取り扱い方法に関する規定が設けられた。

☑ フィルタリング

　インターネット上の情報に対して，一定基準を設けて分別・制限・遮断を行うことをいう。パソコンにソフトウェアを導入して行う方法と，インターネットプロバイダーや携帯電話事業者が提供するプログラムを用いて行う方法とがある。

　おもなフィルタリングの方法としては，一定基準を元に情報に格付けを行い，受信者側の判断でフィルタリングを行うレイティング方式，あらかじめキーワードやフレーズを指定し，それらを含む記載のあるホームページを遮断するキーワード方式（フレーズ方式，全文検索方式ともいう），有害なホー

ムページをリスト化し，それに該当する情報を遮断するブラックリスト方式，逆に安全なホームページをリスト化し，リスト以外の情報を遮断するホワイトリスト方式などがある。

　近年では携帯電話が低年齢層にも普及していることを受けて，2006年からは政府もフィルタリングの普及に乗り出している。

☑ インターネット民主主義（電子民主主義）

　世論調査や投票などの民主主義的行為を，情報通信技術を用いて行うこと。従来のものと比較して費用が削減できること，より多人数にアプローチできる可能性を秘めていること，政治離れが進む若年層に馴染みのあるデジタル技術を使うことにより，回答率や投票率の向上が望めることなどの点において注目を集めている。世界的に見ても，取り組みが始まったばかりの分野である。日本では，2002年に内閣府がインターネット民主主義に対する協議書を発表した。また，2013年には公職選挙法が改正され，インターネットによる選挙運動（ネット選挙）が解禁された。

☑ 電子商取引

　コンピューターネットワークを用いて商品やサービスの売買・契約などを

行うことをいう。イーコマース（eコマース）とも呼ばれる。

従来は，企業間において行われる電子データの交換のことを指したが，インターネットの普及に伴い，企業どうしの取引以外にも，オンラインショップなどの企業対消費者，ネットオークションなどの消費者対消費者，などの新しい取引形態も生まれた。

電子商取引は情報通信技術の普及と向上につれて年々拡大しており，2018年に発表された経済産業省の統計では，企業対企業間，企業対消費者間の取引を合わせると362兆円にのぼるとされる。このような拡大の裏では，個人情報の漏洩のほか，商品販売を装ってクレジットカードなどの情報を騙し取ろうとするフィッシング詐欺など，電子商取引に特有な問題も存在する。

☑ 広告，宣伝

商品やサービスなどを他人に知ってもらうために行う活動を宣伝という。おもに企業や店舗などが，商品やサービスの内容のほか，企業や店舗そのものの存在を一般消費者に広く認知してもらうことを目的とした活動を指すことが多い。

一方，新聞や雑誌・テレビなどのマスメディアのほか，電車内や駅・街角などの場所で，管理可能な媒体を使って宣伝すること，あるいはその媒体のことを広告という。

経済産業省の統計調査によると，インターネットを使用した広告や宣伝は年々増加しており，その広告費は，地上波テレビ広告費に迫る1兆7600億円にものぼっている。

☑ 子どもと有害情報の接触

内閣府によると，小学生の86.3%，中学生の95.1%，高校生の99.1%が，それぞれパソコンやスマートフォンなどでインターネットを利用しているという（2019年現在）。また，それに伴い，子どもがインターネットを使用し，有害情報（誹謗中傷や暴力的な画像，成人向け情報など）に接触する危険性も非常に高くなっている。そして，実際に接触したことによる事件や事故の事例も発生している。

このような事態に対する対応策として，携帯電話各社やインターネットプロバイダー各社がフィルタリングのサービスを行っている。また，各都道府県は青少年健全育成条例を施行し，フィルタリングの普及を推進するとともに，青少年のインターネットカフェなどの施設への入場時間制限を行うなどして，有害情報に接触することの防止に努めている。

答案例

問題 インターネットの問題点について，あなたの意見を述べよ。600字以内

模範回答 インターネットの普及に伴って，幅広い世代が情報の恩恵を受けられるようになった。最近ではソーシャルメディアなどで双方向通信が容易に行えるようになったが，インターネット特有の問題点も多く生じている。なかでも，他人への誹謗中傷，個人情報の漏洩，不正アクセス，チェーンメールによる虚偽の情報の拡散など，使い手のモラルの低さに起因することが多い。(以上，第1段落)

こうした問題の背景には，ネットワークを通して多量の情報を，即時に場所を選ばずに得られるようになったこと，対面ではなく匿名で情報のやり取りができることなどのネット社会の特性がある。匿名では情報の送受信の際に他人が介入しにくく，使用者側は自己都合だけでネットワークを利用しがちである。その時，情報リテラシーや情報倫理観を欠く使用者は，匿名性を悪用して重大な問題行為を行う恐れがある。(以上，第2段落)

今後，日本では本格的なユビキタス社会が到来し，いつでもどこでも情報に接触できる環境になることが予想される。こうした流れを踏まえ，防止策を講じる必要がある。セキュリティの強化，フィルタリング，法整備と取り締まり，低年齢層に対する情報端末所持や機能の制限などの対症療法だけでなく，倫理観やメディアリテラシーの育成など，情報教育を推進することも求められる。(以上，第3段落)

> **解説** 第1段落：意見の提示…インターネットの普及によって，情報収集や双方向通信が容易になったという利点を示しつつ，一方で問題点もあることを指摘している。
> 第2段落：理由説明…問題が発生する背景には，通信の即時性や匿名性，モラルの欠如といったネット社会の特性があることを指摘している。
> 第3段落：意見の再提示…対症療法と根本療法という両者の視点から問題に対応すべきであることを論じている。

スマートフォン

出題頻度 → 工学 ★ ★ ★ ┃ 理学 農学 ★

定義

　スマートフォンは，通話やインターネット，メールのほかさまざまな機能を持った多機能な携帯電話の総称である。

　1980年代の携帯電話の登場で屋外でも通話ができるようになったが，1990年代後半からは普及したフィーチャーフォンによってメールやインターネット機能も使えるようになった。2007年に発表されたアップル社のiPhoneから始まったスマートフォンは，アプリを追加することでゲームや地図，漫画などさまざまな機能を使うことができるようになっており，パソコン並みの機能を有するスマートフォン端末も珍しくない。現在では，人工知能（AI）を使った音声認識によるバーチャルアシスタント機能を備えるものも多い。

　持ち運びが簡単で，いつでもどこでもメールやインターネットを利用でき，最も身近なコミュニケーションツールとして広く活用されているスマートフォンは，今や世界中で普及している。

問題点

　スマートフォンは我々の生活に利便性をもたらす一方で，さまざまな問題も引き起こしている。おもなものには次のようなものがある。

① スマートフォン依存症（スマホ依存症）

② 使用に際してのモラルの低下

③ 事故を引き起こすリスク

④ 電磁波（p.67参照）やブルーライト（p.67参照）の影響

　①は，スマートフォンが常に手元にあって自由に操作できないと落ち着かない状態を表している。メールやチャットアプリの返信や既読，SNSへの投稿に対する反応を気にするあまり，スマートフォンを頻繁にチェックしなければ落ち着かなくなったり，自由に操作できないと情緒不安定に

なったりする。若年層を中心に広まっているマナーとして即レス（受信したメッセージ等になるべく早く返信すること）というものもその一因となっている。こうした状況は、学生の学習時間が減少する、働く人の業務に支障をきたす、生活習慣の乱れや体調不良などを引き起こすなど、社会に適応できない人々が生まれることが問題視されている。

　②は、スマートフォンを使って誰でも気軽に発信できるようになったことにより、その使用に際してのモラルが問われることが増えてきている。自身の経験や訪れた場所の記事や写真・動画を不用意に SNS などで発信することで、プライバシーの侵害や個人情報の流出などが起こることがある。また、悪質ないたずらの発信が拡散し、いたずらを受けた企業が大きな損失をこうむることもある。一方で、不用意な発信をきっかけに、批判的な反応が殺到する、いわゆる「炎上」という状況も頻繁に起きている。

　③については、自転車や自動車を運転しながらスマートフォンを操作することによる事故が増加している。また、歩きながらスマートフォンを操作する「歩きスマホ」により、人どうしの衝突、階段や駅のホームからの転落、交通事故などの事故も起きている。スマートフォンを操作すると画面や操作に気を取られて視界が狭くなり、周囲に注意が払えなくなることが原因である。

　④は、スマートフォンの発する電磁波が、医療機器や航空機、また人体へ影響を及ぼすのではないかという懸念がある。また、スマートフォンやパソコンが発するブルーライトが眼の疲れや体内リズムの乱れを引き起こす可能性が指摘されている。

問題点の背景

　①に関しては、人間関係の場が現実の世界からインターネットの世界に移行しつつあることが背景にある。スマートフォンを介しての人間関係が主体になっている場合、スマートフォンを手放すことはその人間関係から隔離されるのと同然であり、集団から疎外されてしまうとまで考えてしまうのである。つまり、スマートフォンが情報伝達の手段ではなく、他人とのつながりそのものであるとまで認識しているのである。その結果、ス

マートフォンで常にコミュニケーションをとることが人間関係を保つという意識になり，スマートフォンへの依存が強まってしまうのである。

②に関しては，プライバシーや個人情報に対する認識不足，スマートフォンの機能や操作に対する知識不足，自身の情報発信がどのような影響を与えるかという想像力の欠如などが問題の背景として挙げられる。スマートフォンの性能やアプリの機能は日々進歩しており，社会のルールやモラルの枠組み作りが間に合っていないという現状もある。また，発信者の考えが世間の考えと異なっていたり，独善的なものであったりしたために，多くの批判を浴び「炎上」することが起きている。これもスマートフォンの広範囲につながることができる機能の裏返しの影響であろう。

③に関しては，規範意識の欠如があることに加えて，スマートフォンのアプリにさまざまな機能が備わったこともその背景にあるだろう。チャットアプリやゲームや地図，漫画などのさまざまな機能を，移動中でも手軽に利用できるようになった。そのため，歩行中や運転中にスマートフォンを見たいという欲求が大きくなると考えられる。

④に関しては，1990年代の携帯電話の普及期においては，医療機器や航空機への影響に関する報告があり，人体への影響を懸念する声もあった。その後，無線通信システムの発展やスマートフォンの普及により，電磁波の医療機器や航空機への影響は限定的なものとなり，利用制限は緩和されている。一方で，スマートフォンやパソコンが発するブルーライトは，波長が紫外線に近く強いエネルギーを持つ光であり，ブルーライトを長時間見続けることは，眼の疲労や肩こりなどにつながるだけでなく，その覚醒作用により睡眠障害などの原因にもなりかねない。

対応策・解決策

①に対しては，ケースバイケースで考える必要がある。スマートフォンの所持禁止や使用制限が効果的な場合もあれば，使用に際しての教育や指導がよい場合もある。ただ，これらの対策で改善しないほど病的に依存している場合もある。近年では，本人の自制や家族の助けがあっても依存状態から抜け出せない深刻なケースも増えてきている。その場合には，専門

の病院での治療を受けることが必要であろう。

　②に対しては，プライバシーや個人情報の取り扱いやスマートフォンの機能，スマートフォンを通じて発信された情報がどのような影響を及ぼすかについて知る必要がある。そのためには，特にスマートフォンを使い始める時期にきちんと学んでおく必要があるだろう。これまで起きた事件や事故を振り返りつつ，効果的な教育・研修を行い，スマートフォンを使用する際のマナーをしっかりと身に付ける必要がある。

　③に対しては，2019年12月に道路交通法が改正され，運転中のスマートフォンの操作などのいわゆる「ながら運転」に対する罰則が厳しくなった。また，今のところ日本では「歩きスマホ」についての罰則はないが，今後条例や法改正により，危険を防ぐルール作りがなされていくものと思われる。ただし，罰則の有無にかかわらず，「これくらいなら大丈夫だろう」とか，「自分は大丈夫」といった思いが，自分の怪我だけでなく，最悪の場合，他者の命をも奪いかねないということを認識する必要がある。

　④に関しては，スマートフォンの発する電磁波による医療機器や航空機への影響が調査され，2014年に病院や航空機などでのスマートフォンの利用制限が緩和された。ただし，電車の優先席付近での混雑時の利用制限や，航空機内での機内モードの利用など，一部の制限が残っている。また，ブルーライトに関しては，使用時間の制限のほか，ブルーライト軽減機能やブルーライトをカットする眼鏡などを利用することが考えられる。

👍 小論文にする時のポイント

　スマートフォンに関するテーマは，情報系の学部で特に多い。

　入試では，スマートフォンを使用する際のモラル，スマートフォンの利用と健康などの出題が見られる。それらの問題点を挙げる時に，ともすると「マナーの低下が著しいという問題があるので，マナー向上に努めるべきだ」とか，「スマートフォン依存症は問題だから，スマートフォンの所持を制限すべきである」といった短絡的な主張の展開になりがちなことに注意したい。その場合，人間関係の場が現実世界から仮想世界に移行しつつあることを踏まえ，深みのある考察が展開

できるようにしておきたい。また，スマートフォンの利便性や今後の可能性など，いかに活用していくかを問われることも考えられる。その場合にも，スマートフォンのすばらしさだけを論じるのではなく，よい面と悪い面の両方から問題に向かうことを心がけたい。

また，小・中学生のスマートフォン利用の是非といった問題は，携帯電話が普及していた頃から出題が見られた。もちろん，賛成反対のいずれかの立場から論じても構わないが，それぞれ賛成の立場だけ，反対の立場だけで論じることは，内容に偏りが生じがちなので好ましいとはいえない。賛否両論の根拠を整理しつつ，どちらの方が若年層の健全育成につながるのかといった視点から論じたいものである。

過去の入試問題例

例 スマートフォンやタブレット端末などの情報通信機器に使われている次の3つのキーワードの中から1つを選択し，どのような機能を果たしているか説明せよ。さらに，今後どのように発展していくことが望ましいか，あなたの意見を述べよ。 (東北学院大学・工学部)

キーワード「集積回路(半導体，LSI)，バッテリー(蓄電池)，ディスプレイ(タッチパネル)」

例 スマホ搭載の新機能として，(1)80か国の言語をリアルタイムで高精度の音声翻訳ができる，(2)一度のフル充電で一か月の使用が可能になる，(3)動画や画像を外部に映せる，の3案の中で最善と考えるものを選び，そう考える理由を他と比較しながら論述せよ。 (名古屋工業大・工学部)

例 「電車でスマホ」の功罪について述べた文章を読み，あなたにとって必要な情報は何か。またその情報を収集する方法について述べよ。

(大阪産業大・工学部)

例 歩きスマホによる事故・トラブルについて述べた文章と図「歩きスマホをする理由」，表「スマートフォン利用者で歩きスマホをすると回答した人の世代構成」を読み，文章と図表を参考にしながら，どのようにすれば歩きスマホを防止できるか，あなたの考えを書け。 (関西大・総合情報学部)

☑携帯電話

　移動しながら通信できる無線通信機器の一種で，電波によって情報をやり取りすることができる。最初の携帯電話は，第二次世界大戦中にアメリカ軍が使用したトランシーバーだという説や，1970年に開かれた日本万国博覧会で発表された携帯電話だとする説などがある。1979年，日本電信電話公社（現NTT）によって世界で初めて実用化された。

☑タブレット端末とスマートフォン

　タブレット端末とは，液晶ディスプレイを直接触って操作でき（タッチパネル），平板（タブレット）状で持ち運びがしやすいPCやモバイル端末などの情報端末の総称。薄くて軽く持ち運びしやすいほか，タッチパネルによる操作の簡便化，無線LAN接続範囲内ならば場所を選ばずにインターネットに接続できることが特徴である。

　2010年にアメリカのアップル社が「iPad」を発表したのを皮切りに，競合各社が次々とタブレット端末を発売したことで，カテゴリーとして定着した。また，タブレット端末のような機能を持ち，さらに通話可能にしたものがスマートフォンである。タッチパネ

ル形式ではないスマートフォンは2000年前後にはすでに存在し，海外では利用者数を伸ばしていた。日本国内では2009年にタッチパネル形式の「iPhone」が発売されたことで，急速に普及が進んだ。

☑知識社会

　知識が，これまでの伝統的な天然資源や労働力，資本などと同様に，社会や経済の発展に大きく関与すると同時に，重要性を増していく社会のことをいう。ここでいう知識とは，従来の一般教養的なものとは異なり，生きた知識，また新たな知識を生み出すための知識だとされている。

　インターネットやスマートフォンなどの新しい情報技術の普及・浸透により，知識はかつてよりも容易に手に入るようになったことを受け，政治や経済，教育や文化のみならず，日常生活においても知識や知識量があらゆる結果を大きく左右する現代社会を象徴しているのが「知識社会」という言葉であろう。

　知識社会の特徴として，①情報技術の進歩とともに知識に国境がなくなり，グローバル化がさらに進むこと，②知識は日々更新されることにより，新た

な競争や技術革新が日々発生すること，③またこのことを受け発想の転換を必要とされる場面も多く，さまざまな知識と柔軟な思考がより重要になることなどが挙げられる。

☑ 電磁波

空間の電界と磁界がお互いに作用し合うことで発生する波動のことをいう。空間そのものが振動するため，真空中であっても発生し，伝播速度は光の速さと同等とされる。電気が流れたり電波が行き交ったりする場所では必ず何かしらの電磁波が存在する。紫外線や赤外線，レントゲンのエックス線や放射能のガンマ線も電磁波の一種である。

エックス線，ガンマ線，一部の紫外線に関しては電磁波の電離放射線に該当し，多量照射は人体に有害であることが知られている。一方，赤外線やテレビ，ラジオなどの放送電波，携帯電話の電磁波は非電離放射線に該当し，人体に影響はないとされつつも，現在も研究途中である。

☑ ブルーライト

可視光線のなかで，波長が短い青色の光のことをいう。テレビやパソコン，スマートフォンの液晶画面やLED照明などの光に多く含まれる。強いエネルギーを持っており，眼の疲れや肩こ

りなどの原因となる。また，就寝前や夜間に見続けると，その覚醒作用により睡眠障害などを引き起こす可能性も指摘されている。

☑ 航空機や医療機器への電磁波の影響

精密機械は電磁波の影響を受けやすく，誤作動を引き起こす可能性がある。国土交通省と総務省はそれぞれ航空機や医療機器と電磁波との影響に関して報告を発表している。

国土交通省の調査では，スマートフォンのみならず，パソコンやビデオカメラなどから発せられる電磁波が航空機の計器に異常を起こさせることが報告された。そのため航空法により，航空機内での電子機器の使用は制限されている。また総務省では，携帯電話端末は，医療機器から1m程度離すことを目安とすること，病院内ではエリアによって携帯電話端末の使用を制限するのが望ましいことなどを指針として打ち出している。

☑ 公共の場でのマナー違反の増加

そもそもマナーとは，その場にいる人全員が快適であると感じられるようにするために守ることが求められる礼儀や作法，他人への配慮のことである。例えば公共の場においては，順序や秩

序を守る，静かにするなどのマナーが求められるが，近年では公共の場におけるマナー違反の行動が多くなっている。

特にスマートフォンの普及に伴い，公共交通機関内や劇場など，本来は静かであることが前提になっている場所での着信音や通話のほか，航空機内や病院内など電磁波の影響が懸念される場所での使用や，歩行中や自転車乗車中の通話による通行妨害や事故など，スマートフォンに関するマナー違反が多く見られるようになり，問題となっている。

☑ スマートフォンの普及による問題行動

内閣府が2019年に実施した調査によると，中学生の81.8%，高校生の98.6%がスマートフォンを所有しており，中・高生を中心とした若年層へのスマートフォンの普及速度は目覚ましい。

このようなスマートフォンの急激な普及に伴い，問題と思われる行動も顕在化してきた。2000年にカメラ付携帯電話が発売されると，写真を盗撮し，誹謗中傷とともに携帯メールに配信するといった，ネットを使ったいじめ行為が見られるようになった。近年ではスマートフォンでインターネットに接続することが可能になったことにより，ブログや学校裏サイト(学校の公式サイトとは別に，在校生や卒業生などが作成した学校サイトのこと。多くはスマートフォン等でしか見ることができず，発見が困難である)を使用したオンライン上のいじめや誹謗中傷行為が多発している。そのことを受け，文部科学省は学校や教員向けの対応マニュアルを作成するなど問題行動の解決に乗り出している。しかしながら，匿名投稿が可能であったり，無料でサブメールアドレスが取得できたりするといったインターネットサービスの特性もあり，現段階では全面解決には至っていない。また，メールやネット上でやり取りが可能なこともあり，保護者や学校関係者だけでなく，中・高生当事者たちも交友関係や行動が把握しにくいといった問題も起こっている。

☑ スマートフォン依存症

スマートフォンなどの個人向け通信機器を常に所持し，それがないと落ち着かない状態のことをいうほか，場合によっては，そのことが原因で日常生活に支障をきたすまでの状態となることをいう。特に高校生や大学生を中心とした若年層に多く見られる。

背景として，スマートフォンの機能が充実していて，通話やメールといっ

た通信機能以外に，ゲーム・インターネット・カメラ・音楽など，さまざまなサービスが利用できるようになってきたことがある。そのことでほとんどの欲求が満たされるからである。また近年，チャットアプリなどを用いて，友人と交流することが増え，ますますスマートフォンは手離せないものとなってきている。

スマートフォン依存により，学力の低下や生活習慣の乱れ，スマートフォン使用に関するマナー違反などの問題が指摘されているほか，スマートフォンがないとパニック障害に陥るなどの激しい症例さえ報告されている。

☑ 子どものスマートフォン所持の是非

スマートフォンの普及が進むのと同時に，利用開始時期の低年齢化が進行している。それに伴い，子どもがスマートフォンを所持すること自体に関しての是非が問われるようになった。

肯定意見としては，いつでも連絡が取れること，GPS機能により居場所の把握ができること，また防犯ブザーの代わりになることなど，保安面において有効であるという点が多い。一方否定意見としては，有害サイトや誹謗中傷などの問題情報に接触しかねない，ワンクリック詐欺などの犯罪被害にあ

う，利用料が高くつくなどがある。

子ども自身が携帯端末を利用することで，直接的に被害者や加害者になるケースが増加したことを受け，2009年には文部科学省が各都道府県に携帯電話を学校に持ち込むことを禁止する旨の通達を出した。しかし，近年スマートフォンの所有率が上がり，また災害時の助けとなるケースも出たことから，指針が見直されつつある。

☑ 監視社会

情報技術の発達に伴い，技術を駆使して情報を監視しようとする社会形態のことをいう。情報に対する安全性の確保や犯罪の抑制などの利点もある一方で，プライバシーの侵害や個人情報の漏洩につながる可能性があり，さらには個人情報保護の観点からも問題があるとされている。

以前に比べて監視カメラの設置が多くなった，マイナンバーに関して監視社会の助長につながるなどといったことが議論されてきた。それに加え近年では，GPS機能・個人ブログ・ツイッターなどの情報サービスの普及により，監視体制が強化されているとの見方も広まってきた。また，インターネット関連の犯罪（インターネット犯罪）への対策として，2011年にコンピューター監視法が成立したが，市民の電子メー

ルやインターネットアクセスへの監視を認める内容であることから，個人情報保護や通信の秘密を侵害するとして問題視されている。

☑ 共同体の崩壊

共同体とはコミュニティのことで，血縁や地域などのつながりによって結びついている集団のことをいう。

第二次世界大戦後の日本は，経済成長を成し遂げるとともに，一方でこの共同体が崩壊したと言われている。すなわち，戦前の日本は大家族であり，特に農村地域では住民の相互扶助によって作業を行っていた。また，都市部においても「向こう三軒両隣」という言葉が表しているように，近隣住民どうしの結びつきが強かった。しかし，戦後の日本においては核家族化が進み，都市部では住宅がマンション化して，両隣の住民の顔も分からないような状態になった。農村地域においても機械化が進んだことにより，共同作業の必要性が低くなった。そのほか，終身雇用が前提であった日本企業では，企業もまた共同体の一つであったが，成果主義の導入とともに雇用環境が流動化したことが，結果として共同体の崩壊に加担したともいわれている。

☑ 自動車や自転車を運転中のスマートフォンの使用

携帯端末の普及に伴い，自動車を運転中に携帯端末を使用したことによる事故が多く発生するようになった。そのことを受けて1999年に道路交通法が改正され，運転中の携帯端末操作は禁止されることとなった。しかし禁止規定のみだったために事故は減らず，その後のスマートフォンのさらなる普及によって，むしろ事故件数は増加した。そこで2004年と2019年に2度道路交通法が改正され，違反者には30万円以下の罰金と，違反点数の加算が追加された。

なお，自転車も車両扱いとなっているため，運転中の携帯端末の使用は違反となるが，罰則に関しては各都道府県によって異なる。

☑ アプリケーション

コンピューターや携帯端末などで使用される，特定の目的を実行するためのソフトウェアのことをいう。正しくはアプリケーションソフトウェアであるが，アプリと略されることが多い。

表計算ソフト，文章入力ソフト，ウェブページを閲覧するためのブラウザソフト，電子メールソフトなどが代表的なアプリケーションの例であるが，ほかにも，スマートフォンの普及により，

近年ではゲームやカメラのアプリケーションなど, スマートフォン専用に開発されたものも多数存在する。

無料のものと有料のもの, 基本は無料であるが課金により機能を追加するものなどがある。

☑ 日本の携帯電話市場の特殊性

日本の携帯電話市場の動向は, その特殊性から, 独自の生態系を持つガラパゴス諸島になぞらえてガラパゴス化(次項参照)と呼ばれてきた。

日本の携帯電話市場を海外のそれと比較すると, 携帯電話端末機が異常なまでに高機能, かつ高額である点において特殊であると言われている。その背景には, 日本の消費者が携帯端末を選ぶに際して, 通話機能そのものよりも, カメラ機能や携帯電話会社の独自サービスといった, いわば付随機能を重視するようになった結果, 機能を抑えて安価に設定された携帯電話端末は淘汰され, 高価でも機能が充実した機種が主流となったことが挙げられる。しかし, 海外ではこのような端末は需要が低く, 一般的ではなかった。

そのほかにも, 日本では端末機メーカーではなく, 各携帯電話会社主導で開発が進められてきた結果, 携帯電話会社間での端末の互換性がない点も特殊性の一つである。海外では端末機メーカー主導で開発が進められるために互換性があり, 消費者が使用する携帯電話会社を選べるのが一般的であった。

☑ ガラパゴス化

市場から隔離された環境で独自の進化を遂げ, 世界標準から離れてしまう現象のことをいう。南米エクアドルにあるガラパゴス諸島が独自の生態系を持つことを市場世界に例えて表現したものである。

ガラパゴス化の代表的なものとして携帯電話の例があるが, これに関しては2006年に総務省が開催したICT国際競争力懇談会でも議論が行われた。日本の携帯電話は, 電波・端末ともに技術力は突出しているが, 世界基準とはかけ離れているため, 海外では販売不振となった。逆に, 世界と基準を同じくするスマートフォンが普及した現在では,日本独自の多機能携帯電話(ガラパゴスケータイ)の市場は縮小している。このような, 世界基準から孤立した状況は, 電子機器だけでなく, 医療・教育の分野でも散見され, その将来が懸念されている。

☑ 電子マネー

金銭をデジタルデータ化したもの, あるいはそのデータを持つ媒体のこと

をいう。金銭データを記録したICチップを用いて決済を行うICチップ型電子マネー（カード形式，携帯電話）と，ネットワーク上で決済を行うネットワーク型電子マネーとがある。

Suica や PASMO，ICOCA などのように鉄道各社が発行しているものや，WAON など流通各社が発行しているカード式のものが代表例として挙げられる。現金を出し入れする手間が省けるほか，クレジットカードと連携することにより，残額が一定額を下回ると自動的に入金されるオートチャージ機能などもあり，現在急速に利用者が拡大している。

☑キャッシュレス決済

現金（紙幣や貨幣）を使用せずに商品購入時の支払いをすることをいう。キャッシュレス決済には，クレジットカードやデビットカード，電子マネーなどを利用するものや，QR コードを利用するものなどがある。

キャッシュレス決済の導入は，日本は海外よりも遅れており，外国人観光客が増えている現状も鑑みて，政府はキャッシュレス化を推進している。2019年10月から翌年6月までの間「キャッシュレス・消費者還元事業」として，小売店がキャッシュレス決済システムを導入する際に補助金を出したり，キャッシュレス決済を利用した消費者にポイントを還元したりするなどの政策を打ち出している。これは2019年10月の消費税増税に伴う消費の冷え込みを軽減するための対策でもある。

☑スマートフォン決済

スマートフォンのアプリを用いて商品購入時の支払いをすることをいう。事前にアプリにお金をチャージしておいたり，事後にカードで支払いしたりすることにより，現金を使用せずに決済することができる。スマートフォン決済には，大きく分けて非接触型決済と QR コード決済の二つがある。非接触型決済には Suica や楽天 Edy などがあり，端末に搭載されている NFC（近距離無線通信規格）を用いて，専用端末にかざすことで決済するシステムである。QR コード決済には PayPay や楽天 Pay，LINE Pay などがあり，スマートフォンの画面に表示された QR コードを読み取ってもらったり，店頭の QR コードをスマートフォンのアプリで読み取ったりすることで決済するシステムである。

答案例

問題 スマートフォン依存について，あなたの考えを述べよ。**600 字以内**

模範回答 スマートフォンは我々の生活に利便性をもたらすものである。通話やメールに加えて，写真を撮る，インターネットを見るなどの機能もあり非常に便利である。その上，アプリケーションがどんどん進歩し，さらにさまざまなことができるようにもなっている。しかしながら，スマートフォンの過度な使用が，生活習慣の乱れをはじめとして，さまざまな事故やトラブルを引き起こしている。例えば，SNS の反応や返信を即時にしないといけないという強迫観念から，常に画面を見ていないと落ち着かないスマートフォン依存の状態になってしまうことも起こっている。 (以上，第1段落)

　この背景の一つとして，人間関係が現実世界よりも仮想空間でのつながりに移行していることがあげられる。実際に会うのではなく，インターネット上でつながることに重きが置かれており，その関係維持のためにすぐに返信することや，自身があげた内容への反応を気にするようになってしまっている。またスマートフォンの機能やアプリケーションが日々進歩をしていて，利用についてのルールやマナーの枠組みが追いついていないという課題もある。 (以上，第2段落)

　スマートフォン依存にならないためには，使用時間や使う場所など家族や友人間でのルール作りが必要である。同時に，スマートフォン依存の怖さや弊害についても学ぶ必要がある。スマートフォンの便利さを享受しつつも，危険性を回避する考え方をもち，健全な使用が求められる。 (以上，第3段落)

解説 第1段落：問題の提示…スマートフォンの利便性は肯定しつつも，問題があることを指摘している。
第2段落：背景説明…スマートフォン依存になる理由を人間関係のあり方から説明している。
第3段落：対策の提示…依存的にならないための予防策を述べる一方で，スマートフォン依存の危険性を知ることの必要性についても触れている。

まちづくり

定義

　地域住民や自治体，NPO法人や民間会社などにより，建物や道路建設などの都市計画，景観や歴史建造物の保全・保護，都市や地域の活性化(p.86参照)などの形で，「まち」を現状からさらによいものにするために改善を図る行為を総称してまちづくりと呼ぶ。つまり，まちの空間のみならず，住民の暮らしそのものまで創造・再生する行為のことを指す。

　例えば，交通改善(ユニバーサルデザイン，交通ネットワークの整備など)，住環境保全(敷地面積の最低限度規制，マンションや商業施設の開発規制など)，景観形成(町家の活用，街並みの形成など)，地域資源の保全(森林や緑地の保全，井戸水保全など)，地域生活の支援，地域起業の創出，情報交流などがある。そのほかにも，高齢者や障害者などが生活しやすいまちづくりを行う福祉まちづくり，歴史的な建造物を保護し，景観を維持しながら現代生活との共存を図る歴史まちづくりなども代表例である。

　現在では，住民・行政・民間事業者が目標を共有し，協力し合ってまちの課題解決を行う「協働のまちづくり」が行われるようになっている。

必要性

　協働のまちづくりは，住民が自らのニーズにあった市民サービスが受けられるようになるというメリットをもたらす。これまでのまちづくりは行政や民間事業者(建設業者，不動産会社など)主導の開発事業となりがちで，住民のニーズと必ずしも合うわけではなかった。特に，近年では少子高齢化の進行，高度情報化，女性の社会進出など，住民のライフスタイル(p.84参照)や価値観が多様化しつつある。こうした状況において，すべての市民が満足する公共サービスを提供することは難しい。場合によっては，生活利便性が低下したり，生活空間としての魅力を失うといった事態まで発生した。こうしたことから，住民の視点に立って地域の課題解決を図るこ

とを目的として、住民がまちづくりに積極的に参加するという「協働のまちづくり」が行われるようになった。市民・行政・民間事業者のそれぞれが持つ専門性・発想力・即応力をフルに活用できれば、課題をスムーズに解決することも可能になる。こうした協働から生まれる相乗効果により、きめ細やかなサービスの提供が期待されている。

必要性の背景

協働のまちづくりが求められる背景を、① 住民，② 行政，③ 民間事業者それぞれの立場からまとめてみる。

①については、地域コミュニティ機能の低下が問題視されている。例えば、居住する場所と職場や学校が離れている場合、おもな生活の舞台は職場や学校となりがちで、人々はその中でコミュニティを作り、濃密な人間関係を構築することが多い。一方、そうした人々は昼間に居住地域にいる機会が少ないわけだから、地域とのかかわりが希薄になりがちとなる。ほかには、少子化(p.264参照)によってコミュニティ活動のきっかけとなる子どもが減少したこと、住民が頻繁に入れ替わるので地域への愛着や帰属意識が低下したことなどにより、住民と地域とのかかわりが薄くなる。こうしたことから、住民の問題意識や当事者意識が希薄化しつつあり、課題となっている。そこで、協働のまちづくりによって地域社会を主体的に作っていくという意識を芽生えさせ、まちづくりへの当事者意識や住民自治を重要視する意識が高まることが期待されている。

②については、地方分権の進展が背景にある。戦後、地方自治制度が住民参加型に変わったが、地方自治体の権限や財源についての改革はなされなかったため、地方自治体の運営に国が関与する体制は変わらなかった。結局、中央集権体制が実質的に継続される結果となり、地方自治体が国に依存しがちな体質を作り上げた。この体制は高度経済成長(p.85参照)による国民の生活水準の向上に寄与したが、都市化や過疎化、公害問題といった外部不経済も引き起こし、それに伴って住民の要望も多様化した。また、国主導の公共事業政策が膨大な財政赤字の原因となったこともあり、地方の実情に合わせて公共事業の実施を吟味する必要性に迫られた。こうした

ことから2000年に地方分権一括法(p.85参照)が施行され，地方自治体が自らの判断と責任のもとで地域社会を築くことが求められるようになった。しかしながら，行政主導では住民のニーズに合わないまちづくりが行われる恐れがあり，結果的に行政が負担するコストが増大する要因になる。こうしたことから，まちづくりに住民を積極的に参加させ，ニーズに応えようという動きが活発化したといわれている。

　③は，民間事業者の利益を優先する姿勢が指摘されている。例えば，不動産会社がミニ開発(開発土地1000㎡未満・敷地規模100㎡未満の小さな規模の建売住宅団地)をまちづくりと称することがある。しかし，事業主が民間企業である以上，事業性(その事業がビジネスとして成り立つかどうか)を優先せざるを得ないため，その多くは開発と地域との関係性の意識が希薄なままで事業が行われる。そうすると，土地利用がスプロール現象(郊外に無秩序・無計画に宅地が広がること)を引き起こして都市施設の整備が遅れがちとなったり，土地が細分化されるために後のまちづくりの妨げになったり，住宅が密集して建てられるために災害に対して脆弱(ぜいじゃく)になったりする。ほかにも，郊外のショッピングセンターの開発によって中心市街地が衰退したり，自動車の利用を強いられる立地のために交通弱者が住みにくいまちに変化したりすることもある。このように，地域とのつながりを意識しない民間事業者の開発行為により，地域住民が意図しないまちに変貌してしまう恐れがある。こうしたことから，住民と行政が民間の開発に介入し，互いに連携する仕組みが求められるようになった。

対応策・解決策

　協働のまちづくりを行うためには，地域の合意形成の仕組みをつくることが必要である。例えば，ワークショップ(p.373参照)を通して地域に関わるさまざまな立場の人々が地域の課題の改善計画を立てるといった取り組みがある。一方，こうした場に参加しなかった住民の意見を反映させるため，インターネット上での意見聴取や，アウトリーチ(p.88参照)といった手法を取りながら，多くの意見を集める工夫がなされている。また，まちづくりNPOや建築家・都市計画家を参加させて，まちづくり活動を活

性化することも考えられる。このように，さまざまな手段によって多くの住民に参加してもらい，住民・行政・民間事業者が対等に話し合いながらまちづくりを行っていくことが重要となる。他方，まちづくり条例(p.87参照)の中に三者が関与できる仕組みを盛り込むこと，住民を交えた建築協定(建築基準法の基準以上のルール。法的な拘束力がある)を結ぶこと，建築協約や住民協定(自治会などで自主的に決めた建築に関するルール。法的拘束力はないが，規約を尊重することが求められる)を制定して住民が街並みを管理すること(住宅以外の建物の制限，一戸建て以外の建物の制限，ブロック塀の規制，敷地の最低基準，敷地分割の制限など)のほかに，都市計画(p.86参照)の作成も検討すべきだろう。

👍 小論文にする時のポイント ―――――――――――――――――●

　まちづくりについては，工学部の中でも建築系や環境系の学科でよく出題される。入試では

① まちづくり全般について尋ねるもの

② 特定の地域のまちづくりについて尋ねるもの

の2パターンに分かれる。

　①は「地域づくりには何が必要か(どういう活動が好ましいか)」などの形で問われる。こうした場合，「住民の意見を尊重することが必要だ」という方向性で主張することになるだろう。こうした設問では，まちづくりに関する知識の有無が回答の出来・不出来を左右するので，全国でまちづくりが求められる背景(行政主導のまちづくりに対する批判)や，一般的なまちづくりの手法(ワークショップ・アウトリーチ・条例や建築協定などの制定といった住民合意のための手法)などの具体例を調べておくことを勧める。

　②は「農山村のまちづくりには何が必要か(どういう活動が好ましいか)」などと，地域が特定される。こうした出題ではまちづくりに関する知識の有無だけでなく，問題発見・解決能力の有無も問われる。それは，そもそも地域ごとに発生する課題はさまざまであり，その原因も解決方法も多岐にわたるものであり，受験生の思考力の差が生まれやすいからである。

よって，回答する時には，

(1) 与えられた設問が想定する地域の特性をつかむこと
(2) その地域が抱え得る問題は何かを把握すること
(3) 問題が発生する原因を特定すること
(4) 問題の原因を取り除く方法を提示すること

という4点について意識して述べるとよい。

　例えば，農山村のまちづくりであれば，(1)農業に従事する高齢者が多く，現役世代が都市部に流出しているという特性をもとに，(2)農業従事者の減少や，情報弱者や交通弱者の発生という問題を抱えていることを想定し，(3)農業による収益があげにくい現状やバリアフリーの未整備，医療・福祉や交通に対する施策の不備といった原因を見つければ，(4)現役世代の農業従事者や医療・福祉関係従事者の育成，交通網の整備，ユビキタス，バリアフリーの推進などの方策を練ることが必要であることが導けてくるであろう。

過去の入試問題例

例　未来を感じる個性的なまちづくりと私の工夫について，あなたの考えを述べよ。
（東北工業大・工学部）

例　政府に頼るばかりでない真の地域振興策として，筆者が考える具体的な政策と居住環境の整備について述べた文章を読み，地方の活性化のために，特にどのような政策が求められているだろうか。その政策が必要な理由も含め，あなたの考えを具体的に述べよ。
（千葉大・園芸学部）

例　日本には古くから「結い」とよばれるつながりによって「暗黙のルール」が存在したが，機能的な関係で取り結ばれる市場においては公序良俗以外には私たちを縛る暗黙のルールはなくなったように見えると述べた文章を読み，今後のまちづくりや地域づくりを進めていくためには，「暗黙のルール」と「市場」の考え方をどのように活用するのが望ましいか，あなたの考えを述べよ。
（信州大・農学部）

例　ふるさと資源を再生するために必要な機能について述べた文章を読み，ふるさと資源をどのように活用すればよいか，あなたの考えを次のキーワードを参

考にして述べよ。 （岡山大・環境理工学部）

「農地，農業用水，農村景観，伝承文化，耕作放棄地」

例 子どもにやさしい「まち」とは，具体的にはどんなまちと考えるか。また，
それを実現するために，どんなことが必要か。あなたの考えを述べよ。

（熊本県立大・環境共生学部）

🔑 関連キーワード

☑住　宅

　住宅とは人が居住する建築物である。気候・騒音・異臭・プライバシー・天敵などから住む人を守り，快適な生活を送るうえで欠かせないものである。一つの敷地に一世帯が居住する一戸建て（建築基準法における専用住宅）と，複数の世帯が居住する集合住宅（建築基準法における共同住宅）に分けられる。ところで，2018年に国土交通省が実施した住生活総合調査によると，住宅に対する評価の不満率（「非常に不満」＋「多少不満」の率）は23.1％であり，2003年実施の調査（42.4％）と比べて大きく低下した。一方，居住環境に対する評価の不満率は27.8％となり，2003年実施の調査（31.6％）からやや低下している。住宅の評価として「高齢者への配慮」「地震時の安全性」「遮音性」などへの不満が高く，住環境の評価として「周辺からの延焼のしにくさ」「歩行時の安全性」「災害時の避難のしやすさ」などへの不満が高かった。

☑住居学

　その環境下で生活する人の視点に立って住環境を研究する学問のことを住居学と呼ぶ。建築学（次項参照）が建物そのものに関する研究を行うのに対し，住居学は建物の内部と住居者との関係を研究分野とすることが特徴である。そのため，研究対象は効率的な生活動線のほか，生活スタイルや年齢に応じた住居のあり方をはじめとして，住居の歴史・住居様式・住居意匠・住環境問題・住居地計画など，住居に関する幅広い分野が対象となる。

☑建築学

　建築物に関する総合的な研究を行う学問のことを建築学と呼ぶ。建築構造・建築資材・建築意匠・建築史・都市計画など，多岐にわたる内容を研究分野とするだけでなく，建築物の設計に関する技術を深く学ぶことができるのも特徴である。

　日本においてはこのような定義であ

るが，世界的に見ると，建築学から建築意匠が分離し，デザイン分野の学問とされることが多い。住居学と関連が深く，住居学の研究成果が建築学に生かされたり，また建築学の研究成果が住居学に生かされたりする相互関連性を持つ。

☑ 建築基準法

建築物を建てる際の敷地・構造・用途・設備に関して必要最低限の基準を定め，国民の生命・健康・財産を保護することを目的とした法律である。

具体的には建物の性能に関する基準と，建ぺい率や用途地域規制などの都市計画に準ずるものや，違反建築物に対する行政措置などの建築物そのもの以外の基準に大きく分けることができる。1950年に制定され，しばしば改正を繰り返して現在に至っている。近年では2003年にシックハウス（p.81参照）に関する対策規定が加えられたほか，2006年には建築確認と検査の厳格化や，建築士業務の適正化や罰則の強化，2014年には学校等の防火基準の見直し，2015年には大規模な非住宅建築物の省エネ義務化，2018年には耐火性の低い建物の建て直し推進などの改正が行われた。

☑ 住生活基本法

住生活基本法とは，住宅・居住，ならびに居住環境に関して定めた法律で，2006年に施行された。良質な住宅の供給，良好な居住環境の形成，住宅市場の環境整備，高齢者や子育て家庭などに対する居住の安全確保を基本理念として掲げ，具体的内容を定めている。

住生活基本法が成立する背景としては，少子高齢化に対応した住宅政策の必要性，環境負荷の軽減などを目的とした中古住宅市場活性化策などが挙げられる。この法律に基づいて住生活基本計画が閣議決定され，その後5年ごとに内容が見直されている。

☑ 住　育

家や住環境に関する知識を身に付け，住むことに関して適切に判断する力を養うことを住育と呼ぶ。

住育が生まれた背景として，欠陥住宅（p.82参照）や住宅購入に際しての高額ローン問題，日本住宅の耐久年数の低さによる環境負荷などの解決に向け，住宅や住宅を取り巻く環境を住む人自らが学んで，改善を図る必要性が生まれたことが挙げられる。住生活基本法（前項参照）の成立に前後して使われるようになった言葉であり，現在では住育に基づいた住宅の建設・販売や，住育を広めることを目的とした住育検定

の実施などが行われている。

☑ シックハウス症候群

住居における室内空気の汚染と、それによる健康被害を**シックハウス**と呼ぶ。住宅が高気密化したことによる**空気循環の悪さ**や、化学物質を含んだ新建材を用いたことによる**空気の化学物質汚染**、また高断熱化により住宅内に増えたカビやダニなどが要因となって起こる現象である。新築住宅やリフォーム(p.83参照)したばかりの住宅だけでなく、ビルや学校などでもシックハウスが報告されている。

健康被害の症例としては咳などの呼吸器系疾患だけでなく、頭痛や倦怠感、湿疹など、症例は多岐にわたり、症状も人により異なる。対策として厚生労働省は、13の揮発性有機化合物に関する濃度基準を定めている。

☑ PM2.5

粒径が $2.5\,\mu m$ 以下の微小粒子状質のことをいう。大気汚染の原因物質とされる浮遊粒子状物質(SPM、粒径 $10\,\mu m$ 以下の粒子状物質)より小さい。

PM2.5を日常的に吸い込むと、呼吸器に沈着し、呼吸器疾患・肺機能の低下・呼吸困難・肺気腫・アレルギーの悪化などが起こると言われている。工場の煤煙や自動車の排気ガスなどに含まれていて、ディーゼル排気微粒子(粒径 $0.1\sim0.3\,\mu m$)が代表例である。

中国では、おもに自動車の排気ガスや工場からの排煙などによってPM2.5が急速に増加し、大きな環境問題となっている。

☑ 住宅寿命の短さ

日本の住宅の寿命の平均は32.1年であるが、アメリカ(66.6年)やイギリス(80.6年)と比べると格段に短い。また、全住宅流通量(既存流通＋新築着工)に占める既存住宅の流通シェアは14.5%であり、こちらもアメリカ(81.0%)・イギリス(85.9%)・フランス(69.8%)と比べて非常に低い。他方、住宅投資に占めるリフォームの割合は26.7%であり、これもイギリス(55.7%)・フランス(53.0%)・ドイツ(73.8%)と比べて小さい(総務省「住宅・土地統計調査」、国土交通省「住宅着工統計」などによる)。住宅の平均寿命が約30年というのは親から子への世代交代の期間と重なり、世代交代のたびに住宅を建て替える「短寿命・高コスト」型の住宅取得のスタイルが定着しているといえる。

短いサイクルで住宅を建て替えれば、大量の廃棄物を発生させるとともに、資源を大量に消費することにつながり、環境への負荷が懸念される。また、建

て替えのたびに次世代が年収を遥かに超える住宅ローンを背負うことになり，家計を圧迫する。

このような現実の背景には**スクラップアンドビルドに偏重した住宅供給の仕組み**がある。そもそも日本の住宅政策は住宅供給側に有利に働いてきた。戦争直後の住宅難により，国は一世帯一住宅の確保を目指して住宅建設を推進し，1968年には住宅数が世帯数を上回った。しかし，都市部への人口集中，世帯の細分化を原因とした住宅需要が増加する一方で，建築資材や人材不足による住宅不足が深刻化した。こうした背景から国は1966年に住宅建設計画法を制定し，国と地方が主導して住宅の建設をさらに強力に推進した。こうした状況は，住宅を提供する側（建築会社・不動産会社・金融機関など）にとってみれば，利益が大きい新築住宅建設に関連する受注が継続的に行えるというメリットを生む。大量生産・大量消費型社会であった時代背景も手伝って，住宅が使い捨てを前提に建てられ，短い期間で建て替える文化が根付いていったといえる。

このような問題の解決のためには**既存住宅市場の活性化**が考えられる。例えば，時代に合わせるために，質の低い住宅を更新するための支援が必要となる。特に，少子高齢化の進展に伴っ

て，居住者のニーズに合わない住宅もあることから，バリアフリーリフォームやバリアフリー住宅の新築などが考えられる。また，中古住宅の市場流通を促し，積極的にリフォームしやすい環境を整備することも一つの策と言える。一方，既存住宅性能表示制度の活用，瑕疵担保期間の設定，リフォームに関する保証制度の充実など，住宅供給者と購入者とのリスクを適切に配分し，購入者への負担を軽減して中古住宅の流通を促すことも重要な施策となるだろう。

☑ 欠陥住宅

本来あるべき住宅としての安全性や快適性を欠き，居住に問題が生じる住宅のことを**欠陥住宅**と呼ぶ。さまざまな例があるが，施工不良や施工不足がおもな原因であり，近年においてはコストダウンのために見えない部分の品質を下げる，あるいは手を抜くことによる欠陥住宅化が目立つのが特徴である。また，実際に居住することには問題は発生しないものの，耐震性などの基準が**建築基準法**(p.80参照)に違反している場合もこれに該当する。

欠陥住宅が大きな社会問題となった事件として，1995年の**阪神・淡路大震災**が挙げられる。死者の90％弱が倒壊家屋によるものであり，倒壊家屋には

欠陥住宅が多く含まれていたことが報告されて大きな問題となった。

☑ リフォーム

住宅の内部や外部に改装を加えることをいう。新築当初の性能に戻すことを目的とした比較的小規模な改装がリフォームであるが，具体的には，住宅設備の交換，バリアフリー化，耐震工事などが該当する。住生活基本法(p.80参照)にはリフォーム推進が明記されており，2025年までにリフォーム市場規模を7兆円(2013年)から12兆円にすることが目標とされている。

リフォームに関しても建築基準法などの建築に関する種々の法律が適用となるが，法令を無視したリフォームが行われることが時折あり，問題となっている。

なお，新築時の状態にさらに付加価値を加えることを目的とした大規模な改装はリノベーションと呼ぶ。

☑ 住宅の安全性への懸念

危険に対するリスク(支障が生じる確率)が高い住宅の存在が問題視されることがある。例えば，日本は有数の地震国であるが，建物に耐震性が備わっていれば倒壊のリスクは低くなる。2015年度末時点で，耐震化率9割を満たしているのは47都道府県中神奈川県のみで，2020年度までに達成する見込みがあるのは15都道府県にとどまった。耐震化率を上げるための工事については，特に集合住宅で問題となる。集合住宅では建物全体の耐震改修が必要になる場合，住民全体の合意が求められ，結果，改修自体ができないこともある。また，住宅の担い手がいないために改修できない空き家も増えている。このように地震をはじめ，火災・水害・雪害・犯罪といった危険から身を守ることができない住宅(もしくは住環境)が存在しており，住宅が本来備えているべき性能を持っているとは言い難い。

こうした事態に対応するためには，ハザードとリスクを分け，居住者・行政・専門家がともに安全性の確保を試みる必要がある。例えば，行政がハザードマップ(地震・水害・犯罪などのリスクを地域ごとに色分けしたもの)を公表したり，耐震診断・耐震改修の助成や減税措置を行うことのほかに，居住者が連携して防災・防犯ネットワークを確立すること，そしてこれらの試みに専門家が参画することなどが考えられる。また，住宅を選択する時，上記の情報をできるだけ多く入手し，安全性の高い住宅を手に入れることが必要となる。

83

☑ コンバージョン

　従来の建物の使用用途を別用途に変更すること，また変更に際して発生する工事のことをコンバージョンと呼ぶ。例えば，余剰オフィスビルや工場の住宅化などが過去に行われてきたコンバージョンの具体例として挙げられる。建物を取り壊して建て直す方法よりも建築廃材が少なく，環境に配慮した方法として注目を集める一方で，建築基準法で定められた採光などの基準を満たすことが難しい，あるいは満たすための改修に莫大な費用がかかるといった問題点があるため，日本国内においての実施例はさほど多くはない。

☑ シェアハウスとルームシェア

　1つの家を複数の人で共有したり居住したりすることをシェアハウスといい，アパートやマンションなどの一室に複数の人が共同で居住することをルームシェアと呼ぶ。どちらも個人専用の部屋やスペース以外のキッチンやバス・トイレなどの設備は共用すること，および個人専有部分を少なくすることで家賃を抑えられることが特徴である。

　ルームシェアは希望する相手を個人で探す必要があるのに対して，シェアハウスは運営会社が存在することが多く，空室状況に応じて即時の入居が可能となる。欧米の若者の間では一般的であるが，近年，日本においても，学生や若い社会人を中心に，シェアハウスやルームシェアを利用する人は増えつつある。

☑ ライフスタイル

　個人や集団における生活様式をライフスタイルと呼ぶ。年齢・社会属性・文化・性別・経済状況・興味・関心などによって異なるのが特徴であり，時として生活様式を超えて，個人や集団の価値観を表す意味でも用いられることがある。

　近年は物や情報の選択肢が増えたことにより，ライフスタイルも多様化を続けている。そのことにより，マーケティング分野では盛んにライフスタイルの研究や分析がなされており，それぞれのライフスタイルに応じた商品の開発が行われている。シェアハウスやルームシェアが増えているのも，多様化したライフスタイルに対応するためであるといえる。

☑ コンビニエンスストアの24時間営業の是非

　食品や雑誌，日用品などを販売し，年中無休で長時間営業を行う小規模小売店舗をコンビニエンスストアと呼び，多くの店舗において24時間営業が行わ

れている。創業当初は早朝から深夜までの営業であったが，個人のライフスタイルの多様化に対応するために，24時間営業を行うことが一般的になったという経緯を持つ。

この24時間営業の是非については盛んに議論がなされている。肯定意見としては，利便性や治安維持効果，また緊急時の駆け込み場所となりうることから，犯罪抑止となる点が挙げられる。一方，否定意見としては，24時間電気を使用し続けることによる環境負荷，深夜に人が集まることによる騒音被害のほか，長時間労働への懸念などが挙げられる。こうしたなか，2019年に経済産業省はコンビニエンスストアの24時間営業について「一律に決めず，地域の需要の変化を踏まえて検討すべきだ」とする提言の骨子をまとめた。これにより，今後コンビニエンスストアの営業時間や仕事に従事する人たちの仕事の仕方が変化していくものと思われる。

☑ 高度経済成長

1950年代半ばから1970年代初頭にかけての日本経済の急成長のことを指す。1950年代の朝鮮戦争特需（国連軍の中心を担っていたアメリカやイギリスから日本に発注された軍事関連用品やサービス）により，高度成長が始まっ

たとされる。第4次中東戦争による原油価格上昇に伴って，オイルショックが発生し，終焉した(1973年)。

この間の経済成長率は平均10％程度であり，1968年には国民総生産（国民が生産した財やサービスの付加価値（儲け）の合計）が資本主義国家において第2位となった。しかしながら，公害・都市部の人口過密・農村部の過疎などの問題も発生した。

こうした経済成長を遂げた要因は複数ある。円安（輸出に有利），質の良い労働力，高い技術力，安価な石油，護送船団方式（行政が最も力の弱い企業に合わせた指導を行い，業界を統制すること。金融業界で行われた），所得倍増計画（池田内閣で策定された経済計画。ケインズ経済政策をもとに，完全雇用を目指して生活水準を引き上げることを目的とした政策）などが挙げられる。

☑ 地方分権一括法

地方分権に関係する法律の改正・廃止が定められた法(2000年施行)。地方自治法の改正が中心となっている。地方分権推進委員会（内閣総理大臣の諮問機関）の勧告を受け，政府が定めた地方分権計画を実施するために定められた。国に集中し過ぎた権限や財源を地方に移譲し，地域の実情に合った行

政を推進することを目的とする。

例えば，機関委任事務の廃止と法定受託事務・自治事務の創設を通して，国の指揮監督権を排除したことが挙げられる。また，地方税法に定めのない税（法定外普通税）を地方自治体が新設したり変更したりする時にも，以前は総務大臣の許可が必要であったが，現在では大臣との協議と同意によって可能となった。

☑ 地域活性化

地域活性化とは，停滞あるいは衰退している地域を再び活性化させることをいう。1980年代頃から注目されるようになった。背景として，ライフスタイルの変化，あるいは少子化や都市への人口集中などにより，かつて栄えていた地域の衰退化が目立つようになったことが挙げられる。農村部の過疎化や都市部のシャッター通り化などは，衰退化の顕著な例である。

地域活性化の具体例としては，地域特産品の開発や活性化イベントの開催などのほかに，地域特性を生かしたまちづくりを行うことにより活性化を図る手法もある。

☑ 地方創生

東京一極集中を是正し，地方の活性化を目的とした一連の政策のことをいう。2014年に第二次安倍内閣において，「まち・ひと・しごと創生本部」が設置され，「まち・ひと・しごと創生法」が施行された。日本全体では人口減少に向かっており，さらに今後も東京への人口集中が続くことは予想され，このままでは地方の衰退は明らかである。地方経済の縮小を改善するため，地方における安定した雇用の創出や，地方への人口の流入，若い世代の結婚・出産・子育ての希望をかなえ，地域間の連携を推進することなどで地域の活性化とその好循環の維持の実現を目指すとしている。

☑ 都市計画

都市の発展や環境保全などを目的とし，土地利用・都市施設の整備・市街地開発に関する計画を立て，実現に向けて各種規制や施策の実施などを行うことを都市計画と呼ぶ。実際の都市計画は，主に都市計画法，大規模小売店舗立地法，中心市街地活性化法から成るいわゆるまちづくり3法に基づいて計画される。

都市計画法は，都市の均衡ある発展と健康で文化的な住民生活を守ることを目的とし，市街地開発や施設整備を行うための基本的な法律であり，市街地開発を積極的に行う区域と，逆に抑制する区域のそれぞれの制限などが定

められている。

大規模小売店舗立地法は，大型店舗の周辺環境保全のために，店舗の設置や運営に関する手続きなどを定めた法律である。

中心市街地活性化法とは，各市町村の中心となる市街地の設備改善と，商業の活性化を目的とした市町村支援などを定めた法律である。

☑ まちづくり条例

地方自治体が独自に定めるまちづくりに関する条例のこと。まちづくりに関する基本的事項や手続きを定めたもの，行政・市民・事業者の共同協力のもと，まちづくりを行うための仕組みを定めたものなど，条例の内容は自治体によって異なるのが特徴である。地域によっては自治基本条例や，まちづくり基本条例という条例名で，まちづくりを行っている。2019年現在，まちづくり条例を定めている自治体は390自治体である。

☑ ソーシャルキャピタル

社会に属する人のそれぞれが協力・協調し合うことで社会効率を高めるという考え方のもと，信頼関係や社会的ネットワークを重要資本と見なす概念をソーシャルキャピタルと呼ぶ。具体的には地域コミュニティへの参加や地域ボランティアの参加などが活発な地域ほど，ソーシャルキャピタルが培われているといえる。

ソーシャルキャピタルと人間行動は正の相互関係があると考えられている。ソーシャルキャピタルが豊かな状態では犯罪が抑制され，経済活動をはじめとしたすべての活動が活発化し，社会が効率的に機能するとされる。地域活性化やまちづくりを行ううえで重要となる概念で，近年とみに注目されている。

☑ コミュニティビジネス

地域住民が主体となり，地域が抱える問題点の解決を目的としたビジネスのことをいう。組織形態や活動分野は多岐にわたるが，雇用機会の創出や地域活性化への貢献などが期待できることが共通している。一方，利益の確保が難しい分野を対象としたものや，経営に関して精通していない者が興した事業などは，ビジネスとしての自立や継続が困難な場合もあり，課題点として挙げられる。

なお，コミュニティビジネスの具体例としては，障害者や高齢者の生活支援事業，地域通貨の発行による消費喚起，地域情報をインターネットサイトや情報誌で発信することなどがある。

☑ アウトリーチ

アウトリーチとは，まちづくりを行うにあたり，行政が直接市民のもとに出向いて意見や情報を収集したり，まちづくりへの興味や関心を引き出すような活動をしたりすることを指す。元々は，福祉分野において，公的機関が利用者のところに出向いてサービスを行うことや，芸術分野などで人々の潜在的関心を引き出すような活動のことを意味していた。

アウトリーチを行うことにより，行政担当者と市民との間に交流が図られ，それによってソーシャルキャピタルが充実して，地域活性化やより良いまちづくりへの貢献が期待できるとされる。

☑ コンパクトシティ

生活に必要な機能を中心地へ集約し，郊外へ機能が分散することを抑止するような都市政策，あるいはそういう政策が実現している都市のことを，コンパクトシティと呼ぶ。

コンパクトシティにおいては，徒歩や自転車を移動手段とした生活圏が構成されることにより，環境や高齢者などの交通弱者に配慮した都市計画となるほか，シャッター通りで代表されるような中心地の空洞化の解消，さらには郊外化抑制を図ることにより，道路などの設備投資が削減でき，行政の財政が改善するなどの利点がある。

コンパクトシティを政策として採用している都市としては，札幌市・青森市・神戸市・富山市などがある。そのうちでも，除雪費の削減を目標にコンパクトシティを取り入れた青森市では，実際に中心地の人口が増加するなどの効果が見られているという。

答案例

問題 まちづくりの必要性について，あなたの意見を述べよ。**600字以内**

模範回答 まちの空間だけでなく，暮らしそのものも創造する行為をまちづくりという。住民のニーズにあったサービスが受けられるというメリットをもたらすゆえに，まちづくりは必要だと考える。　　　　　　　　　　　　（以上，第1段落）

　これまでは行政や民間事業者主導の開発になりがちで，住民のニーズとまちづくりが必ずしも一致しなかった。特に近年では少子高齢化，高度情報化，女性の社会進出など，住民のライフスタイルや価値観が多様化しつつあり，すべての市民が満足できる公共サービスの提供は難しく，生活利便性が低下したり，生活空間としての魅力を失うことが多かった。もし住民がまちづくりに積極的に参画すれば，市民・行政・民間事業者らが持つ専門性や発想力を活用することで課題をスムーズに解決でき，より良いサービスの提供が可能になるだろう。

（以上，第2段落）

　こうしたまちづくりを行うためには，地域の合意形成の仕組みをつくることが必要だ。例えば，ワークショップやインターネット上での意見聴取，アウトリーチなどの方法で多くの意見を集めるなどして，できるだけ多くの住民に参加してもらい，住民・行政・民間事業者が対等に話し合いながら，まちづくりを行っていくことが重要だ。　　　　　　　　　　　　　　　　　　（以上，第3段落）

解説 第1段落：意見の提示…住民のニーズに合ったサービスを受けるために，まちづくりが必要であることを主張している。
　第2段落：理由説明…いままでの行政・民間事業者主導の開発ではなく，住民を主体としたまちづくりの必要性を述べている。
　第3段落：意見の再提示…住民主体のまちづくりを行うためには，住民の参加と住民・行政・民間事業者が対等に話し合える場が必要であるとまとめている。

クローン人間

定義

クローン人間とは，元となる人と同じ遺伝情報をもつ別の人のことである。ヒトは有性生殖をするが，クローン人間はクローン技術を用いて無性生殖でつくることができる。クローン技術は同じ遺伝子をもつ生物を誕生させることである。

具体的には，核を取り除いた卵子に，体細胞から得た他人の DNA が入った核を入れて育て，ヒトクローン胚を作製する。それを子宮に移植し，あとは通常の妊娠と同じ経過を経て出産させる。このように，体細胞を用いてつくられるクローンを体細胞クローンと呼ぶ。また，受精後発生初期の細胞を用いてつくられる受精卵クローンもある。

問題点

クローン技術は比較的新しい技術であり，多くの問題点が指摘されている。おもなものは，

① 倫理面の問題
② 安全性の問題
③ 遺伝情報の問題
④ ビジネスとしての問題

などである。

①の倫理面の問題は，クローン技術の最も大きな問題である。生き物は有性生殖で生み出され，尊い命を有している。しかし，クローン技術では実験や医療のためだけにテクノロジーによって生命を誕生させることになり，これは命の軽視につながりかねないという問題がある。特にクローン人間の場合はその人の人権の問題もはらむことになる。

②は，食料や臓器移植に用いるためにクローン技術を用いる際の安全性が保障されていないということである。ほぼすべてのクローン体には寿命

が短いなど何らかの欠陥があることが報告されている。また，臓器移植についてもリスクがある。人間の臓器移植のために，クローン技術を用いて人間の臓器をもったブタをつくるが，この場合，移植を受ける人のDNAを用いて臓器をつくらせるため，理論上は移植しても拒絶反応は起きないとされている。しかし，ブタが保有する未知の細菌が，人間の体内に入り別の病気をもたらすことが懸念されている。

③は，クローン技術で用いられる遺伝情報が，個人情報の中でもかなり重要なプライバシーであるともいえる点である。ヒトゲノム計画により，人間の遺伝子配列はすべて解析され，病気になりやすい遺伝子を早急に発見し予防する技術が見出されている。しかし，そうした個人の遺伝情報が外に漏れることで，不利益を被ることも予想される。ちなみに，クローンであってもすべての組織が同じ特徴をもつとは限らない。血管の配置構造や指紋などは後天的な影響によるものと考えられているからである。たとえ遺伝子が同一であっても個体まで同一になるということはないのである。

④は，クローンペットなどのように，クローン技術がビジネスに用いられている点である。クローン技術が発達しているのは中国である。その中国で，寿命が残りわずかとなったペットの遺伝子を用いて，若い状態のクローンペットが作られている。その市場規模は拡大しつつあるが，倫理面，安全面，法律面などクリアされていない問題が数多く残されている。

問題点の背景

クローン技術のなかで，特に大きな問題はクローン人間である。クローン人間の作製が問題となる背景には，倫理的な面が大きく影響している。具体的には，①有性生殖によってのみ子孫を残すことを常としてきたこれまでの価値観が覆ること，②クローン作製時に廃棄される未受精卵のほかにも，流産・死産した胎児の取り扱いや人権問題，③優秀な人間のクローンを作製しようという優生思想(優良な遺伝形質だけ残そうという考え方)の台頭に対する危惧，④生まれてきたクローン人間の使用権が作製者や遺伝子所有者にゆだねられることによるクローン人間自体の人権問題など，懸念される事項は数多くある。

　人工多能性幹細胞(iPS)の発見をはじめとした再生医療の進歩が目覚ましいいま，技術的にも倫理的にも多くの問題点を抱えているクローン人間作製の利点は，この先もないと考えてよいのではないか。そのため，今後はクローン人間作製を規制することが必要となる。

　現状においても，世界各国ではクローン人間の作製を禁止する動きが大勢を占めている。日本では2000年に「ヒトに関するクローン技術等の規制に関する法律」が成立し，クローン人間の作製は禁止されている。クローン人間のもとになるのはヒトクローン胚である。これを胎内に移植してクローン人間を作製することを禁止している。ヒトクローン胚を作製すること自体は，届け出をすることで可能となっている。しかし，海外ではヒトクローン胚の作製も禁止している国もある。

　また，特に規制がないクローン動物について，すでにクローンペットのようなビジネスが展開している国もある。目先の利益のために不確定要素の多いクローン技術を用いることは，将来どのような影響を及ぼすか予測ができず極めて危険である。今後はクローン技術の利用は生物学実験や検査など，その技術の進展によって人類に利益をもたらす事項に限るなどの措置が必要であるだろう。

👉 小論文にする時のポイント ─────────────・

　クローン技術に関連する出題は，生命科学系の学科で出題されやすい。その時，工学部系統では「遺伝子操作」，理学部や農学部系統では「クローン人間」「クローン動物」「クローン植物」それぞれの作製という切り口で問われることが多い。クローン人間や動物というと，顔かたちが同じ人間や動物ができたかのように誤解する人もいるだろうが，そうではない点をまず理解すべきである。したがって，例えば「同じ顔かたちの人間が複数いると，社会で混乱が生じる」といった指摘は的外れである。しかしそれ以上に，技術的あるいは倫理的な問題が数多くある以上，クローン人間作製を推進する立場で論じるのは甚だ困難であろう。山積する問題をきちんと踏まえ，人類の利益のためにどうすればよいかという大きな視点からとらえることが望ましい。

過去の入試問題例

例 体細胞あるいは受精卵を用いたクローン動物の作製法を示した図を読み，ヒトのクローンを作製することの是非について，意見を述べよ。

(秋田県立大・生物資源科学部)

例 クローン技術を使って家畜やペットを作ることが行われるようになった。ここで使われているクローン技術とはどのような技術であるか，また，その問題点について，生物学的観点から説明せよ。 (日本女子大・理学部)

例 クローンについて述べた英文を読み，クローン研究を進めるべきかどうかについて，意見を述べよ。そのなかで，クローン技術のメリット，デメリットを述べよ。

(石川県立大・生物資源環境学部)

例 クローン動物及びその子孫由来の肉や乳について安全上の懸念はないとするFDA (アメリカ食品医薬品局) の最終リスク評価報告が発表されたことについて述べた英文を読み，概要を記せ。さらに，内容に関して自分の考え方を示せ。

(山口大・農学部)

例 人間にはクローン繁殖の能力がなく，それが実現可能となると賛否両論が渦巻くが，植物はクローン植物があふれていることについて述べた文章を読み，動物のクローンについての考えを述べよ。 (鹿児島大・農学部)

関連キーワード

☑倫理学

善・規範・道徳的言明などについて研究する学問のことをいう。そのうちで生命に関する倫理的問題を取り扱う学問を生命倫理学といい，ヒトのみならずすべての生命体を対象とする。最近の医学や遺伝子工学の発達によって，倫理的な考察が必要な診断・治療・実験が多くなっている現実がある。

☑クローン

同一の起源をもち，なおかつ均一な遺伝情報を持つ核酸・細胞・個体の集団のことである。分子クローン(生体分子を複製したもの)，遺伝子クローン(DNAクローニングで得られた遺伝子)，細胞クローン(細胞培養によって得られた細胞集団)，生物クローン(クローン胚によってつくられた生物)

がある。なお，クローン人間は生物ク
ローンに該当する。

☑ 植物クローン

　無性生殖は，原則としてクローンを
作る。古くから挿し木などのクローン
技術が農業や園芸の分野で利用されて
いる。また，竹などのように，茎を延
ばして同一のクローンをつくって群落
を形成する植物もある。繁殖が難しい
ランでは茎の先端を切り取り，養分を
含む培地で培養して増やす。この方法
をメリクロン栽培といい，体細胞を材
料とするクローン技術の一種である。

☑ 動物クローン

　クローン技術で人為的にクローン動
物を作製する方法には，受精卵クロー
ン法と体細胞クローン法がある。
　受精卵クローン法では，母体より取
り出した受精卵をバラバラにし，それ
らを培養して一定段階まで成長させて
子宮に戻す。あるいは，受精卵の各細
胞と，あらかじめ核を取り除いた未受
精卵とを融合させ，これを培養して一
定段階まで成長させて子宮に戻す。
　体細胞クローン法では，核を除いた
未受精卵と体細胞を用いてクローン個
体を作る。体細胞クローンは1970年に
初めてイギリスでカエルが作製された
が，その後1997年に哺乳類では初めて，

イギリスでヒツジ(名前はドリー)が作
製された。その後もウシ，マウス，ブ
タ，イヌ，サルなどで体細胞クローン
が次々と作製されている。

☑ クローン食品

　クローン食品とは，ある個体に固有
の性質をクローン技術を使って複製し
て作った食品のことである。クローン
技術によれば，同一個体の生産が可能
と考えられているため，農業の効率化
を実現するうえで期待されている。
　一方で，クローン技術の限界や，技
術が成熟していないことによる予期せ
ぬ危険性などの問題が懸念される。

☑ ヒトに関するクローン技術等の 規制に関する法律

　ヒトに関するクローン技術等の規制
に関する法律とは，2000年に公布され
た日本の法律である。特定胚を定義し
てその取り扱いを適正に行うように定
めるとともに，罰則をもってクローン
人間の作製を禁止している。

☑ 組み換え DNA 技術

　遺伝子を細胞に導入して発現させる
技術のことをいう。酵素を用いて，遺
伝子である DNA の断片と，細胞内で
複製される DNA 分子(= ベクター；
運搬体)とを結合させた組み換え DNA

分子を作製し，これを細胞内に入れて遺伝子を導入し，複製・発現させるのである。この技術により，ある特定の遺伝子 DNA だけを分離して，調べることができる。また，細菌などに有用物質を大量に生産させたり，作物や家畜の新品種を作り出したりする時などにも応用が可能になる。

☑ トランスジェニック生物（遺伝子導入生物）

外部の遺伝子を細胞内に導入し，個体にまで成長させた生物のことをいう。世界初のトランスジェニック生物は，ラットの遺伝子をマウスの受精卵に導入したものである（1980年）。この技術は，遺伝子の機能や遺伝病などの基礎的研究に用いられている。

一方，葉などの細胞に遺伝子を導入し，植物体にまで生長させたトランスジェニック植物もある。現在ではこの技術は，遺伝子の基礎的研究や品種改良に用いられている。なお，遺伝子組み換え作物はトランスジェニック植物の一種である。

☑ タンパク質工学

タンパク質の構造の一部を人為的に変え，タンパク質の機能を変える技術やその研究分野のことをいう。特定のタンパク質の遺伝子を改変し，細菌な

どに導入する遺伝子組み換え手法を活用すれば，タンパク質を自由に設計したり改造したりして，大量生産することもできる。また，耐熱性タンパク質など，天然には存在しないタンパク質も得ることができる。

☑ 生命工学

生物学と化学の知識を応用して生物の機能を解明し，それに関わるさまざまな技術を開発することを目的にした学問分野のことをいう。遺伝子操作・遺伝情報解析・組織培養・タンパク質工学・免疫工学などの技術を活用し，再生医療・ゲノム創薬・農作物の品種改良といった実社会に有効な技術の開発を目指している。

分子生物学や生物化学などの生物学の基礎的な分野が発展するとともに，生命工学の分野も日々進化している。しかし，クローン技術や遺伝子組み換え技術など，倫理的に問題ありと捉えられる技術もあり，今後の論議が求められている。

☑ 先端医療

一般の保険診療で認められている医療水準を超えた最新の先端技術を用いて行う医療行為のことをいう。新しい医療技術と医療機器の出現や患者のニーズの多様化に対応するために行わ

れるもので，具体的には，遺伝子治療，再生医療，ゲノム創薬，手術支援ロボットシステムの開発などがある。

　患者側からすれば，今までの医療技術では治すことが難しかった疾病でも治癒する機会が増えることになる。一方で，費用や倫理観の問題点が残る。前者については，先端医療にかかる技術料には保険が適用されないため，医療費が高額になる。後者については，遺伝子にかかる先端医療の場合では，生命工学を応用した遺伝子操作はもちろんのこと，遺伝子解析の情報による悪影響も懸念されている。例えば，遺伝子操作には遺伝的多様性を失う恐れがあり，ゲノム情報には遺伝情報による差別など，遺伝情報が社会的に大きな影響を与える可能性もはらんでいる。

　先端医療は新しい医療分野であるので，臨床での有効性・安全性・副作用などが明らかになっていないものもある。そもそも保険診療の認定審査が厳格なのは，保険を利用する人々の健康被害が最小となるようにするためである。また，悪用されれば社会的悪影響を及ぼす恐れがある先端医療もあるが，こうした懸念は先端医療の普及を妨げる要因となっている。

　他方，今までの生命のあり方を覆す技術が先端医療において用いられていることの影響もある。例えば，遺伝子

組み換えを伴う技術などは人間の由来を司る遺伝子を操作する技術であり，「子は親の遺伝子を引き継ぐもの」という倫理観を覆すことになる。そのため，こうした技術は倫理観が確立していない現状において安易に普及させるべきではないという立場の人もいる。

☑ 先進医療

　先端医療のうち，厚生労働大臣の承認を受けたものを先進医療という。これは，先端医療を将来的に保険診療へと導入するために評価を行うという目的によって定められたものである。言い換えれば，先端医療が先進医療として厚生労働省から認められ，その後に最終的に保険診療の対象となるまでには時間がかかるのである。つまり，基礎的な試験だけでなく臨床的な試験も繰り返し行い，数多くの客観的なデータを蓄積したうえで，有効性が確認されなければならないのである。

　このことから明らかなように，先進医療は先端医療をいち早く，しかも安価で受けられるようにするためのものではない。たしかに，通常認められていない混合診療（保険診療と保険外診療とを組み合わせること）が例外的に認められ，負担の軽減が図られるように配慮されている。しかし，先端医療にかかる費用は自己負担であり，先進

96

医療の認定を受けていない先端医療は混合診療すら認められていない。したがって多くの場合は患者の自己負担額が大きくなる。

☑ 遺伝子診断

特定の遺伝子の有無および遺伝子の異常から疾病を診断する方法のことをいう。DNA 診断（gene diagnosis）ともいう。おもなものには，確定診断（病気の原因を確定する診断），発症前診断（将来の発症の可能性の検査），保因者診断（遺伝病の保因者であるかどうかの検査）などがある。出生前診断，着床前診断も遺伝子診断の一種である。

遺伝性の疾患が遺伝子の変異や変化によって起こっていることが明らかな場合，確定診断によって遺伝子を調べれば，病原体の種類のほか腫瘍が悪性か否かなど，疾患の原因を突き止めることに役立つ。また，発症前診断や保因者診断によって，将来の発病の可能性を確率的に診断できる。そのことで発症前に処置や治療を行うことができ，疾患発症の予防や軽減ができる。そうすれば，個々人に適合したテーラーメイド医療（次項参照）も可能になる。

遺伝子診断の広まりに対して，問題の発生を懸念する声もある。例えば，遺伝情報が流出して悪用されれば，遺伝子差別が起こる可能性がある。保因者への差別は障害者差別と直結し，ノーマライゼーション思想の推進を妨げる恐れもある。また，診断されても治療法がない疾病もあり，それが知れることで保因者の自殺や親の育児放棄などが起こる恐れもある。また，出生前・着床前診断により，中絶や受精卵廃棄が行われる可能性も否定できない。さらに，遺伝情報は本人だけでなく，家族や血縁者も共有しているため，他人の遺伝子異常や疾病までも明らかになることも考えられる。つまり，本人の「知る権利」を尊重すると，他人の「知らされない権利」を妨げるというジレンマさえ起こる。

このように，遺伝子診断は優生思想を助長する恐れや，人権侵害を生む要因となる可能性がある。

☑ テーラーメイド医療 （オーダーメイド医療）

個人の体質を遺伝子診断した結果をもとに個々人に合わせた予防や治療を行うことをいう。遺伝子やゲノムの形によって，体質や疾患のかかりやすさがわかるため，個人差に配慮した対応が可能となる。また，医薬品の有効性や副作用の可能性を調査できるため，個々人に合った薬剤の選択にも役立つ。

これまでの医療は，どちらかというと疾患中心であり，疾患の原因を探索

したりその治療法を開発したりすることがおもな目的であった。しかし疾患の状態は個々人で異なり，同じ病気でも同じ治療法が適しているとは限らない。そこで，治療薬がその患者に有効であるか判断したり，投薬量や副作用について見積もったりすることが可能になれば，個々人に合った医療を行うことが期待できる。

☑ (医学における)遺伝子研究

遺伝子変異と疾患との関連性を探る研究のことをいう。原因となる遺伝子が単一のこともあれば，複数の要因が重なって発症することもある。こうした要因と疾病との関係を，統計的に検討することで，疾病発症との関連性やかかりやすさを確率的に示すことができるようになる。

こうした研究のためには患者の協力が欠かせない。しかし，患者のインフォームド・コンセントを取らずに血液などを試料として用いていた事例が過去にあり，問題視されたことがあった。これを受け，文部科学省・厚生労働省・経済産業省が合同で遺伝子研究に関するガイドライン「ヒトゲノム・遺伝子解析研究に関する倫理指針」を作成した。ここでは，インフォームド・コンセントを基本とし，個人情報の保護を徹底することなど，遺伝子研究に関する指針が定められた。

☑ 遺伝子治療

疾病の治療を目的として，遺伝子もしくは遺伝子を導入した細胞を体内に投与し，細胞の欠陥を修復・修正する治療のことをいう。1990年にアメリカで先天性代謝疾患の ADA 欠損症（次項参照）の子どもの患者に対して，世界で初めて行われた。わが国では1995年より実験的に実施されている。厚生労働省のガイドラインにより，致死性の遺伝性疾患・がん・エイズなど，生命を脅かす疾患であり，他の治療法と比較して治療の有効性が予測できる疾患が遺伝子治療の対象となっている。

遺伝子治療では，ベクターを用いて細胞に遺伝子を送り込み，遺伝子そのものを直接操作して治療を行う。その方法は，正常な遺伝子を新たに細胞に加えて働かせたり，異常な遺伝子の働きを止めたり，遺伝子の異常な部分を切り取ったりするものである。遺伝子治療を行うと，病状の進行を食い止めることが期待できる一方で，遺伝子治療の限界や安全性，倫理的な問題を挙げ，遺伝子治療に対して否定的な見解を示す人もいる。

遺伝子治療は異常な遺伝子の機能を改善し，正常にタンパク質を産出させるために行われるものである。そのた

めに，失った機能を回復するような治療には向かない。また，ベクターが副作用や免疫反応を引き起こす可能性や，治療用遺伝子が引き起こすさまざまな問題点もある。例えば，遺伝子の誤導入による細胞や器官の機能停止やがん化，治療用遺伝子が過剰に働くことによるタンパク質の過剰産生，導入操作時の治療用遺伝子の流出の恐れなどである。

そもそも遺伝子治療は個人あるいは生命の根幹である遺伝子を操作するものであり，そのことに対して拒否感や警戒心を抱く人も少なくない。遺伝子を人間の手によって操作してよいのか，遺伝子差別を助長する恐れはないのか，遺伝的問題がある人の生存を否定することにつながらないのか，遺伝子治療の結果が次世代へ遺伝した時に問題は生じないのかなど，倫理面での問題点が指摘されている。

☑ 先天性 ADA 欠損症

ADA（アデノシンデアミナーゼ）は，アデノシンとデオキシアデノシンをイノシンとデオキシイノシンに変換するプリン代謝系酵素の一つである。この酵素が先天的に欠けていると，血液中の正常なリンパ球（細菌やウイルスなどの抗原から身を守る役割をもつ細胞）が減少して，リンパ球の産生が困

難となる。これが先天性 ADA 欠損症である。この病気ではあらゆる細菌類に対する抵抗力が低下するので，感染症が発症しやすくなる。

☑ ベクター

遺伝子治療において，遺伝子を細胞に運び入れるためのカプセルのようなもののことをいう。細胞に入り込む性質をもつウイルスや，リボゾームベクターなどが用いられる。

ウイルスによるベクターは，病原性を司る遺伝子を切り取ることで作られる。そこに治療用遺伝子を組み込むため，ベクターには病原性がないとされている。一方，リボゾームによるベクターは，人工的な脂質の膜で作られた球体に，治療用の遺伝子を組み込む。そのほかに，遺伝子を環にしてベクター状にしたプラスミド DNA を用いることもある。

☑ 遺伝子組み換え技術

遺伝子を人工的に操作する技術のことをいう。DNA を分離・操作し，細胞や生物に再導入して，DNA が増殖できるようにするものである。これは有用なタンパク質を産出させたり，生物に新たな形質を導入させたりすることを目的として行われる。

遺伝子組み換え技術は，具体的には，

細菌や培養細胞によるインスリンやエリスロポエチンなどのホルモン生産，除草剤に耐える性質を与えた遺伝子組み換え作物の生産，遺伝子治療などに用いられる。

☑ 治療用遺伝子が引き起こした問題の具体的な事例

2002年，フランスにおいてX連鎖重症複合免疫不全症の遺伝子治療を受けた患者(治療時1歳の男児)が白血病を発病し，同じ遺伝子治療をした別の3歳男児も発病した。発病の原因は，造血幹細胞に入れて投与した遺伝子が，造血幹細胞の増殖に関与する遺伝子の傍に逆向きに挿入され，増殖機能が異常をきたしたためであった。

これを受けて，フランスでは遺伝子治療を全面凍結し，日本でも同様の手法で行われる予定だった遺伝子治療計画が延期された。

☑ 再生医学

胎児期にしか形成されない人体の組織が欠損した場合，その機能を回復させる方法を研究する医学分野である。具体的には，体性幹細胞や多能性幹細胞(ES細胞，iPS細胞)といった幹細胞を利用したもの，クローン作製，臓器培養，自己組織再生誘導法の研究が該当する。

これまで機能を失った細胞・組織・臓器に対する治療としては，他人からの臓器移植・組織移植の利用がおもに行われてきた。しかし，ドナー不足や免疫抑制による感染症発症のリスクが伴う一方，他人の臓器を移植することに対する倫理上の問題もある。また最新の工学技術による人工臓器の開発も進んでいるが，耐久性が不十分なこと，生体の複雑な機能の一部分しか代行できないことなどが問題視されている。

このような現状に対する解決方法として，再生医学を応用した医療(再生医療)が注目されている。自らの臓器を再生することができれば，免疫的な拒絶反応や倫理上の問題も克服できると考えられている。実例として，熱傷の植皮のための皮膚の表皮細胞培養，あごの骨由来の歯胚再生，自己細胞を使った再生角膜，骨髄中の間葉系幹細胞による骨芽細胞・脂肪細胞・軟骨細胞への分化(他の細胞に変化すること)・誘導，体性幹細胞の得る研究などが知られている。

再生医学が社会的に注目されるようになったのは，iPS細胞が作製されたことによる。iPS細胞とは，多くの細胞に分化できる能力を獲得した幹細胞であり，京都大学再生医科学研究所の山中伸弥教授らの研究チームによって，マウスの線維芽細胞から作り出された

(2006年)。

分化万能性をもった細胞は理論上，体を構成するすべての組織や臓器に分化・誘導することが可能である。したがって，ヒトの患者自身からiPS細胞を作り出す技術が確立されれば，拒絶反応のない移植用組織や臓器の作製が可能になると期待されている。

☑ 幹細胞

細胞分裂において，自分と同じ未分化の細胞を作る能力を持った細胞のことをいう。未分化な細胞は分化細胞を作ることができる。

おもなものには，体性幹細胞（臓器や組織に属する幹細胞），多能性幹細胞である胚性幹（ES）細胞（胚盤胞から作製した分化できる幹細胞，受精卵を利用），人工多能性幹（iPS）細胞（ヒト由来の体細胞から作製した分化できる幹細胞）などがある。

体性幹細胞には属する臓器・組織にしか分化しないものがあるという制約があり，ES細胞は作製のために受精卵を使用しなければならないという問題点がある。一方，iPS細胞にはこうした制約はなく，体細胞に遺伝子を導入して培養することにより作製することができる。

☑ 胚性幹細胞（ES細胞）

動物の発生初期段階である胚盤胞期の胚の一部に属する内部細胞塊より作られる幹細胞細胞株のことをいう。つまり，受精卵を由来として作られるのである。なお，ES細胞に他人の遺伝子を組み込んで育てると，ヒトクローン胚になる。これを子宮に戻すと，理論上クローン人間が作製できる。

ES細胞は生体外にて，理論上すべての組織に分化する分化多能性を保ちつつ，ほぼ無限に増殖させることができるため，再生医療への応用に注目されている。また，その高い増殖能から遺伝子にさまざまな操作を加えることが可能である。このことを利用して，相同組み換えにより個体レベルで特定遺伝子を意図的に破壊したり（ノックアウトマウス），マーカー遺伝子を自在に導入したりすることができるので，基礎医学研究の分野ではすでに広く利用されている。

☑ iPS細胞作製技術の応用

再生医療への応用のみならず，患者自身の細胞からiPS細胞を作り出し，そのiPS細胞を特定の細胞へ分化・誘導することで，従来は採取が困難であった組織の細胞を得ることができる。そのことで，これまで治療法のなかった難病に対しても，その原因や発症メ

カニズムを研究したり，患者自身の細胞を用いて，薬剤の効果や毒性を評価することが可能になる。このようなことから，今までにない全く新しい医学分野を開拓する可能性をも秘めているといえる。

☑ 臍帯血

胎児と母体をつなぐへその緒（臍帯）の中に含まれる血液のことをいう。造血幹細胞が多く含まれているので，白血病や再生不良性貧血など，難治性の血液疾患の治療で行われる造血幹細胞移植に使われる。また，間葉系幹細胞も含まれていることから，再生医療への応用も期待されている。

☑ ヒトゲノム

ゲノムとは，生物が生きていくために必要なすべての遺伝子（生命の設計図）のセットのことである。つまり，ヒトゲノムとは人が持つすべての遺伝子を指す。遺伝子の本体であるDNAには遺伝情報が書き込まれているとされることから，世界的な規模でヒトゲノム計画（DNAの配列の種類などを解き明かすプロジェクト）が行われ，日本の研究チームも参加した。2003年に完了したが，約30億個あるDNAの塩基配列のうち，遺伝に関係するのは約3万個であることが判明した。

ヒトゲノム解析によって，遺伝に関係するDNAの塩基配列のリスト（遺伝子地図）が仕上がった。この遺伝子地図により，疾病と遺伝子の機能との関係を解き明かすといった取り組みが進むようになる。現状では，がんに関係する遺伝子，老化に関係する遺伝子，アルツハイマー病に関係する遺伝子などが発見されている。ヒトゲノムと生命機能との関係性が解明できると，生命の理解だけでなく，病気の予防や克服などに応用ができるようになる。例えばテーラーメイド医療，遺伝病治療，遺伝子診断，ゲノム創薬，再生医療などが挙げられる。

そもそも遺伝子研究は19世紀から始まったとされるが，遺伝子を解析する技術が整ったことにより，ヒトゲノムの全貌を明らかにしようという気運が高まった。1973年，生物の遺伝子を取り出して，増やす「組み換えDNA技術」が登場した。また1977年には，取り出した遺伝子にどのような情報が書き込まれているのかを解読する「DNAの塩基配列決定法」が確立した。このようにして，生物の遺伝子をDNAの解読を行うことによって理解できるようになった。

☑ 遺伝子

生物の遺伝情報を担うものである。

遺伝子の本体は，細胞中の染色体にあるDNA（デオキシリボ核酸）というタンパク質である。アデニン・グアニン・シトシン・チミンという4つの化学物質（塩基）が鎖状に連なり，二重のらせん状になっている。この配列の組み合わせによって，遺伝情報が記録される。

☑ ゲノム創薬

ゲノム情報を利用して，新しい薬やより効果が高く副作用の少ない薬などを低コストで論理的・効率的に作り出す方法のことをいう。

従来の医薬品の開発は，これまでの経験に従ったやり方が最も多かったが，アレルギーや糖尿病，高血圧症などの病気に遺伝子が関連していることが明らかになってきた。これらの病気の遺伝子を見つけることと，個人の遺伝的な多様性を知ることにより，より効果があり，副作用の少ない医薬品の開発が期待されている。

ゲノム創薬には大きな期待が寄せられているが，その一方でクリアすべき問題点もいくつかある。例えば，ゲノム情報だけをもとに遺伝子の機能をきちんと解明できるのかどうか，膨大な遺伝子情報の中から創薬に結びつくものをどのようにして選択するのかといった点などは，今後の大きな研究課題である。

☑ ゲノムビジネス

遺伝子情報を利用したビジネスのことをいう。ヒトゲノム解析と今後の応用研究の進展により，今までの医薬品開発の方法では見つからなかったがんやエイズ，アルツハイマー病などの治療薬を原因（遺伝情報）までさかのぼって理論的に設計できる可能性が生まれた。アメリカをはじめとしたバイオベンチャー企業はこうした流れを背景に，製薬企業の研究支援事業を立ち上げるなど，積極的にビジネスを展開している。また，遺伝子解析により特定の病気へのなりやすさや体質を調べるサービスも広がりを見せている。

☑ バイオインフォマティクス

生命科学・情報科学・情報工学などの技術を用いて生物医学の問題を解こうとする学問のことで，生物情報学と訳されている。生物医学の分野では，ヒトゲノム解析を代表とする近年の研究の進展によって，複雑かつ膨大な情報を処理する必要に迫られているが，こうした情報を適切に管理・活用・共有するために，バイオインフォマティクスへの期待が高まってきている。

答案例

問題 クローン人間の是非について，あなたの意見を述べよ。**600字以内**

模範回答 クローン人間とは元となるヒトと同じ遺伝情報をもつヒトのことであり，クローン技術を用いて無性生殖でつくられる。私はこうしたクローン人間作製には反対である。 （以上，第1段落）

なぜなら，ほぼすべての動物のクローン体には何らかの欠陥があるという技術的な問題もさることながら，クローン人間作製には数多い倫理上の問題があるからだ。有性生殖によって子孫を残してきた人間の価値観が覆ること，クローン作製時に廃棄される未受精卵や流産・死産した胎児の取り扱いや人権問題，優秀な人間のクローンを作製しようという優生思想の台頭に対する危惧，生まれてきたクローン人間の使用権が作者や遺伝子所有者にゆだねられることによるクローン人間自体の人権問題など，懸念される事項は数多い。 （以上，第2段落）

人工多能性幹細胞の発見をはじめとする再生医療分野の進歩に対して，このような倫理上の問題点の多さなどを考えると，クローン人間作製の利点はないといえよう。よって，今後はクローン人間作製を規制することが必要となると考える。そして，クローン技術の利用は生物学実験や検査など，人類の将来に利益をもたらす分野に限る措置が必要であろう。 （以上，第3段落）

解説 第1段落：意見の提示…クローン人間作製に反対であると，意見を明示している。
第2段落：理由説明…反対する理由を，技術的側面と倫理的側面とから説明している。
第3段落：意見の再提示…クローン人間作製反対の立場から，クローン技術利用の制限・規制の必要性を述べている。

2 理学系学部特有のテーマ

　理学系学部の入試小論文では，それぞれの専攻分野についての理解の程度を測るためのテーマがよく出題される。つまり，専攻分野の特徴を論じさせ，受験生の専攻分野への興味や関心度を探るとともに，思考の深さや学問との向き合い方を見て，適性を判定しようとしているのである。

　ここでは，その中でも出題率の高い5テーマを厳選した。

取り扱うテーマ

> **数　学**

> **物理学**

> **地球科学**

> **生物学**

> **化　学**

数　学

定義

　数および図形について研究する学問を数学という。数学は，量・構造・空間・変化の中からパターンを見出し，いくつかの予想を立て(仮定)，公理(p.111参照)や定義をもとにして推論し，定理(数学における証明された真なる命題のこと)を導くことを目的としている。

　数学は人類の文化が起こった頃から現れたと考えられており，特に人類が農耕を行うとともに求められたとされる。すなわち，計算(農作物の分配・管理・取引に用いる)は量や構造に，測量(農地の管理に用いる)は空間に，天文現象の周期性(暦を知り，農作物の栽培のために活用する)は変化に，それぞれ対応するといわれている。

　現代の純粋数学の分野は代数学・幾何学・解析学に分けられる。特に，17世紀以降の解析学の始まりにより数学は発展してきたといわれている。これらに加え，数学基礎論(数学を記述する道具を与える論理を研究する学問)も重要な研究分野である。

必要性

　数学が必要であるという主張の根拠を整理すると，おおよそ「社会生活を営む基盤となるものだから」ということになるだろう。

　具体的には，
① 数量感覚が養われるから
② 数学はさまざまな学問の言語となるから
③ 数学の美しさから
④ さまざまな思考能力が向上するから
ということが挙げられる。

　①は，数値で示されている量や変化を把握できるようになることをいう。例えば，加減乗除や指数で示されている電卓の数字や，対数を基本とする

マグニチュード(地震のエネルギーの大きさを対数で表したもの)など，数学知識の理解によって数量感覚がわかる。

　②は，**自然界の現象が数字によって記述できるようになった**ことが主因である。そもそもこうした手法は自然科学におけるものであったが，社会科学・人文科学の分野でも数字による体系化・形式化が求められるようになっている(数理科学)。例えば，線形回帰分析や多項式の操作ができると消費者物価が示せる，といった具合である。具体的には，経営学部や商学部の統計学・ファイナンスなど，経済学部であれば数理経済・計量経済・理論経済などが挙げられる。

　③は，数学という学問体系が数学者による思索の積み重ねによって成立していることによる。数学者は数多くの証明方法や手法を提示し続け，より簡潔で**直感的な定理や結論・手法を見出そう**とし，その経験からも華麗さを見出そうとしている。例えば，三平方の定理をあえて数式で示さずに図で定理の成立を示す簡潔さ，オイラーの等式($e^{i\pi}+1=0$)のようにネイピア数(e)・虚数単位(i)・円周率(π)に1と0を用いて単純化した深遠な洞察眼，能動的な数学の研究による美の体感などが挙げられる。このように数学は，簡潔さ，驚愕的な方法，洞察力を兼ね備える**美学の対象**となるのである。それに関してイギリスの数学者・哲学者・論理学者であるバートランド=ラッセル(1872〜1970)は，数学は崇高で純粋かつ強固な完成度の有能性が備わっており，**真の歓喜の精神は数学**において見つかるものだとさえ述べている。

　④は，数学の作業においては抽象・具象のやり取りや，論理的思考を用いる点が多いことに由来する。思考錯誤を繰り返しながら数学の問題を解く過程において，論理的に物事を考え，矛盾の発生により前提条件を否定することを繰り返すなどして定理を導いてきた。そして，数学は具体的な問題を抽象化して捉え，適用範囲を広げることで進歩してきた。こうした**数学問題を解く過程で育まれる論理性や分析力**は，数学はもちろんのこと，日常生活上でも物事の本質を探るうえで必要な能力となり得るという主張である。

　こうした数学の必要性が語られる一方では,「数学など必要ない」とする主張との対立も存在する。例えば,昨今ではニューヨーク市立大学の政治学名誉教授のアンドリュー=ハッカーの主張が物議を醸した。彼は代数の勉強がそれほど有益ではないから,数学は高校の必修科目にする必要はないと主張した。詳細に述べると,

① 数学はアメリカにおける高校退学の主要因であり,有名大学への進学を断念する原因となっており,数学以外の才能をもつ人材を失っている

② 多項式の計算や微積分の学習は自然科学を学ぶ学生のみでよく,一般の学生には量的感覚を重視した科目を教えるべきだ

というものである。

　ただし,この主張はあくまでも「全員が高度な数学を学ぶべきかどうか」といったことが主題であって,数学そのものの不要さを論じているわけではない点に注意したい。

　「数学は公式を暗記して,数値を当てはめて問題を解くだけのものだ」とか,「数学が受験に必要ないから,数学を勉強しなくてよい」「数学の問題が解けたからといって,就職が有利になるわけではない」などの声を聞くことが多い。これは多分に受験対策だけに行われる数学学習が原因であり,数学嫌いを生む要因にもなっている。

　我々の生活は高度な数学によって成立しており,今後の社会の高度化を考えれば数学は重要であるということはいうまでもない。例えば,検索エンジンやSNS,スマートフォンの使用やハイビジョン(HD)放送,スーパーハイビジョン(4K,8K)放送の基になるアルゴリズムの基礎など,高度情報化社会の浸透によって,より一層の数学知識が必要となる時代が到来しているのである。

　そのことを踏まえ,今後は数学の理解力が科学技術の発展の一端を担っていることを,例えば数学の授業などで理解させることが求められる。また,単純な問題から複雑な問題へと段階を追って学習することが,数学を

理解する有効な方法であるから，初等教育から高等教育まで一貫したカリキュラムを編成する必要もある。

👉 小論文にする時のポイント

　数学に関するテーマは，数学科を中心に出題される。多くは，① 数学の必要性，② 数学科への進学動機，③ 数学の学び方，④ 数学の特徴の 4 パターンに分けられる（数学の基礎学力を問う出題もあるが，その場合は数学の問題として課される）。回答のポイントは，受験数学と学問としての数学を切り離して考えることである。

　①については，「数学はなぜ必要か」といったストレートな出題となる（数学不要論を語らせるような出題はほぼない）。回答の方向性としては，

1. 量的感覚を養う必要性

2. 社会における必要性

3. 先人の思索の過程を学ぶことの必要性

4. 思考能力向上における必要性

の 4 つが考えられる。その時，「四則演算ができなければ生活を営むうえで困るから」といった理由を述べるのは好ましくない。もし社会生活における必要性を語るならば，「現在は高度情報化社会が進展しており，例えばコンピューターを支えるプログラムはアルゴリズムによって成立している。こうした社会の高度化には数学が欠かせない」など，社会背景を踏まえたうえで必要性を論じてほしい。

　②は，「なぜ数学科へ進学しようと思ったのか」といった具合に問われる。この設問では数学への興味や関心の度合いだけでなく，数学者としての素養を測ろうとしている。よって，「数学の公式を当てはめ，解けた時は楽しかった」などと，受験数学に偏重した主張をするのは好ましくない。例えば，代数や統計が社会科学などと直結すること，数学の美しさを語るなど，数学そのものの楽しさや重要性に気付いたという点を強く主張したい。

　③は，「数学を理解するには，どうすべきか」などと問われる。これは受験数学ではなく，研究対象としての数学の理解について問われていると読み取る必要がある。「公式暗記（インプット）と解答（アウトプット）の繰り返し」などと，受験数学を意識した理解の方法に終始するのは好ましくない。例えば，「数学を論理的に厳密に理解すること」「数学における抽象論がどのように応用されている

のかを知ること」「具体的な事象が、数学においてどのように抽象化されているのかを考えること」など、教条主義(特定の原理原則に固執する考え方)に陥らず、数学的思考や視野が広がるような理解の仕方を主張しておきたい。

④は、「物理や化学分野と比較し、数学はどのようなものと言えるかを述べよ」など、他の自然科学との違いについて述べさせる出題である。この出題は、数学は自然科学とは異なるという立場から問われていると考えられる。そのため、「数学は自然現象を対象にしていない」ということを主張することになるだろう。例えば、「数学は実験も観察も行わず、仮説と検証という自然科学を行ううえで当然と考えられているプロセスを経るものではない」「数学は自然現象を扱わない机上の学問である」「数学は言語であり、自然科学の対象とはならない」「数学の正しさや数理モデルは自然現象と関係がない」など、自然科学とは捉えられない根拠を述べる必要がある。

過去の入試問題例

例 数学をよく理解するために、どのようなことが必要であると考えるか、また、どのような勉強方法を実行しているか、説明せよ。　　　　　(弘前大・理工学部)

例 初期の数学の3つの柱は、「数の学問」、「幾何学」、「証明」であったと考えられると述べた文章を読み、あなたが数学科に進学したいと考えるようになった動機が、初期の数学の3つの柱のうち、どれかが契機となった場合は、柱のうちのいくつかを取り上げ、動機を書け。もし、本文の3つの柱とは関連しないことで数学科に進学したいと考えるようになった場合には、その動機について書け。　　　　　(新潟大・理学部)

例 数学は、科学・技術や社会・経済の様々なところに使われ、役立っている。対象を一つに絞り、数学がどのように使われ、役に立っているのか、自分で考えているところを述べよ。　　　　　(中央大・理工学部)

例 物理法則、物理現象、数学の定理または公式のうち興味のある1つについて説明し、それを導くか、またはその応用例について述べよ。途中の論理も明確に記すこと。式、図を用いても構わない。　　　　　(青山学院大・理工学部)

例 数学または物理を学習して、あなたにとって最も印象的だったこと、あるい

は最も興味をもったことについて，具体的に説明せよ。ただし，

① そのことのどのような点が印象的であったか

② 他の人にそのことを伝えるにはどうすれば良いか

③ そのことの数学あるいは物理における意味はどのように考えられていると
あなたは思ったか，またそのことの数学あるいは物理学における位置づけは
どうであると考えるか

の３点を入れること。また，タイトルは各自で考えよ。

(山梨大・教育人間科学部)

例 理科と比べて，数学の学問としての特徴について述べよ。(名城大・理工学部)

🔎 関連キーワード

☑ 数　論

数の持つ性質に着目して研究する数学の一分野を数論または整数論と呼ぶ。数に関する諸問題を，さまざまな数学的手法を用いて解き明かそうとすることが特徴である。具体的には素因数分解，方程式の整数解などが研究対象となる。

研究の歴史は古く，紀元前３世紀頃の古代ギリシャやインド，中国においてすでに数論の研究が行われており，中世に入るとインド，イスラム諸国，ヨーロッパにおいて発展し，近代においてはヨーロッパを中心に数多くの定理や法則が発見された。

おもな研究者としては，解析幾何学の祖となったフランスの数学者フェルマー(1607〜1665)，数多くの法則を生み出したドイツの数学者ガウス(1777

〜1855)，現代関数を定義したドイツの数学者ディリクレ(1805〜1859)，代数幾何においてスキーム論を考案したフランスの数学者グロタンディーク(1928〜2014)などがいる。

☑ 公　理

命題を解くための前提条件となる主張のことを公理と呼ぶ。公理には，証明できないが絶対的に正しいとされるものが採用される場合が多い。例えば幾何学(p.112参照)においては，ある一点を中心にして円が描けるという公理を基に定理を導きだすが，これは数学者たちの暗黙の了解であり，証明する手段は存在しない。古代エジプトや古代ギリシャの研究成果を体系化したユークリッド幾何学(p.114参照)においては５つの公理があり，そのうえで

500余りの定理が証明されている。

　一方，集合を数学的に取扱う集合論における公理である選択公理のように，必ずしも真とはいえない公理が採用されることもある。

☑数理論理学

　推論の証明において言語の代わりに記号を用い，数学的な演算を用いる論理学を数理論理学と呼ぶ。アリストテレスの三段論法に代表される言語表現のみの伝統的な論理学における曖昧性を回避できることが特徴である。

　微積分法を生み出したドイツの哲学者ライプニッツ(1646〜1716)が，形式言語を考案したことが数理論理学の始まりであるとされる。その後19世紀後半にイギリスの数学者ブール(1815〜1864)が論理計算のために考案したブール代数により発展し，そしてドイツの数学者でもある論理学者フレーゲ(1848〜1925)が提唱した述語論理や，数学において一般化されている概念である量化の考案により，現代の数理論理学が定着した。記号論理学とも呼ばれる。

☑超数学

　数学そのものを研究対象とし，数学分野における証明や反例などを数学的に分析する学問のことを超数学(メタ

数学)と呼ぶ。メタとはギリシャ語に由来する接頭語で，「超」「高次の」のような意味を持つ。

　超数学という用語を初めて使用した人物は，ドイツの数学者ヒルベルト(1862〜1943)であり，矛盾することのない一貫した数学公理の体系化を実現するために，超数学的手法が必要であると説いた。また数学者ゲーデル(1906〜1978)は超数学を具体化し，論理数学の不完全性を数学的に証明した不完全性定理を1930年に発表した。

☑純粋数学

　他分野に応用することを考えず，学問としての数学を追究する数学分野を純粋数学と呼ぶ。純粋数学は大きく分けると，代数学・幾何学・解析学に分類される。

　代数学とは演算の性質に着目した学問であり，抽象的であることが特徴である。束，群，環，体がおもな代数構造であり，これらを研究対象とする。

　幾何学とは空間や図形の性質に着目した学問であり，紀元前300年頃に起こったユークリッド幾何学(p.114参照)を発端としている。現在は抽象化が進み，解析幾何学，微分幾何学，位相幾何学などの分野をもつ。

　解析学とは，速度や斜面などの局所的な変化の予測を行う微分，変化の集

積結果を表す積分を用いて関数の性質を研究する学問である。なお，数理論理学は解析学の一分野である。

☑ 数学の哲学

数学の命題・真理・本質・対象などを哲学的に考察する哲学の研究分野を指す。数理哲学とも呼ぶ。

古代ギリシャの哲学者プラトン（紀元前427〜紀元前347）やアリストテレス（紀元前384〜紀元前322）(p.145参照)が数学分野における諸問題を研究したことに端を発し，20世紀に入ると集合論におけるさまざまなパラドックスの発見を経て，数学の公理(p.111参照)に関する研究の活発化など，著しい発展を遂げた。現在ではいくつかの学派があり，数学を論理学の一分野と定める論理主義，数学は社会的生産物であり，状況により変化するものと捉える社会構築主義，数学は数学者の精神や直観によるものだとする直観主義などが該当する。

なお，数学の哲学に関する著書は，イギリスの数学者でもある哲学者ラッセル（1872〜1970）の『数理哲学序説』が有名である。

☑ 数理モデル

実社会で発生する諸問題に関して，数学的手法を用いて記号化することを数理モデルと呼ぶ。ここでいう諸問題とは，物理学・電子工学・薬学などの自然科学分野で発生するものを多く扱うが，経済学・心理学・金融工学などといった自然科学分野以外のものも該当する。近年におけるコンピューター技術の目覚ましい発達とともに，複雑な計算ができるようになったことから，さまざまな分野におけるモデル化が可能となった。

数理モデルを使用することにより，一見数学とは無関係な諸問題に数学的知見を取り込むことが可能であり，またそれによりコンピューターを用いて具体的現象に関するシミュレーションを行うことができる。例えば，地球温暖化に関する予測，実際に核爆発を起こさずにコンピューター上で実験を行うなどが，数理モデルにより実現した。

☑ 基礎付け

物事の信念や真理・判断などを正しいものとして保障することを基礎付けと呼ぶ。この概念はあらゆる分野において使用される。

数学における基礎付けとしては，20世紀前半に結成，活躍したフランスの数学者集団であるブルバキが有名である。当初は微積分学(p.115参照)の基礎付けを行うべく教科書を書くことから始まったが，扱う分野が集合論・代

113

数・位相などと広範囲に広まり，数学全体を基礎付けするまでに至った。この著書は『数学原論』と名付けられ，1940年代から1950年代にかけて，各章ごとに分かれて30冊以上も出版されている。『数学原論』は著書の各項目が大学で教えられる数学の科目名になるなど，現代数学に多大な影響を与えた。

なお，現在もブルバキは解散しておらず，著作の出版こそ行っていないが，活動そのものは続けている。

☑ 構　造

構造とは，一つのものを構成する各部分の関係性を指す。したがって数学における構造とは，点・線・数字・関数など，個々に判断すれば何の特徴もない抽象的な数学的対象を，それぞれ関連のあるものとして捉えることをいう。

数学を構造的なものと考え，形式化や公理化を図る研究は，ドイツの数学者ヒルベルトやフランスの数学者集団ブルバキのものが有名である。ヒルベルトが提唱したヒルベルト空間とは，空間（次項参照）を構造的に捉えることで，有限あるいは無限次元中においても角度や距離を測ることを可能としたものである。一方ブルバキは，代数・順序・位相にそれぞれ構造を導入し，代数構造・順序構造・位相構造を考案し，公理化と定式化を実現した。

☑ 空　間

数学的な空間は一般的な空間とは異なり，集合に数学的規則を加えたものを空間と呼ぶ。しかし最初は別の定義がなされており，古代ギリシャ時代においては，一般的な三次元空間こそが空間であった。そこに空間だけではなく図形的要素を加え，公理化と定理化を図ったものがユークリッド幾何学である。また三角形の角と辺の関係性に着目した三角法においても，空間とは三次元を指し，測量技術などに応用される。一方，物理学者アインシュタイン（1879〜1955）の発表した一般相対性理論において，空間とは従来までの三次元に時間を加えた四次元であるとされ，時空という新しい概念が生まれた。

また，フランスの数学者ガロア（1811〜1832）によって考案されたガロア理論とは，代数方程式や体を群と考える理論であるが，この群を空間的に捉えることにより，方程式でも幾何学的に表現できることを示した。

☑ 解　析

ある物事に関して，構成要素を細部にわたって綿密に調べて関係性を明らかにすることにより，物事の特性を論理的に捉えることを解析と呼ぶ。

微積分学は，数学的な解析方法として最も基本的なものである。瞬間や局

所の変化を解析する微分と，瞬間や局所を集積して全体像を解析する積分とで成り立ち，どちらも数学的解析手法として関数を用いるのが特徴である。また，実数や関数そのものを，微積分を用いて解析することを実解析と呼ぶ。一方，ある条件下の関数を集合として捉え，その集合のベクトル空間における性質を解析する学問を関数解析学という。

　また，さまざまな現象に関して，解析方法は明確であるのに対し，予測と結果が大きく異なる場合を理論として扱うのがカオス理論である。有名な具体例としては，長期的な天気予報は当たらないことが多いという現象が挙げられる。

☑計算機

　計算を行うために使用する器具のことを計算機と呼ぶ。日時計や水時計といった古くからあるものや，計算尺やそろばんも計算機である。現在では電池やソーラー式の小型の卓上計算機のほか，多くのコンピューターを用いた大型の計算機もある。

　一般的な計算機は四則演算や百分率の計算機能を備えている場合が多いが，関数計算が可能な関数電卓や，コンピューターのような制御機能を持ち，より複雑な計算ができるプログラム電卓などもある。また，スーパーコンピューターなどの開発により，高度かつ複雑な計算が可能になった今日においては，計算機を用いて科学現象の解明や予測が行えるようになったが，これを研究する学問を計算科学という。膨大な計算を短時間で行えることから，種々の予測に伴うシミュレーションが可能であり，実験や理論と同様に重要と考えられている。

☑統　計

　集団や事象の持つ各要素を調査し，結果を数値化して属性や傾向を把握することを統計と呼ぶ。古くより国家統治を目的として統計が使われてきたほか，現在においては企業や学術機関なども利用するようになった。

　また，集団データを分析する手法を研究する学問を統計学と呼ぶ。統計学を利用することにより，統計によって抽出された多数のデータから確実なものを選択することが可能となり，そのことから自然科学分野・社会科学分野・人文科学分野と，実に幅広い分野に応用されている。統計の計算手法としては確率論が用いられる。また処理に必要とされるデータは多くなることから，その計算には計算機が使用されるのが普通である。

答案例

問題 数学の必要性について，あなたの考えを述べよ。600字以内

模範回答 数学は人類の文化が起こったころから現れた。特に，人類が農耕を行うとともに求められたとされる。現在においても社会生活の基盤となっているが，それに加えて他の学問の言語としても重要視されている。　　　　（以上，第1段落）

　その理由は，自然界の現象が数字によって記述できるようになったことにある。そもそもこうした手法は自然科学におけるものだったが，社会科学や人文科学分野でも数字による体系化が求められるようになった。その具体化は，経営学部や商学部では統計学・ファイナンスなどとして，経済学部であれば数理経済・計量経済・理論経済などとして見られる。　　　　　　　　　　　　（以上，第2段落）

　我々の生活は高度な数学によって成立しており，今後の社会の高度化を考えれば数学は重要であるということはいうまでもない。例えば検索エンジンやSNS，スマートフォンの使用やハイビジョン放送の基になるアルゴリズムの基礎など，高度情報化社会の理解に数学知識が必要となる時代は到来している。しかしながら「数学が受験にないから数学を勉強する必要はない」などと数学の不要さを論じる立場もある。これは受験対策に偏重した数学の指導が原因である。今後は，数学が科学技術の発展の一端を担っていることを，例えば数学の授業などでも理解させることが求められる。　　　　　　　　　　　　　　　（以上，第3段落）

解説　第1段落：意見の提示…数学は社会生活の基盤として重要である一方で，他の学問の言語としても必要であることを述べている。
　第2段落：理由説明…その根拠として，自然界の現象が数字によって記述できることを挙げている。
　第3段落：意見の再提示…今後の社会の一層の高度化に伴い，数学知識がさらに求められることを主張するとともに，受験対策に偏重した現状の数学指導の問題点と，それに対する解決策をまとめている。

物理学

出題頻度 → 理学 ★ ★ 工学 ★

定義

物理学とは，自然界のあらゆる現象を把握する理論を築く自然科学の一分野である。現象を量的に把握するとともに，その根本原則を数式で表現して数学的に推論する。自然界の現象には普遍的な法則があるという考えに従って，力学的理解（物質の間に働く作用を理解すること），原子論的理解（物質を基本的な要素に還元して理解すること）を求める。その時，実験により事実関係を探求する実験物理学と，理論による考察から基本法則を求めて新たな事実を予測する理論物理学の2つに大別される。

必要性

物理学が必要であるという主張の裏付けとしては，人類に役立つ道具を生み出す源となっていることが挙げられるだろう。とりわけ，エネルギーや情報に関わる科学技術の多くは物理学から生まれたものである。例えば，電子機器で用いられる半導体デバイスや磁気記録デバイスが動作する原理は量子力学に基づいているし，DVD プレーヤーやバーコードスキャナなどで用いられるレーザー，あるいは GPS の基礎である相対性理論などは，どれも物理学の基礎研究の成果といえる。

そのほかには，物理学は未知なる現象を解明する手がかりとなることが挙げられよう。例えば，質量の起源はいまだ解明していないが，物理学においてはヒッグス機構という仮説が立てられている。それによると素粒子が質量を持つのはヒッグス粒子によると予測しているが，いまだにその粒子は発見されていない。現在では研究者が大型ハドロン衝突型加速器での実験を重ね，ヒッグス粒子を発見しようとしている。他にも超弦理論・超重力理論・余剰次元理論など，基本的な物理法則をもとにして究極的な理論を探ろうとしている。

そして，物理学は人文科学・社会科学を含めた科学全般における思考法

や方法論に影響を与えている。例えば，物理学における還元主義（ごく少数の法則が多くの事象を矛盾なく説明できるという考え方）はその例である。ある法則を導くために仮説を立て，実験や事実によって検証することは，科学的思考を行うためには必要な手続きである。時には人間の想像力が及ばないようなことであっても，数学によって法則を明らかにすることも可能である。このように，物理学の進展によって生まれた手法は，他の科学分野においても手本となっている。

必要性の背景

　物理学は，他の自然科学分野の発展を支える存在になっている。例えば化学反応は，量子力学や熱力学，あるいは電磁気学に基づいて説明が可能である。また，生物の骨格や筋肉の動きを考察するには，物理学の知見も必要となる。さらに，生命システムを物理学や物理化学を用いて解明しようとする生物物理学という分野もあり，統計力学や熱力学の見識が不可欠である。このように，自然科学の領域を超えて物理学の知見が必要になることが多い。

　なかでも最先端の基礎研究は，さまざまな自然科学の分野における先端技術の開発を支えるものであり，新分野の開拓にとって重要なものとなる。例えば，走査型トンネル顕微鏡（原子レベルの電子状態や構造を観測するための顕微鏡）の開発が進んだことにより，ナノテクノロジー（原子・分子レベル，すなわちナノメートル（10億分の1m）単位の物質を制御する技術）が発展したとされる。

　もちろん，こうした物理学の発展は，生活水準や科学的リテラシー（自然界の変化を理解し，意思決定をするために，科学的知識を活用する能力）を高めるのに役立つことは自明であり，日本の科学技術立国，知識集約型社会の推進にも寄与するものだといえる。

対応策・解決策

　日本では超新星ニュートリノの観測や分子性導体など，最先端の研究が進められている一方で，物理学の研究は進展しているものの，物理学では

118

いまだ未解決な問題も多数ある。例えば，宇宙の終焉問題（宇宙の終わりの有無，どのように宇宙が終わるのか），ダークマター（宇宙にある星間物質のうち，観測できない仮説上の物質），ブラックホール，ニュートリノに質量を与える仕組みといったものはその例である。また，理系離れ（p.14参照）の顕在化や若手研究者が育たないことなど，物理学研究のさらなる進展を妨げる要因もある。

こうした事態を打開して研究をさらに進めるためには，研究資金と人材育成への対策を講じる必要がある。具体例としては，科学研究費の充実，若者の科学リテラシーの向上，研究者のキャリアパスの設計支援，国際的な人材の登用を推進することなどが考えられる。

👍 小論文にする時のポイント

物理学に関する出題は，物理学科の入試において出題されやすい。① 物理学で興味がある事柄，② 物理学の特徴，③ 物理学専攻の動機といった 3 パターンで問われる。これらの設問は，受験生の素養や興味・関心の度合いを測るためのものであるといえる（物理の基礎学力を問う出題もあるが，その場合は物理の問題として課される）。

①は「物理法則や物理現象の中で興味があるものを一つ挙げ，その理由を説明せよ」といった形で問われる。例えば，ニュートリノ（p.130参照）を取り上げた場合，「ニュートリノは物質の粒子なのにもかかわらず，電気を帯びていないので現実の物質を作らない。また，非常に小さな粒子であり，エネルギーが弱いために捕まえにくい。しかし，宇宙から飛んできたニュートリノを採取すれば，星の内部はもちろん，超新星爆発も早く見つけられるなど，未知なる事象が多い宇宙の謎を解き明かすうえで重要な物質といえる」など，取り上げた事象を研究することの重要性・必要性が説明できるようにするとよいだろう。

②は，「物理学とはどういうものか」などと問われる。場合によっては，他の自然科学の分野と対比させて述べさせる場合もある。その時，「自然界の現象には普遍的な法則があるという前提のもと，自然界の現象を理論化し，数式で表現する学問」といった物理学の定義のみならず，物理学の研究が他分野の学問へ与

えた影響を，事例をもとに（たとえばニュートリノ，ナノテクノロジーなど）指摘しておきたい。

　③は「なぜ物理学を専攻したのか」などのように，いわゆる志望動機が問われる。高校の物理の授業内容や日常における物理現象などをもとにして動機を語るのはよいが，体験談だけに終始するのは好ましくない。あくまでも物理学に関する興味・関心の深さや，洞察力が問われているのだから，それが存分にアピールできる回答にしておきたい。例えば，取り上げた事象について，解明できていない事柄は何で，その解明にはどういった手法が必要であり，その解明がどれほど重要なものであるのかなどを物理学の視点で捉え，回答するのがよいだろう。

過去の入試問題例

例　あなたが高校で習った物理で最も興味を持ったこととその理由について書け。さらに，大学に入ってからどのような物理学を学んでみたいか，具体的に書け。
（中央大・理工学部）

例　物理学はいかなる学問か。数学および化学と対比して論じよ。
（立教大・理学部）

例　あなたの人生において，物理学を学ぶことはどのような意義を持つか。
（明星大・理工学部）

例　次にあげた6人の物理学者から2人を選び，その物理学者が確立した物理法則や原理，方程式などについて，その対象物等の質量や速度，電荷などを定義して，式を用いながら詳しく説明せよ。また，物理法則，原理，方程式で説明される具体的な例を示し，説明せよ。
①アイザック＝ニュートン
②ヨハネス＝ケプラー
③シャルル＝ド＝クーロン
④グスタフ＝ローベルト＝キルヒホッフ
⑤マイケル＝ファラデー
⑥ジョハン＝クリスチェン＝ドップラー
（金沢大・理工学域）

例　次の設問について自分の意見を述べよ。

問1．物理学と工業技術の類似点と相違点について。

問2．物理学または工業技術が現代社会に与える影響について。

(甲南大・理工学部)

🔎 関連キーワード

☑ 力学・熱力学・連続体力学・電磁気学

物質に働く力と，それによって起こる運動との関係性を研究する物理学の一分野を力学という。さらに細分化する場合は，運動と力の関係性は動力学，力の均衡に関しては静力学となる。

また，目で見える熱現象に関して研究する物理学の一分野を熱力学と呼ぶ。熱の均衡に関する概念とエネルギー保存の法則，エントロピー増大の法則，絶対零度より低い温度はないという法則の熱に関する3つの法則から成り立っている。

一方，力によって発生する物質の変形について研究する物理学の一分野を連続体力学と呼ぶ。金属やゴムなどの固体と力によって起こるひずみの関係を論ずる弾性体力学と，液体および気体と力によって発生するひずみの関係を論ずる流体力学に分類される。

そして，電気と磁気によって発生する電磁気現象に関して研究する物理学の一分野を電磁気学と呼ぶ。元来，電気学と磁気学は別のものとして取り扱われていたが，イギリスの物理学者マクスウェル(1831〜1879；p.123参照)が1864年にマクスウェルの方程式を発表したのちに，同一概念として統一された。

☑ ニュートン(1642〜1727)

イギリスの哲学者・数学者。万有引力の法則と，物体の運動を記述するための運動方程式を考案してニュートン力学を確立したほか，微積分法(p.115参照)の発見，光学分野の研究など成果は多岐にわたる。力学および近代物理学の創始者とも呼ばれる。

万有引力の法則とは，質量を持つあらゆる物体，すなわち万物はお互いに引き合う力である引力を持つものであり，その力の強さは質量の積に比例し，距離の二乗に反比例するというものである。また，物体どうしの距離には関係なく働き，遮ることはできないことも証明されている。万有引力の法則の発見以前において，月や惑星が落下し

てこない理由は，宇宙空間では地球とは別の力が働いているからだとされていた。しかし，この法則の発見により，月が地球を回る時の遠心力と万有引力がほぼ釣り合っているからであることが証明され，天文学にも大きな影響を及ぼした。

なお，万有引力の法則はケプラーの法則（次項参照）が基となっている。

☑ ケプラーの法則

ドイツの天文学者ケプラー（1571～1630）が1619年に発見した，惑星の運動に関する3つの法則をケプラーの法則という。

第1法則は，惑星は太陽を焦点とし，楕円軌道を描きながら回るというものである。火星の軌道が真円に該当しないことからこの法則が発見されたが，古代ギリシャの頃より，すべての惑星の軌道は真円であるとされていたため，従来からの常識を大きく打ち破るものであった。

第2法則は，惑星と太陽を結ぶ線分が単位時間に描く面積はつねに一定であるというものである。これにより，惑星は速度を変化させながら軌道上を回っていることが証明される。

そして，第3法則は，惑星の公転周期の2乗は軌道の半長軸の3乗に比例するというものである。この法則は，楕円形の長辺の長さにより公転周期が決まるというもので，したがって太陽より遠い惑星ほど公転周期が長いということを意味している。

☑ ガリレイの落体の法則

イタリアの物理・天文学者であったガリレイ（1564～1642）によって発見された，物体の落下に関する法則のことを落体の法則と呼ぶ。2つの法則からなり，第1法則は物体が重力以外の力を受けない状態，すなわち自由落下する時の落下所要時間は物体の質量によらないというものである。第2法則は，物体の落下距離は落下所要時間の2乗に比例するというものである。これにより，加速度の概念と慣性の法則が生み出された。

なお，慣性の法則はニュートン（p.121参照）が発見した運動の法則にも含まれるが，ニュートンの発見に先立ってガリレイも発見していたとされる。しかし，ガリレイのものは地球上に限定されるので円運動となり，ニュートンの唱える直線運動と厳密には異なる。ガリレイはこの法則を，質量の異なる同じ大きさの球体をそれぞれ違う角度の斜面を転がすという実験によって発見したことから，後の科学の在り方に大きな変革をもたらした人物であるともされている。

☑ シャルル=ド=クーロン
（1736〜1806）

フランスの物理学者。特に，力学と電磁気学の分野に貢献をした。

1785年，自らが発明した微小な力を測定できるねじれ秤を用いてクーロンの法則を発見した。それは，荷電粒子間に働く反発または引き合う力はそれぞれの電荷の積に比例し，距離の2乗に反比例する（逆2乗の法則）というものである。クーロンの法則は電磁気現象を数学的理論体系で語る時の基本となっている。

なお，電荷の単位クーロン（C）は彼の功績にちなんで名付けられた。

☑ マイケル=ファラデー
（1791〜1867）

イギリスの物理学者。電磁場の基礎理論を確立するとともに，電磁誘導の法則（電磁誘導において，1つの回路に生じる誘導起電力の大きさはその回路を貫く磁界の変化の割合に比例する），反磁性（物質が外部の磁場と逆に磁化される性質），電気分解の法則を発見した。

電気分解の法則には，第1法則（電気分解によって析出された物質の量は流れた電気量に比例する）と第2法則（電気化学当量は化学当量に等しく同じである）がある。

☑ グスタフ=ローベルト=キルヒホッフ
（1824〜1887）

ドイツの物理学者。キルヒホッフの法則（電気回路，放射エネルギー，反応熱）を発見した。

電気回路についての法則には，第1法則（電気回路の任意の分岐点について，そこに流れ込む電流の和は，そこから流れ出る電流の和に等しい）と第2法則（電気回路の任意の一回りの閉じた経路について，電位差の和は0である）がある。

放射エネルギーについての法則は放射率と吸収率が等しくなるというものである。局所熱平衡状態（外部と熱のやり取りがない物質を長時間放置しておいても変化がない状態）で成り立つという。

反応熱の法則については，熱化学においては，反応熱の温度計数が反応前後の熱容量の差に等しいというものである。

☑ マクスウェル（1831〜1879）

イギリスの物理学者で，電磁気学の確立者と呼ばれる。マクスウェルの大きな功績は，すべての電気と磁気の振る舞いを示したマクスウェルの方程式を発見したことである。これにより，電界の素となるものは電荷，すなわち電気であるということ，磁界には素と

なるものが存在しないこと，磁界の時間変化により電界が生まれること，そして電流および電界の変化が磁界を生むことが論理的に証明されることとなった。

この方程式は，フランスの物理学者で電気単位アンペアの元となったアンペール（1775〜1836）の発見したアンペールの法則と，イギリスの化学・物理学者で電動機を発明し，その後の電気装置の発明に大きな役割を果たしたファラデーが発見した電磁誘導の法則を発展させたものである。また，アインシュタイン（次項参照）の相対性理論にも大きな影響を与えた。

☑ アインシュタイン（1879〜1955）

ユダヤ人物理学者で，相対性理論を考案し，20世紀最大の物理学者と呼ばれる。アインシュタインは光の研究によってノーベル物理学賞を受賞しているだけでなく，数多くの発見をした人物であるが，最も重要なものが相対性理論であるとされている。

相対性理論には，特殊相対性理論と一般相対性理論の2種類がある。特殊相対性理論とは，無重力状態において光の速度は一定であり，時間と空間が相対的に変化するというものである。例えば，静止している状態で計測した光の速度と，超高速で移動している物体から計測した光の速度は，同じ秒速30万 km であることから，高速で進めば進むほど時間が進まなくなるということになる。一方，一般相対性理論とは，光の方向は重力によって変化し，大きな質量を持つ物体は時空を歪めるとするものである。これは，重力を時空の歪みと捉え，重力が大きければ大きいほど時空の歪みは大きくなると考えるのが特徴であり，ブラックホールという概念の根底を成すものになった。

☑ 統一場理論
　（ワインバーグ・サラム理論）

自然界に存在する重力相互作用，電磁相互作用，原子核内の強い相互作用，素粒子間の弱い相互作用の4つの相互作用のうち，いくつか，あるいは重力以外の3つを統一しようとする試みを統一場理論と呼ぶ。

数々の物理学者たちがこの理論実現に向けて取り組んできたが，アメリカの物理学者グラショー（1932〜），同じくアメリカの物理学者ワインバーグ（1933〜），そしてパキスタンの物理学者サラム（1926〜1996）が1967年にワインバーグ・サラム理論を発表した。これにより電磁相互作用と弱い相互作用が統一され，電弱統一記述が可能となった。

その他の取り組みには，アインシュ

タインが試みた重力相互作用と電磁相互作用の統一があるが，30年近い年月を費やしても完成には至らなかった。

☑素粒子物理学

物質の構成要素である原子の素となる電子（p.129参照）・陽子・中性子などの素粒子と，その運動に関する研究を行う物理学の一部門を素粒子物理学と呼ぶ。素粒子の研究は，加速器を使用し，素粒子どうしを衝突させて作り出される粒子を元にして行われる。より細かな粒子調査には高い衝突エネルギーが必要であり，それを生み出すための加速器や測定器の規模が大きくなる傾向がある。

素粒子物理学は比較的研究が進んでいる分野でもあり，現在，素粒子は粒子であるレプトンとクォーク，そして粒子間に働く力を触媒するいくつかの粒子で構成されることが明らかになっている。また，宇宙にも素粒子が存在していることから，宇宙物理学（次々項参照）とも関連が深い部門である。

☑原子核物理学

原子の核となり，陽子と中性子で構成される原子核の性質や構造，核分裂反応，核融合反応，放射能などを研究する物理学の一部門を原子核物理学と呼ぶ。核物理学とも呼ばれる。原子の

仕組みが判明したこともあって，素粒子そのものを研究する素粒子物理学（前項参照）と分けて研究されるようになった。

おもな研究の成果として，人工的に核反応を起こし，別の核種に変化される核変換や，原子核をほぼ同じ大きさの2つの核に分裂させる核分裂が挙げられる。その結果，放射能を持つ元素である放射性同位元素や原子力の活用が数多くの分野で進んでいる。そのほか，原子核どうしを融合させることによってエネルギーを生み出す核融合エネルギーの実用化も期待されている。

☑天文学・天体物理学・宇宙物理学

天体や宇宙現象を研究する学問を天文学と呼ぶ。自然科学分野において，最も古くより発達した分野であり，暦の作成のために星や月を入念に観察したことが起源である。16世紀に入り，ガリレイ（p.122参照）によって望遠鏡による観測が開始されると，望遠鏡の性能向上につれて月や惑星に関するさまざまな謎が解明されていった。さらに19世紀に入ると写真技術と分光器が導入され，無数の銀河の存在や，宇宙が膨張し続けていることなどがわかるようになった。

一方，天体物理学・宇宙物理学とは天体や宇宙の現象を物理的見地から解

明しようとする天文学の一分野のこと
を指す。19世紀に入ってから始まった
比較的新しい分野で，光などの波長か
ら情報を読み取る研究や，人工衛星や
宇宙探査機が採取してきた物質の研究
などが行われている。

☑ 原子物理学・分子物理学・高分子物理学

　物質を構成する最小単位である原子
を物理的に研究する分野を原子物理学
という。19世紀に原子が発見されたこ
とにより起こり，20世紀に入ってから
原子核や素粒子の存在が明らかになる
と，これらは原子核物理学(p.125参照)
や素粒子物理学(p.125参照)としてそ
れぞれ研究されるようになった。現在
は原子の構成要素である電子(p.129参
照)のエネルギー状態や，最先端技術
を用いた特殊環境下での原子状態の研
究などが行われている。

　一方，原子が結合あるいはまとまっ
た状態である分子を物理的に研究する
分野を，分子物理学と呼ぶ。実験によ
る性質や構造の調査や，統計処理によ
る性質と運動の関係性の研究などを対
象とする。また，約104以上の非常に
多くの分子が結合している分子を高分
子というが，この高分子を物理的に研
究する分野が高分子物理学である。高
分子の未解決な構造や性質の研究のほ

か，優れた高分子を生み出すための条
件や方法の開発などが研究対象となる。

☑ 物性物理学

　物質の性質である密度や電気伝導率
などの物理的性質を物性というが，こ
の物性のうち目で見てわかる性質に関
して，原子的に研究する物理学の分野
を物性物理学と呼ぶ。物性研究という
特徴から，化学や物理学の他分野とも
密接に関わり，また研究対象も半導体・
超電導・光物性など多岐に及ぶのが特
徴である。携帯電話・液晶ディスプレ
イ・半導体レーザーなどの新しい科学
技術は物性物理学研究の成果であるこ
とが多い。そのため新技術の開発とも
関連した活発な研究が行われている。

　なお，物性物理学という名称は日本
のみであり，狭義では欧米諸国の名称
と対応させるために，金属や半導体な
どの物性を扱う固体物理学を指す。一
方広義では，高分子や液晶などの物性
を扱うソフトマター物理学や，水や空
気などの流体を物理的に研究する流体
力学などを含む。

☑ プラズマ物理学

　気体の温度が上昇することで起こる
電離によって発生する荷電粒子を含む
気体をプラズマと呼ぶが，このプラズ
マを物理的に研究する分野をプラズマ

物理学と呼ぶ。アメリカの化学・物理学者で、プラズマという名称の考案者であるラングミュア（1881〜1957）によって20世紀前半に創始された比較的新しい分野である。また、ロシアの物理学者ブラソフ（1908〜1975）によって、プラズマの特性を記述する方程式が生み出され、さらにロシアの物理学者でノーベル物理学賞を受賞したランダウ（1908〜1968）によって、ランダウ減衰と呼ばれる現象が発見された。

一方、研究成果としてのプラズマ技術に関しては、核融合発電の発電源となる核融合プラズマの生成に成功し、今後の代替エネルギーとして注目を集めている。また従来からの蛍光灯などのプラズマ技術以外にも、一般の家電製品などにも次々と使用されるようになった。なお、自然界に存在するプラズマ現象としてはオーロラや雷があり、宇宙を構成する気体の99%以上がプラズマだといわれている。

☑ 音響学

超音波も含む音を広く物理的に研究する分野を音響学という。音の性質や発生・伝播・検出などのほか、聴音なども研究分野に含む。その起源は古く、古代ギリシャの哲学者ピタゴラス（紀元前572頃〜紀元前492頃）によって、弦と音の関係性からピタゴラス音律と呼ばれる音律が発明されたことが契機だと言われている。

その後、ボイルの法則で有名なイギリスの化学・物理学者のボイル（1627〜1691）によって、音の伝播は空気の振動であることが証明されたほか、オーストリアの物理学者ドップラー（1803〜1853）は、音源の移動による周波数の変化であるドップラー効果を、ドイツの物理学者でオームの法則の考案者でもあるオーム（1789〜1854）は耳が音を周波数ごとに聞き分ける機能を持つことを発表した。また、ドイツの生理・物理学者のヘルツホルム（1821〜1894）によって、音色の特色、母音の振動数と共鳴音の関係性、音を感知する機能としての内耳機能などが研究された。20世紀に入ると、電気による測定方法が発明され、録音再生機器などの研究も含まれるようになった。

☑ ジュール（1818〜1889）

ジュールはイギリスの物理学者で、熱力学の研究に尽力したことで知られる。また家業の醸造業による豊かな資金源を元に、在野での研究を行った人物であることでも知られている。

ジュールの研究成果で有名なものは、電流による発熱量は、流した電流の2乗と導体の電気抵抗をかけたものに等しいというジュールの法則と、エネル

ギー保存の法則の発見である。このエネルギー保存の法則とは，熱・電気・位置などのエネルギーは，他のエネルギーに変換された場合でもその総量は変化しないというものであるが，特にジュールは仕事と熱は等量であることを実験により算出したことにより，後世から高く評価されることとなった。

なお，国際単位系で熱量や電力量などを表すジュールは，彼の名前が起源である。

☑ レントゲン(1845〜1923)

ドイツの物理学者で，エックス線の発見者。第1回ノーベル物理学賞の受賞者でもある。

エックス線は高周波の電磁波であり，制動放射という方法で高速の電子(p.129参照)を原子に衝突させることにより発生する。レントゲンは真空放電管を使用した実験の際にエックス線を発見し，人体やガラス，分厚い本などは透過すること，逆に厚い金属や鉛は透過しないこと，熱作用がないこと，蛍光物質を発光させるなどの性質により，撮影が可能であるという特徴を見出した。また，磁気によって曲がらないという特徴から，エックス線は当時まだ発見されていなかった放射線であることも判明し，初の放射線発見例となった。エックス線は，発見されると直ちに医療分野での使用が開始された。エックス線撮影のことをレントゲン(撮影)と呼ぶのは，彼が発見者であったことに由来する。

☑ 放射能

放射線を出す能力のことを放射能と呼ぶ。放射線は，原子核には構造の不安定さから時間の経過とともに崩壊していくものがあるが，そのうち放射線を出しながら崩壊していく放射性同位体によって発生する。

放射性同位体には天然のものと，人工的に作り出されるものとがある。天然資源による放射能の第一発見者は，フランスの物理学者ベクレル(1852〜1908)であり，ウランそのものから放射線が出ている，つまりウランが放射能を持つ物質であることを突き止めた。また，キュリー夫人の名で親しまれているポーランド人物理学者のキュリー(1867〜1934)は，同じく物理学者の夫(1859〜1906)と共同でトリウム鉱石の放射能を発見したほか，ウラン鉱石の一変種であるピッチブレンドから，新たな放射性物質ポロニウムとラジウムを精製することに成功した。放射能の国際単位ベクレル，またベクレルに変わる前の国際単位キュリーは，彼らの功績にちなんで名付けられたものである。また，放射能という言葉はキュリー

夫人が考案したものである。

現在，放射能に関する研究は原子核物理学(p.125参照)，あるいは放射線物理学の分野において行われている。

☑ 電　子

原子を構成する素粒子の中で，一番軽い粒子を電子と呼ぶ。原子はプラスの電荷を持つ原子核とマイナスの電荷を持つ電子から構成され，電子は原子核の周囲を回転するような構造を持つ。電子は摩擦や，熱・光に反応して，回転軌道から逸れることがあるが，これを自由電子と呼び，自由電子が一定方向に流れることによって電流が発生する。発見者はイギリスの物理学者トムソン(1856〜1940)であり，真空放電管に発生する陰極線の研究によりその事実が判明した。

電子の発見により，従来までの常識であった原子が最小単位であるという考え方が覆され，原子核物理学や素粒子物理学が生まれる契機となった。なお，トムソンは電子の発見などの功績により，1906年にノーベル物理学賞を受賞している。

☑ 量子論

原子や光を構成する光子や素粒子などの量子に関する理論のことを量子論という。関連内容により，量子力学・量子化学・量子工学などさまざまな分野に細分化される。

量子論の創始者は，ドイツの物理学者であるプランク(1858〜1947)である。プランクは，光エネルギーの非連続性変化である量子化を定義するプランクの公式，ならびにプランク定数を発表した。その後，アインシュタイン(p.124参照)が，光の照射により電子(前項参照)が飛び出す現象である光電効果に関する理論，光量子仮説を打ち出し，光の粒子性を説明した。また，デンマークの物理学者ボーア(1885〜1962)は，電子の角運動量(運動量×回転半径)は量子化されているというボーアの量子仮説を提唱し，肉眼では見えない量子現象を扱う量子力学を確立した。さらにこの量子力学は，ドイツの物理学者ハイゼンベルク(1901〜1976)の，粒子の運動量と位置との関係性を表す原理である不確定性原理や，粒子の運動を記述する方法である行列力学によって一層の発展を遂げた。

☑ 核爆弾

核分裂反応や融合反応時の連鎖反応により発生する莫大なエネルギーを用いた爆弾のことを核爆弾と呼ぶ。その中で，ウランやプルトニウムの核分裂反応を利用するものが原子爆弾，重水素などの核融合反応を利用するものが

水素爆弾である。ともに爆発時の衝撃波や爆風による破壊，熱放射による火災や火傷，さらに放射線被爆や放射能汚染による二次被害などを引き起こす。

開発された当初は航空機から落下させる方式であったが，技術開発が進むにつれミサイル方式に変化し，核弾頭ミサイルへと変化していった。実戦で唯一使用された核爆弾は，第二次世界大戦中に，アメリカ・イギリス・カナダによる原子爆弾開発計画であったマンハッタン計画によって製造され，広島と長崎に投下された。

☑ニュートリノ

素粒子を分類すると，陽子と中性子が属するクォークと，電子が属するレプトンに分けられる。レプトンはさらに6種類に細分されるが，そのうち電荷がない3種類のことをニュートリノと呼ぶ。

場所を問わずどこにでも存在しており，地上だけでなく宇宙にも存在する。その数は非常に多く，宇宙においては光の次に多いとされる。ニュートリノは，1cmの1億分の1をさらに1億分の1にした大きさでしかなく，また他の素粒子ともほとんど反応しないため透過性が非常に強い。ほぼすべての物質を素通りしてしまうため，検出が非常に難しく，研究がなかなか進まなかった経緯を持つ。

現在，日本にはスーパーカミオカンデという研究装置が岐阜県飛騨市にあり，世界最先端の研究を行っている。従来からニュートリノは質量を持たないと考えられていたが，1998年にこの装置を使った研究で質量があることが判明した。この発見により，2015年に梶田隆章博士らがノーベル物理学賞を受賞した。

答案例

問題 物理学の特徴について、あなたの考えを述べよ。**600字以内**

模範回答 物理学は、自然界の現象には普遍的な法則があるという考えのもとで研究が行われており、エネルギーや情報に関わる科学技術を生み出したり、科学全般においての思考法や方法論に影響を与えたりしている。また、物理学は未知なる現象を解明する手掛かりとなる学問領域なのである。 　　　（以上、第1段落）

　例えば、質量の起源に関して、物理学ではヒッグス機構という仮説があり、素粒子が質量を持つのはヒッグス粒子によると予測しているが、いまだその粒子は発見されていない。現在では大型ハドロン衝突型加速器での実験を重ね、ヒッグス粒子を発見しようとしている。他にも、超弦理論、超重力理論、余剰次元理論など、基本的な物理法則をもとに究極的な理論を探ろうとしている。こうした最先端の基礎研究は、自然科学の他分野における先端技術の開発を支える重要なものである。 　　　（以上、第2段落）

　このように物理学の研究は進展しているものの、他方には理系離れ、若手研究者の育成が進まないなど、その進展を妨げる要因もある。今後は研究資金と人材育成への対策を講じる必要がある。例えば科学研究費の拡充、若者の科学リテラシーの向上、研究者のキャリアパスの設計支援、国際的な人材の登用の推進などが考えられる。 　　　（以上、第3段落）

解説　第1段落：意見の提示…物理学の役割を示しつつ、未知なる現象を解明する手掛かりとなる学問であることを物理学の特徴として述べている。
　第2段落：理由説明…ヒッグス機構を例にして未知なる現象の解明が行われていることを示しつつ、こうした物理学の研究が重要であることを主張している。
　第3段落：意見の再提示…物理学研究の進展を阻害する要因を挙げ、その改善策をまとめている。

地球科学

定義

　地球で起こるさまざまな現象に関して，解析や実験などの科学的手法で解明する学問のことを地球科学という。学校教育の科目名では地学がこれに該当する。取り扱う内容は，地球の内部構造，地質や地形，火山や鉱物，気象や地震などの自然現象，海洋や雪氷，エネルギー循環など幅広く，近年においては太陽系の惑星としての地球の研究や環境問題，さらには地球と生物との関係も地球科学の分野に含まれることが多い。

　地球科学の歴史は長く，錬金や宝石採取を目的とした石の研究や気象予測のための天気の研究など，生活に密着した部分から始まったとされる。古代ギリシャ時代には石や気象に関する文献も見られた。その後，主として鉱物や化石，地質の分野において研究が進んだ。また，20世紀に入ってプレートテクトニクス理論が確立すると，地震や噴火のメカニズム，地球の内部構造など，未解明だった現象が次々と明らかにされていった。一方で，プレートテクトニクス理論以後に大きく発展した学問でもあることから，今後一層の科学的解明の成果が期待される分野でもある。

必要性

　地球科学が必要であるという根拠を整理すると，おおよそ「地球上で生活する人類にとって不可欠な知識であるから」ということになるだろう。具体的には，

① 人類全体の進歩のため

② 持続可能な社会を築く担い手となる人間としての責任があるから

③ 地球の歴史を知識体系として確立する必要があるから

ということが挙げられる。

　①は，地球科学分野における数々の研究成果が現在の文明社会を作っていることにより明らかであろう。近代化の第一歩となった18世紀後半から

の産業革命を支えた石炭や鉄鉱石，そして現在の我々の生活に大きく寄与している石油などの**天然資源**は地質学の扱う分野であり，そこでの研究成果が鉱床発見などの技術面を支えることで，文明化を後押ししてきた。また，今では当たり前となった**天気予報**であるが，これは長い時間をかけて成熟してきた気象学の成果である。そのほかにも，いまだ未解明の地球に関する現象は多々あり，それらが判明することにより，人類はさらなる進歩を遂げると考えられる。

②は，文明化の影で**環境悪化や地球温暖化**による気象や環境の変化，天然資源の枯渇を招いてしまったことが主因である。現在，地球は我々人類が唯一生活しうる場所であることから，地球環境を守ることは不可欠である。また，生態系を崩す原因を作ってしまった人類として，地球に生活する生物全体に責任を果たす義務もあるだろう。今後，調和の取れた発展を実現するためにも，地球科学分野の研究はますます必要になる。

③は，過去の分析が未来予測に役立つことによる。例えば，海底の堆積物の研究により，地球は直近40万年の間に氷河期と温暖期のサイクルを4回繰り返してきたことが判明している。それぞれの状況を研究して体系化することで，来る環境変化にも柔軟に対応することを目的に研究を進めている分野が海洋学である。また，**地震学**は地殻変動や地震波の記録の解析，断層によるずれなどを研究することによって，過去に発生した地震の特徴や地球の内部構造を体系化するとともに，将来の地震発生予知や被害予測を研究する分野である。特に日本の地震研究者たちは，東日本大震災の発生を受け，この地震の分析や新たな角度からの研究など，さまざまな取り組みを開始している。

必要性の背景

こうした地球科学の必要性が語られる背景には，世界的あるいは歴史的に見ても，現在の地球が**深刻な環境問題**を抱えていることが挙げられる。具体的には，地球温暖化をはじめとして，エネルギー枯渇問題，オゾン層破壊，生態系破壊，砂漠化，水質汚染などが該当するが，これらはいずれも地球に生命が誕生して以来40億年以上という長い歴史の中の直近の約

200年間に起こった問題である。また，国連の機関である気候変動に関する政府間パネル（IPCC）の発表によると，今後100年間で最大6.4℃の気温上昇が予測されている。もし現実となった場合には国土の大半が水没する国家が出現するほか，日本においても東京をはじめとした沿岸都市の水害および水没が懸念される。

　地球環境の保全に向けて，国家ごとの対策はもとより，国際的な枠組みでの取り組みも必要とされるなか，これらの問題を研究分野として扱う地球科学が果たす役割には非常に大きなものがある。また，地震や津波・台風・土砂災害などの自然災害も後を絶たず，なかには甚大な被害をもたらす場合もある。これらの自然災害に関しては未解明な部分も多いため，それらのメカニズムの解明や地質学的研究の進展が大きな防災効果をもたらすことも期待されている。

対応策・解決策

　このように，緊急の対応が必要とされる分野に関連した地球科学であるが，物理学や化学・生物学などと比較すると，学問として未成熟な部分もあり，したがって教育分野においても体系が確立できていないという現状がある。特に日本においては受験対策に偏重した指導が原因となって，全国の高校生のうち地学の履修者は全体の5％以下であるといわれている。また，それに伴って教員採用数も少なく，地学を教える教員がいないという現実もある。さらには，大学の専攻科目として地球科学を選択する学生も減少しており，その影響で研究者自体の層が薄いことも問題視されている。

　打開策として，科目再編での地学教育が検討されている。日本における地球科学学会の学術団体である日本地球惑星科学連合は2007年に，すべての高等学校における必修科目として教養理科の導入を提案しており，その中に地球科学分野を盛り込んだものを中央教育審議会に提出した。また東日本大震災後，防災教育の一環としての地学教育を行う必要性を説く専門家も増え，その重要性も再認識されている。これを受けて，初等教育から高等教育まで一貫した地球科学学習が行えるよう，指導の見直しが求めら

れている。それとともに，研究をさらに充実させてその成果をより教育内容にも反映させ，学問としての体系確立を急ぐことも必要であろう。

🖒 小論文にする時のポイント

　地球科学に関する出題は，地球科学系の学科の入試において出題されやすい。① 地球科学で興味がある事柄，② 地球科学の特徴，③ 地球科学専攻の動機の3パターンで問われる。これらの設問は，受験生の素養や興味・関心の度合いを測るためのものであるといえる（地学の基礎学力を問う出題もあるが，その場合は地学の問題として課される）。

　①は「地球科学のなかで興味があるものを一つ挙げ，その理由を説明せよ」といった形で問われる。例えば，地震学を取り上げた場合，「地殻変動や地震波の記録の解析，また断層のずれなどを研究することによって，過去に発生した地震の特徴や地球の内部構造を体系化することができれば，将来の地震発生の予知や被害の予測が可能となる。こうしたことは，気象庁を中心として提供される緊急地震速報に活用されている。このように地震学の知識の基づく過去の分析は未来への予測に役立っている」など，その分野を研究することの重要性や必要性を説明することが重要である。

　②は，「地球科学とはどういうものか」などと問われる。その時，「地球で起こるさまざまな現象に関して，解析や実験などの科学的手法で解明する学問である」などといった地球科学の定義のみならず，地球科学の発達に関して事例をもとに（例えば鉱物，化石研究，地質研究など）指摘しておきたいところだ。

　③は「なぜ地球科学を専攻したのか」などのように，いわゆる志望動機が問われる。高校の地学の授業内容や，地球環境問題や日常における自然災害現象などと関連づけて動機を語るのはよいが，体験談だけに終始するのは好ましくない。あくまで地球科学に関する興味や関心の深さ，洞察力などが問われているのだから，それらを存分にアピールする回答をしておきたい。例えば，取り上げた事象について，解明できていない事柄には何があり，その解明にはどういった手法が必要で，その解明がどれほど重要なものであるのかなどを地球科学の視点で捉えて回答するようにしたい。

例 地球科学に関して興味をもっていることについて述べよ。(日本大・文理学部)

例 写真A(火星探査機が撮影した火星の地表の様子)と写真B(高瀬川の河原の写真)を見て，かつて火星は現在の地球と似た環境にあったと考えられている。どのような環境だろうか。2つの写真を比較して考えられることを述べよ。

(信州大・理学部)

例 「火星」や「地球の地下深部」に生物が存在する可能性について議論しているAとBの会話文を読み，

問1．「火星の生物に関する議論」で，Bはなぜ「その理屈はへんじゃないか」と思ったのか。述べよ。

問2．「地下深部の生物に関する議論」について，どちらかを選ぶとすれば，AとBどちらを支持するか。理由とともに述べよ。

問3．仮に，あなたがBから「大学で地球科学を学ぶことにどんな意義があるのか」と聞かれたとしたら，Bに対してどう答えるか。Bの発言をふまえて述べよ。

(静岡大・理学部)

例 地球科学や生物科学の発展により，私たちの地球に対する理解が急変しつつあることについて述べた文章を読み，「深海掘削が地球システム科学を構築するための最良の方法である」の理由としてどのようなことが考えられるか。

(愛媛大・理学部)

関連キーワード

☑ 地質学

地質学とは，18世紀末に生まれた言葉 Geology を明治初期に訳したものである。Geo とは地球を，logy とは学問をそれぞれ意味するので，その言葉に込められた思いは「地球を科学する」である。このことから地球，特に

その表層の地殻を構成する岩石や地層を研究対象とし，その種類・構造・性質・形成の歴史などを研究する自然科学となった。

地球や地殻の階層性と歴史性に基礎を置き，鉱物学・古生物学・地球物理学など多くの専門化された分野を包括

している。また，応用としては鉱床学や土木地質学などもある。さらに，月や惑星の探査が進む近年では，それらの表面の構成物質を地質学的な見方で研究する月の地質学や宇宙地質学も含むようになった。

☑ 鉱物学

鉱物とは私たちが手にすることのできる地球の岩石や隕石，宇宙塵の構成物質だけでなく，太陽系外の宇宙起源の固体物質をも対象としている。鉱物学はそれらの諸性質を科学的に明らかにし，その成因を研究したり分類などを行ったりする学問である。

地球上に存在する鉱物は太陽系のほかの惑星に比べて圧倒的に多く，それらの半数以上は地球に生物がいたために誕生したと考えられている。このように惑星の状態により鉱物に差異が出てくることから，鉱物を手掛かりに生命の徴候を探したり，星の発展段階も調べたりできるため，地球惑星科学などへの応用もされている。

☑ 地球物理学

地球上およびその内部で起こる物理現象のうち，地球そのものの存在と関係の深い領域を物理学的方法で研究する地球科学の学問を地球物理学という。自然災害や環境問題などに取り組むな

ど研究は多岐にわたる。さらに，その対象は太陽系全体に向けられるようになってきている。

固体としての地球を取り扱う地震学などと，地球表面あるいは近傍の水圏および気圏を取り扱う気象学などの2大分野に分けられる。地震学は地震計測によって地震活動を検出し，その結果を用いて地球上各地域の地震活動度を解明する。これらは地震災害対策などに役立てられている。また，地球内部の構造の解明やその動きなどにも力を入れている。一方，気象学は大気中の諸現象を探究する。地球温暖化やオゾンホールなど，人間活動に起因する環境変化が問題となるなか，気象学はそれらの問題解決の一翼を担っている。

☑ 地球科学

地球を研究対象とする自然科学である。地質学や鉱物学・古生物学・海洋学・気象学・地球物理学などを含む。とくに固体地球のみを扱うときは固体地球科学という。

これらの学問はいくらか独立した学問として発展してきた。しかし，近年になって相互の関係が注目され，総合的な研究のニーズが求められ始めた。そこで総合学科という意味で地球科学という語が用いられるようになった。地学という言い方もあるが，地学は人

137

文地理や人文科学など天文・宇宙・地球の諸科学を含む。

☑ 古生物学

古生物を研究対象とする学問で，古生物学・古植物学・微古生物学などに区分される。広義には，地質学的立場から化石の歴史的意義を重視する生層位学も含まれる。

古生物とは地質時代に生存していた生物を指すが，古生物学の対象としては化石が重きを占める。化石を通して古生物の形態・分類・生態・進化などを研究し，生物の進化の解明や地層の対比，堆積環境の解析に貢献している。生物を扱う点では生物学の一分野であるが，地質時代の生物現象を研究する点では地球の歴史科学である。

☑ 自然地理学

自然地理学は人間の居住地としての地表を対象として，人間生活に関係がある自然現象を研究する学問である。ゆえに，気候学・地形学・土壌地理学・海洋地理学・水文学・生物地理学などの分科を含み，地質学・気象学・生物学などとも密接に関連している。

自然地理学は「自然」を人間との関わりから読み解いてきた学問であることから，地球環境問題への貢献も期待されている。

☑ 海洋学

海洋学は，海（海水の運動，海水の物理・化学的性質，海洋に生息する生物，海洋と大気との相互作用，海底堆積物，海底地形および構造など）を研究対象とする学問である。海の自然現象の研究や海水の物理的・化学的性質の探究を目指す海洋自然科学，海と人類とのかかわりを調べる人文海洋科学などの分野に分けられる。

地球表面の70％を占める海は，人類を含む地球上の生物圏の存続に大きな役割を果たしている。そのため，食料・環境・エネルギーなど生物の生存に不可欠なさまざまな領域での有効活用が期待されている。

☑ 火山学

火山現象を研究する学問である。地球科学の一分野であり，火山噴出物の分布や火山体の構造を調べて火山の発達史を知る分野（火山地質学），噴火の機構やエネルギー，火山性地震等の物理量などを研究する火山物理学，火山ガス・溶岩・火山岩などの組成や分布を調べ，マグマの性質や成因を研究する火山化学などの分野がある。広義には地球以外の惑星や衛星で起こる火山現象も対象に含む。

これらの研究活動から火山が噴火するメカニズムが解明され，噴火に伴う

前兆現象，さらには火山噴火の予知まで明らかになる可能性がある。

☑ プレートテクトニクス

固体地球の表面が十数枚の硬い岩盤（プレート）によって隙間なく覆われていて，プレートどうしの相対運動に伴ってそれらの境界に沿って種々の地学現象が引き起こされるとする考えをいう。プレートが移動する力は，地球内部のマントルの対流によって生じているとされている。

プレートテクトニクス理論が出される前までは，地上のある地点での現象が，他の地域での現象と関連があるとは考えられていなかった。プレートテクトニクス理論により山脈の分布のほか，火山や地震の発生メカニズムも説明された。また，動植物の分布や石油や石炭，鉱物資源の分布なども説明できるようになったのである。

これにより，プレートテクトニクス理論が登場する以前に有力だと考えられていた地向斜造山論（海底の細長い地帯に厚い地層が堆積し，その後隆起することで山脈を形成し，侵食により深部が露出する）や地球膨張説（地球が膨張したことによって大陸移動した）などは支持されなくなってしまった。

☑ プルームテクトニクス

1990年代前半に発展した学説である。地球の大規模な変動（テクトニクス）は地球の内部，すなわち地殻と核の間のマントル内部に発生するホットプルームとコールドプルームの対流によって起こるということが提唱された。

高温部は巨大なホットプルーム（湧昇流）として下部マントルから上昇するのに対して，低温部はコールドプルーム（下降流）として地球深部へ下降する。大陸を乗せている部分（テクトスフェア）は，巨大なホットプルームにより分裂・移動し，逆に巨大なコールドプルームは，それらを引き寄せて集結・合体させる。この動きはスーパープルームと呼ばれ，地震波トモグラフィーで明らかにされているが，プレートテクトニクスにおけるプレートの移動はこの理論で説明がつくとされている。

☑ 地磁気

地球の持つ磁石としての性質，および，それによってつくられる磁場のことをいう。特に地球の磁場（地球磁場）を指すことが多い。

その磁力は大きさ（全磁力）と方向を持つ量である。地球上の各地点での地磁気を表すには，偏角（真北から磁針の示す北までの偏りの角），伏角（水平

面から磁場の方向までの角），水平磁力（全磁力の水平分力）の３要素を観測して使用する。

　磁針が南北を指すのは地球の持つ磁石としての性質によるものである。このように，地磁気は方位を知るために使用する磁気コンパスなど，日常生活との関わりも深い。

答案例

問題 地球科学の必要性について，あなたの意見を述べよ。 **600字以内**

模範回答 地球は人類が唯一生活しうる場所であり，その環境保全は重要である。また，地球上の生物全体の生存に対しても責任を果たす義務もある。そのためにも，地球科学分野の研究はますます必要になると考えられる。　（以上，第１段落）

　こうした地球科学の必要性が語られる背景には，地球が現在深刻な環境問題を抱えていることがある。地球環境の改善や維持に向けて国際的な取り組みが必要とされるなか，これらの問題を研究する分野としての地球科学が果たす役割は，非常に重要である。また，地震や津波，台風，土砂災害など，自然災害も後を絶たないが，これらの自然災害には未解明な部分も多い。したがって，これらのメカニズムの解明や地質学的研究の進歩が防災効果をもたらすことも期待されている。　　　　　　　　　　　　　　　　　　　　　　　　　　（以上，第２段落）

　このように，緊急的な対応が必要とされる分野であるにもかかわらず，教育面では体系が確立できていない現状がある。また，地球科学を選択する学生も少なく，研究者自体の層が薄いことも問題視されている。今後は，一貫した地球科学学習が行えるように指導を見直すべきである一方で，研究の充実による成果を教育内容にも反映させ，学問としての体系確立を急ぐべきである。（以上，第３段落）

解説　第１段落：意見の提示…地球科学は，地球環境の改善・維持のために必要な学問であると述べている。
　第２段落：理由説明…地球科学がなぜ必要なのかを，環境問題や自然災害を例にとって説明している。
　第３段落：意見の再提示…地球科学教育の学問体系が確立していないことを問題視し，教育や研究体制の充実の必要性を論じている。

生物学

出題頻度 → 理学 ★ ★　農学 ★

定義

　生物学は,生命に関わる現象を研究する分野である。生物の構造や機能・成長・発生・進化といったものから,生物の分布や分類まで幅広く取り扱う。対象とする生物の種類によって動物学・植物学・微生物学などに分けられる。また,研究手段や目的によって分類学・生態学・発生学・生化学・遺伝学・分子生物学などに分類されている。

　生物の分類法を提示したのは古代ギリシアのアリストテレスで,生物学の先駆者と言われている。なお,生物学という名称は19世紀初頭にブルダッハ,トレビラヌス,ラマルクらによって,それぞれ生み出された。

　生物学は顕微鏡による細胞の発見(p.145参照),進化論(p.146参照),遺伝子の発見(p.102参照),ゲノムプロジェクト(生物のゲノムの全塩基配列を解読するプロジェクト)などによって大きく発展したといわれている。

必要性

　生命活動の根本,つまり「生きているとはどういうことなのか」という根本的な問題の解決はいまだになされていない。生物学研究による知見は,こうした生物が生きる根本を探求するために必要である。確かに,DNAの二重らせん構造の発見(1953年)を契機に,細胞の増殖や分化といった仕組みが分子レベルで明らかとなり,現在では多くの生物のゲノム解析が進んでいる。また,分子・細胞・個体相互の連続性についても,ナノレベルの分子・原子の働きを解明することで理解しうると言われている。しかしながら,どういう物理現象によって生命現象が導かれているのかということはいまだに解明されていないのが実情である。他にも,DNAの中に含まれる遺伝子とその機能とはどういうものか,個体の寿命がある理由,進化の実相はいかなるものか,細胞の起源など,未解明の問題は多い。

　こうした未解決の問題の解明に,生物学の今までの知見,および基礎的

研究の積み重ねが必要となる。例えば，ゲノム情報の活用，生体分子の構造生物学研究，原子生物学的研究などはそのための大きな力になると期待されている。

必要性の背景

　環境問題・食料問題・医療問題などにおいて，現在の科学では解決できない生命に関わる問題が数多く存在している。それを解決する手掛かりとして，生物学の成果が期待されていることが背景にある。

　例えば，食料や医療に関する問題を解決すると期待されている遺伝子組み換え技術(p.99参照)にはゲノム解析が欠かせないが，それはゲノミクス(ゲノム情報を取り扱う研究を行う生物学の一分野)によるものである。また，遺伝子導入の一つにウイルスやファージを用いた形質導入があるが，この方法は生物学の研究に欠かせない手法である。

　一方，1日あたり100種以上の種が絶滅しているという推測があるなど，種の絶滅が急速に進行しているなかで，生物多様性の必要性が論じられている。こうした問題に直結する学問が保全生態学(保全生物学)や多様性生物学という分野である。この学問分野の基盤は遺伝学と進化学であるが，生物の進化の過程を明らかにして生物の分類を行うとともに，種が生じる仕組みや地理的条件による種の変化といったことを解明するものである。他方で，絶滅率の計測や保全計画の立案まで研究の対象としている。

　このように生物学研究の成果は，今まで解決することが不可能と思われていた課題を解決する可能性も秘めており，今後の発展が期待されている。

対応策・解決策

　現代の生物学は対象が複雑かつ多様である。そのために生物学が進展するにつれて他の学問領域との融合が求められている。例えば，生物情報学という分野では，ゲノムやプロテオーム(細胞が持つタンパク質のすべて。細胞の状態や構造・機能・活動を実現する要素となる)の研究により発生する膨大なデータを処理し，生命の原理を解明しようとしているが，この研究では遺伝情報をビッグデータ(通常のデータベースソフトでは取り扱

えないほどの巨大なデータ)として扱う必要があるため，高度な情報処理技術が求められる。ほかにも，医学・農学・薬学・化学などの分野との融合により，生命現象のさらなる解明が進むであろう。

また，生物学の進展によって，人間の生活や物事の考え方に変化をもたらすことが想定できる。例えば，人間の遺伝子情報の解読が身近な時代となった場合，日常的に遺伝子診断が行われるようになり，健康管理の方法も変わってくる。

一方で，人間社会や倫理観の崩壊を招く可能性もある。遺伝子情報が個人情報として取り扱われるようになった場合，生命保険の審査や就職試験の材料に用いられ，遺伝子による差別を助長する恐れすらある。それに加え，遺伝子組み換え技術の進歩は大きなビジネスチャンスとなっているが，反面，遺伝子汚染や毒性の発露のほか，知的財産権の問題や悪意性のある利用(例えば危険なウイルスの作製やバイオテロへの利用など)も考えられる。今後は，生物学リテラシーの向上や新たな倫理観を構築することも併せて求められるだろう。

👉 小論文にする時のポイント ──────────────●

生物学をテーマとした小論文は，生物学系統の学科のほか農学系学部でも課される。パターンとして① 生物学の特徴，② 生物学の重要性，③ 生物学における興味のあるテーマが出題されるが，いずれも生物学への興味・関心の度合いを測ろうとしているものだと言える(なお，生物学の基礎的な学力を測ることを目的として，高校生物の論述問題も課されることがある)。

①については，「生物学の特徴について述べよ」などという形で問われる。場合によっては，「生物学の特徴を，物理学との違いを示しながら述べよ」などと，他の自然科学の分野との比較をさせる問題もある。その場合，例えば「生物学は既存のものを認め，それを起点に現実の理解を目指すというアプローチをとる学問である。他方，物理学は必要な情報を選び，不要な情報を排除して，法則から現実の理解をする学問といえる」など，現実理解へのアプローチの違いを述べることなどが考えられる。

②については，「生物学はなぜ人類に求められるのか」などという形で問われる。おおよそ「生命現象の解明のため」という方向性で主張することになるであろうが，生命現象の解明が必要な理由まで踏み込む必要がある。例えば，環境問題・食料問題・医療問題などを取り上げ，「現在の科学では解決できない生命に関わる問題が数多く存在する。それを解決する手掛かりとして，生物学の進歩が期待されている」などと示してみるとよいだろう。

③については，「生物学の中で興味のあるテーマを一つ挙げ，論じなさい」などと問われる。その時，既知のテーマよりも，生命の起源・個体の寿命の意味・進化の実相といった生物学において未解決の問題をテーマとして取り上げるとよいだろう。ただし，その時には現在の生物学でどのあたりまで解明できているのか，どういった説が対立しているのか，といったことも併せて述べておきたい。

過去の入試問題例

例 生物と生物ではないものをどのように区別するか。科学的観点から，あなたの考えを述べよ。 (弘前大・農学生命科学部)

例 化学と生物学に関連する事柄のうちで，最も興味深いと感じたものは何か。その内容について説明し，興味を感じた理由を述べよ。 (日本女子大・理学部)

例 生物学や生物工学に関連した分野から興味を持ったテーマに関して，複数の文献を調査してまとめ，自分の意見を述べよ。異なる立場の意見があるテーマでは，それぞれの意見を紹介して自分の意見を述べよ。参考にした文献は明記せよ。 (東海大・生物理工学部)

例 これまで学んできた生物学のうち最も感銘を受けた事柄について，その事柄を説明し，感銘を受けた理由を述べよ。 (神奈川大・理学部)

例 進化生物学のおもしろさと学ぶ意義について述べた文章を読み，
　問1．下線部について，進化を知ると，自分自身や生命一般に対する見方がどのように変わってくると思うか，述べよ。
　問2．生物学が物理学や化学とは決定的に異なる点について，下線部を参考に，考えを述べよ。 (愛媛大・理学部)

例 自然科学は数学・物理学・化学・地学・生物学の分野に分けられ，それぞれの分野は互いに密接な関係を保ちながら発達していった。あなたが理学部において目指す分野とその他の自然科学分野との関連を具体的に論じよ。

(熊本大・理学部)

🔍 関連キーワード

☑ アリストテレス
（紀元前384～紀元前322）

古代ギリシアの哲学者，科学者。アリストテレスはプラトンが物事の本質がイデア界にあると述べていたのに対し，現実世界の個々の物体の中にあると考えた。そのため，アリストテレスは物事を観察して知識を体系化して構築することにより，古代で最大の学問体系を樹立した。

その中でもアリストテレスは生物学の祖と言われ，特に動物学の祖と言われている。比較解剖学（動植物は解剖したが，人体解剖は行っていない）を創始し，分類や生殖・発生などで業績を残している。また，生命論・発生論は，後の学者にまで影響を与えた。

☑ 顕微鏡

微小な対象を拡大して観察するための装置のことである。対物レンズによって対象物の拡大された実像を作り，これを接眼レンズによってさらに拡大しながら明視の距離に虚像を作るもの

である。生命の単位である細胞について最初の記述をしたイギリスのロバート=フックは，さまざまなものの観察に顕微鏡を用いた。1665年に出版された『ミクログラフィア』においてコルクの切片の内部に小さな部屋のような構造を発見し，それを cell（細胞）と名付けている。

また，オランダのレーウェンフックはネジを調節して物体の位置とレンズの焦点を調節できる単式顕微鏡を発明した。倍率は約270倍以上あったと言われており，この顕微鏡を用いて歴史上初めて微生物を観察した。

☑ カール=フォン=リンネ
（1707～1778）

スウェーデンの博物学者・生物学者・植物学者。学名を定めて分類体系を築き，自然界を体系化したことで知られている。

それまでは，属名のあとに形容詞などをつけて生物名としていたが，このような方法では後に似た種が発見され

た時，それらを区別するためにはさらに新しい形容詞を付け加える必要が生じるために，複雑な生物名となってしまうという難点があった。そこでリンネは，属名と種小名をつなげることで，種の名前を2つの言葉の記号によって表現するという二名法を考案した。これにより，記号どうしの比較検討がされ，グループ化することで階層的な分類体系を作ることができたのである。

☑進化論

あらゆる生物種の起源は，神による創造ではなく生物が進化した結果であるというチャールズ=ダーウィンによる主張である。従来，キリスト教支配下では，この世界に存在するすべての生命は神によって創造されたと考えられていた。しかし，ダーウィンは『種の起源』において，生物の進化は自然選択で説明できるとした。つまり，進化は自然選択（環境に適応した適者と繁殖に有利な変異は親から子へと引き継がれること）が積み重なることでまったく異なる種になると説明した。

自然選択によって種の多様性が実現するという見解は現代生物学の基礎を担ってきた。しかし，近年では科学技術の発達により従来の進化論に異議を唱えている学者も多数存在し，改めて進化論について論議されている。

☑細胞説

あらゆる生物は細胞から成り立っており，細胞は構造と機能の最小単位であるとする考えのことである。

顕微鏡の発達に伴い，細胞の存在はすでに17世紀にイギリスのロバート=フックによって発見されていた。19世紀には，イギリスのブラウンがランの葉の表皮を観察している際に核を発見した。そのことを受け，ドイツの植物学者シュライデンは植物の基本単位は細胞であり，独立の生命活動を営む最小単位であるとした。また，ドイツの動物生理学者のシュワンは動物まで定義を広げ，生物はすべて細胞から成り立っていると提唱した。

☑生理学

生物学の一分科で，生体の機能を個体・器官・組織・細胞のレベルで物理的・化学的に研究し，そのメカニズムを明らかにする学問である。また，社会生活を営むうえで生じる生態学的・心理学的現象を含めた機能の解明にも力を入れている。

生理学は近年の分子生物学的手法などを用いた研究が著しく進歩したために大きな革新を遂げた。そのため，今後の生理学の研究は，分子生物学の発展の成果を細胞レベルから徐々に個体レベルでのシステム機能にまで組み上

げ，生命へと統合していく必要がある。これらの研究は科学の発達によって生じた医学・生命科学上の問題，人口増加に伴う環境上の問題などを解決するための科学的基盤を築くうえで重要な役割を担っている。

☑ 生態学

生物相互の関係や，生物と環境の関係を解明する学問である。エコロジーとも呼ばれ，人間と自然の共存を目指す思想の象徴として用いられている。

科学技術の発達により，さまざまな環境問題が露呈し始め，生物と環境の関係を見直す動きが出てきた。そこで誕生したのが生態学である。生物と環境の相互作用に基づいて環境問題を解決する学問なので，その研究領域は多岐にわたり，遺伝子レベルから地球レベルへ，そして太陽系レベルにまで範囲を広げている。

☑ 動物学

動物の分類・形態・発生・生理・遺伝・進化などを研究対象とする学問である。植物学と動物学を合わせて生物学と呼ばれているが，動物のみの固有領域として，発生学や動物行動学，神経生理学などがある。研究対象が細分化されているため，動物学の内容は多様化している。

今日までの動物学の研究（血液循環，生体防御の仕組みなど）は，医学の発展にも貢献してきた。また，医学以外でも，進化論で有名なダーウィンや『昆虫記』の著者のファーブルたちも大きな功績を残している。

☑ 植物学

植物の分類・形態・発生・生理・遺伝・進化などを研究対象とする学問である。生物界を動物界・植物界と2大別するものと，原核生物・動物・植物・菌類に4大別して，菌類と植物学を別に取り扱う場合もある。また，種子植物の諸現象を対象として発達してきた植物枠に合わない分野を，対象群ごとに微生物学・藻類学・地衣類学・蘚苔類学・シダ植物学のように区分することもある。

メンデルがエンドウを用いて遺伝を発見したように，植物の研究が動物に応用されることも多い。組み換え作物の農業や環境問題への応用は我々の生活に密接に関係しており，食糧危機や森林破壊などの諸問題を解決するための研究も行っている。

☑ 微生物学

微生物の形態・生理・遺伝・生態などを研究対象とする学問である。対象により，細菌学・ウイルス学・菌類学・

原生動物学などに分けられる。

微生物学の研究は人工免疫法や衛生学的手法など医学の歴史にも色濃く反映されている。人間に対して病原性をもった微生物研究の成果で治療法が確立されたものもある。また，予防接種の普及により疫病の予防法も確立された。しかし，治療法に対して耐性を持つウイルスや微生物が日々誕生するため，微生物学の研究は今後とも非常に重要である。

☑生化学と分子生物学

どちらも生物の分子を研究対象としている学問である。生化学は古い歴史を持っているが，生化学の中心とする研究対象は遺伝に関する核酸（DNAとRNA）やタンパク質である。一方，分子生物学は代謝に関するグルコースやピルビン酸などの比較的分子量の小さい化学物質を対象としている。これらはあくまでも研究の中心として考えられているものなので，両者の間に明確な境界線が存在しているわけではない。

これら分子生物学や生化学の発展によって遺伝子組み換え技術やヒトゲノムの解読が可能となった。また，これらの分野で解明された生体システムの成果は，他分野での応用に大いに役立っている。

☑細胞生物学

細胞の構造と機能を研究する学問である。19世紀にシュライデンとシュワンが細胞説を確立するのに伴って，生命の謎を解き明かすためには細胞の中身を調べることが重要であると考えられ始めた。

細胞とは生物の最も基本的な構造単位であり，それを研究対象とする細胞生物学は，生命科学の基礎的な分野である。細胞生物学は生化学や分子生物学の発展によって大きく飛躍し，1999年にはブローベルが細胞内におけるタンパク質の輸送機構の解明でノーベル医学生理学賞を受賞した。近年では，成人病やがんなどの研究のほか，創薬などの応用研究分野で医学の発展に貢献している。

☑発生生物学

受精卵や，単一の細胞から成体への分化成長過程における形態の変化などに関連した分野を研究する学問である。

生物がその生物に特有な形をつくる基本的なメカニズムは，すべての多細胞生物に共通していると考えられているため，研究にはショウジョウバエやマウスなどのモデル生物が用いられている。

発生生物学の研究は発生工学として応用され，不妊治療や再生医療，農業

などに大きく貢献しているが，これらは倫理的な問題などが論議されやすい側面を持っている。

☑ 動物行動学

動物の行動を研究する学問である。エソロジーとも呼ばれている。心理学・生態学・生理学などの面から総合的に研究している。

動物行動学は至近要因(行動の社会的，生理的，神経学的要因)を扱う分野と究極要因(進化)を扱う分野で分けることができる。これらの研究は，動物福祉に基づいた家畜や家禽の革新的管理や飼育技術の開発，伴侶動物(犬や猫など)の問題行動の治療法の開発，安楽死の防止，ヒト精神疾患の発症原因の究明，予防・治療法の開発，創薬，いじめの予防，店舗の集客力増加など多方面に応用されている。

☑ 理論生物学

生物の諸現象を論理的に取り扱う学問である。取り扱う分野は生態学や発生学・遺伝学・医学など多岐にわたっている。数理生物学(次項参照)と同義に捉えられるが，理論生物学は生物学的側面を強調している。

そもそも理論とは事象の原因と結果の関係を説明する論述であり，高度に複雑な事柄を単純化することができる。

また，知識を蓄積するうえでの重要な基盤を作り，先進的な研究においても基礎的な理論を理解することは非常に重要である。このことから，理論生物学は生物現象が個別の視点からだけでなく統合化された理論として理解されることを目的としている。

☑ 数理生物学

生命の諸現象を数理的に取り扱う学問である。生命システムを数理的に取り扱うことで，シミュレーションやモデル化(方程式に対応したシステム)などができるようになる。

近年，遺伝子学などの発達により豊富なデータを持つ分野が現れ始めた。それに伴い，数学やコンピューター技術の発展により，複雑な生命システムを取り扱えるようになった数理生物学の需要が高まった。数理的な考えは生物学の研究においても非常に重要な役割を担っている。

☑ システム生物学

複雑な生命現象を解明するために，生命を一つのシステムとして捉え，諸現象を解析する学問である。測定技術・分子生物学・計算機科学・制御理論・システム理論など，さまざまな学問が関与している。バイオインフォマティクスと同義とされることもあるが，

バイオインフォマティクスは生命科学の膨大なデータを情報科学的手法で解析する分野である。一方，システム生物学は部分（遺伝子やタンパク質の個別の要素）と全体（生命現象）との関係を研究対象とする。

遺伝子発現の状況などを高速で精密に測定することが可能となれば予防医学の発展につながり，シミュレーションの精度が高まれば，実験時間とコスト削減をしつつ製薬の開発ができる。システム生物学の応用は多岐にわたることが予想される。

☑ バイオ産業

生物産業とも呼ばれ，遺伝子工学・細胞融合・組織培養・発酵などの技術を応用した産業のことである。具体的には，発酵・醸造産業，医薬品産業，化学産業，農林水産業，食品産業，研究機器産業，環境産業，バイオ情報サービス産業など多岐にわたる。現在実用化されているのは，遺伝子検査や土壌の微生物の活性を調べるバイオセンサー，遺伝子組み換え作物などがある。

バイオ産業は年々増加しており，今後もさまざまな分野で登場してくることであろう。その際に留意しておきたいのは，我々が確かな知識を持ち，安全性や倫理面などについてよく理解することである。

☑ バイオエコノミー

地球温暖化などの地球規模の環境問題に対して，バイオマス（生物資源）やバイオテクノロジーを活用して，その解決を図ろうとする概念のことをいう。2009年に OECD によって提唱され，欧州を中心に取り組みが進められている。

☑ 生命倫理学

生命科学と医療技術の発達により，さまざまな生命現象が技術的にコントロールできるようになってきたことに伴って確立してきた学問である。ヒトの生死や遺伝子に対する技術的介入は，どのような根拠によってどこまで可能なのか，また規制する法制度のあり方などを研究対象とする。

生命倫理学の基盤は自己決定権である。医療の現場でも自己決定権を尊重するようになり，インフォームドコンセントやドナーカードなどが普及し始めてきている。しかし，生殖援助技術（不妊治療）や遺伝子治療など，生命科学の進歩により自己決定の適用判断が困難な事案が発生してきた。このような問題は宗教や国固有の価値観などさまざまな事柄を考慮したうえで議論し，法的整備をしていく必要がある。

答案例

問題 生物学の必要性について，あなたの意見を述べよ。 600字以内

模範回答 生物学は生命現象を研究する分野であるが，「生きているとはどういうことなのか」という根本的な問題は未解決である。生物学は，こうした生命の根源を探求するために必要な学問分野である。
(以上，第1段落)

確かにDNAの二重らせん構造の発見を機に，細胞の増殖や分化が分子レベルで解明され，現在では多くの生物のゲノム解析も進んでいる。また，分子・細胞・個体の連続性も，ナノレベルの分子や原子の研究で解明が可能だという。しかし，どういう物理現象で生命現象が導かれているのかなどは，未だに解明されていない。こうした解明には，生物学の基礎的研究の積み重ねが必要となる。
(以上，第2段落)

一方，生物学が進歩するにつれて他の学問領域との融合が必要となるだろう。それは，現代の生物学の対象が複雑かつ多様であるからだ。例えば，ゲノムやプロテオーム研究で発生する膨大なデータを処理し，生命の原理を解明しようとする研究では，遺伝情報をビッグデータとして扱う必要があるため，高度な情報処理技術が求められる。このように，今後はこうした他分野との融合により，生命のさらなる解明を進めるべきである。
(以上，第3段落)

解説 第1段落：意見の提示…生物学は生命活動の根源を解明するために必要であると述べている。
第2段落：理由説明…生命活動の根源を解明するためには，生物学の知見や基礎的研究の推進が必要であることを説明している。
第3段落：意見の再提示…他の学問領域と融合することで，今後は生命活動の根源の解明ができる可能性があることを主張している。

化 学

定義

　化学とは，物質の構造・性質や化学反応を取り扱う学問のことである。物理的な性質や変化を取り扱う物理学とは異なり，化学は化学的な性質や変化を対象とする。その成果によって，新たな物質や材料を生み出し，社会貢献することが化学の使命である。

　対象となる物質によって，無機化学と有機化学(p.159参照)のほか，最近では有機金属化学(有機金属化合物を取り扱う)に分けられる。また，物理的な手法や理論をもとに物質の性質などを研究する物理化学(p.159参照)，生体を構成する物質を対象とする生化学(p.160参照)，化学技術を物の生産に役立たせる応用化学(p.160参照)など，多種多様な分野で研究が進んでいる。

必要性

　化学の必要性は，おおよそ
① 豊かな生活に役立つ
② 新たな物質を発見・創造するために不可欠
という点に集約されよう。

　①は，現代社会と化学が密接に関係していることを考えれば，具体例は枚挙にいとまがない。例えば石鹸によって汚れが落ちる仕組みは，まさに化学的な現象と言える。石鹸は，細長い疎水基の先に丸い親水基がついているという分子構造を持つ。疎水基が汚れに付着すると，親水基が水に解けようとするので，それが汚れを引きはがす。外に向いた親水基がそのことを繰り返すので，汚れを落とすことができるのである。こうした身近な現象のみならず，地球の温暖化，酸性雨，オゾン層の破壊といった環境変化の仕組み，さらには医薬品や食品添加物などの製造といったさまざまな分野で，化学と密接に関わっている。なお，こうした化学的な仕組みの理

解のためにも，一般市民の化学リテラシーが必要だと主張する立場もある。

　②は，化学が新たな物質や材料を生み出すことによって社会貢献するという役割を担っていることを踏まえる必要がある。もともと化学は錬金術（p.156参照）による物質の発見によって進歩したと言われており，その後も現在に至るまで新物質が次々と発見されている。例えば，1991年に飯島澄男氏によって発見された**カーボンナノチューブ**（炭素原子によって構成されるナノメートルサイズのチューブ状の構造体）は高電流密度耐性（高密度の電流を流しても構造的に安定でいられること）が高く，熱や電気の伝導性もよく，高強度である。しかし線状の一次元構造であることから，垂直方向に対しての伝導性がほとんどない。現在は，カーボンナノチューブの垂直方向にグラフェン（炭素原子が六角形の網の目状に並んだシート状の構造を持つ物質）を形成する新たな**ナノカーボン複合構造体**が発見され，半導体の素材・燃料電池・光学機器・構造材料・放熱材料への応用が検討されている。一方，日々新たな化学物質が単離・合成されている。例えば，我々が昔から使っているアルコールや染料といったものから，医薬品・農薬・食品添加物に至るまで，多くの化学製品が人工的に合成されている。こうした新たな物質の発見や創成は，社会や人間生活，さらには生産性の向上には不可欠なものといえる。

必要性の背景

　さまざまな物質の構造が分子・原子レベルで解明できる環境が整ったことが関係している。そもそも，すべての物質は原子でできているという仮説のもと，物質の性質は原子の状態や化学結合（原子どうしの結び付き方）によって決まるものだと考えられている。こうした物質の構造を探るための方法は，日々進化している。現在では，放射光（光速に近い速さまで加速された電子が，軌道を曲げられた時に放出する光）や中性子（加速した陽子ビームを物質に衝突させ，原子核が壊された時に得られる。中性子の散乱の様子を分析することにより，物質の構造がわかる），ミュオン（宇宙線の中にある素粒子。物質中の磁場の大きさや動きを捉えることができる）などを用い，物質の性質を解明できるようになっている。

　化学は現在に至るまで，他の自然科学と関連し合いながら発展してきた。例えば，ゲノム解読やタンパク質の構造解析は構造生物学の分野であるが，その進展は化学が支えてきた。また，ロボットの開発に使われる人工筋肉や人工関節の原料に関しては化学の分野である。こうした他の自然科学分野との融合は，今後も求められるだろう。そのためにも，多様な自然科学分野の研究拠点との連携など，協働できる環境づくりを進める必要があるだろう。

　ところで，化学メーカーがハイテク材料の開発に参入するなど，産業を支える科学が物理学から化学へシフトしつつある一方で，化学の負の側面も指摘されている。例えば，公害や大気汚染，二酸化炭素の増加など，環境問題を引き起こす背景には化学分野の関与がある。今後は，化学製品を設計する時に製造・使用・廃棄の過程を考え，しかるべき対策を講じておくべきである。具体的には，公害対策のためのグリーンケミストリー（物質を生産する過程で環境汚染を防ぐ仕組み），エンジンの効率化，温暖化対策のための人工光合成・炭素固定の技術開発を行うなど，産業が持続的な発展をするのを保障するための技術開発が求められる。

　また，ホルムアルデヒドなどを含む有機溶剤によるシックハウス症候群，鉛・ヒ素・PCB・メチルアルコールなどといった化学物質による食中毒の発生など，健康被害への懸念もある。それに対しては，化学物質審査規制法（1973年）などによる法規制に加え，危険性の高い物質を使わないという意識，第三者機関による安全確認など，化学物質によるリスクを回避すること（リスクコミュニケーション）が必要となる。

👉 小論文にする時のポイント

　化学に関するテーマは，化学系学科でよく出題される。出題パターンとしては，① 化学で興味がある事柄，② 化学が引き起こす問題点と解決策，③ 化学専攻の動機の 3 つがある。これらの設問は，受験生の素養や興味・関心の度合いを測る

ためのものであるといえる（化学の基礎学力を問う出題もあるが，その場合は化学の問題として課される）。

①は「化学に関連する事柄のなかで興味があるものを一つ挙げ，その理由を説明せよ」といった形で問われる。例えば，カーボンナノチューブを取り上げた場合，「カーボンナノチューブは銅と比べて高電流密度耐性が高く，熱や電気の伝導性もよく，高強度である。半導体の素材・燃料電池・光学機器・構造材料・放熱材料への応用が可能となる重要な発見である。このように既存の物質を凌駕する性能を持つ将来性のある物質が，化学の力によって発見されたことは特筆すべきだ」など，取り上げた事象を研究することの重要性・必要性が説明できるようにするとよいだろう。

②は，「化学がもたらす負の影響とその対策について」などと問われる。負の影響といえば，真っ先に環境問題が思いつくところではなかろうか。「ペットボトルの原料となるエチレンオキシドを製造する過程で塩素ガスを用いるため，大量の塩素化合物が発生する。そうした問題の解消のため，現在では銀触媒による直接酸化法に代わっている。今後は，このようなグリーンサスティナティブルケミストリーを意識した試みなど，対策を講じる必要がある」などと主張すればよい。

③は「なぜ化学を専攻したのか」などと，いわゆる志望動機が問われる。高校の化学の授業内容や日常における化学などをもとにして動機を語るのはよいが，体験談で終始するのは好ましくない。あくまで化学に関する興味・関心の深さ，洞察力が問われているのだから，それが存分にアピールできる回答をしておきたい。例えば，取り上げた事象について，解明できていない事柄には何があり，その解明にはどういった手法が必要であり，その解明がどれほど重要なものであるのかなど，化学の視点で捉えて回答するのがよいだろう。

過去の入試問題例

例　環境保全に関わる化学技術について論じよ。　　　　　　　　（日本大・理工学部）

例　化学を学ぶことは，将来どのように社会に貢献できると思われるか簡単に論じよ。
　　　　　　　　　　　　　　　　　　　　　　　　　　　　　　（神奈川大・工学部）

例 化学に関連する研究分野，技術分野で将来取り組んでみたいことについて述べよ。
　　　　　　　　　　　　　　　　　　　　　　　　　　（愛知工業大・工学部）

例 自然界に存在しない機能をもつ物質を生み出したり，触媒などを用いて有用物質を効率よく作り出したりすることで，化学は人類の進歩に貢献してきた。一方で，化学は，公害・大気汚染・二酸化炭素の増加等，人類に対して脅威をもたらすこともあると述べ，ハーバーボッシュ法について説明した短文を読み，化学がもたらす負の影響について知るところを記せ。また，どのように対処したらいいのか，自分自身の意見を述べよ。
　　　　　　　　　　　　　　　　　　　　　　　　　　（甲南大・理工学部）

例 人類は，現在さまざまな環境問題に直面している。あなたが関心をもつ環境問題を一つあげよ。さらに，その問題に対して，化学に関する知識や化合物を利用した解決法を論じよ。
　　　　　　　　　　　　　　　　　　　　　　　　　　（山口大・理学部）

🔎 関連キーワード

☑ 錬金術

　元の意味は卑金属から貴金属を精錬する試みのことをいうが，転じて，さまざまな物質や人間をより完全なものにするための技術のことをいうようになった。人間の霊魂を完全なものに変化させることにより，神に近づくといわれた。

　錬金術の起源は古代エジプトの冶金術であると言われ，その後イスラム世界に伝わった（ジャービル=イブン=ハイヤーンは錬金術の祖と呼ばれている）。その後中世ヨーロッパにおいて行われ，13世紀以降に発展したとされる。なお，錬金術を研究する錬金術師は神と一体化できる者だと捉えられて

いた。彼らは，万物融解液により物質から精（エリクシール。飲めば不老不死になるといわれる霊薬）を解放し，取り出すことができるとされた。

　錬金術によって生み出されたものは多い。おもなものは，磁器の製法の再発見（1709年，ドイツの錬金術師ベトガーによる），蒸留器の発明とアルコールの精製（紀元前2世紀），火薬の発明（7～10世紀頃，中国の煉丹術師・道士による），硝酸・硫酸・塩酸・王水の発見（8～9世紀頃，イスラムの錬金術師ジャービル=イブン=ハイヤーンによる）などがある。

☑ 質量保存の法則

　質量不変の法則ともいわれる。化学反応の際，反応物質の全質量と生成物質の全質量は等しくなり，化学反応の前と後で反応にあずかる物質の質量の総和は変わらないという法則である。1774年に，フランスの化学者ラボアジェが発見し，近代科学の基礎となった。

　ただし，原子爆弾のように，原子自体が分裂したり，原子核反応によって別の種類の原子に変化したりする場合には，この法則は成立しない。しかし，原子崩壊を伴わない化学変化の範囲では，すべて質量保存の法則が成立することは間違いないことといえる。

☑ 原子説

　物質を連続的なものと見る説に対して，不連続的なものと見なし，物質は最小の単位である原子からできているとする説をいう。

　1805年に，イギリスの化学者J=ドルトンが気体の研究から，
① 各々の元素は，それぞれ質量の異なる1種類の原子からなっている
② 原子は，それ以上分けることはできない
③ 化合物は，2種類以上の原子が常に一定で，簡単な整数比で結合してできた物質である

という科学的な原子説を提唱した。その後原子の存在が実証されて，現在の物理・化学の基礎理論となった。近代原子説では，クォークと呼ばれる粒子を基本に考えており，原子を構成する素粒子はそれをもとにつくられているとされる。

☑ 原子論

　世界は空虚な空間と無数の不可分な原子からなり，同種原子の離合集散に応じて感覚的物質が形成されるとする，古代ギリシアに始まる哲学説をいう。レウキッポスとデモクリトスが唱えた。

　「この世は充実体と虚空からできている」という結論をもとに，原子は多く存在し，その原子が真空の虚空間を漂いながら，相性のよい原子と結合し，それが一つの物質となって現れるとした。また，原子が別々に離れて物質が存在しないように見えることがあるが，原子が再び分散して，違う物質を構成するために虚空間を漂うため，原子は永久に不滅だとした。

　その後ドルトンが原子の存在を提唱し，現代原子概念の基礎を作った。

☑ 化学結合

　分子内での原子間の結び付きのことを指す。20世紀初頭，基礎となる化学親和力や電気化学的二元論の提唱でも

説明不能だった「一部の結合しない原子」の組み合わせを説明するために，ドイツのヴァルター＝コッセルがイオン結合を理論化し，それでも解釈不能な無極性分子の説明に対してはアメリカのギルバート＝ルイスとアーヴィング＝ラングミュアが独立の共有結合の概念を提案した。

量子力学は分子構造論も深化させ，二原子分子の安定を説明した**交換相互作用**，分子軌道や原子軌道を明らかにした**波動関数**，金属結合の実際を自由電子モデルから進めた**バンド理論**などをもたらすこととなった。

☑ 分 子

原子の結合体で，その物質の化学的性質を失わない最小の構成単位である。

静電気力で結合するイオン結合には方向性がないが，共有結合には異方性があり，簡単な共有結合分子は原子価殻電子対反発則で説明される。反対に，同じ種類と数の元素からなる分子でも，その構造で物性に差がある場合もある。不斉炭素原子と共有結合する4つの原子団が結合する位置の違いから生じる**光学異性体**や**立体異性体**，また炭素などの二重結合部分が回転しないために生じる**幾何異性体**などは同一構造式でありながら異なる性質を持つ分子である。ベンゼン環に結合する置換基の位置による位置異性体も一例である。エタン類など回転可能な分子においても，立体障害などによる特性の差異は生じる。

☑ 物質の状態

物質は温度により，固体・液体・気体のいずれかの状態となる。これを物質の状態という。かつては単に見た目の状態変化であると考えられていたが，物質は粒子から成り立っていることが発見されてからは，粒子の熱運動と引力との関係性により，物質の状態が変化することが解明されている。

温度が低温の場合，物質は固体となる。熱運動が小さいことにより粒子間の引力が強く作用し，そのまま位置が固定されている状態である。粒子が規則正しく配置されて固定されているものを**結晶質**，不規則配置のまま固定されているものを**アモルファス**と呼ぶ。

固体の状態よりも温度が高くなると，物質は液体となる。熱運動が増すことにより，粒子間に引力は働きつつ，一定の体積中において粒子が自由に運動している状態となる。

温度がさらに高温になると，物質は気体となる。粒子間の引力を無視できるほど熱運動が活発化することにより，粒子が空間を自由に動き回る状態である。また，極度に高温になると粒子は

イオンと電子に分離し，荷電粒子であるプラズマとなる。

☑化学反応

　物質を構成する原子(p.157参照)が，結合あるいは切断を起こすことにより，新たな物質を作り出すことを化学反応という。同一物質内で起こることもあれば，異なる物質間で発生することもある。

　化学反応を物質の状態変化(前項参照)と比較すると，より大きなエネルギー変化を伴うことが知られている。熱・光・電気などの発生を伴う化学反応を発熱反応と呼ぶが，これは化学反応によって原子が結合することにより，余剰となった運動エネルギーが放出されることによる。

　また，原子の乱雑さを図る尺度としてエントロピーが挙げられるが，熱力学第2法則に則り，化学反応が起こるとエントロピーは増大し，自動的に減少することはない。一方，生物が活動を行うにあたり，効率よいエネルギー生産などを可能にするクエン酸回路は，糖や脂肪酸を化学反応によってエネルギーに変換するものである。

☑物理化学

　常温・常圧，もしくはそれに近似した状況下における物質の構造や反応，物性などを，物理学の手法を用いて研究する化学の分野を物理化学という。炭素を中心とした有機物を扱う場合は有機物理化学，それ以外の非有機物を扱う場合は無機物理化学に分類される。

　20世紀に入って量子力学(p.129参照)が確立すると，物質はさまざまな粒子から成り立つことが証明されるようになった。それに伴って目で見える物質・化合物・反応などを扱ってきた化学においても，原子論の立場から研究を行うようになったが，物理化学はそのような背景をもとに発生した分野である。

　現在，物理化学は，量子化学・熱化学・電気化学・計算化学などに細分化され，それぞれ研究がなされている。

☑有機化学と無機化学

　有機化学は，有機化合物(炭素化合物，C-C結合かC-H結合を持つもの)を研究対象とした化学である。1806年にベルツェリウスが有機化合物という名称を提唱したころ，有機化合物は生物体内の生命力で作られるものだと考えられていた(生気論)。しかし，1828年にドイツのウェーラーが無機化合物のシアン酸アンモニウムから有機化合物の尿素を作り，生気論は否定された。

　一方，無機化学は有機化学と対になる概念であり，非有機化合物を研究対

象とした化学である。新たな構造や化合物の開発とともに，構造・物性・反応性の解明を行う。固体化学（固体を扱う），溶液化学（溶液を扱う），放射化学（放射性物質を利用），配位化学（配位結合を含む化合物を扱う）などがある。

☑ 高分子化学

高分子化合物（分子量の大きい化合物。セルロース・ゴム・タンパク質・ポリエチレンなどがある）を研究対象とした化学のことをいう。1932年ごろにシュタウディンガー（ドイツ）が先鞭をつけ，カロザース（アメリカ）がナイロンを発明したことで，学問として成立したとされる。その研究内容によって，**高分子合成化学**（高分子化合物の合成方法の研究）と**高分子物性化学**（高分子化合物の物性の研究）の2つの分野に分けられる。

なお，高分子化合物は分子が大きいために，固体と液体にはなるが，気体にはならない。

☑ 生化学

生物の抗生物質や生物体内での化学反応を解明して，生命現象を探る学問である。生体物質の構造決定，作用機構，代謝の機構などがおもな研究対象である。また研究の立場により，化学や生物の分野に区別されることもある。

生化学は，生体の中で行われている生命現象を外部（試験管など）で再現して研究を行っている。その研究成果は生化学マーカーや腫瘍マーカーなど医療現場で活用されている。また，生化学の研究は医学・薬学・農学などにも応用されている。また，近年の遺伝子学の飛躍により，生化学は今まで以上に医学での応用が期待されるようになってきた。

☑ 分析化学と合成化学

分析化学は物質を測り，その状態を知るための基本となる理論や技術について研究する学問である。従来の化学においてはサイズや形状といった**空間概念**はほとんど考慮されていなかった。しかし微小空間では，さまざまな化学反応や現象が反応容器の大きさや形に影響することが明らかにされつつある。そのため，分析化学の研究は，新しい反応や触媒，合成物質などを発見する**合成化学**とさらに強く関連することとなった。

新しい合成物質は医療や環境，農業などさまざまな分野に応用され，有効活用される。

☑ 応用化学

各種の生産現場や生活空間へ応用す

るために，さまざまな化学現象を研究する学問である。研究を行うためには基礎的な化学の研究を行う純正化学の知識を基盤とし，物理や数学・生物などの他分野の知識も必要とされる。

2010年には鈴木章博士が鈴木・宮浦カップリングにてノーベル化学賞を受賞したが，その技術は抗ガン剤などの医薬品，農薬，有機導電性材料の開発・製造に活用されている。また，2019年には吉野彰博士がリチウムイオン二次電池の基本概念を確立したことによりノーベル化学賞を受賞した。これらのことからも，応用化学研究の幅広さがわかる。そのほか応用化学の研究対象として，エネルギー変換や貯蔵，環境浄化，医療，情報処理などの幅広い分野で生じている諸問題に取り組んでいる。

☑ 環境化学

環境に対して化学的視点から研究し，環境を保全することを目的とした学問である。

今日までの文明発展が環境破壊を引き起こし，その結果として環境問題が嘆かれている。地球環境を守りながら，文明社会を発展させるには化学の力が非常に重要である。例えば，より効率のよい生産プロセスを実現させることや，資源の再利用，環境に負荷が少ない循環システムの構築など，さまざまな視点で研究が行われている。また，法的な整備をするためにも化学的知見は重要な基盤となっている。

☑ 古典化学理論

化学は蓄積型の学問である。化学は原子論(すべての物質は原子からできている)を前提として研究が進められているが，研究成果によって，取り扱う物質は増加の一途をたどり，それらに関する情報も増加し続けている。しかし，取り扱う物質は基本的に減ることはない。それゆえに，近代に確立された化学当量(化学反応における，元素または化合物の基本量)やオクテット量(元素の最外殻の電子の個数が8個の希ガス構造となったときに安定な化合物になりやすい)，酸化数(酸化還元反応を電子のやり取りに着目して考える際に利用する数値)あるいは有機電子論(電子の状態や移動から有機化合物の反応性や有機化学反応の経路を説明する理論)などの古典化学理論でさえ，今日の化学においても意味を失ってはいない。

答案例

問題 化学の必要性について，あなたの意見を述べよ。**600字以内**

模範回答 もともと化学は錬金術による物質の発見によって進歩したと言われており，いまだに発見されていない新たな物質を発見・作製するために必要な学問分野である。

(以上，第1段落)

　例えば，1991年に発見されたカーボンナノチューブは線状の一次元構造であることから，直方向に対して伝導性がほとんどなかったため，垂直方向にグラフェンを形成する新たなナノカーボン複合構造体が発見された。そして，半導体の素材・燃料電池・光学機器・構造材料・放熱材料への応用が検討されている。ほかにもアルコールや染料，医薬品，農薬など，多くの新たな物質が発見・創成され，人間の生活や生産性の向上に大いに役立っている。

(以上，第2段落)

　昨今，放射光や中性子，ミュオンの利用によって，物質の構造が分子・原子レベルで解明できる環境が整備されつつある。また，化学メーカーがハイテク材料の開発に参入するなど，産業を支える科学が物理学から化学へシフトしつつある。しかしながら，化学工業が環境問題や健康被害をもたらすなど，負の側面も持つ。今後は化学工業の持続的な発展のための技術開発のほか，例えば法規制や第三者機関による安全検証など，化学物質の安全性を高める努力がより一層求められる。

(以上，第3段落)

解説　第1段落：意見の提示…化学は新たな物質を発見・創成するために必要な学問分野であることを主張している。

第2段落：理由説明…化学物質が人間生活や生産性の向上にとって不可欠であることを説明している。

第3段落：意見の再提示…化学工業には負の側面があるゆえ，持続的な発展のためにはそれを可能にする技術開発や安全面でのさらなる取り組みが欠かせないことを述べている。

3 農学系学部特有のテーマ

　農林水産業にかかわる学問のことを農学という。人々の生活をより豊かにするために，第一次産業の持続的な発展を促すことが最大の目的である。よって，自然科学・人文・社会科学の領域を横断する学際的な性格ももつ応用科学であり，広範な見識が求められる学問でもある。

　ここでは，農業系学部の入試において頻出の3テーマを厳選し，解説する。

取り扱うテーマ

> 農　学

> 水産学

> 獣医学

農　学

定義

　第一次産業である農業・畜産業・林業・漁業に関するさまざまな問題を，科学的手法を用いて解明する学問が農学である。人間の食と環境との調和を実現することを目的とし，園芸学・土壌学・植物病理学・森林学・畜産学・水産学・農業経済学・農業工学など，幅広い分野から成り立つ。

　農学の起源は，人類が農作物栽培を開始したのと同じ頃であると推定されている。農学に関する知識や技術などの多くは一般民衆の間で口承として語り継がれ，一部は教会や寺院の聖職者たちによって研究がなされた。文献として残っている最古の記述は紀元前19世紀頃のものであり，書物として残されている最古のものは，6世紀に中国で記された全10巻から成る『斉民要術』である。

　一方，学問としての農学の成立は19世紀のヨーロッパにおいてであり，農耕生産分野が確立されて各地に農業学校が設立された。日本へは明治時代の初めに学問として伝わり，農業技術者の育成を目的とした農学校が北海道や東京に作られ，その後全国各地に広まっていった。

必要性

　農学が必要であるとする根拠を整理すると，主として
① 食料の安定供給
② 動物・植物の枠を超えた生命としての枠組みを構築するため
③ 持続可能な社会を目指す学問であるから
という3点が挙げられる。

　①に関しては，世界が抱える人口爆発が背景にある。日本を初めとした一部の国では人口は減少傾向にあるものの，開発途上国の多くで増え続けており，なかには飢餓に苦しむ地域もあるほどで，食料問題は深刻である。また食料生産量は十分とはいえないなかで人口増加は止まらないため，食

料価格は高騰を続けていることも問題点として挙げられる。さらには，ダイオキシンなどの有害化学物質の残留や BSE などの病原体による汚染など，食物の安全性も脅かされている。このような状況の下，農畜産物を多角的な視野で研究し，世界中のあらゆる人に安全な食料を必要な量だけ提供できるようにすることは，緊急な要件である。

　②に関しては，いわゆるバイオテクノロジーが該当する。農作物の品種改良にはバイオテクノロジーの技術が応用されており，これにより質のよい作物や収穫高が確保できる作物が実現した。また，品種改良の延長である遺伝子組み換え技術（p.99参照）もより安定した食料提供のために期待されており，日々安全性とより高度な技術が研究されている。そのほか，品種改良や遺伝子組み換えにより乾燥に強い樹木や植物を開発して砂漠を緑化する計画や，バイオテクノロジーによって水質を浄化する研究，さらにはごみ処理やエネルギー資源確保にバイオテクノロジーを応用して環境負荷を減らす研究なども進められている。

　③に関しては，環境破壊を招いた要因を工業化や都市化以外の面から捉える見地である。人口爆発に対応するため近年，人は森林を伐採して農地化や放牧を行ってきたが，過放牧や農地の酷使による土壌変化によって作物が育たず，そのためにさらに森林を伐採するという悪循環に陥っている。また，荒れた田畑の土壌が河川や海に流れ出ることによる水質汚染・汚濁も発生した。これらの問題を解決するためには，さまざまな専門分野が集まる農学の知識が必要であると考えられている。

必要性の背景

　こうした農学の必要性が語られる背景には，文明化により豊かな生活が送れるようになったにもかかわらず，絶対量が不足することによる食料危機に見舞われる可能性が高くなったことがある。

　前述の通り世界人口は爆発的な増加を続けているが，人口爆発が起こっている国の多くが農産物の輸出国である。そして，これらの国が自国内での消費を優先させることにより，農作物の輸出価格は高騰を続けている。さらに，中国のような多くの人口を抱える国が穀物の輸入国に転じたこと，

世界的に食生活が肉食に変化しつつあることによる飼料としての穀物需要の増大も，農産物の価格上昇に影響している。また，過放牧や過剰作付けによる土地の疲弊から農地が失われており，国連が提出した統計によると，1991年の時点で年間 500～1000 ha の農地が失われているという。このようなことからも，日本のように食料自給率が低く，多くの食料を輸入で賄っている国は，たとえ先進国であっても食料難に見舞われる可能性を否定できない状況にある。

　一方で，地球温暖化による影響も無視できない。気候変動に関する政府間パネル（IPCC）によると，地球の平均気温が2007年の値よりも 3℃以上上昇すると，干ばつや大雨が増加し，食料生産量が下がると警告されているが，21世紀末の気温は20世紀末の気温より最大で4.8℃上昇するとされている。さまざまな対策を講じているにもかかわらず，森林面積の減少や砂漠面積の拡大が進行しており，温暖化に歯止めがかからないだけでなく，同時に食料難に拍車がかかっているような状況である。

対応策・解決策

　現状よりもさらに広く深い研究を行うためには，まず，農学研究者の層を厚くすることである。そのためには，農学の研究内容および世界が置かれている状況を小・中・高校の児童生徒たちに伝え，より多くの人が農学を志すように働きかけることが大切である。

　また，バイオテクノロジーなどの最先端技術や，食料生産と自然調和という広い範囲の問題を取り扱うことから，研究施設や設備の拡充を図ったり，大学間や大学と民間企業が共同で研究を行ったりするなど，より高度で大規模な研究を可能にすることも必要であろう。

　さらに，今後は農作物の輸入国と輸出国とが共同で研究を行い，効率のよい農作物生産や農地保護などを，現地調査をしながら進めていくことが非常に重要となるだろう。そのためには，それらの研究を行う海外拠点の設置や留学生のさらなる受け入れ，さらには研究者の派遣など，研究に関する国際協力を積極的に進めていくべきである。

👍 小論文にする時のポイント

　農学に関するテーマは農学系学部で出題される。主として，①農学部の志望動機，②農学の必要性の2パターンに分けられる。①は「なぜ農学部を選んだのか」などの形であり，②は「なぜ農学が求められるのか」などという形で問われる。

　①の場合，「植物を育てるのが好きだから」などと農業への興味を示すだけではもの足りない。例えば，「文明化により豊かな生活が送れるようになったにもかかわらず，食料の絶対量が不足することによる食料難の危機に見舞われる可能性が高くなった。このような状況の下，農畜産物を多角的視野で研究し，世界中のあらゆる人に安全な食料を必要な量だけ提供できるようにすることは，緊急の課題である。こうした問題を農学によって解決する必要があると考え，農学部を志望した」くらいなことは言いたい。また②については，「農学は食料の安定供給だけでなく，動物・植物の枠を超えた生命としての枠組みを研究する時に必要なものである。農作物の品種改良にはバイオテクノロジーの技術が使われており，これにより質のよい作物や収穫高が確保できる作物が実現した。また，遺伝子組み換え技術に関しても日々安全性とより高度な技術が研究されており，安定した食料提供に役立つものと期待されている」などと，農業が求められる社会的背景にまで言及して論じるべきだろう。

📝 過去の入試問題例

例　人と自然の融合をめざす新しい農学について述べた文章を読み，自分自身の勉学・研究目標や活躍分野に関する考えを述べよ。

（秋田県立大・生物資源科学部）

例　現在，日本では農業後継者の不足等が大きな問題となっている。この解決策のひとつとして，あなたの考える「魅力ある農業」について，本学科に入学した場合の抱負と合わせて述べよ。　　　　　　　　　（新潟大・農学部）

例　これからの農業・農村が持続的に発展していくためにはどんな取り組みが必要か，あなたの考えを述べよ。　　　　　　　　　　　　　（高知大・農学部）

例　図「農村生態系の変化」を読み，従来と現在の違いのうち重要と思う点を説

明し，現在の人間社会に関わる問題点を挙げ，その問題への解決方法について考えを述べよ。
(島根大・生物資源科学部)

例 農学は生物，生命に関する総合科学であると述べた文章を読み，あなたの志望動機を具体的に述べよ。
(鹿児島大・農学部)

例 平成23年3月11日に発生した東日本大震災は，青森・岩手・宮城・福島の4県を中心に甚大な被害をもたらし，農業生産にも膨大な支障をきたしている。自然災害は人々の想像を超えるものだが，東日本大震災の被害を踏まえて，これからの食料・農業・環境・エネルギーに係る課題について地域農業工学科で学ぶことにより，どのように課題解決に役立てることができると考えるか，あなたの考えを述べよ。
(琉球大・農学部)

関連キーワード

☑ 生産植物学

植物類や動物類の品種，または植物類や動物類の生産のための本質的に生物学的な方法を求める分野をいう。

植物栽培の管理を前提とした農業生産においては，均一な性質を示す品種の栽培が前提となるため，均一な性質を持った品種が得られるような方法で種子や苗の生産が行われている。最近では，品種登録制度の整備によって，遺伝子工学といったバイオテクノロジーの発達が目覚ましい。これにより，除草剤や害虫の影響を受けない作物や，体によい栄養を含んだ米など，遺伝子組み換え作物が誕生している。しかし，遺伝子組み換え技術により新しいウイルスの出現や遺伝子汚染が起こる危険

性を心配する人もいる。

☑ 植物保護学

病害の原因の解明とその制御を目的とし，病原学，植物と病原との相互反応，発生生態などを中心に研究する学問分野のことをいう。扱う領域は広く，さまざまな植物病のほか，発生生態や具体的な病害防除方法なども学ぶ。

これらは普通作物や園芸作物などの植物生産性の向上に繋がるとされる。例えば，開発によって自然生態系や里山の景観が崩壊するなどして植物が見放されたことで，植物の受容と排除のバランスも崩れ，病害虫や雑草などが発生している現状に対して，植物保護学の知識が必要とされている。

☑ 造園学

造園に関する技術とその基礎を学ぶ学問のことをいう。日本造園学会は，日本学術会議に報告した計画のなかで，「人間生活環境の物的な秩序構成において，自然と人間社会の調和融合を求めるため，健康にして美しく快適な緑の環境を地表に創造し，かつその成果およびその緑地を保全育成する技術」と定義している。

最近では，ランドスケープアーキテクチャー，つまり「風景を創る仕事」ともいわれ，庭園や都市公園だけでなく，美しい風景，快適な環境，人々の癒しなどについても考えるようになった。

☑ 土壌環境化学

土壌は風化作用と生物の働きにより，主として鉱物と生物体から作られるものであるが，この土壌の保全や持続的な利用，環境問題への貢献などを中心に研究する学問分野のことを土壌環境化学という。

具体的には，土壌が植物に与える影響や火山噴火後の土壌調査，木の間伐が及ぼす土壌の性質変化などが研究されている。化学物質を多く扱う企業などにおいては，土壌の汚染調査を行い，汚染が確認された生産拠点では浄化やモニタリングといった環境に配慮した

対策が取られている場所もある。

☑ 農芸化学

農学の一分野であり，動物・植物・微生物の生命現象，さらには生物が生産する物質，食品と健康などを，おもに化学的な考え方に基づいて基礎から応用まで広く研究する学問分野のことをいう。農産物の生産から加工・保存・そして廃棄・再生というサイクルを生物化学や有機化学の面から研究する。

具体的には，栽培のための土壌に関する分野，肥料や農薬に関する分野，微生物の応用に関する分野，食品を栄養学的に解明していく分野，食品の加工・保存に関する分野に分かれている。

さらに近年では，石油に代わる新エネルギーの開発や，生分解性プラスチック(微生物により分解されるプラスチック)の研究が注目されている。

☑ 森林科学

森林と人との共生を目指し，森林の保全・育成・持続的生産を図りながら，生産物を生活や文化に役立てるための研究を行っている。

森林は地球環境に対して重要な役割を果たしている。そのため，生態系と環境の関わりを知るために生物学的な視点も必要である。

さらに，環境問題である砂漠化や温

暖化，酸性雨などにも取り組んでいる。これらは理学的視点からの基礎研究であるとともに，森林を守り育てる技術を発達させる応用研究でもある。多彩な機能を持つ森林の理解は細分化された研究では理解しがたく，森林科学としての総合化した理解が求められる。

☑ 木材科学

化学的・工学的な視点から木質資源の研究をする学問である。

現在，使用されている鉄鉱石や化石資源（石油・石炭），プラスチックなどの化学製品は，将来的には枯渇してしまう運命にあるとともに，環境問題の原因とも考えられている。そこで注目を浴びているのが木質資源である。木材は再生産が望めるほか，化石資源の延命措置，森林を維持し環境を守るという利点もある。しかし，我々は自然の回復力を上回る速度で森林を伐採した過去を持つ。そこで，木材科学の研究成果をいかすことで，地球環境と人との共生を可能とした木質資源の開発が望まれている。

☑ 農業工学

農業の生産性を高めることで農家のQOL（生活の質）の向上を目的としている，農業に関する工学全般をいう。その研究内容は，農業土木系（農地の整備や保全，灌漑や排水のための設備，水質保全など）と農業機械系（施設栽培や植物工場などでの安全で効率的な生産システムの開発）に分けられている。

日本の食料自給率の低さや農地面積の少なさ，農業従事者の減少と高齢化，国際競合など日本の農業には課題が山積みであり，その解決の一翼を担うのが農業工学である。また，東日本大震災後は被災地の農業の復旧・復興のためにも活用されている。

☑ 農業機械

農業生産に使用される機械の総称。作物生産のための圃場機械，収穫物を調整加工するための農産機械，畜産に用いる畜産機械などがある。

20世紀には農業用トラクターが登場し，第一次世界大戦による労働力不足に伴う需要の増大によって急速に発達した。近年では農業従事者の減少と高齢化などの諸問題を解決するために，農業の機械化に関心が向けられている。しかし，高等動植物を対象とする有機的生産の農業には多種多様の異種作業があり，それぞれ綿密周到な管理労働を必要とすること，季節的な制約のために同一作業期間が短く，機械の遊休期間が長くて，その経済的な使用効率が低くならざるをえないこと，定置式の大型機械を用いる場面は少なく，移

動型・走行型の中小型機械を主とせざるをえないことなどの問題から，農業の機械化は容易には進んでいない。

☑ 農業経済学

農業に関する経済現象を研究する学問である。農業経営学・農政学・農業史・農業金融論などが含まれる。

農業は，経済一般の動きに影響されながらも，独自の経済問題を引き起こしてしまう。農業生産は天候で大きく変動して需給不均衡を生じやすいため，農産物価格の暴騰や暴落を引き起こす。さらに，生産手段の基礎である土地の豊度差は均等化できず，農業経営間の生産条件差を生み出しやすい。

このような現状の打開のためには，農業の生産活動に関連する他の自然科学分野の知識と技術も必要であり，それらも含めた経営的かつ経済的な視点が必要となってくる。

☑ 有機農業と慣行農業

有機農業とは，農薬や化学肥料を使用しない農業のことである。食の安全性を確保でき，農地や河川の汚染が少なく，環境への負荷を減らすことができるので，支持する声が増えている。しかし，農薬を使用しないことで病害虫の被害も増え，肥料が十分でないと収穫量が少なく生産量は劣る。そのた

め，有機農業だけで世界の食料をまかなうことには疑問が残る。

一方，慣行農業とは，化学農薬や化学肥料を使用する農業のことである。化学の力に頼るため，有機農業に比べて生産量は勝る。もちろん，使用する化学製品は法律で認められた基準の範囲内であり，食の安全の保証はある。

食の安全指向と環境保護なども勘案したうえで，需要と供給のバランスを保ちながら，両者の長所をいかした食料生産が望まれている。

☑ 里地里山

都市と山奥の中間部に位置し，農林業従事者などで管理されている地域のことをいう。森林・農地・ため池・草地などで構成され，動植物の繁殖地や希少生物のすみかの役割も果たしている。しかし，近年の農村の過疎化で荒廃している地域が多い。

そのことを受け，2002年に「新・生物多様性国家戦略」で里地里山の手入れが重要取り組み課題とされ，2012年には「生物多様性国家戦略2012-2020」と改定された。そこでは，里地里山の保全再生の促進，農村環境の保全・形成に配慮した基盤整備，都市と農村の交流の促進による農村地域の活性化などに取り組むことが明記されている。

☑ 電照栽培

植物に対して夜中に数時間電灯照明をする栽培方法のことである。

植物の花芽形成には日長(昼の長さ)が重要な役割を果たしている。そのことを利用し、短日植物(一定時間よりも日長が短くなった時だけ花芽形成)の花芽を抑制して栄養成長をさせるためと、長日植物(一定時間よりも日長が長くなった時だけ花芽形成)の開花の促進をするために電照を用いる。キクやイチゴなどが代表例である。

しかし、電照栽培に使用しているのは将来的に生産が縮小されると予想される白熱電球である。そこで近年では、代替電照資材として省エネルギーや環境面も考慮したLED電球が注目を集め、すでに実用化も始まっている。

☑ 農業水利施設

農業用水路・ダム・頭首工・揚排水ポンプ場など、効率的に水を利用することを目的とした農業用施設のことをいう。農業生産に役立つだけでなく、水田などの農地との一体化機能により、洪水の防止、土砂流出防止、河川流量の安定、地下水の安定などの役割も持つ。また、田園風景や親水空間などの快適環境の提供や、歴史や体験学習などの教育文化機能も果たす。

近年の農業水利施設は老朽化が顕著に表れ始めたため、国はストックマネジメントを導入した。ストックマネジメントとは管理者による日常管理、定期的な機能診断と評価、調査結果に基づく施設分類と劣化予測、効率的な対策工法の比較検討、計画に基づく対策の実施、調査・検討の結果や対策工事に関わる情報の蓄積などを段階的・継続的に実施することである。ストックマネジメントの導入により、予防保全対策のほか、施設の長寿命化とライフサイクルコストの低減が期待される。

☑ 耕作放棄地

1年以上作付けされず、今後数年にわたって作付けする見込みがない土地のことをいう。2015年の農家らの自己申告の調査では、耕作放棄地は全国に約42万3000ヘクタールもある。国は2012年、耕作放棄地再生利用緊急対策を行った。それによると、改正農地法などによる農地の有効利用の促進、耕作放棄地の再生利用に対する支援、戸別所得補償制度の導入による農業者の経営安定を掲げている。これらはいずれも、食料自給率向上のための農地の確保とその最大限の有効利用のほか、病害虫の繁殖、鳥獣害の拡大、廃棄物の不法投棄などの問題解決に有効であると考えられている。

答案例

問題 農学の必要性について，あなたの考えを述べよ。**600字以内**

模範回答 現在，食料問題や森林破壊など，第一次産業に関わる課題が山積している。これらの問題を科学的手法で解明し，人間の食と環境との調和を実現するために，農学は必要である。 (以上，第1段落)

　例えば，ヒトによる開発で植物が見放され，植物の受容と排除のバランスが崩れて病害虫や雑草などが発生しているが，こうした課題に対応するのが農学の一分野である植物保護学である。そこでは植物病の発生実態や病害防除方法を研究対象とし，病害の原因の解明とその制御を目的として研究が進められている。このように，農作物の生産性向上だけでなく，食料難や農作物の価格高騰を防ぐなど，世界の食料事情を安定化させるための一翼を担うのが農学の役割なのである。 (以上，第2段落)

　今後，さらにこれらの研究を行うためにはより高度で大規模な研究を可能にする環境の整備が必要であろう。バイオテクノロジーなどの最先端技術や，食料生産と自然調和という広い範囲の問題を取り扱えるよう，研究施設や設備の拡充，産学協同プロジェクトの実施などが求められる。また，農作物輸出国と共同で研究を行い，効率のよい農作物生産や農地保護などを，現地調査をしながら進めていくことも欠かせない。 (以上，第3段落)

解説　第1段落：意見の提示…第一次産業に関わる課題を科学的手法で解明し，人間の食と環境の調和を実現するために農学が求められていることを述べている。

第2段落：理由説明…植物保護学を例に挙げ，農学の必要性について詳細に説明している。

第3段落：意見の再提示…農学研究を進展させるために，研究環境の整備や輸出国との共同研究などが必要であると論じている。

水産学

定義

　海洋・湖沼・河川などに生息する水生生物の，漁獲や養殖，加工や流通などを研究する学問のことを水産学という。水産業界全体に関わるさまざまな案件を科学的手法で解明することを目的としている。主として，天然水生生物の漁獲法をさまざまな角度から研究する漁業学，人為的な生育手法や品種改良などを研究する水産養殖学，食品利用のための加工や製造方法，衛生管理などを研究する水産加工学の三分野に分かれる。さらにここから発展して現在では，最新技術を用いた捕獲作業の効率化，遺伝子組み換え，食品処理方法の研究などをはじめとして，食品として未利用の資源の食品化に向けた研究や魚介類の栄養面に関する研究，海洋汚染，絶滅危惧種の保全など，水産に関する幅広い内容を取り扱っている。

　漁業を基盤とした研究は古くから行われているが，学問として体系化されたのは明治時代に入ってからであり，当初は漁業と水生生物の研究を行う学問であった。また，多くの学問が西欧諸国を発祥地としているのに対し，水産学の発祥は日本である。そのほかにも，日本は漁獲量が多いという背景もあって，水産養殖学の研究は世界最高峰のレベルを誇っている。

必要性

　水産学が必要である根拠を整理すると，おおよそ「人間生活に不可欠な事項を，水産という立場から総合的に扱う学問であるから」ということになるだろう。具体的には，

① 持続可能な環境社会を実現するため
② 食料の安全保障のため
③ 経済や産業の発展のため

という３項目が挙げられる。

　①については，文明社会の発展に伴って環境や生態系の破壊を招いてし

まったことが主因である。例えば，陸からの汚染水は赤潮や青潮などプランクトンの大量発生を引き起こし，そこに生息する生物の環境に悪影響を及ぼすが，これは日本に限ったことではなく世界的に問題視されている現象である。また，タンカーの座礁，戦争，自然災害などが原因の海洋汚染も，生態系の破壊につながることが知られている。そして，地球温暖化の影響による海面温度の上昇は，多様な生物が生息する場所であるサンゴ礁の破壊を引き起こすだけでなく，エルニーニョ現象などの異常気象を引き起こす要因ともなる。海洋の総面積は地表の実に70.8％を占めることからも，海洋環境の保全は持続可能な社会実現のためにも必要不可欠であり，それらに向けた研究は重要である。

　②は，世界的な人口増加問題による食料危機や，海洋汚染による新たな公害病の発生など，人間の生命を脅かす問題が出現したことによる。世界の人口は年々増え続けているが，直近30年の間だけでも世界人口は20億人以上増加し，今後も増えることが予測されている。この影響は農作物だけに限らず，水生生物にも及ぶ。例えば，国際自然保護連合(IUCN)のレッドリスト(絶滅が危惧される生物のリスト)にクジラやマグロが記載されているが，これは工業用や食用として乱獲されたことが原因である。また工業排水などによる汚染物質が水生生物に高濃度で残留し，それを捕食する人間の体に深刻な影響を及ぼすことも知られている。これに対応するものとして，水産養殖学分野では，かつては不可能とされていたマグロやウナギなどの完全養殖の成功や，より高品質な養殖魚の育成に向けた品種改良などで成果を見せている。また，水生生物に残る残留物質の健康にもたらす影響のほか，養殖や品種改良で生まれた水産物の安全性に対する研究も積極的に行われている。

　③は，水産学の研究成果が新たな経済効果を生み出しうることによる。例えば，先に挙げた養殖分野の成功は捕獲のみに頼っていた従来の水産業を変化させつつある。また，水産加工分野における新製品や新技術の研究も，水産業全体の活性化に寄与するほか，地産地消などの新たなローカルビジネスの展開につながるものである。

こうした水産学の必要性が語られる背景には，水生生物との共存や活用法を見直す動きがあることが挙げられる。生物多様性の重要さが語られるようになって久しいが，水生生物を含めたあらゆる生物は地球の物質循環に貢献することが知られており，まさに人間生活を支える基盤であるともいえる。また2004年に起こったスマトラ沖地震において，石化していないサンゴ礁の残る地域では津波がサンゴ礁に吸収されたため被害が少なかったとの報告がある。このように水産環境の研究とその維持は我々の生活に直接恩恵をもたらすものでもある。さらに，乱獲の禁止や環境保全によって生物多様性を保護すると同時に，水産学を通して食料としての水産物の活用を考えることで，人口増による食料難解決の糸口となる可能性もある。まさに，水産学は持続可能な社会の実現に貢献する学問なのである。

対応策・解決策

人間の生活に密着した分野であり，そのうえ特に日本は島国で，有史以前から，水生生物からの恩恵を受けてきた経緯をもつにもかかわらず，水産学はあまり知られていない。学校教育の教科として水産学を取り扱う分野がなく，また第一次産業としてのイメージが強いことからも，積極的に学ぼうとする人が少ないのが現状である。そのため，水産学を扱う大学機関も非常に少なく，研究者の層が薄いことも問題点の一つである。

今後の水産学の発展のためには，学校教育の中で水産学に触れる機会を持つことが望まれる。例えば小学校の理科や中学・高校の生物，あるいは総合的な学習の時間などで水産学の分野を扱ったり，食育の一環として養殖や加工食品について学んだりすることが，水産学の認知向上につながるのではないだろうか。

👍 小論文にする時のポイント ─────────────●

水産学に関するテーマは，水産学・海洋学系統の学部で出題される。主として，①水産学を学ぶ意義，②水産学の展望の2パターンに分けることができる。

3
農学系学部特有のテーマ

　①は「なぜ水産学を学びたいのか」などの形で問われる。この場合，「魚が好きだから」「船が好きだから」といった個人的な興味や関心のレベルで終わるのは好ましくない。「持続可能な社会を実現する必要があるため，海洋環境の保全をする必要があるから」とか「人口増による食料難解決の糸口として水産学が有効だから」など，水産学による社会貢献まで踏み込んだ記述が望ましい。

　②に対しては「今後の水産学の展望について」などの形で問われる。その場合，「水産海洋学」「水産資源学」など，学問領域を絞って論じるとよいだろう。例えば水産海洋学に絞る場合は，「水産海洋学は水産業の発展を目指していたため，従来の研究の多くは漁場開発に寄与することが多かった。しかし，近年は生態系の変動過程そのものに焦点を当てており，対象海域も日本周辺だけでなく国外にまで広げている。このことから，今後は新たな海洋資源の開拓や海洋汚染影響などに貢献することが期待されている」などのように，現状の問題点と原因分析，今後のあるべき姿まで論じることができるとよい。

過去の入試問題例

例　水産養殖の発展の妨げとなる問題に関する英文を読み，水産養殖を発展させるにはどうすればよいか，文中の問題のうち2つ以上について解決法を具体的に述べよ。
（北海道大・水産学部）

例　安全で良質な水産物を持続的に供給するための技術開発の必要性について述べた文章を読み，あなたは将来，水産分野においてどんな貢献をしたいと思うか，書け。
（北里大・水産学部）

例　報告書を，目的・方法・結果・考察・参考資料の構成でまとめよ。
　Ⅰ．水族館や動物園，自宅等で飼育されている水生生物，あるいは注意深く観察できる野生の水生生物の生態や行動に関し，興味や疑問を持った点について実際に観察や実験をおこない，それについての報告書を作成せよ。
　Ⅱ．水域に関わる仕事に就いている方々を訪ね，仕事の内容や直面する問題などについて聞き取り調査や面談をせよ。調査結果をもとに，その仕事についてあなたなりの現状分析や意見を加えて報告書を作成せよ。

（東海大・海洋学部）

例 「鹿児島大学水産学部のアドミッションポリシー」から，求める人材を挙げた項目を読み，鹿児島大学水産学部に入学したら，高校で学んだことを生かしてどんな勉強をするのかを，具体的に述べよ。　　　　　(鹿児島大・水産学部)

🔎 関連キーワード

☑ 漁業学

漁撈(ぎょろう)に関することを研究する学問である。現在使われている漁獲技術についての歴史的な変遷や基礎的な法律規則，漁具の材料や構造，漁船の種類や構造の特徴，漁業機械の原理や使用法などを学ぶ。また，資源管理や資源予測などについてもこの分野に含まれる。つまり，漁業に携わる人が安全かつ効率的に，環境に配慮しながら漁業をするために必要なことが学ばれている。

また，漁業学を応用した漁業工学では，漁具や漁船の安全性や安全対策，改良や新規開発などが研究されている。

☑ 漁具

水産動植物を採捕(漁獲)するのに用いられる道具のことをいう。主漁具(網や釣具など)と副漁具(集魚灯，魚群探知機，網巻上機など)に大別され，さらに主漁具は網漁具・釣漁具・雑漁具に分類される。

水産動植物の採捕は対象生物の生態や習性，行動様式などに応じて最適な漁法をとるため，漁法と漁具の選択は重要である。特に近年になって，漁具はさまざまなものが開発され，成果を挙げてきた。そのため，生物資源の乱獲や環境への影響が懸念されている。

☑ 漁法

水産動植物を採捕する方法のことである。漁業法により，禁止されている漁法や許可や免許が必要な漁法もある。これらは，水産資源を総合的に利用し，漁業生産力を発展させるとともに，漁業の永続化や民主化を図るために設けられているものである。

また，漁法は水産動植物を採捕する目的だけでなく，観光分野でも活用されている。各地の伝統的な漁法，例えば鵜飼いや地引き網などはその代表的なものである。

☑ 漁船

水産動植物の採捕や養殖など，漁業を行うときに使用される船のことをいう。ほかにも，漁獲物を保蔵・加工する船や漁獲物などを運搬する船，漁業試験船や漁業練習船なども含まれる。

漁船法も設置されており，漁船の建造を調節し，漁船の登録や検査に関する制度を規定するほか，さまざまな試験を元に漁船の性能の向上に向けた取り組み，漁業生産力の合理的な発展への貢献を目的としている。

日本の漁船は FRP（繊維強化プラスチック）製の船が多くを占めている。安価で軽量であるほか，耐久性に優れている，形状の自由度が高い，防錆性に富むなど利点は多いが，廃棄の面で難しさがある。しかし，リサイクル事業の参入などで問題解決に向けて動いている。

☑ 水産海洋学

海洋生物資源の数量や利用度に関して，生物・物理・化学・地質学・気象学などの関係分野と関連させて，海洋の生物資源を研究する学問である。

水産海洋学は水産学や海洋学の研究者と漁業者との対話に重点を置き，生物資源と環境の相互作用を明らかにすることで，水産業の発展を目指していたため，従来の研究の多くは漁場開発に寄与することが多かった。しかし近年は，生態系の変動過程そのものに焦点を当てており，対象海域も日本周辺だけでなく国外にまで広げている。このことから，今後は新たな海洋資源の開拓のほか，海洋汚染への取り組みな

どにより一層貢献することが期待されている。

☑ 水産増殖学

水産動植物の増殖・遺伝・育種などを研究する学問である。海洋生物資源の再生産機構の解明を通して，水産物の持続的な安定供給に寄与することを目的としている。

近年はマグロ類の資源減少と，それに伴う漁業規制問題は世界的な事案となっている。そんななか，日本の研究により世界初のクロマグロの完全養殖に成功し，世界的にも大変注目を浴びた。年々減りゆく水産動植物への対策は，我々の食生活にとっても非常に重要となる。それに向けて，遺伝子に着目して新品種の開発をするゲノム育種の研究も歩み始めている。

☑ 養 殖

水産養殖ともいわれ，有用な水産生物を人工的に繁殖させることをいう。大きく分けて，増殖（水産生物の繁殖を自然の環境内で助長し，数量の増加を行うこと）と，蓄養（漁獲された水産生物を区画された水面で飼養し，市場価格の上昇時に販売すること）に区別されている。

日本ではノリ類・ホタテガイ・カキ類・ブリ類・マダイの順に養殖生産量

が多い。養殖により安定的な供給が望める反面，飼料による海洋汚染などの問題が生じている。

☑ 水産加工学

水産物を原料とした加工品について，化学・生物学・物理学的な視点から研究する学問である。近年，問題となっている環境問題や将来予想される食料難の解決に役立つことが期待される。

おもな水産加工の製品としては，アジ・サバ・サンマ・イワシ・イカ・タコ・シシャモ・ニシン・スケソウダラ・ホッケ・サケ・マスのほか，魚卵などを主原料とした乾製品・塩蔵品・冷凍品・くん製品・煮干し品・ねり製品などがある。

水産加工を施すことで，季節的な変動がある水産物を平均化することができ，年間を通した安定供給に役立つほか，廃棄などによる水産資源の無駄遣いを防止できる。

☑ 水産資源学

水産資源の持続的な活用法を研究する学問である。資源とは人間が利用できるものを指すが，水産生物資源の科学的管理と利用を目的とし，水産生物の生活史や生態の研究から資源と生態系の解明などをしている。

漁撈の技術が未熟な時代には水産資源は取り尽くすことのない無限の資源と考えられていたが，技術が発達したことにより，乱獲という現象が起きるようになった。このことにより，資源管理の必要性や重要性が認識されるようになった。水産資源学によるこれらの研究は，水産資源の持続的有効利用に役立つほか，水圏生態系の保全や種の多様性の確保などの環境問題にも貢献するだろう。

☑ 海洋汚染

陸地からの汚染物の流入，大気浮遊塵の落下，タンカーその他の船からの廃棄物の放出などによって引き起こされる海洋の汚染のことである。そのほか最近では，火力発電所や原子力発電所の温排水による沿岸海域の熱汚染，陸上原子力施設，原子力船からの放射性廃棄物の漏出による海洋の放射能汚染なども新たな海洋汚染として大きな問題になっている。

これらの汚染は，海洋生物や環境に直接的な悪影響を及ぼすだけでなく，汚染物質を濃縮して蓄積した汚染生物を人間や他の動物が摂取することによる二次被害も引き起こす。

☑ 捕鯨問題

クジラの捕獲の是非を巡る国際的な論争のことをいう。かつては日本をは

じめとして，世界の多くの国で商業目的とした捕鯨が行われていたが，乱獲によりクジラの生息数が激減したことを受け，1946年に国際捕鯨取締条約が締結された。それを受けて1948年には国際捕鯨委員会(IWC)が発足し，現在88か国が加盟している。日本は2019年に脱退した。

先住民の人たちのほか，長い捕鯨の歴史を持つ日本・ノルウェー・カナダなどの国々は捕鯨賛成国であるが，カナダや日本はすでに脱退しており，現在は，アメリカ・オーストラリアのほか，ヨーロッパ諸国などの捕鯨反対国の数が賛成国の数を上回っている。

反対理由として，生態系の保護や動物愛護を挙げているが，なかにはグリーンピースやシーシェパードのように，捕鯨賛成国に対して直接的な攻撃を仕掛ける団体も存在し，外交問題に発展しかねない妨害行為もある。

☑ 国際捕鯨委員会(IWC)脱退

捕鯨賛成の立場を取る日本は，2018年の国際捕鯨委員会総会で，鯨類の保護・持続的利用の両立と立場の異なる加盟国の共存を訴える改革案を提案し

たが否決された。その後，日本は2019年に国際捕鯨委員会を脱退し，排他的経済水域での商業捕鯨を再開した。今後，反捕鯨国からの批判が強まることが懸念される。

☑ 海洋基本法

海が果たす役割(食料，資源・エネルギーの確保や物資の輸送，地球環境の維持など)が増しているなか，海洋環境の汚染・水産資源の減少・海岸侵食の進行・重大海難事故の発生・海賊行為の頻発などのほかにも海洋権益の確保に影響を及ぼしかねない事案の発生など，さまざまな海の問題が顕在化することから，海洋政策の新たな制度枠組みの構築の必要性が増し，2007年に海洋基本法が設置された。

海洋基本法は次の6つの基本理念から成り立っている。

① 海洋の開発および利用と海洋環境の保全と調和
② 海洋の安全の確保
③ 科学的知見の充実
④ 海洋産業の健全な発展
⑤ 海洋の総合的管理
⑥ 国際的協調

答案例

問題 水産学の必要性について，あなたの考えを述べよ。**600字以内**

模範回答 水産学は日本生まれの学問であり，特に水産養殖学の分野の研究は世界最高峰のレベルを誇っている。水産学には水産業の発展や食料安全保障への貢献が期待されるが，持続可能な社会実現に向けた海洋環境の保全にも不可欠な学問である。
(以上，第1段落)

それは，生態系の破壊を防止するための知見が得られると期待されているからだ。例えば，多様な生物の生息場所であるサンゴ礁が破壊されているが，その原因は地球温暖化による海水温度の上昇とされている。こんな時，水産学で得られた知見を使えば保全が可能となるに違いない。生物多様性の重要さが語られるようになって久しいが，水生生物をはじめとする生物の保全を通した地球循環への水産学の貢献は，まさに人間生活を支える基盤であるともいえる。
(以上，第2段落)

人間の生活に密着した分野であり，特に島国であるわが国は有史以前から，水生生物からの恩恵を受け続けてきたにもかかわらず，水産学を扱う大学機関も非常に少なく，研究者の層も薄い。今後の水産学の発展のためには，学校教育の中で水産学の分野を扱ったり，食育の一環として養殖や加工食品について学ぶなど，水産学の認知に向けた取り組みが求められる。
(以上，第3段落)

解説 第1段落：意見の提示…持続可能な社会の実現のために水産学が必要であることを述べている。
第2段落：理由説明…サンゴ礁の破壊を例にして，生態系の破壊防止に対して水産学の知見が期待されていることを説明している。
第3段落：意見の再提示…水産学の一層の発展のために，水産学の認知向上に努めるべきだとまとめている。

▶ 獣医学

出題頻度 → 農学 ★ ★

定義

　家畜・野生動物・伴侶動物（ペット）など，動物全般における疾病判断・治療・予防や病理の研究，衛生などを，科学的手法を用いて研究する学問のことを獣医学と呼ぶ。科学技術の発展とともに，ほとんどの動物に対する診療が可能となっただけでなく，医療技術の高度化が進むなど，研究が活発化している分野でもある。

　獣医学は，人間が動物を飼育するようになるのとほぼ同時に誕生したという古い歴史をもつ。日本における最古の記録は，古事記に登場する因幡の白兎の話であり，大国主命が白兎の治療に薬を塗ったものとされるが，実際の獣医学は 6 世紀中頃における，大陸からの馬医術と治療薬の伝来が起源であるといわれている。その後，軍馬として重要であった馬の疾病研究や治療分野としての獣医学が発達したのち，明治時代に入ると日本各地に獣医学校が設立され，対象が馬だけでなく家畜全般に広がった。一方，ヨーロッパにおいては13世紀頃より，家畜以外に猟犬としての犬の疾病に関する研究も行われており，18世紀に入ると次々と獣医学を扱う大学が誕生した。

必要性

　獣医学が必要であるという根拠を整理すると，
① 人間の生活において伴侶動物の重要性が増したこと
② 食の安全を獣医学の立場から守る必要があること
③ 野生動物の保護に貢献する必要性が増したこと
などが挙げられる。

　①は，少子高齢化や単身世帯が増加したことにより，伴侶動物を生活の質（QOL）の向上のためには欠かせない存在と考える人が増えたことによる。総務省の調査によると，1 世帯あたりのペット関連支出は年々増加し，

ペット関連市場も 1 兆5000億円を超える規模である。それに伴い獣医学の分野でも医療サービスの面で急速に変化し，技術の多様化や高度化が進んでいる。今後もペット市場は拡大を続けると予測されていることから，獣医学はより一層必要とされるであろう。

②は，牛海綿状脳症（BSE・狂牛病）・口蹄疫・鳥インフルエンザなど，人体に影響を及ぼす可能性のある家畜伝染病の流行により，食の安全に対する人々の意識が高まったことによる。家畜伝染病は近年起こった問題ではなく，古代エジプトの文献にも記録が残っているほど古くから存在しているが，メディアを通してその危険性が一般に知れ渡るようになってから特に問題視されるようになった。そのため，原因の解明や予防の研究を行う獣医学は非常に重要である。一方，畜産物の残留農薬の面からも食の安全性が問われているが，これに関しても獣医師が輸入牛の検査や使用農薬や薬品の取り決めを行ったり，家畜の健康や衛生管理などに密接に関わっており，今後はさらに多くの場面で獣医学の知識が必要とされるであろう。

③は，希少動物の人工繁殖や野生動物の救護などに獣医学の知識が必要とされることによる。ジャイアントパンダやトキの人工繁殖はよく知られているが，実際に繁殖により個体数を増やしたり，自然に返す試みが続けられている。また，複数の公共機関や教育機関によって野生動物を救護する施設が設置されており，活動を行っている。さらには，獣医学の知識を利用した野生動物のための自然環境保護活動や再生活動なども重要視されており，今後獣医学が扱う範囲はさらに拡大すると予測されている。

必要性の背景

獣医学の必要性が語られる背景には，人と動物が共生することの重要性が広く認知されたことが挙げられる。人類は有史以前から，自らの繁栄のみを考えて生活してきたが，その結果，環境や生物多様性の破壊をはじめとする大きな危機的状況を招いてしまったことは周知の事実である。人間がこの先も長きにわたって発展していくためには，地球上に存在するすべての生命と共生することが求められる。そのために獣医学が果たす役割は，獣医師法で指定された家畜や伴侶動物の研究のみならず，それまで手つか

ずの分野であった野生動物の生命の仕組み・生態系・人間に及ぼす影響・種の保存などの研究も進めることである。

　一方，人類が生きていくためには家畜の持つ栄養素を摂取することも必要であるが，これも人と動物の共生の一面である。そのためにも，家畜の健康管理は必要不可欠であるが，牛・豚・馬などの産業動物の獣医師は不足しており，特に家畜の公衆衛生を担当する公務員獣医師の不足は深刻で，国会で議論されるほどである。

対応策・解決策

　まず日本の獣医学に関わる問題点として，欧米諸国と比較すると獣医師教育に関して遅れが見られることが挙げられる。獣医学研究が盛んな欧米では，獣医学部に所属する教職員の数が100人を超える大学も珍しくないが，日本においてはほとんどの大学で50人以下，最も少ない大学では30人程度しかいない。そのため，獣医学に求められる研究範囲は拡大する一方なのに対して，教員不足から教えられる範囲に偏りが出ているのが現状である。これを解消するために，2012年より複数の大学で共同教育課程を設置し，インターネットなどを使用した共同授業を行っているが，特に遅れが見られる手術法などの臨床分野の授業には対応できないなど，課題点も多い。

　また，国内で獣医学を学べる大学がわずか17校しかなく，合計しても定員は1000人に満たない。そのうち研究者として大学教員になる人はごくわずかしかいないだけでなく，教員採用数の問題もあることから，研究者や教職員の層が厚くならないことも問題点の一つである。

　打開策として求められることは，まず教職員の数を増やすなどの設備面の拡充だけでなく，民間企業と協力して研究体制を整えたり，民間研究者を講師として採用するなどして，質のよい教育を施すことであろう。また，獣医学部を卒業して獣医師免許を取得した人のうち，過半数が小動物診療医を選ぶという偏りを解消するために，教育の段階から産業動物獣医師の育成や家畜伝染病の研究など，小動物分野以外の重要性を強調することも大切である。

小論文にする時のポイント

　獣医学に関するテーマは，獣医学系統の学科で問われるテーマである。主として，獣医学の必要性を述べることが求められる。例えば，「獣医師（または動物看護師）を目指す動機は何か」とか「獣医学はなぜ必要か」といった形で出題される。

　前者の場合なら，「動物が可愛いから」など，動物への興味・関心があるという程度の記述ではもの足りない。例えば「牛海綿状脳症（BSE・狂牛病）・口蹄疫・鳥インフルエンザなどの人体に影響を及ぼす可能性のある家畜伝染病の流行により，食の安全に対する人々の意識が高まっている。食の安全を守る獣医師は，原因の解明や予防の研究を行ううえで非常に重要な役割を担っている。今後もさらに獣医学の知識が必要とされると考えたので，その担い手となるべく獣医師を志望した」などのように，獣医師が求められる社会的背景まで言及できるとよいだろう。

　一方，後者の場合も同様に，「人類は有史以来，人類の繁栄のみを考えて生活してきたが，その結果，環境や生物多様性の破壊などの大きな危機的状況を招いてしまったことは周知の事実である。人間がこの先も長きに渡って発展していくためには，地球上に存在するすべての生命と共生することが求められる。そのために獣医師法で指定された家畜や伴侶動物の研究のみならず，それまで手つかずの分野であった野生動物の生命の仕組みや生態系，人間に及ぼす影響，種の保存などの研究を進めなければならない。そのためにも獣医学が果たす役割は重要であるといえる」などと答えられるとよい。

過去の入試問題例

例　あなたが獣医師を目指す動機を述べよ。　　　　　　　　（酪農学園大・獣医学群）

例　社会における動物看護師の役割を述べよ。　　　　　　　（酪農学園大・獣医学群）

例　「人と家畜」について述べよ。　　　　　　　（日本獣医生命科学大・獣医学部）

例　人間と動物が共存してきた歴史と今後について述べた文章を読み，人間が動物（家畜や伴侶動物）と共存し続けるために，私たちがなすべきことについて，家畜と伴侶動物に分けてあなたの考えを述べよ。　　　　　　　（北里大・獣医学部）

🔎 関連キーワード

☑ 伴侶動物と産業動物

　伴侶動物はコンパニオンアニマルとも呼ばれ，人と共に暮らしてきた身近な動物を伴侶や家族・友だちと同様に位置づけることを指す。

　人の生活の変化に伴い，その存在意義や価値，役割が変わったことにより，社会環境のなかで，家族の一人あるいは社会の一員として位置づけられるようになった。伴侶動物の条件として，人と暮らすことができ，その動物の習性や行動，人と動物の共通感染症などが解明されていることなどがある。

　一方，産業動物とは畜産業に関わる牛・馬・豚・羊などの動物のことを指す。産業動物の健康を管理する獣医を産業動物獣医師と呼ぶが，その不足が問題視されている。

☑ 野生動物

　人間に飼育されているのではなく，自力で自然の中で生息している動物を指す。人間の築いてきた社会が野生生物の生態系を崩していることもあって，野生生物の保護活動が盛んになってきた。これは人間も自然界の一員であり，自然なくして人間の存在もありえないという考えが普及したためである。

　産業の発達は結果的に自然を壊し，野生動物のすみかや食べ物さえ奪ってきた。今後は自然保護の必要性をより一層自覚し，自然界と共存しつつ人類の生存を可能にすることを目指す必要がある。その一環として，野生動物の生存を保障するためにさまざまな角度からの研究が行われている。世界の野生動物の数は，過去40年で58％も減少したといわれている。そのため，野生動物の研究ではゲノム科学を駆使して種の保存にも力を注いでいる。

☑ エキゾチックアニマル

　おもに海外から輸入され，飼育されている動物のことであるが，人とのコミュニケーションの可否が確認されにくく，詳細な生態や生理のほか，人と動物の共通感染症なども明らかにされていないものが多い。日本ではイグアナやハリネズミ，エリマキトカゲなどが挙げられる。

　しかし，エキゾチックアニマルのなかには体内に寄生虫を持っていたり，他種に害のある微生物やウイルスを保有していたりする種もある。それに対して，診察できる動物病院の少なさや情報量の乏しさ，飼育の困難さなどから手放す人も少なくない。その行為は，これまでの生態系を崩すことにつなが

り，従来から生息している動物たちの生存を脅かすことになる。また，在来種との交配により雑種が生まれることによる遺伝的汚染も懸念される。

その問題解決策の一つとして特定外来生物法が設置された。特定外来生物の飼養や輸入などについて必要な規制を行うとともに，野外に存する特定外来生物の防除を行うことなどにより，特定外来生物による生態系の破壊，人の生命もしくは身体，あるいは農林水産業に係る被害を防止することを目的としている。

☑ 人獣共通感染症

動物から人へ感染する病気のことであるが，逆に人から動物に感染する場合もある。近年では，伝達性牛海綿状脳症・SARS・MERS・新型コロナウイルス感染症・ニパウイルス・ハンタウイルス・ヘンドラウイルスのほか，新型インフルエンザウイルス感染症・エボラ出血熱・肺ペスト・レプトスピラ病などが発症し，人類の健康を脅かしている。

これらの原因と考えられているのは著しい地球環境の変化である。すなわち，病原巣宿主の生態と行動圏が変化し，野生生物と人間社会の境界がなくなってしまった。それゆえに，病原体が家畜や家禽と人に伝染する機会が増

えることで，人獣共通感染症の多発を招いている。さらに貿易のグローバル化とボーダーレス化などの国際交流の発達により，食肉・飼料・野生動物やペットの輸入や旅行者の増加によっても，人獣共通感染症が増加した。これらの中には，いまだ治療法や予防法が確立されていないものもあり，急速な対応が求められている。

☑ 獣医学教育

現在の獣医学教育は基礎獣医学，病態獣医学，応用獣医学の各分野を柱にしている。しかし，近年は食の安全確保，人獣共通感染症への対策，小動物を主体とする獣医療サービスの高度化などに対する社会ニーズの増大，公務員として行政に従事する獣医師ならびに産業動物（大動物）獣医師数の減少など，さまざまな事柄が問題視されていることもあって，これらに対応した獣医学教育の見直しが検討されている。

欧米先進国で行われている獣医学教育と日本のそれとを比べると，日本では臨床分野さらに公衆衛生学を主体とする応用分野の教育スタッフの数が非常に不足している。このようなアンバランスな教育体制が獣医師の偏在に関係していると考えられているが，個別の大学の対応では改善は難しい。そのため2008年度，文部科学省に「獣医学

教育の改善・充実に関する調査研究協力者会議」が設置され，それを契機に再び改善に向けて動き出した。

☑ 動物病院

　家庭で愛玩用に飼育されている動物の診療を行う病院をいう。獣医師のみが内科的，外科的な診断を下し，それぞれに対する処置や加療を行うことが認められている。

　しかし，その多くは犬や猫などといった伴侶動物を対象としており，近年増加しているエキゾチックアニマルを診察できる動物病院は少ないことが問題視されている。また，動物の社会的地位が変化した近年では，動物に対する治療方針も変化してきている。例えば，家族と動物の QOL を考慮することや，インフォームドコンセントの重要性なども重視されるようになってきた。

☑ 獣医師法

　獣医師法は，総則・免許・試験・業務・獣医事審議会・罰則の6章に分かれている。獣医師法では，獣医師でなければ飼育動物の診療を業務としてはならないとあるが，獣医療の向上のみ

ならず，飼育者に対する動物の保健衛生指導や動物行動学を基礎とした適正飼育管理の普及推進を目的として，動物看護師が誕生した。しかし，動物看護師に関する法整備が追いついておらず，非常に曖昧な存在になっている。動物看護師の地位確立のほか，技術の統一のためにも早急な法整備が切望されている。

☑ 家畜伝染病

　家畜伝染病予防法によって定められた家畜(牛・馬・豚など)がかかる伝染病のことをいうが，極めて伝染性が強く，多くの家畜を一時に失う可能性すらある恐ろしい病気である。

　家畜伝染病予防法は家畜の伝染性疾病(寄生虫病を含む)の発生を予防し，蔓延を防止することにより，畜産の振興を図ることを目的としている。2010年には口蹄疫や高病原性鳥インフルエンザ(H5N1)の発生で甚大な被害を受けたのを機に，家畜伝染病予防法の改正が行われた。それによって家畜伝染病の発生の予防，早期の通報，迅速な初動対応などに重点が置かれるようになり，家畜防疫体制の一層の強化が図られた。

答案例

問題 獣医学の必要性について，あなたの意見を述べよ。**600字以内**

模範回答 昨今では，BSE や鳥インフルエンザなどの家畜伝染病の流行もあって，食の安全に対する意識が高まっているが，動物全般の疾病治療，予防や病理の研究を通して食の安全を守るために，広く獣医学の知見が求められている。

(以上，第1段落)

そもそも家畜伝染病は古代エジプトの文献にも記録が残っているほど古くから存在しているが，メディアを通してその危険性が一般に知れ渡るようになってから特に問題視されるようになった。そのため，原因の解明や予防の研究を行う獣医学は非常に重要である。一方，畜産物の残留農薬の面からも食の安全が問われているが，これに関しても獣医師が輸入牛の検査のほか，家畜の健康や衛生管理などで密接に関わっており，今後もより多くの場面で獣医学の知識が必要とされるだろう。

(以上，第2段落)

しかしながら，獣医師免許を取得した人の過半数は小動物診療医を選択し，産業動物分野に携わる獣医師が少ないことが課題となっている。また，獣医学研究が行われている大学は少なく，欧米諸国と比較すると獣医師教育に関して大きな遅れが見られることも問題である。前者であれば産業動物獣医師の重要性を教育の段階から強調すること，後者であれば教職員の定員数増加や民間研究者の講師採用を行うなどして，早急な対策が求められる。

(以上，第3段落)

解説 第1段落：意見の提示…食の安全を守る必要があることからも，獣医学が必要であると述べている。

第2段落：理由説明…家畜の健康や衛生管理には獣医学の知識が求められる状況は，今後さらに強まると述べている。

第3段落：意見の再提示…産業動物分野の獣医師の不足や研究の遅れを指摘し，その改善策を示している。

4 環境・エネルギー

　環境やエネルギーに関するテーマは，自然科学系の小論文においてはかなり高い頻度で出題されている。ここでは，その中でも特に頻度の高い4テーマを厳選して紹介する。

　環境破壊は国民の消費行動および企業の生産活動に起因することが多いため，今後は環境保全や環境破壊につながる行為の自粛に向けたさらなる取り組みをすべきだという認識が一般的である。それを受けて入試では，これまでの環境保全に向けての取り組みに対する評価や，今後の対策についてよく問われる。

取り扱うテーマ

> 地球温暖化

> 循環型社会

> 生物多様性の危機

> 再生可能エネルギー

地球温暖化

出題頻度 → 工学 理学 農学 ★ ★ ★

定義

　地球温暖化とは，地球全体の平均気温が長期的に上昇する現象のことである。一般的には，20世紀以降に起こった人為的原因によって見られる温暖化現象を指す。地球温暖化のおもな原因は，温室効果ガスとエアロゾル（p.196参照）の存在であると言われている。このうち前者の代表例は二酸化炭素・メタンガス・ハロカーボン（フッ素・塩素などを含む炭素化合物）であり，後者のそれは硫酸塩エアロゾルである。

　なお，2019年の世界の年平均気温（地表付近の気温と海面水温の平均）は，1981〜2010年の平均気温よりも0.43度高くなっている。また，過去100年間あたりの世界の年平均気温は約0.74度の割合で上昇しているというデータがある（ともに気象庁による）。

問題点

　地球温暖化によって，次のような問題が引き起こされる。
① 異常気象や水資源格差の拡大
② 浸水による被害
③ 感染症の拡大
④ 生物多様性への影響

　これらは直接的あるいは間接的に，食糧危機，人間の死亡リスクの増大，建造物への悪影響の要因となる。スターン報告（p.197参照）では温暖化を放置した場合，今世紀末には世界がGDP（国内総生産）の約20％に相当する損失を被るリスクがあることを指摘している。

　①は，温暖化に伴って地上の気温の分布が変化することによって起こる。特定の地域の気温が上昇すると，気圧配置に影響を与え，前線（p.197参照）が停滞する時期や場所が変わる。また，海水の温度が上昇すると水蒸気が増加し，地域によっては豪雨や降水量の増加，竜巻や台風の発生など，異

常気象を引き起こす。他方で、気候の変化に伴って降水量が減少する地域が生まれ、その結果水資源の格差が拡大する可能性も指摘されている。

②は、海水の熱膨張、および南極やグリーンランドの氷床(氷河の塊)が解けることによって起こると言われている。それに伴って侵食(p.197参照)が起こったり、浸水による二次被害が増加したりする。また、沿岸漁業に深刻な影響を与えるとの指摘もある。なお、IPCCの第5次評価報告書(p.198参照)では、21世紀末に海面が現在より26〜82cmも上昇すると推測されている。

③は、生物が生息する地域が変化することによって起こる。例えば、マラリア(p.198参照)は熱帯に生息するハマダラカという蚊によって媒介されることが知られているが、温暖化によってハマダラカの生息地域が拡大すると、熱帯周辺の地域にまでマラリアが流行する危険性がある。また、デング熱(p.198参照)についても同様のことが言える。

④は、気温の上昇や気候の変化による。暑さに弱い生物が変化に対応できずに減少すると、それらを餌にする生物も減少、絶滅する恐れがあることが指摘されている。例えば、サンゴの白化と生息域の縮小、ホッキョクグマやアザラシの減少などが挙げられる。また、海水温の上昇は海流や海水の循環にも影響を与え、生息する魚類相や数が変化する可能性がある。

問題点の背景

　地球温暖化の最大の原因は、人類によるエネルギーの過剰消費にある。そもそも地球上の生物は、物質やエネルギーの量と生物の生息数とのバランスを、生態ピラミッド(p.199参照)によって保ってきた。しかし、人口爆発(p.199参照)によって人類が急速に増え、地球上の資源やエネルギーの消費量も増大した。例えば、食糧や資源の大量消費、宅地化や工場開発に伴う森林地帯の破壊が進む一方で、大量生産・大量消費による大量の廃棄物の放出など、環境に多大な影響を与えている。こうした行為に伴って、温室効果ガスが多量に生じる。IPCCの第5次評価報告書では、人類の産業活動などに伴って発生する人為的な温室効果ガスが地球温暖化の主因であり、なかでも二酸化炭素やメタンの影響が大きいと指摘している。

対策として,
① 地球温暖化の進行を食い止めること(緩和策)
② 地球温暖化による悪影響を個々の事象ごとに軽減すること(対応策)
が考えられる。

①は,温室効果ガスの排出削減策がおもな取り組みとなる。現在,気候変動枠組条約(p.200参照)によって温室効果ガスの削減に向けた国際的な取り組みを促すとともに,パリ協定(p.200参照)では温室効果ガスの排出量の削減目標を定めている。また,代替エネルギー(p.201参照)の開発,省エネ技術やエネルギー供給のさらなる効率化,廃棄物の熱利用と廃棄物による発電,炭素吸収量の拡大への取り組み,リフューズへの取り組みなど,さまざまな対策が考えられる。一方②の主要対策としては,防災への投資を拡大することが挙げられる。例えば,渇水対策,高温地域でも栽培できる農作物や栽培技術の開発,海からの高波被害を防止するための防波堤の設置などである。

しかしながら現状において,①②とも十分な効果を発揮しているとは言い難い。①については,いまなお温室効果ガスの排出量は増え続けているのが実情である。その原因として,アメリカが2019年にパリ協定から離脱するなど,各国の足並みがそろっていないことなどが挙げられる。②についても,対応策による効果は限定的であり,根本的な解決策とは言い難いのが実情ではあるが,さらにこれらの対策を確実に推進し,温暖化被害の軽減への取り組みを継続する必要があることはいうまでもない。

👉 小論文にする時のポイント ─────────────●

地球温暖化は,環境に関する出題のなかでも最も重要なテーマである。入試では現状の取り組みに対する評価と今後の対策がよく出題される。出題の切り口はさまざまで,
① 消費者や生産者の取り組み(例:「エネルギー依存をしない消費生活」,「企業の温暖化対策」など)

② 日本国内での取り組み（例：「環境税（p.201参照）の導入」，「太陽光発電」など）
③ 国際的な取り組み（例：「パリ協定の効用と問題点」など）
④ 各専門分野での取り組み（例：「温暖化対策を踏まえた観光政策」など）
が代表例である。

　いずれの課題に対しても，緩和策と対応策が考えられるが，取り組む主体（国際組織・国・地方自治体・企業・個人など）によって取り組める策が異なることに注意しておきたい。例えば，「個人レベルでの温暖化対策」という設問であれば，対応策は考えにくい（防災対策などは巨額の費用が必要であり，国や地方自治体が取り組むべきことである）から，緩和策としてリフューズへの取り組み（レジ袋の不使用やエコバッグの推進など）や省エネ製品の購入などを示すとよい。

　また，こうした温暖化に関する回答として，「地球温暖化は人間のエゴイズムが原因で起こっているから，一人ひとりが温暖化を意識して生活すべきだ」などの精神論に偏ったものや，「地球温暖化は人間の生産活動の拡大が原因で起こっているから，大量生産・大量消費に依存した生活を改めるべきだ」といった経済への影響を考慮しないで短絡的に述べるものがある。もしこうした方向で論じるのであれば，前者であれば「個人が意識しないうちにも温暖化対策になっているようなメカニズムをどのように組み込むべきか」，後者ならば「環境保全と経済活動の維持・発展をどのように共存させるべきか」といった視点からの論述を含めることで，できるだけ具体的かつ発展的な主張を展開してほしい。

🗒 過去の入試問題例 ─────────────────────────

例　地球温暖化問題に対し，将来技術者としてどのように役立てることになるのか，具体的に考えを述べよ。　　　　　　　　　　　　　　　　　（北海学園大・工学部）

例　温暖化と植物の炭素吸収量の変化に関する英文を読み，本文中の事柄による問題点を挙げ，農学分野としてその問題にどのような対策を取ることができると考えるか，あなたの考えを述べよ。　　　　　　　　　　　　　（岩手大・農学部）

例　地球温暖化防止対策として期待される森林の役割について，考えを述べよ。
　　　　　　　　　　　　　　　　　　　　　　　（東京農業大・地域環境科学部）

例　大気中のメタンに関する図と表を参考に，地球温暖化ガスの一種であるメタ

ンの濃度変化が地球温暖化に与える影響について考えを述べよ。

(新潟大・理学部)

例 地球温暖化と水田の多面的機能との関わりについて述べよ。

(三重大・生物資源学部)

例 北極や南極の氷が地球温暖化の影響により減少していると騒がれているが，
実際は増え続けていることについて述べた文章を読み，本文に関して，あなた
の意見を述べよ。

(佐賀大・農学部)

🔎 関連キーワード

☑ 温室効果ガス

　地球はつねに太陽からのエネルギー放射（日射）を受けていて，そのうちのある部分を宇宙空間に向けて反射している。温室効果ガスとは，地球から反射する太陽エネルギーのうち，赤外線などの長波長部分を吸収する性質がある気体（ガス）の総称である。これらのガスで地球がおおわれると，それが温室のガラスのはたらきをするため，地球から放出される熱が内側に蓄積され，地表の温度が上昇する。これが地球温暖化と呼ばれる現象である。

　最も影響がある温室効果ガスは二酸化炭素である。大気中の二酸化炭素濃度を産業革命以前のそれと比較した場合，その増加量の75％以上が人類が使用した化石燃料に起因していると言われている。次に影響力があるのはメタンであり，こちらは自然界に広く存在

する。メタンは天然ガスの採掘によって地表に放出されるほか，植物などの有機物の腐敗・発酵によっても生じる。

　そのほか，大気中濃度はそれほど高くないものの，温室効果が二酸化炭素の数千倍もある人工物質にハロカーボン類があり，フロンガスなどがこれに該当する。ハロカーボン類は温室効果ガスとして直接的に作用するだけでなく，一部のハロカーボンが成層圏のオゾン層を破壊することも知られている。

☑ エアロゾル

　大気中に存在する微小な液体または固体のことをいう。一般的に液体状のものを霧・もや・煙霧・スモッグと呼び，固体状のものを粉塵・煤煙・煤塵と呼ぶことが多い。そのほか，火山灰や煤，中国大陸からの黄砂，重金属の粒子などもエアロゾルの一種である。

これらの中で，化石燃料起源のものは健康被害だけでなく，大気汚染や酸性雨，オゾン層の破壊などの環境問題にも影響しているとして，長年問題視されてきた。その一方では，近年になってエアロゾルによる雲形成が地球寒冷化に効果があると発表されたこともあり，将来にわたる地球温暖化の正確な予測にエアロゾルが大きく関与する側面があるとして注目されている。

☑ スターン報告

2006年10月に経済学者のニコラス＝スターン博士がイギリス政府の要請に応じて発表した，気候変動に関する報告書のことをいう。このなかで，地球温暖化は深刻化しており速やかな対応が必要であること，対応しない場合には異常気象による損害額が世界の年間GDPの0.5～1％にも達し，温暖化が進むとさらに上昇することが述べられている。また，気候変動に対する早期かつ強力な取り組みによってもたらされる利益は，何もしなかった場合の損害額を上回ることを明記し，費用予測の例として，温室効果ガスを2050年までに現在の4分の3に削減した場合（二酸化炭素換算で500～550ppm），年間GDPの1％程度のコストで対策が可能であるとしている。

なお，有効な対策としてバイオマス燃料やエネルギー貯蔵などを挙げているが，個々の対策だけで終わるのではなく，エネルギー供給全体のシステムを変える必要があること，国際的協調行動の条件を整える必要があることも記されている。

☑ 前 線

冷たい気団と暖かい気団の境界面が地表に接する部分のことをいう。前線全体としては，北半球では偏西風の影響を受けて西から東へ動いていき，前線通過時には天気だけでなく気温や風の変化を伴うことが多い。

前線には次の4種類がある。短時間で気温が急激に低下したり，激しい雨や突風を伴うことが多い寒冷前線，進行方向のおよそ300kmの範囲の地域に，連続した比較的穏やかな雨や雪を降らせることの多い温暖前線，状況により性質が寒冷前線寄りと温暖前線寄りに変化する閉塞前線，ほぼ同じ位置に停滞して長期間の雨をもたらす停滞前線の4種である。なお，梅雨前線や秋雨前線は停滞前線に属する。

☑ 侵 食

風・水・氷河・波などが岩や地層を削り取る作用のことをいう。リアス海岸やカルスト地形，氷河地形も侵食が影響してできた地形であり，それらの

197

具体例として，アメリカのグランドキャニオン，トルコのカッパドキア，山口県の秋吉台が挙げられる。

侵食作用に関連して現在問題視されているのが，温暖化に伴う海面上昇による低地の浸水，河川に貯水ダムや砂防ダムを作ったことによる砂の流入減に起因した海岸の砂浜減少などである。

☑ IPCC

Intergovernmental Panel on Climate Change の略で，気候変動に関する政府間パネルと呼ばれる。

人為によって起こされる地球温暖化の科学的・技術的・社会経済学的な見地からの評価，ならびにその判断基準の提供を目的とした政府間機構のことで，1988年に世界気象機関(WMO)と国連環境計画(UNEP)が設立した。3つの作業部会と温室効果ガス目録に関するタスクフォースで構成されており，気候システムや気候変化の科学的根拠についての評価，気候変化が社会経済や生態系に及ぼす影響とその対応策に関する評価，温室効果ガスの排出削減など気候変化の緩和オプションについての評価を行う。

1990年の第1次評価報告書以降，5〜6年おきに評価報告書が発表されている。最新のものは2014年の第5次評価報告書で，その中では温暖化が人為起源である可能性が極めて高いとし，21世紀末には世界の平均気温が1986〜2005年と比較して0.3〜4.8℃上昇し，海面は26〜82cm上昇することが予測されている。また極端な高温や熱波，豪雨の増加などによって人々の健康や食料の安全が脅かされるリスクがあるとしている。

☑ マラリア

蚊によって媒介されるマラリア原虫が人体内に侵入して起こす疾患のことをいう。症状はおもに発熱で，短期間で重症化し，時には死に至ることもある。世界保健機関(WHO)によると，年間3〜5億人の患者と，150〜270万人の死亡者が推計されているが，その大部分はアフリカの5歳未満の小児であるとしている。それ以外にも東南アジアや南アジア，南太平洋諸島や中南米などで多くの発症例がある。

なお，現在のところマラリア原虫に対するワクチンは存在しないので，蚊に刺されないことが最も有効な予防策となっている。予防薬もなくはないが完全ではなく，日本では予防投薬自体を厚生労働省が認可していない。

☑ デング熱

デングウイルスを保有した蚊(ネッタイシマカ，ヒトスジシマカ)を介し

4
環境・エネルギー

て起こる感染症のことをいう。非致死性でインフルエンザのような高熱を引き起こすデング熱と，高熱と同時に皮膚の点状出血や鼻，口腔粘膜などの出血を引き起こし，重篤な場合は死に至るデング出血熱やデングショック症候群の2つの病態がある。

熱帯や亜熱帯の地域で見られ，世界保健機関の推計では，毎年5000万人が感染している。そのうちデング出血熱で入院が必要な患者数は小児を中心に50万人にものぼり，そのうちの2.5%が死亡するとしている。予防ワクチンは実用化されておらず，予防薬も存在しないことから，蚊の繁殖を抑えることが最大の対応策である。

☑ 生態ピラミッド

生物間の食物連鎖の関係を各段階の生物量で模式的に表したものをいう。各段階で利用できるエネルギー量と物質量には限りがあり，その量は下層ほど多いため，それらを積み上げた形がピラミッド形に似ることから，このように呼ばれている。

従来は地球上の生物は生態ピラミッドに沿って生息数を保ってバランスをとってきたが，頂点に立つ人類の人口が爆発的に増加したことによりこのバランスが崩れ，そのことで他の段階の生物層に対して多大なる環境負荷を強

いた結果，生物多様性にダメージを与える事態を招いてしまった。

☑ 人口爆発

人口が急激に増えることをいう。この現象は19世紀末頃から始まって現在もなお続いている。国連推計によると，現在約77億人の世界人口は2050年には97億人に達するとしている。その背景として，医療技術の進歩により乳幼児死亡率が低下したこと，産業革命以後の工業化により技術革新が進んだこと，またそれにより穀物の生産力が高まったことが挙げられる。

現在人口爆発を促しているのは主としてインドやサハラ砂漠以南のアフリカ諸国で，これらの国々の人口増加率は世界平均を大きく上回る。しかし，世界の人口増加率は近年鈍化してきており，今世紀末ごろ約110億人で頭打ちになると予想されている。今後は，世界規模での高齢化が問題となってくる。

☑ かけがえのない地球 (Only One Earth)

1972年にスウェーデンで開催された国連人間環境会議のキャッチフレーズである。

この会議は国際会議としては初めて環境保全に関する取り組みを議題とし

て行われ，会議の成果を人間環境宣言（ストックホルム宣言）として採択した。この宣言は，人間環境の保全と向上に関して，世界の人々を啓発・指導するための共通の見解と原則を示している。なお，この宣言は国際環境法の基本文書とされ，ウィーン条約や気候変動枠組条約（次項参照）に再録されている。

☑ 気候変動枠組条約

1992年の地球サミットにおいて気候変動枠組条約（地球温暖化防止条約）が締結され，温室効果ガスの排出量を1990年レベルにまで削減することを目標とした。2019年現在で197か国が加盟している。

具体的には，締約国に共通ではあるが差異のある責任，開発途上締約国などの国別事情の勘案，速やかで有効な予防措置の実施などを原則とし，先進締約国（日本，アメリカなど40か国とEU）に対しては温室効果ガス削減に向けての施策などを義務付けた。

なお，同条約に基づいて，1995年より毎年，気候変動枠組条約締約国会議（COP）が開催されている。

☑ 京都議定書

1997年に京都で開催された第3回気候変動枠組条約締約国会議（COP3）において採択された，先進国に対して排出削減の数値目標を定めた議定書のことを京都議定書という。この時，排出権取引（削減義務を超えて温室効果ガスを削減した国は，余剰分の権利を他国に売却できる仕組み），クリーン開発メカニズム（先進国が途上国で行った事業による温室効果ガス削減分を，自国の削減分に含めることが許される制度）などが定められた（京都メカニズム）。地球温暖化に関する世界で初めての国際協定であったが，削減義務を負うのが先進国に限られること，2012年までの短期目標であることなどの問題点があった。

☑ パリ協定

2015年に第21回気候変動枠組条約締約国会議（COP21）において採択された，気候変動抑制の枠組みを定めた国際協定。先進国，発展途上国を問わず，すべての国が参加し，産業革命前からの世界の平均気温上昇を2度未満に抑え，平均気温上昇1.5度未満を目指すことがおもな内容である。締約国は，削減目標を作成・提出・維持する義務とその削減目標を達成するための国内対策をとる義務を負う。日本の場合，2030年までに，2013年比で，温室効果ガス排出量を26%削減することを目標としている。2019年時点での批准国は187か国に及んでいるが，2019年11月

にアメリカがパリ協定から脱退した。

☑ 代替エネルギー

　現在主力となっている化石燃料や原子力によるエネルギーに代わるものをいう。その対象としては、従来から存在する風力・地熱・太陽熱を利用したもののほかに、近年開発された太陽光発電、バイオマス発電やバイオマス熱利用、バイオマス燃料、温度差エネルギー、燃料電池などもこれに含まれる。

　代替エネルギーはいずれも、空気中の二酸化炭素量を増加させない、あるいは大気汚染物質の排出を抑えるなどの効果が確認されている。しかし、導入や運用にコストがかかるなどの問題点があり、代替エネルギーへの転換や普及のスピードは緩やかである。

☑ 環境税

　環境保護対策を強化することを目的とした税のことをいう。その中には、ガソリンなどのように環境に負担をかける物質そのものに対して課税する方法と、環境保護を目的に国民や企業に直接課税する方法とがある。

　1990年に世界で初めてフィンランドで、いわゆる炭素税として環境税の課税がスタートしたのを皮切りに、ヨーロッパの各国を中心に導入が進んでいる。導入済の国では温室効果ガスの削減を実現していることから、地球温暖化対策として有効とみなす一方で、化石燃料の価格上昇により経済活動全体への悪影響を懸念する見方もある。

　日本では、2012年から地球温暖化対策税が導入されている。

☑ オゾン層の破壊

　成層圏に存在するオゾン濃度が高い層（オゾン層）が破壊されることをいう。破壊の原因物質はフロンガスである。フロンガスは紫外線で分解され、その際に遊離した塩素が触媒となってオゾン濃度が減少すると考えられる。北極や南極上空では、春にオゾン層の濃度が下がり穴があいたようになる現象（オゾンホール）が見られる。

　オゾン層は、太陽から注がれる紫外線を遮蔽する役割を担う。紫外線はタンパク質を変性させる性質を持ち、皮膚の老化やDNAの損傷を起こすほか、皮膚がんのリスクを増大させたり、目の炎症や白内障の発症といった健康への影響が懸念されている。

　1985年にウィーン条約にてオゾン層保護のための枠組みを定め、1987年に特定フロンおよび代替フロンの使用禁止が求められた（モントリオール議定書）。

☑ 酸性雨

大気汚染が原因となって，酸性の雨が降る現象のことをいう。

化石燃料などの燃焼によって生じる硫黄酸化物（SOx），窒素酸化物（NOx）などが雲粒や雨粒に吸収されて，酸性雨となる。これらの酸化物は空気中で飛散するため，風で長距離を移動し，広範囲に影響を与えることが多い。ヨーロッパでは酸性雨によって森林破壊や湖の酸性化による魚の死滅が発生したほか，建物や文化財の腐食などが起こっている。

1979年に長距離越境大気汚染条約が締結された。それによって，硫黄酸化物の1980年度比30％削減（ヘルシンキ議定書）や窒素酸化物の1987年時点の排出量水準での凍結（ソフィア議定書）など，具体的な措置が講じられている。

☑ 砂漠化

もともと植物が生育していた土地が，植物の生育に適さない土地となる現象のことをいう。土地の砂漠化は，養分を含む土壌が風雨や洪水によって流れ出したり，地下水の水位上昇と蒸散によって土壌の塩分濃度が上昇したりすることによって起こる。

砂漠化の背景には，過度な森林伐採や過度な農業のほか，焼畑農法による過度な開発など，行きすぎた農業や経済活動がある。さらに，人口爆発による人口増加で過放牧や過耕作を行わなければならないという事情も重なって，さらなる砂漠化や干ばつが起こり，その結果として飢餓を生んだ。

1996年に砂漠化対処条約が発効し，先進国に砂漠化防止に対する積極的支援と資金提供が義務付けられるとともに，特に砂漠化の激しいアフリカに対して具体的な行動計画の策定が求められた。また，他地域でも行動計画を策定することになっている。

☑ 森林破壊

過度な森林伐採により，森林が失われていく現象のことをいう。森林が失われると，保水力が低下し，養分を含む土壌の流出や，山崩れや洪水を引き起こす。また，生態系を乱し，森林に生息する動植物に影響を与える。さらに，光合成によって二酸化炭素を取り込むはたらきをする森林が減少するため，地球温暖化の原因となる恐れがあることも指摘されている。

森林破壊の背景には，木材の過剰な伐採のほか，薪や炭の材料としての過剰伐採，過度な開発事業などがある。

☑ 海洋汚染

海の水が廃棄物などで汚染される現象のことをいう。海洋汚染は，産業排

水や生活排水，船舶からの原油の流出，廃棄物の投棄，森林伐採に伴う土砂の流入などによって起こる。

汚染に伴って有機物や栄養塩が蓄積される。その結果，海の生態系を乱したりするほか，生活排水による富栄養化によって赤潮や青潮が発生したり，廃棄物や土砂の流入によって海洋生物の産卵場所が減少したりする。また，有害物質の排出は，流出時には低濃度であっても，食物連鎖によって生物濃縮が起こり，最終的にはかなりの高濃度になることが多い点が問題となる。

1972年にロンドン条約が採択され，有機ハロゲン・水銀・カドミウム・プラスチック・放射性物質などの有害物質の海洋投棄を禁止した。日本は1980年にこの条約を批准した。

また近年，海洋を漂流したり海岸に漂着したりしている海洋ごみ（海ごみ）の問題が深刻化している。中でも，プラスチックごみが風化して細かくなったマイクロプラスチックは，生物によって分解されず半永久的に蓄積されるため，生態系への影響が懸念されている。

☑ 汚染者負担原則
　（Polluter Pays Principle；PPP）
汚染物質を排出する者が，公害防止対策費や，汚染された環境を元に戻す費用を負担すべきだという考え方のことをいう。1972年に OECD（経済協力開発機構）が提唱した。

そもそも OECD の PPP は，国際貿易上の競争を公正に行うための原則として掲げたものである。外部不経済の内部化（次項参照）のための費用は汚染者が支払うべきであり，税金からの支出は公平とは言い難く，非効率であるという立場である。日本でも公害問題の反省から PPP を公害対策の原則とするようになり，公害防止の費用や健康被害の補償を事業者が負担する制度が整えられた。

☑ 外部不経済の内部化
環境に負荷を与えることが考えられる場合，その対策費用の負担を市場のメカニズムに組み込むことをいう。

これまでは，個人の消費活動や企業の生産活動によって環境汚染や被害が発生したにもかかわらず，処理費用や補償費用を社会全体で負担していた。この状況は，汚染者は利益を得るのに対して，社会全体には負担が強いられるわけであり，平等や公平とは言い難い。このようなことから，環境に負荷を与える製品やサービスに対しては，その価格にそれらの費用を上乗せすることで，受益者に負担させようという考えが生まれた。

203

答案例

問題 地球温暖化の原因と個人レベルでできる対策について，あなたの意見を述べよ。**600字以内**

模範回答 地球温暖化は，異常気象や水資源の格差拡大，浸水被害，感染症の拡大，生物多様性への影響など，さまざまな問題を引き起こす。地球温暖化のおもな原因は温室効果ガスの増加にあると言われている。 (以上，第1段落)

　温室効果ガスの増加の原因は，人間によるエネルギーの過剰消費にある。その背景には，人口爆発による人口の増加がある。人口の増加による大量生産・大量消費に伴う資源の多用や廃棄物の放出などは，環境に多大な影響を与える。特に，化石燃料の燃焼で生じる温室効果ガスは，気温の上昇のほかに海面の上昇や気候の変化も引き起こし，生態系の崩れや異常気象の増加，農林水産業への影響などが懸念されている。 (以上，第2段落)

　こうした重大な問題に対応するために，今後は地球温暖化の進行を食い止めることが求められる。そのために個人レベルで行える対策としては，レジ袋の使用を控えることなど，リフューズへの取り組みが考えられる。ほかには，代替エネルギーや省エネ製品の積極的利用，植林や緑化をして二酸化炭素の吸収を増やす取り組みなども考えられる。個人レベルで行える対策による効果は決して大きくはないが，それらを多くの人が継続して行うことが大切であると考える。 (以上，第3段落)

解説 第1段落：意見の提示…地球温暖化の原因を示すとともに，その影響を簡潔に述べている。
　第2段落：理由説明…人口増加を温室効果ガスが増加する要因として示し，その影響についても説明している。
　第3段落：意見の再提示…どのような対策が個人レベルで行えるのかを具体的に示すとともに，それらを多くの人が継続して行うことが大切だと結んでいる。

循環型社会

定義

　循環型社会とは，資源を再利用することによって廃棄物の排出量を減少させ，資源の有効利用を目指す社会のことを指す。生産→消費→廃棄→再利用→生産という資源の循環をイメージして名付けられた。

　2000年に制定された循環型社会形成推進基本法では「製品等が廃棄物等となることが抑制され，並びに製品等が循環資源となった場合においてはこれについて適正に循環的な利用が行われることが促進され，及び循環的な利用が行われない循環資源については適正な処分が確保され，もって天然資源の消費を抑制し，環境への負荷ができる限り低減される社会」を循環型社会と定義している。

必要性

　市場経済では，企業が資源やエネルギーを用いて作った製品は，市場を介して消費者に引き渡され，消費者の使用後はごみや廃棄物となる。地球は物質的に閉鎖している(資源は地球外から持ち込めず，ごみや廃棄物は地球外に排出できない性質がある)ので，この仕組みのままでは資源は枯渇する一方であるのに対して，地球上にはごみや廃棄物が滞留し続けることになる。また，廃棄物の発生の根源をたどれば企業の生産活動に至ることから，製品を生産する過程でも，消費者の手に渡った後でも，ごみや廃棄物が発生するのである(内部不経済の外部化)。このことから，ごみや廃棄物を再資源化したりエネルギー化すること(循環システムの構築)によって，これらの問題を解消することが求められているのである。

必要性の背景

　産業の発展に伴い，20世紀の生活様式として大量生産・大量消費・大量廃棄型の社会が構築された。確かにこうした経済や社会の活動は，人類に

豊かさや利便性をもたらした。しかし，限られた資源を大量に消費し，それに伴って廃棄物が蓄積され，環境に大きな影響を与えてきた。例えば，多量のエネルギーを消費することで二酸化炭素を排出したために，地球温暖化(p.192参照)を引き起こしたことなどは，その典型的なものである。

こうした反省から，地球資源を有効に活用するとともに，使用済みの製品や残材を適切に処理したり再利用することによって，環境への負荷を軽減する仕組みづくりの必要性に迫られたのである。

対応策・解決策

ごみや資源の循環システムを構築するために，再利用(リユース)・再資源化(ケミカルリサイクル・マテリアルリサイクル)・エネルギー化(サーマルリサイクル)への取り組みが欠かせない。しかしながら，それぞれの過程においてエネルギーを必要とすることやコストがかかることが問題視されている。例えば，製品から不純物を取り除いて再利用する場合，大量のエネルギーを必要とするケースがある。場合によっては，新たに製品を作るよりもリユースやリサイクルの方がコスト高になることもある。よって，循環システムの構築にあたっては，次のことが必要となる。

① 資源利用量の削減(リデュース；p.210参照)を進めること
② リユースやリサイクルの際に用いる資源やエネルギーを削減すること
③ 資源やエネルギーが最も少なくてすむ方法を選択すること

その実現のために必要なのが，3R(p.209参照)を推進することであろう。具体例としては，梱包材の簡素化(リデュースの例)，設備や材料の再使用(リユースの例)，分別収集の徹底(リサイクルの例)などが挙げられる。これらの対策をゼロエミッション(p.209参照)という名のもとに総合的に取り組む企業も増えている。

また，製品の製造から廃棄に至るまでのライフサイクル(原料採取→製造→流通→使用→リサイクル・廃棄)のすべての段階において，環境負荷を低減する取り組みも併せて行う必要がある。例えば，従来の丈夫なリユースびん(洗浄・殺菌をして再使用するびん)をワンウェイびん(再使用できないびん)に変更した飲料メーカーがある。それは，LCA(p.211参照)に

よって，前者での資源使用量（洗浄・殺菌の工程や重いびんを輸送する際の資源使用量）と後者での資源使用量（ワンウェイびんを原料にして再びんを作成する際の資源使用量）とを比較した結果，後者の方が省資源になるという結果が出たからである。

4
環境・エネルギー

👍 小論文にする時のポイント

　循環型社会に関するテーマは，工学部，特に環境・建築系の学科を中心に出題されやすい。入試では，循環型社会やごみ問題をテーマに取り上げ，その原因や社会的背景，さらには解決策を論じさせるスタイルの出題が多い。その時，廃棄物の排出の原因を指摘するのはもちろんのこと，その背景が市場経済や国際経済にあること，市民や企業の「やる気（自由意思）」に頼らず，国の政策として環境保全の仕組みを築き上げることが理想的な解決策であることなどを論じておきたい。もちろん，循環型社会の構築について建設的に論じるには，それぞれの具体的問題の原因や循環型社会のメカニズムを正しく理解しておくことが必要になることは言うまでもない。

📝 過去の入試問題例

例 人類のエネルギー利用の歴史と循環型社会について述べた文章を読み，文章全体の内容を踏まえて，今後わが国ではどのようなエネルギーの利用や開発をしていくべきかについて，あなたの意見を述べよ。　　　　　　（埼玉大・工学部）

例 循環型社会を目指す日本では，3R：Reduce（発生抑制），Reuse（再利用），Recycle（再生利用）を推進している。身近な具体例を挙げ，現状や課題およびあなたの考えを述べよ。　　　　　　　　　　　　　　　（明星大・理工学部）

例 あなたが将来化学技術者となったとき，持続可能な循環型社会に向けて，化学的知識をどのように活かして行きたいかを述べよ。　　（愛知工業大・工学部）

例 循環型社会を目指すためにリースという制度を拡大すべきだと述べた文章を読み，地球の資源と環境の保全の観点から，リースという制度を拡大していく

ことはどのように評価することができるか。なにかリースの製品を具体的にあげながら，評価できる理由を示しつつ，あなたの考えを論述せよ。

（和歌山大・システム工学部）

🔑 関連キーワード

☑ 循環型社会形成推進基本法

日本における循環型社会の形成を推進するための基本法で，2000年に制定された。形成すべき循環型社会の姿として，廃棄物などの発生を抑制すると同時に，循環資源の利用や適切な処理によって，天然資源の活用を低減し，環境への負荷が少ない社会と明確に提示した。

また循環資源を，法の対象となる廃棄物などのうち有効活用できるものと定義し，リサイクル推進を定めている。この法律の最大の特徴は，廃棄物処理の優先順位を初めて法定化したことで，それを発生抑制・再使用・再生利用・熱回収・適正処分の順としている。それとともに，事業者と国民の「排出者責任」と，製品が廃棄物となった後まで生産者が責任を負う「拡大生産者責任」を明確化した。

☑ 持続可能な社会

持続可能な開発（自然や資源利用のスピードを考慮し，管理しながら利用することによって，将来の世代にも公平になるように地球環境を維持すること）が実現している社会のことをいう。1992年にブラジルのリオ・デ・ジャネイロで開かれた国連環境開発会議で「持続可能な開発」という考え方が登場したことに由来する。2002年の持続可能な開発に関する世界首脳会議，および2012年の国連持続可能な開発会議でその実施計画が採択されるなど，環境保護のための基本的な指針として，現在世界中で認知されている。

持続可能な社会は，想定場面や想定する人により考え方に違いが見られることがある。しかし，環境の恵みの永続的な維持，生物と人間の共存共栄を図ること，浪費を避けた新しい発展の実現，環境維持のために協力の推進を実現していくなどの点で共通している。

☑ SDGs

2015年の国連サミットで採択された2016年から2030年までの国際目標。SDGsとは「Sustainable Development Goals（持続可能な開発目標）」の略称で，2000年の国連サミットで合意され

た MDGs（ミレニアム開発目標）に代わる目標である。2030年までに先進国，新興国，途上国も，国，企業，NPO，個人も，あらゆる垣根を越えて協力しよりよい未来をつくることを目指す。

持続可能な世界を実現するために17のゴールと169のターゲットを定めている。17のゴールは，「貧困をなくそう」「飢餓をゼロに」「すべての人に健康と福祉を」「質の高い教育をみんなに」「ジェンダー平等を実現しよう」「安全な水とトイレを世界中に」「エネルギーをみんなに，そしてクリーンに」「働きがいも経済成長も」「産業と技術革新の基盤をつくろう」「人や国の不平等をなくそう」「住み続けられるまちづくりを」「つくる責任，つかう責任」「気候変動に具体的な対策を」「海の豊かさを守ろう」「陸の豊かさを守ろう」「平和と公正をすべての人に」「パートナーシップで目標を達成しよう」。その下に細かい目標が合計169個定められている。

☑ ゼロエミッション

あらゆる廃棄物を原材料とし，廃棄物を一切出さない資源循環型の社会システムのことをいう。1994年に国連大学が提唱した。

本来の意味は社会システムだが，現在では環境管理の国際規格 ISO14001

の普及に伴い，独自にゼロエミッションに取り組む企業が増えたため，企業の生産活動から出る産業廃棄物をリサイクルなどによって最終的にゼロにするといった内容を指す場合もある。日本では経済産業省と環境省がゼロエミッションを基本構想として地域振興を推進するエコタウン事業を1997年に創設，2015年までに26地域が承認され，両省の支援を受けてゼロエミッションに取り組んでいる。

☑ 3R

リデュース（reduce；ごみの発生抑制），リユース（reuse；再使用），リサイクル（recycle；再資源化）の頭文字。

2000年に循環型社会形成推進基本法において，上記の3Rに加えて，サーマルリサイクル（熱回収）と適正処分を下位におき，廃棄物の優先順位を定めた。また，3Rにリフューズ（refuse；ごみになるものを拒否する）やリペア（repair；修理して使う）を加えて，4Rや5Rと呼ぶ場合もある。

このような3Rを浸透させるためにさまざまな活動がなされている。また，2004年の主要国首脳会議において，当時の小泉首相が3R活動によって循環型社会の実現を国際的に推進する3Rイニシアティブを提唱，国際的に3Rに取り組むことが承認された。

なお，アフリカ女性初のノーベル平和賞受賞者ワンガリ=マータイさんが，資源の有効活用と環境保護を訴える言葉として MOTTAINAI（もったいない）を世界中に紹介したが，その背景にはこの3Rイニシアティブがある。

☑ リデュース

必要のない消費や生産を減らす，もしくは行わないことをいう。3Rの中でも一番優先順位が高く，環境負荷の低減のために最も有効とされている。

リデュースの例として，過度な包装を避け簡易的な包装にすること，使い捨ての容器の利用を減らして再使用ができる容器（水筒など）を利用すること，などが挙げられる。ごく身近な例としては，無駄なものをもらわないことや購入しないことは，生産そのものを抑制することにつながるリデュースの1つである。

☑ リユース

一度使用されて不要になった物をそのままもう一度使うことをいう。リユースは，加工などのためのエネルギー利用がなくそのまま製品を再使用するので，リサイクルに比べて環境負荷が低く，3Rの中では優先順位が2番目となる。具体例としては，一度使用されたボトルをまた洗浄して使用すること（いわゆるリターナブルびん），バザーやフリーマーケット，あるいはリサイクルショップなどで製品を購入して再使用することなどが挙げられる。

☑ リサイクル

廃棄物や不要物を回収して再資源化し，新たな製品の原料として利用することをいう。

リサイクルの例として，アルミ缶を回収して再度アルミ缶を製造すること，スチール缶を回収して新たなスチール缶を製造したり鉄骨や鉄筋などの建設資材として加工すること，ペットボトルを回収して繊維の材料とすることなどが挙げられる。

リサイクルを促進するために，資源の有効な利用の確保および廃棄物の抑制と環境保全を図る資源有効利用促進法が2000年に制定された（1991年制定の再生資源利用促進法を改正）。また，ペットボトルやダンボールなどの容器包装廃棄物を分別回収し，適正処理および資源として有効利用することを目的とした容器包装リサイクル法，家電製品から有用な資源の再生化を図る家電リサイクル法，使用済みの自動車から有用な資源の再生化を図る自動車リサイクル法，食品関係者における食品廃棄物の排出抑制を図る食品リサイクル法，建築資材の分別化や再資源化を

図る建設リサイクル法なども施行されている。

☑ ケミカルリサイクル，マテリアルリサイクル，サーマルリサイクル

これらはいずれもリサイクルの方法である。ケミカルリサイクルとは，使用済みの資源をそのまま再利用するのではなく，化学的に分解して別の化学製品の原料として再利用することをいう。マテリアルリサイクルとは，廃棄物をそのまま原料として再利用することをいう。サーマルリサイクル（熱回収）とは，廃棄物を焼却処理した際に発生するエネルギーを利用することをいう。ケミカルリサイクルやマテリアルリサイクルが不可能となった場合に行われるリサイクル方法である。

廃プラスチックを例にとれば，使用済みのプラスチック容器などをそのまま利用することがマテリアルリサイクル，化学的に分解して新たなプラスチック製品にすることがケミカルリサイクル，そのいずれもできずに燃料化することがサーマルリサイクルである。

☑ LCA(Life Cycle Assessment)

製品について，製造から廃棄あるいは再利用に至るまでのすべての段階における環境への影響を科学的・定量的・客観的に評価することをいう。この評価を行うことによって，企業側は環境負荷の低減を図るとともに，生産過程の最適化による経済的・経営的合理化を図ることもできる。また，消費者側は環境負荷の少ない商品を選択することで環境負荷の低減に貢献するとともに，消費者ニーズとして企業側に環境への配慮を促すことにもつながる。

なお，LCA は ISO14040において環境評価として規格化されている。

☑ バイオマス

石油や石炭などの化石燃料を除いた生物由来の再生可能な有機性資源のことをいう。主として，廃棄物系バイオマスと資源作物系バイオマスがある。

廃棄物系のものとしては家畜の排泄物・生ごみ・建築廃材・下水汚泥などがある。一方，資源作物系のものとしてはサトウキビやトウモロコシ，ナタネなどの作物が該当する。古くより行われてきた薪・炭・落ち葉などを燃料にするといったものから近年開発が進んでいるサトウキビやトウモロコシをエタノールに換えて活用するといったものまで，利用のしかたはさまざまである。燃焼時に大気中の二酸化炭素を増加させないことが最大の特徴である。

答案例

問題 循環型社会の推進について，あなたの考えを述べよ。**600字以内**

模範回答 産業の発展に伴い，20世紀の生活様式として大量生産・大量消費・大量廃棄型の社会が構築された。人類に豊かさや利便性をもたらした一方で廃棄物の蓄積や資源の大量消費など，環境に大きな影響を与えてきた。今後は循環型社会を推進して地球資源を有効に活用するとともに，環境への負荷を軽減すべきだ。

(以上，第1段落)

資源は地球外から持ち込めず，ごみや廃棄物は地球外に排出できないので，この仕組みのままでは資源は枯渇し，ごみや廃棄物は地球上に滞留し続ける。その結果，生活環境は悪化し，環境からの恩恵を受けられなくなる。したがって我々は，滞留するごみや廃棄物をできるかぎり再資源化・エネルギー化して循環型社会の形成につとめなければならない。

(以上，第2段落)

今後，ごみや廃棄物の循環システムを構築するためは，それらを再資源化・エネルギー化するための具体的な取り組みが欠かせない。しかしながら，その過程において，エネルギーが必要となることやコストがかかることが問題視されているので，それらをできるかぎり削減しながら進めることが求められる。具体的には，リユースやリサイクルの際に使用する資源やエネルギーを削減すること，資源やエネルギーをできるだけ用いない方法を選択することなどである。

(以上，第3段落)

解説 第1段落：意見の提示…産業の発展に伴う恩恵は肯定しつつも，環境への影響を考慮しながら循環型社会の推進をすべきであるという主張を述べている。

第2段落：理由説明…資源の枯渇とともに廃棄物が滞留することが問題であることを根拠として，循環型社会形成の必要性を説明している。

第3段落：意見の再提示…今後，循環型社会を構築するためには，処理過程のエネルギーやコストがかかる点が問題であるから，それらができるだけ少なくてすむ方法を用いて行うことの必要性を述べている。

生物多様性の危機

定義

　生物多様性とは，地球上にさまざまな生物が存在していることを指す言葉である。より詳細にいえば，ある地域において，

① 生態系の多様性（森林・山地・河川・湿原・海洋といった自然の種類が多様であること）

② 種の多様性（動物・植物・微生物といった種が多様であること）

③ 遺伝子の多様性（個体それぞれが異なる遺伝子を持つこと）

が備わっていることをいう。

　生物多様性は約5億4000万年前のカンブリア大爆発（p.217参照）の頃に始まったとされる。現在地球上に存在する種の数は，推計には幅があり，300万種から1億種以上とも言われている。しかし，近年になって生物多様性が崩壊しつつあり，種が減少したり絶滅したりしている。IUCN（国際自然保護連合）のレッドリスト（p.218参照）には，約3万種が絶滅危惧種として挙げられている（2019年版）。また，1年間に4万種が絶滅しているという推定や，1年に生物全体の0.01～0.1%の種が絶滅しているという警告もある。いずれにせよ，科学者によって内容はさまざまであるが，生物が絶滅するスピードが速まっているという指摘においては一致している。

問題点

　2012年に閣議決定した生物多様性国家戦略（p.218参照）では，生物多様性に関する次のような「4つの危機」を掲げている。

① 開発など人間活動による危機

② 自然に対する働きかけの縮小による危機

③ 人間により持ち込まれたものによる危機

④ 地球環境の変化による危機

　①は，生物の乱獲や過剰採取が行われたり，埋め立てや森林伐採などに

よって生息地や生育地の破壊や環境悪化が起こっていることを指している。また，河川整備や農地開発によって，氾濫原(p.219参照)や草原，湿地などが消えたこともその要因と言われている。

　一方②に関しては，自然に対して人間の働きかけが減少していることによるものだとされる。例えば，木炭の材料や木材を得るために人間が手入れした森林には，結果的に人間が生態系を撹乱したことで多様な生物が生息・生育していた。しかし，木炭や木材の需要縮小で人の手が入らなくなると，森林が荒れて多様性を失うとともに，涵養機能(p.219参照)や土砂流出防止機能が低下したほか，生物の生息・生育環境の質も低下した。

　③は，人によって本来はそこにいない生物が持ち込まれ，生物相(p.219参照)や生態系を乱す原因となっていることを指す。例えば，侵略的外来種(p.220参照)が在来種を駆逐してしまったり，外来種と在来種の間に雑種が生まれることによって遺伝子が変化したりすることがある。一度持ち込まれた外来種を完全に駆除することは難しく，行うとしても多大なコストが必要となる。また，生物多様性が崩壊すると，人間をはじめ多くの生物が生態系サービス(p.220参照)を受けられなくなる。例えば，資源・食糧・薬品の原料の枯渇を招いたり，災害を受けやすくなったりする。

　④に関しては，主として地球温暖化によるものである。気温の上昇により，強い台風や局地的豪雨の発生など，これまでに経験したことのないような天災に見舞われることが増えている。また，急激な気候変動により，それまで生息していた地域の気候が生息に適さなくなり，生物が生きていけなくなる，作物の成育が悪くなるなどの影響も出ている。これらは，人間活動が原因ではあるが，地球規模での危機であり，その影響は広域で直接的な原因の特定が難しい点で第1の危機とは異なる。

問題点の背景

　こうした危機の背景には，①経済発展，②山間部の人口減少と自然資源の利用実態の変化，③グローバル化(p.302参照)，④地球温暖化(p.192参照)があると言われている。

　①に関しては，戦後の経済成長に伴って工業化が進み，土地の用途が変

化したことがある。例えば，干潟を工業用地へ転用するための干拓事業などはその代表的な例である。現在では，干拓で明治時代と比べて湿地が6割以上も消失したり，自然海岸が半数以下になったりしている。特に，戦後以降に生物がすむ環境の様相が大きく変化した。また，経済的な利益のために生物の乱獲（クジラやマグロなど）が行われたこともあった。

②に関しては，主たるエネルギー源が木炭から化石燃料や電気へと変化したことと，安価な輸入木材が多用されるようになったことなど，わが国における生物由来の資源利用量が減少したことがある。その結果，間伐や火入れ（p.221参照）などを行って山林を管理することがなくなり，山林が放置されるようになったのである。

③に関しては，特に高度成長期以後においてグローバル化が進んだことによって，ヒト（入国と出国）とモノ（輸入と輸出）の流動化が激しくなった。その結果，人や物と一緒に動植物が移動するため，その地域にはいなかった外来種が移りすむことが多くなった。帰化生物と呼ばれているものがそれである。そのほかにも，例えばペットなどのように，珍しい動物を輸入することも多くなってきた。今後も特に新興国と呼ばれる地域の経済発展に伴って，人やモノの出入りはさらに増加すると考えられる。

④に関しては，人類が豊かな生活を営もうとする活動によって，地球規模でほかの生物が影響を受けている場面が数多く見られる。もっといえば，人類が利己的に活動すること自体が地球温暖化の背景にあるともいえる。

対応策・解決策

こうした問題に対処するためには，生物多様性の保全が欠かせない。具体的には，①自然環境の正しい理解，②持続可能な開発と資源の利用，③侵入予防措置の徹底，④世界的な取り組みなどである。

①に関しては，その地域にどのような生物種がどれくらい生息しているのかを正しく把握するところから始まる。それがわかれば保護区などを設けて開発や利用を制限したり，開発の際には生物種を保護するような計画を義務づけたりすることができる。

②に関しては，その地域の生物量と繁殖率や生育のスピードなどを調べ，その結果をもとにして収穫量をコントロールすること（例えば，漁獲量や木材の伐採量を管理することなど）が行える。

③に関しては，法的手段を用いて侵入を防ぐことが挙げられる。日本では特定外来生物被害防止法（p.219参照）によって，外来種の持ち込みが規制されている。しかし，輸入製品に付着した生物などのように意図せずに侵入することもあり，完全に防ぐことは難しい。

④に関しては，広域での影響であるため，単独の国や地域だけでの対応は難しく，世界的な取り組みをする必要がある。ただ，地球環境に悪いからといってすべての開発を止めてしまうことはできない。生物多様性に配慮し生態系サービスの恩恵を受けつつ開発を続けていけるような，人間と自然が共生できる社会を全世界的に目指すことが大切になってくる。

一方で，生物多様性の意義や価値が一般市民に理解されているかどうかを疑問視する人もいる。それに関して現在，FSC（森林管理協議会；p.221参照）やMSC（海洋管理協議会；p.221参照）などが啓発活動を行っているものの，さらなる活動が求められる。また，生物多様性の把握が十分にされておらず，科学者による一層の研究活動も必要とされている。

👍 小論文にする時のポイント

　生物多様性は，農学系を中心に生物学系学科で頻出のテーマである。入試では，生物多様性や生態系を維持する方法について尋ねる問題が多い。こうした出題に対して，例えば「食物連鎖と生態ピラミッドによって自然に生態系のバランスが確保されるようになる」などと，現状に対して危機感を持たない方向での論述は好ましいとはいいがたい。このような設問に対しては，基本的に生物多様性の崩壊について危機意識を持っているという立場で主張を展開しておきたい。

　また，今後の対応策を述べる時，「生物多様性を保全するためには，経済活動を優先する姿勢を改めるべきだ」や，「人間のエゴイズムを排し，環境を保全するように生きていくべきだ」などと，環境保全の側面だけで語ることは好ましくない。我々の生活はさまざまな経済活動によって支えられていることを認識し，経済活動と環境保全との両立を目指す方向で論じたい。

4
環境・エネルギー

過去の入試問題例

例 地球上の生物多様性を守るための様々な活動が行われている。我々の社会で生物多様性の保全がなぜ必要なのか，あなたの考えを述べよ。

(東北学院大・工学部)

例 生態系が私たちにもたらしている恩恵について整理し，評価した結果について述べた文章を読み，生物多様性を保全するために有効な方策について，里山を例に，あなた自身の考えるところを述べよ。 (愛媛大・理学部)

例 外来種の生態系への影響について述べた文章を読み，著者の主張に対し，あなたはどう考えるか。「外来種」に関するあなた自身の考えを述べよ。

(福井県立大・海洋生物資源学部)

例 生物多様性の重要性について述べた文章を読み，生物多様性と地域における固有の財産としての生物資源との関連を，食品産業および医薬品産業を対象に述べよ。また，外来種が生物多様性に与える影響について，「遺伝子の多様性」と関連させて，述べよ。

(岐阜大・応用生物学部)

関連キーワード

☑ ホットスポット

ある生物の本来の生息地の70%以上が消滅し，生物多様性の観点からその保全が最優先されるべき地域のことをいう。イギリスの環境学者ノーマン=マイヤーズ博士が1988年に提案し，2000年の論文によって世界中で認知されることとなった。2017年の再評価時では，世界のホットスポットは日本を含む36か所で，地球のわずか2.4%の地表面積でありながら，植物の50%，両生類の60%，は虫類の40%，鳥類・ほ乳類の30%がこの地域にしか生息していないと報告された。

近年の研究では深海もホットスポットであることが明らかになり，深海熱水噴出孔には高密度で生物が潜んでおり，新種や珍種も発見されている。

☑ カンブリア大爆発

5億4000万年前のカンブリア紀に突如起こった，生物の種類が爆発的に増えた現象のことをいう。カンブリア紀より以前の時代には見られなかった外

骨格を持った動物や脊索動物などが出現し，現在の主要な動物門はこの時期に形成されたと言われている。

☑ IUCN (International Union for Conservation of Nature and Natural Resources；国際自然保護連合，自然及び天然資源の保全に関する国際同盟)

1948年に設立された世界最大の国際的自然保護機関のことをいう。2019年現在，90の国，130の政府機関，1131の非政府機関（NGO）が会員となり，約1万人の科学者や専門家が協力関係にある。日本は1995年に国家会員として加入したほか，環境省と15のNGO団体が会員となっている。

自然および生物多様性の保護や持続可能な社会の実現を目的とし，学術調査データの提供，啓蒙活動，政策提言や自然保護に関する法改正の補助などを行う。なかでも，絶滅の危機に瀕している野生動物をレッドリストとして公表しており，これが世界各国や各種団体で独自に作られるレッドデータブックの評価基準となっている。

☑ 生物多様性基本法

2008年6月に施行された国内初の生物多様性保護を目的とした基本法のことをいう。鳥獣保護法などの従来の法律と異なり，生息環境を含めた包括的な野生動物保護に関する法律として制定されている。生物多様性の利用や保全，その考え方を示した基本原則や13項目の具体的な施策，生物多様性国家戦略の策定のほか，地方公共団体には生物多様性に関する地域戦略を義務規定とし，事業者や国民にも基本原則に基づく活動を行う責務が盛り込まれた。

なお，生物多様性国家戦略とは，生物多様性の保全および持続可能な利用に関する国としての基本方針で，1995年に初めて決定された。生物多様性基本法制定後最初となる2010年の国家戦略で，初めて具体的な年度を示した中長期目標が設定され，さらに2012年には自然共生社会実現に向けた具体的な戦略として「生物多様性国家戦略2012-2020」が策定された。

☑ 愛知目標（愛知ターゲット）

2010年に愛知県名古屋市で開催された生物多様性条約第10回締約国会議で定められた，生物多様性保全に関する20の個別目標のことをいう。この会議で採択された「戦略計画2011-2020」では，2050年までに「自然と共生する世界」を実現するというビジョン（中長期目標）を持って，2020年までに「生物多様性の損失を止めるための効果的かつ緊急の行動を実施する」という

ミッション(短期目標)と「森林を含む自然生息地の損失速度を少なくとも半減，可能な場所ではゼロに近づける」「陸域の17%，海域の10%を保全する」などの20の個別目標の達成を目指すものである。

☑ 氾濫原

河川が洪水で氾濫した時に浸水する平地のことをいう。ここは水の供給がよく，また河川の水によって上流から運ばれてくる肥沃な土壌により，作物の生育には好条件地となる。主として東南アジアで行われている浮稲栽培は氾濫原を利用したものである。

また，氾濫原の湿地には古来より多数の生物が生息しているが，ダム建設などの河川整備により先進国では氾濫原の湿地が減少している。その結果，生物多様性を損ない，絶滅危惧種を生んでいる例も多い。

☑ 涵養機能

森林の土壌が持つ洪水緩和機能，降水貯留機能，水質浄化機能の３つの機能を総称して涵養機能と呼ぶ。

洪水緩和機能とは，森林の土壌が河川に流れ出る水量を減少させ，洪水を緩和する働きのことを指す。

降水貯留機能とは，森林の土壌が雨水を緩やかに河川に排出させる機能の

ことで，これにより河川の水量を安定させることができる。

水質浄化機能とは，森林の土壌が雨水をろ過することにより，不純物などを取り除いて水質を向上させる働きのことを指す。高い涵養機能を維持するには，人工的に伐採や植栽を行うなどの森林整備が必要とされる。

☑ 生物相

特定の地域に生息する生物すべての種類組成のことをいう。あるいは，特定地域に生息する生物すべてを総称して生物相と呼ぶこともある。動物や植物に分けて，動物相や植物相などとすることができるほか，動植物をさらに細分化して哺乳類相などと表すこともできる。

なお，日本は気候や地形が変化に富んでいることもあって，多彩な生物相を形成している。

☑ 特定外来生物被害防止法 （外来生物法）

正しくは，「特定外来生物による生態系等に係る被害の防止に関する法律」というが，略して特定外来生物被害防止法(外来生物法)と呼ばれる。2005年に施行され，2013年に改正された。

もともと日本に存在しなかった外来

生物のうち，生態系や人間，農林水産物に被害を及ぼすものを特定外来生物と指定し，その輸入・販売・飼育・栽培・保管・運搬・譲渡・野外への放出などが原則的に禁止されている。また，生態系に影響を及ぼすかどうかが不明な，実態のよくわからない外来生物は未判定外来生物とされ，輸入には許可が必要である。外来生物法に違反した場合には罰則が科せられる。

なお，特定外来生物の例としては，ブラックバスやブルーギル，アライグマなどがよく知られている。

☑ 侵略的外来種

在来の生態系や人間活動に強く影響を及ぼす外来種のことをいう。国際自然保護連合（IUCN）が定めた世界の侵略的外来種ワースト100と，日本生態学会が定めた日本の侵略的外来種ワースト100がある。

☑ 生態系サービス

生態系が人間にもたらす利益を総称したものである。主として次の4つのサービスに分類できる。食料や水などの生態系がもたらす財を供給サービス，気候や自然災害からの防護など生態系によってもたらされる自然的な恩恵を調節サービス，レクリエーションの場の提供など生態系が持つ非物質的な恩恵を文化サービス，ほかのサービスを維持するための機能を持つ基盤サービスとなる。

2001年から2005年にかけて国連が実施したミレニアム生態系調査によると，過去50年間で生態系サービスは著しく低下しており，いまのような状況が続けば次世代が受けるサービスは大幅に減少すると指摘している。

また，生態系サービスを経済換算する取り組みも行われている。2009年に国際自然保護連合が行った試算では，熱帯雨林は1ヘクタール当たり年平均で約54万円に相当し，世界の生態系全体では約982兆円にものぼるとされた。

☑ 間 伐

成長に伴って込み合ってきた森林で，適正な密度に保つために一部の立ち木を伐採することをいう。

間伐が遅れた森林は，光が差し込みにくいために下草が育たない傾向にあり，その結果として土砂が流出しやすくなるので涵養機能が低くなったり，山崩れの原因となったりするほか，下草が育たないことにより，生物多様性も損なわれる。また，幹が細い木となることにより風や雪の影響を受けやすく，深刻な被害となることも多い。

なお，京都議定書では森林による二酸化炭素の吸収も温室効果ガスの削減

対象と認めているが，間伐が行われていない森林は十分な効果が期待できないとして，対象から除外されている。

☑ 火入れ

山林原野や荒廃地などで，その土地にある立ち木や枯草などを焼くことをいう。一般的には造林準備や害虫駆除，焼畑や開墾のために行われ，ある一定の面積をもって火入れされることが多いが，農業や林業などで必要と判断されるもの以外の火入れは，2001年に施行された廃棄物の処理及び清掃に関する法律によって禁止されている。また，森林や森林から1キロメートルの範囲内で火入れする場合には，森林法により許可が必要となっている。

☑ FSC と MSC

FSC（Forest Stewardship Council；森林管理協議会）とは，環境保護団体，木材会社などが共同で1993年に設立した国際的民間組織。持続可能な森林活用を目的とし，森林そのものや木製品，その流通過程などが適切に管理されているかどうかを評価・認証することを活動内容としている。認証された製品にはFSCマークが付与され，その製品を選んだ消費者が間接的に森林保護に関与できる仕組みになっている。

MSC（Marine Stewardship Council；海洋管理協議会）とは，世界自然保護基金（WWF）とユニリーバ社によって1997年に設立された団体で，のちに独立して非営利団体となった。持続可能な漁業の維持を目的とし，一定の審査基準を満たした漁業関係者と流通経路を経た商品にMSCエコラベルを発行している。活動の内容を漁業関係者や流通関係者に働きかけるだけでなく，一般消費者に対してもMSCエコラベルの認知と普及に取り組んでいる。

☑ 野生生物の減少

家畜など人工的に管理しているものを除いた野生生物が減っている現象のことをいう。

野生生物は20世紀の100年間で著しく減少したが，背景として資源や生物の行き過ぎた捕獲や採取，環境汚染や破壊，外来種の侵入，地球温暖化による気候変化などが挙げられる。

4

環境・エネルギー

221

答案例

問題 生物多様性の危機にどう対処すべきか，あなたの考えを述べよ。

600字以内

模範回答 地球には多種の生物が生息しているが，現在ではその多様性が危機にある。しかも，近年は生物の絶滅速度が速まっているという。こうした危機に対処するために，生物多様性の保全への取り組みが不可欠だ。（以上，第1段落）

　そもそも種の減少や絶滅は生物の乱獲や過剰採取だけでなく，埋め立てや森林伐採などの生息地・生育地の破壊や環境悪化によっても起こる。こうした背景には，戦後の経済成長に伴って工業化が進み，土地の用途が変化したことがある。また，経済的な利益のために生物の乱獲が行われたことも一因となっているだろう。我々が豊かな生活を営もうとする活動が他の生物に影響を与えている。もっと言えば，人間の利己的な活動そのものがこの問題の背景にあるのだ。こうした状況が続けば生態系サービスを受けられなくなり，例えば資源・食糧・薬品の原料の枯渇，災害の増加など，深刻な事態に陥る恐れがある。（以上，第2段落）

　こうした問題の解決のためには，まず自然環境の理解が必要だ。生物種が生息する数を把握し，保護区の設定や生物種の保護を含めた開発計画を進めるべきだ。また，生物量と繁殖率や育成の速さを考慮して収穫量を決めるなど，持続可能な開発・資源利用を行うことが必要となる。経済性の追求だけでは人間に幸福をもたらさない。環境と経済の共存を図るべきではないか。（以上，第3段落）

解説　第1段落：意見の提示…生物多様性の危機に対処するために，多様性の保全が必要であることを主張している。

第2段落：理由説明…生物多様性が危機にさらされる原因は生物の乱獲や過剰採取だけでなく，生息地の環境悪化によることを指摘するとともに，工業化や経済性の重視がその背景にあることも指摘し，生態系サービスが享受できなくなるという重大な問題が起こり得ることを述べている。

第3段落：意見の再提示…生物多様性の危機に対処するためには，環境と経済の共存を図る必要があることを述べ，文章を締めくくっている。

再生可能エネルギー

定義

再生可能エネルギーとは，自然界に存在し，常時補充される資源を用いて発電されるエネルギーのことをいう。2009年に施行されたエネルギー供給構造高度化法の中で，再生可能なエネルギーとして，太陽光・風力・水力・地熱・太陽熱・大気中の熱その他の自然界に存する熱・バイオマスが規定されている。

同様の用語として「新エネルギー」があるが，新エネルギーとは，新エネルギー法(p.227参照)に基づいて政令で指定された新たなエネルギーのことを指す。再生可能エネルギーのうち，普及させるにあたり支援が必要となるもの(大規模水力発電などを除く)が指定されている。

必要性

再生可能エネルギーの開発が求められる理由は，主として，

① 化石燃料の枯渇リスクに対応するため

② 環境への負荷を軽減するため

③ エネルギーを安定的に得るため

である。つまり，エネルギー問題と地球環境問題という2つの課題を一挙に解決する策だと捉えられているのである。

①は，世界のエネルギー消費量が増加傾向にある点を根拠としている。経済産業省資源エネルギー庁のエネルギー白書2019によると，石油換算で1965年には37億トンだったエネルギー消費量が，2017年には135億トンに達している。その多くは石油・天然ガス・石炭といった化石燃料によってまかなわれているが，これらの埋蔵量には限りがあると言われており(そのため枯渇性エネルギーという)，化石燃料だけではエネルギー需要を満たすことが困難となる恐れがある。今後のエネルギー需要の増加に対応するとともに，安定的にエネルギーを得るためには，再生可能エネルギーの

開発が急務であるというわけである。

②は，エネルギーを化石燃料に依存している点が問題視されているからである。化石燃料は動植物の死骸が地中に埋没・堆積してできた有機物である。有機物は炭素を含むから，燃焼すると地球温暖化の原因となる二酸化炭素を発生させる。また，化石燃料には窒素・酸素・硫黄などの不純物が含まれており，不完全燃焼によって酸化物質が発生する。この物質は大気を汚染する原因となる。例えば，光化学スモッグ(p.230参照)は化石燃料の燃焼で生じる窒素酸化物や炭化水素がおもな原因である。しかしながら，世界で使われているエネルギー源の9割近くを化石燃料に依存している現状では，使用の抑制を進めることは困難である。それは経済活動を停滞させ，日常生活に支障をきたすからである。よって，環境への負荷を軽減する目的で，化石燃料に代わるエネルギー源を確保する必要が生じているのである。

③は，石油産出国の情勢が不安定なことによる。例えば，中東各国からアジアなどへのエネルギー輸送の大動脈であるホルムズ海峡がイランなどにより封鎖された場合，石油の供給量が減少する。これは原油価格の高騰につながるだけでなく，世界のエネルギー供給を不安定にする。このように，石油産出国は他国から受けた制裁の対抗措置として原油の産出量や輸出量を制限する恐れがあるのだ。

必要性の背景

特に日本において再生可能エネルギーの開発が求められるのは，国内にエネルギー資源が乏しいからにほかならない。そのため日本はエネルギー自給率が低く，燃料供給を海外に依存している状況にある。1960年ごろの日本のエネルギー自給率は58%であったが，高度経済成長を経て1970年には15%まで減少した。それは増大するエネルギー需要をまかなうために石油を大量に輸入したからである。かくしてエネルギーの8割近くを海外の石油に依存する事態になった。

しかし，第一次石油危機(p.231参照)によって原油価格が高騰したため，国はエネルギー供給の安定化に乗り出した。石油に代わるエネルギーとし

224

て原子力や天然ガス（p.231参照），あるいは石炭の導入を推し進め，石油依存度は4割程度にまで減少したが，化石燃料全体への依存度は8割を占めていた。その後，2011年に起こった東北地方太平洋沖地震（p.232参照）とその際の大津波による東京電力福島第一原子力発電所事故（p.232参照）の影響から，原子力によるエネルギー供給が問題視されるようになり，再生可能エネルギーへの期待がより高まっている。

　一方で，エネルギー価格が高くなりがちで，日本の産業の国際競争力が弱くなっていると言われている。競争力を強化するためには，国際市場での価格を引き下げる必要があるわけであるが，そのためにもできるかぎり国内でエネルギーを作り出すことが大きな課題となっている。

対応策・解決策

　再生可能エネルギー開発の推進は，民間企業・政府ともに取り組んでいる。例えば，2012年には固定価格買取制度（p.233参照）を導入し，電力会社に再生可能エネルギーを一定期間国の定める価格で買い取るように義務付けた。また，太陽光発電に対する補助金の交付など，普及策を講じている。

　近年，地球温暖化の問題が深刻さを増しており，環境への負荷を軽減させるためには再生可能エネルギーの普及は必要不可欠である。しかし，再生可能エネルギーもまた，天候によって太陽光発電や風力発電の発電量が下がるなど，安定供給の面での不安がある。そのため，さまざまな方法による発電を最適なバランスで組み合わせて供給していく，ベストミックスという考え方が重要になってくる。具体的には石油火力発電，水力発電，原子力発電などの各供給電源の特徴を生かし，その時どきの需要状況に適切に対応できるような電源の組み合わせを追求することである。環境への負荷をできるだけ軽減しながら安定供給していくためのベストミックスを探る必要がある。

👍 小論文にする時のポイント

　再生可能エネルギーに関する出題は，工学・理学・農学のいずれの系統でも近年急増している。特に工学部では，環境関連のテーマとして出題率の高さが目立つ。

　入試では，再生可能エネルギー開発時における課題とその解決策について問われる。そんな時，なかには「いまだに埋蔵されている化石燃料があり，しばらくは枯渇しない。よって，再生可能エネルギーなど必要ない」という主張を展開する人もいる。しかし，化石燃料は枯渇性エネルギーであり，埋蔵量には限界があることを忘れてはならない。また，環境への負荷を考えると，再生可能エネルギーの開発を推進すべきだという立場を示すべきだろう。

　ただし，再生可能エネルギーの安定供給にはまだまだ課題も多い。環境への負荷を抑えながら安定供給していく現実的な方策として，さまざまな発電方法を適切に組み合わせていくというベストミックスの考え方にも触れておきたい。

📖 過去の入試問題例

例　近年は，再生可能エネルギーとしての太陽光発電や風力発電への関心が高まっている。これらのエネルギーを効率よく供給するには優れた蓄電池技術は不可欠である。これらに用いられる理想の蓄電池技術とはどのようなものか，あなたの考えを述べよ。
（東北学院大・工学部）

例　人類のエネルギー利用の歴史について述べた文章を読み，文章全体の内容を踏まえて，今後わが国ではどのようなエネルギーの利用や開発をしていくべきかについて，あなたの意見を述べよ。
（埼玉大・工学部）

例　21世紀の新エネルギーとして期待されている自然エネルギーを5種類列挙し，その長所と短所を簡潔に述べよ。また，自然エネルギーの短所を克服して普及を進めるために，政府や産業界，国民がなすべきこと，新しい工夫などを提案し，説明せよ。
（信州大・繊維学部）

例　自然エネルギーの活用の障害となってきた要因について述べた新聞記事を読み，下線部で示している自然エネルギーの活用について，どのような長所と短

所があるか，あなたの考えを記述せよ。　　　　　　　　（県立広島大・生命環境学部）

例　「日本のエネルギー供給構成の推移」「再生可能エネルギー設備容量の推移」「再生可能エネルギー導入量の内訳」の図を読み，農山村地域では，どのような再生可能エネルギーの利用が考えられるか，あなたのアイディアを書け。また，今後の青森県における再生可能エネルギーの開発について，あなたのアイディアを書け。　　　　　　　　　　　　　　　　　　（弘前大・農学生命科学部）

例　再生可能な生物由来のエネルギーに関し，開発が期待される藻類バイオ燃料と，既に実用化されているバイオエタノールについて述べた文章を読み，藻類バイオ燃料とバイオエタノールを比較しながら，これから持続可能な世界を構築して行くために必要なエネルギー供給に関するあなたの考えを述べよ。

（筑波大・生命環境学群）

例　化石燃料は現時点においては発電のエネルギー資源としてよく使用されているとともに，化学製品における炭素資源としても重要である。その一方，化石燃料に偏重したエネルギー資源を用い続けることは，地球規模での気候変動（地球温暖化）を引き起こすことにもつながり，環境負荷が大きいという指摘もある。そこで，化石燃料の使用が地球温暖化の原因となる理由，及び限られたエネルギー資源を環境にやさしく使用するための方法について，あなたの考えを述べよ。　　　　　　　　　　　　　　　　　　　　　　　　（名城大・理工学部）

🔎 関連キーワード

☑ 新エネルギー法

　正式名称は，「新エネルギー利用等の促進に関する特別措置法」で，1997年に制定された。非化石エネルギーとして開発されたもののうち，普及が十分でないエネルギーの利用の促進を目的としている。国・地方公共団体・事業者・エネルギー利用者の役割を基本方針として定めたほか，新エネルギー利用などを行う事業者に関して，認定を受けた者に関しては金融上の支援措置が受けられると規定している。

　施行当初は石油代替エネルギーに該当するものを新エネルギーとしていたが，2006年に法改正があり，新エネルギーに該当するものはバイオマスや太陽光発電など10の再生可能エネルギーに限定されている。

☑ 太陽光発電

太陽電池を利用し，太陽光を電気エネルギーに変換する発電方式のことをいう。太陽電池は，光を受けると電流を発生させる半導体の特性を利用している。

発電時に二酸化炭素や大気汚染物質を発生させないことが最大の長所である。そのほかにも，日射量を確保できさえすれば場所を選ばず設置可能であること，発電効率が一定のため，一般家庭のような小規模なものから太陽光発電所（メガソーラー）のような大規模なものまで導入が可能であることなどが挙げられる。逆に天候や気温によって発電量が左右される点などの短所がある。

☑ 風力発電

風をエネルギー源として利用し，電力を生み出す発電方式のことをいう。具体的には，風で地上や海上に設置した風車を回し，その回転運動によって発電機を稼働させて発電する。この方法では，風の持つエネルギーのうちの約40％を電気エネルギーへと変換することが可能である。

長所として挙げられるのは，二酸化炭素や有害物質の発生がほとんどないこと，風さえ吹いていれば24時間発電可能な点である。しかし逆に，ある程度の風が吹かないと発電できないので，電力供給が安定しないこと，また，プロペラから発せられる低周波音が人体へ少なからず悪影響を及ぼすことが短所として挙げられる。

☑ 水力発電

速い水の流れで発電用水車を回して電力を生み出す発電方式のことをいう。日本の発電量の8.0％を水力発電がまかなっている（2017年現在）。古くから行われてきた発電方法の1つであり，水が落ちる落差さえあれば発電可能なため，設置条件がそれほど難しくないことが特徴である。また，二酸化炭素や有害物質を排出しないだけでなく，ほかの再生可能エネルギーと比較しても出力単位あたりのコストを安く抑えられることがメリットとして挙げられる。

一方で，水力発電所の多くはダム建設を伴うため自然環境への影響が懸念されるほか，雨の量によって電力供給に差が生じるので，渇水時などには電力の安定供給が難しくなるという欠点がある。

☑ 地熱発電

地熱によって生み出される水蒸気で蒸気タービンを回し，電力を生み出す発電方式のことをいう。火山周辺の熱

を利用して発電するため温室効果ガスの発生が少なく，太陽光や風力発電と違って天候に左右されないので，電力の安定供給が可能である。

世界的に見ても，利用可能な地熱資源は各地に豊富にあると予測されており，特に日本のような火山の多い国では有効なエネルギー源だとされている。しかし，発電場所の探査および開発のためには長期間を要することのほかにも，日本においては地熱発電が期待できる場所の多くが国立公園地域であるため，発電所の新設が進まないなどの問題点もある。

☑ 太陽熱利用

太陽の光をレンズや反射板を用いて太陽炉に集め，それを熱源として発電する方式のことをいう。具体的には，火力発電と同様に，集めた熱で水蒸気を発生させ，その水蒸気で蒸気タービンを回して発電を行う。

太陽光発電と同様に，二酸化炭素や大気汚染物質を発生させずに発電が可能であるほか，蓄熱を利用できるため夜間でも発電ができることが長所である。しかし，天候によって発電量が左右されるだけでなく，夏と冬で昼間の長さに変化がある高緯度地域では季節によっても発電量が左右されることなどが短所となる。

☑ バイオマス発電

バイオマスとは，再利用可能な動植物などに由来する有機資源の総称のことである。燃焼する際に二酸化炭素が発生するが，植物が生長する過程で光合成によって吸収する二酸化炭素量と相殺でき，大気中の二酸化炭素は増加しないとする，カーボンニュートラルという性質が特徴である。

バイオマス発電では，このような有機資源を燃料として用いるほか，発酵させて出るガスも利用する。また，バイオマスを燃やして出る熱を利用する熱利用は，薪ストーブなどで古くより使用されてきたほか，近年ではボイラーなどにおいても活用が進んでいる。さらに，バイオマスは有機物であるため，固体燃料・液体燃料・気体燃料に変化させて使用することも可能である。具体的な例としては，固体燃料は薪・木炭・木屑などが，液体燃料はトウモロコシやサトウキビなどから作るエタノールが，気体燃料は生ごみなどを発酵させて発生させるメタンガスが，それぞれ該当する。

☑ 塩分濃度差発電

海水と淡水の塩分の濃度差を利用して電力を生み出す発電方式のことをいう。水が通過できる膜（半透膜という）で淡水と海水を仕切り，淡水を海水側

に流水させて海水の流れを加速させる力を利用する発電である。ほかの再生可能エネルギーと同様に、有害物質や二酸化炭素を発生せず、無限に電力を供給することが可能である。また、風力発電や太陽光発電とちがい、自然環境に発電量が左右されにくいのも特徴として挙げられる。しかしまだ実用化されておらず、石油燃料を使う発電と比較した場合に2倍の費用がかかるなど、コスト面でも問題がある。

☑ 温度差エネルギー

夏は外気より冷たく、冬は外気よりも温かい海水や河川水・地下水などの水と大気との温度差によるエネルギーのことをいう。この温度差をヒートポンプを用いて冷暖房や給湯に使用することで、二酸化炭素を発生させずに熱を利用することができる。一般家庭や企業での冷暖房設備や温室栽培での利用など、用途が幅広いのも特徴である。一方、このエネルギーを利用するには大規模な施設が必要とされるなどのデメリットもある。

温度差エネルギーには地表付近の水と大気の温度差だけでなく、深海の冷たい海水と表面に近い温かい海水の温度差を利用して発電する海洋温度差発電もある。

☑ 光化学スモッグ

大気中の物質が紫外線によって化学反応を起こすことにより、新たな汚染物質を発生させる。この汚染物質によって空気が白く霧がかかったように見える現象が光化学スモッグである。4月から10月にかけて、天気がよく、気温が高く、風が弱い日に多く発生するのが特徴で、光化学スモッグによって目がチカチカしたり、喉が痛んだりするなどの症状が出ることがある。

紫外線によって化学反応を起こす大気中の物質とは、自動車の排気ガスや工場の排煙に含まれている化学物質のことであることから、光化学スモッグは大気汚染が原因で引き起こされる現象であると言える。光化学スモッグは1970年代をピークにその後は減少傾向にあるが、近年では、中国の大気汚染が原因で再び増加している地域もある。

☑ アメリカとイランの対立

アメリカとイランの対立は、イラン最後の王朝であるパーレビ王朝に端を発する。もともとアメリカはパーレビ王朝を支援し、イランとは親密な関係にあった。しかしアメリカ支援によるイランの近代化は貧富の格差を生む結果となり、反発勢力が1979年にイラン革命を起こした結果、ホメイニ師率いる保守派によってパーレビ王朝は崩壊

した。その後イラン・イスラム共和国が成立し，指導者となったホメイニ師は，今までの立場を一転して反米主義政策をとったために関係は悪化。同年にアメリカ大使館占拠事件が起こると，アメリカはイランへの国交断絶と経済制裁を行い，対立が始まった。また，イラン・イラク戦争においてアメリカがイラクを支援したことにより，ますます対立が深まったとされる。

その後1984年，アメリカはイランをテロ支援国家と指定し，さらに，1996年にはイラン・リビア制裁法を制定して石油・ガス資源を開発する企業を制裁した。近年では，イランの核開発をめぐり，イランに対する制裁措置が強化されている。

☑ 石油危機

石油価格の高騰とそれによって生じる経済的混乱のことをいう。過去，第一次と第二次の２回にわたって石油危機が発生した。

第一次石油危機は1973年，アラブ産油諸国が，第四次中東戦争の際に原油輸出価格を４倍に引き上げ，同時に原油の生産制限を断行したことにより起こった。第二次石油危機は1979年，イラン革命によってイランでの石油輸出が停滞し，石油輸出国機構（OPEC）が原油価格を３か月ごとに値上げする方針を発表したことを受けて発生した。

なお日本では，第一次石油危機では電力消費の削減，エネルギー資源の節約が政府から要請されたほか，トイレットペーパーの買い占めなどに代表される生活用品の品切れが相次ぎ，急激な物価上昇を招いた。

☑ 原子力発電

原子力を利用して電力を生み出す発電方式のことをいう。具体的には，原子が核分裂をする際に発生する熱エネルギーによって水蒸気を発生させ，その水蒸気で蒸気タービンと発電機を回すことによって発電する。

発電量あたりのコストが安く，大量の電力を安定して供給できるほか，温室効果ガスや大気汚染の原因物質を発生させない点においては優れた方法である。しかし，発電に伴い人体に影響を与える放射性物質を発生させるため，徹底した管理が必要とされるだけでなく，事故が起きて外部に放射性物質が漏れ出すと，東京電力福島第一原子力発電所事故のように，周辺地域に甚大な被害を生じさせるなどの大きな問題点がある。

☑ 天然ガス

地下また地表に噴出する天然の可燃性ガスのことをいう。石油や石炭に比

231

べて燃焼時の二酸化炭素や大気汚染物質の排出が少なく，可採年数は石油より長いうえに，安価であることから，いま注目されているエネルギーである。さらに，石油と異なり中東だけに偏らず世界各地に広く存在するため，安定供給が可能という点でも優れている。揮発性が高く，空気よりも軽くて大気中に拡散するので爆発の可能性が低く，中毒事件も起こりにくいことから，現在では都市ガスの8割は天然ガスを利用している。

☑ シェールガス

シェールと呼ばれる岩石層から採取される天然ガスのことをいう。その多くは1500mを超える深い地層に存在しており，これまで採掘は難しいとされてきたが，1980年代にアメリカで掘削技術が開発され，その後技術が進歩したことで安価での採掘が可能になった。アメリカではシェールガスの生産量が急増しており，また，長期的に採掘が可能であることもあって，世界のエネルギー供給の構造が変化すること（シェールガス革命）が見込まれている。

☑ メタンハイドレート

メタンなどの天然ガスが水と結合してできた個体の結晶のことをいう。見た目が氷のようであり，火をつけると燃えるため「燃える氷」ともいわれている。燃えた後には水しか残らない。メタンハイドレートは日本近海の海底に豊富に埋蔵されており，現在，国産エネルギーとして使えるよう調査・実験が進められている。

☑ 東北地方太平洋沖地震

2011年3月11日14時46分，三陸沖を震源として発生したマグニチュード9.0の地震のこと。日本の観測史上最大の地震で，この地震による津波で東日本大震災を引き起こした。

この地震により大規模な津波が発生し岩手県，宮城県，福島県では沿岸集落の流失をはじめとし，多数の死者，行方不明者が出るなど甚大な被害をもたらした。岩手県から千葉県にかけての広範囲で震度6以上の強い揺れとなり，震源に近い地域では数日間にも及ぶライフラインの寸断が発生したほか，関東地方の埋め立て地では液状化現象も発生した。また地震と津波の影響により東京電力福島第一原子力発電所事故が発生し，震災後数年が経過しても収束の目処が立たないなど，大きな問題となっている。

☑ 東京電力原子力発電所事故

東北地方太平洋沖地震により，東京電力福島第一原子力発電所で発生した

原発事故のこと。国際原子力事象評価尺度(INES)の評価において，最悪のレベル7に評価された事故である。強い地震による設備倒壊で電力が供給されず，非常用発電機も津波によって海水に浸かって故障したことなどが原因となって水素爆発が発生。この爆発により原子炉建屋が破損し，ヨウ素やセシウムなどの放射性物質が漏れ出た。放射線量の高い地域は避難区域とされ，いまだに一部の立ち入りが制限されている。さらに，事故発生直後に放出された放射性物質は風や雨に乗って，福島県内だけでなく関東地方など広い範囲で検出された。放射性物質に汚染された食品は出荷制限され，風評被害をもたらすなど，農業・水産業に打撃を与えた。また，この事故は原子力発電所の安全性への疑念を生んだ。

☑ 原発再稼働問題

東京電力福島第一原子力発電所の事故後にすべての原子力発電所が操業を停止したが，地元の同意を得，安全対策を確認したうえで，2015年の九州電力川内原子力発電所(鹿児島県)を皮切りに徐々に再稼働している。しかし，老朽化やテロ対策の遅れなど，今後継続して稼働していくためには問題が残っている。原子力発電の将来をどうしていくかは，日本の温暖化対策やエネルギー戦略に大きな影響を及ぼす問題である。

☑ 固定価格買取制度

再生可能エネルギーの導入を促すための制度。電気事業者に対して，再生可能エネルギーで発電した電気を，一定価格で一定期間買い取ることを義務づける。2003年から施行されていたRPS法(電気事業者による新エネルギー等の利用に関する特別措置法。2002年制定)を引き継ぎ，2012年に制定されたFIT法(電気事業者による再生可能エネルギー電気調達に関する特別措置法。2017年改正)に基づいて制度化された。

☑ スマートグリッド(次世代送電網)

電力の流れを供給・需要の両方から制御し，最適化できる送電網のことをいう。従来の送電網は，大規模な発電所から一方的に電力を送り出す方式であるが，電力需要のピーク時を基準とした容量設定が行われているために無駄が多く，しかも送電網自体が自然災害などに弱くて復旧に手間取るケースもあった。そのため，送電の拠点を分散することで，需要側と供給側から「賢い」送電網(スマートグリッド)を構築しようとする試みである。

答案例

問題 再生可能エネルギー開発について，あなたの考えを述べよ。 600字以内

模範回答 再生可能エネルギー開発によって，化石燃料の枯渇に備えるとともに環境への負荷を軽減するという，2つの課題を一挙に解決できる。

(以上，第1段落)

現在，世界のエネルギー消費の多くは化石燃料でまかなわれているが，枯渇性エネルギーである化石燃料だけではエネルギー需要を満たし続けることが困難となる恐れがある。今後とも安定的にエネルギーを供給するには，再生可能エネルギーの開発が急務である。

(以上，第2段落)

現状のようにエネルギーを化石燃料に依存していることには問題点も多い。化石燃料は燃焼すると地球温暖化の原因となる二酸化炭素を発生する。また，化石燃料に含まれる不純物が不完全燃焼することによって大気を汚染する。しかしながら，使用の抑制を進めることは困難である。なぜなら，経済活動を停滞させかねないからである。したがって，環境面と経済面を両立させるためには，化石燃料に代わるエネルギー源を確保する必要があるのだ。

(以上，第3段落)

現在，民間企業や政府によって再生可能エネルギーの普及が進められているが，安定供給にはまだ時間がかかると思われる。当面は，化石燃料とのベストミックスによって電力を安定供給しながら，再生可能エネルギーのさらなる普及を目指すべきと考える。

(以上，第4段落)

解説 第1～2段落：意見の提示…再生可能エネルギーの開発によって，エネルギー問題と環境問題をともに解決できるので，その開発は急務であると主張している。

第3段落：理由説明…化石燃料への依存に対する問題点を指摘するとともに，再生可能エネルギー開発の重要性を説明している。

第4段落：意見の再提示…再生可能エネルギーの供給が不安定である現状に対する対応策を述べ，再生可能エネルギーの早期の普及が必要であると述べている。

5 生活・スポーツ

　工学系や農学系学部では，人間生活に関するテーマが出題されることがある。その場合，例えば食や高齢社会に関することやボランティア関連など，私たちにとって身近な問題が取り上げられる。また，スポーツ推薦入試の小論文課題として，スポーツに関するテーマも課されやすい。こうした私たちの生活に関係するテーマをもとに，それぞれの専攻分野への興味や関心の度合いを測ろうとしている。

　ここでは，そんななかでも特に出題の多い4つのテーマについて解説を施す。学習する時には自分の専攻分野と関連づけながら理解を進めてほしい。

取り扱うテーマ

> 食のリスクマネジメント

> 高齢化

> ボランティア

> スポーツトレーニング

食のリスクマネジメント

定義

　発生する可能性があるリスク（p.241参照）を事業者が事前に管理し，それによって起こる損失を回避したり，リスクそのものを減らしたりすることをリスクマネジメントという。

　具体的には，食品の製造や流通の過程にはどのようなハザード（p.241参照）があり，そのハザードがどのようなリスクを発生させるのか，発生の可能性はどの程度なのかを予測する（リスクエバリュエーション）。そのうえで，リスクとなる可能性が高いものについて，発生する頻度や発生した場合のダメージについて検討することで，その事柄が管理をする対象として重要か否かを評価する（リスクアセスメント）。そして，重要度の高いものについてはリスクの発生を防止するための計画を立てて実施するとともに，適宜見直しと修正を行う。このような一連の活動がリスクマネジメントである。

　なお，ハザードとなり得るおもな要因としては，

① 急性的危害　急性食中毒の原因となる化学物質・薬品など
② 短期的危害　食中毒の原因となる，増殖した微生物・細菌など
③ 中期的危害　生活習慣病（p.254参照）の原因となる過剰に摂取した脂質・炭水化物など
④ 長期的危害　健康被害の原因となる環境ホルモン・放射能など
がある。

必要性

　食品は毎日口にするものであり，消費者はできる限り不安を抱えたくないという意識をもっている。例えば，食中毒などの即時的なもののほかにも，発がん性や催奇性（生物の発生段階において奇形を生じさせる性質），変異原性（DNAや染色体といった生物の遺伝情報に変化を引き起こす作

用)などの将来的なものまで，懸念すべき項目は多い。しかし，消費者自身はリスクの重大さについて，必ずしも科学的な根拠を明確に持っているわけではない。こうした状況から，食品事業者がリスクマネジメントを行うことは，食の安全を確保する手段として有効であるとともに，提供者としての責務でもある。

　例えば，O-157(p.245参照)による食中毒について見てみよう。O-157は牛などの糞便から検出され，それらが肉や野菜に付着することで感染が広がる。特に，O-157は少数の菌でも発症し，罹患者の糞便から二次感染も起こるという特性があるゆえ，被害が拡大しやすい。つまり，O-157による食中毒は多くの罹患者や死亡者を生みやすく，非常にリスクが高いものなのである。こうした際，食品事業者による的確なリスクマネジメントが効果的だ。具体的には，菌やウイルスが付着しないようにする生肉の処理や加熱方法の検討など，製造過程の見直しを行う一方で，そうしたプロセスが実行されていることを監督・検査する仕組みを整えるように取り組むのである。つまり，食品事業者が確実にリスクマネジメントを行い，ハザードを排除する計画の立案と実践を行うことによって，消費者のリスクを軽減することができるのである。

必要性の背景

　消費者は食品に対する安全性を求めている。しかし，度重なる食品事故によって，食に対する不安を抱く事態となっている。例えば，水俣病(p.243参照)やイタイイタイ病(p.242参照)などの公害事件，森永ヒ素ミルク事件(p.243参照)，食中毒，BSE問題(p.246参照)など，食品に関する事故を挙げれば枚挙にいとまがない。この状況がリスクマネジメントが求められる背景である。

　財団法人食品産業センターによると，2018年における食品事故に関する情報の総数は786件であった。内訳としては，アレルギー物質の表示の不適切さが最も多く(215件)，期限表示の誤記(186件)，カビ・酵母といった微生物の混入(164件)などが続いている。ほかには，品質不良(35件)，異物混入(64件)，容器や包装の不良(17件)などである。

こうした食の安全を揺るがす事故が過去に幾度となく起こり，その度に食品に対する安全性が疑問視されてきた。一方で，東京電力福島第一原子力発電所の事故による食品の放射能汚染のほか，化学物質による汚染（合成着色料や合成保存料を含む食品添加物，プラスチック容器から溶け出す恐れのあるフタル酸類やビスフェノールＡなどの化学物質，残留農薬など），遺伝子組み換え食品の安全性など，食品の安全性に対する懸念事項も増えている。

　このようにさまざまなハザードがあるわけだが，それらがどれほどのリスクとなるのか，消費者は判断しかねている。一方で，安全よりも収益性を重視する食品事業者も存在し，社会的不安や不信をより増大させ，消費者を感情的な行動に走らせる要因ともなっている。例えば，特定食品の不買運動，風評被害（p.250参照）などはその顕著な例である。

対応策・解決策

　食品事業者は，
① リスクマネジメントの実践とさらなる安全性の確保
② 消費者の安心感の確保
に対して，それぞれ対策を講じる必要がある。

　まず，食の安全を保つためには，リスクを限りなくゼロに近づけるために，効果的な管理を行う仕組みを整えることが必要だ。例えば，食品の製造・流通の過程でどのようなハザードが，どのくらいの頻度で，どの程度の規模となるのかを把握し，リスクマップ（製造・流通過程の流れに沿って，リスクの高低を数値化した図）を作成することが考えられる。また，ITを活用したHACCP支援（p.251参照）など，食品安全を保つシステムを構築することも挙げられる。それに加え，政府や第三者機関が生産・流通業者への的確な規制や監視を行うとともに，研究者側は，例えば天然添加物の毒性，添加物の複合毒性（複数の添加物が複合したときの毒性），放射性物質の体内累積に対する健康への影響など，安全性や危険性に関して解明されていない事象の研究をさらに進めていく必要がある。また，アレルギー物質の表示に関しては，2015年に食品表示法（p.242参照）が施行され，ア

レルゲンを含む表示の義務化，製造者名の明記などの改善がなされた。

　一方，市民が安心感を得るためには，社会的な信頼を得るための仕組み
を整える必要がある。例えば，リスクコミュニケーション（p.249参照）は，
社会動乱を抑制したり，風評被害を防いだりする効果が期待できる。その
ためにも生産者側は少なくとも基準値の根拠を説明し，安全対策を講じて
いることを市民側に認めてもらうように努めたい。そのような説明責任を
果たすことが，市民の信頼獲得につながる。今後はこうした社会技術（社
会問題の解決を行うための技術。法・社会規範・工学的技術などを組み合
わせる）の開発が求められるだろう。

👍 小論文にする時のポイント

　農学系統の学部では，食のリスクマネジメントをはじめとした「食の安全」に
ついてだけでなく，消費者側が求める「食の安心」というテーマが頻出である。
また，工学系学部や理学系学部においても，食品化学・生物系の学科においては
出題されやすい。

　出題の傾向として，
① 食の「安全性」を確保する方法
② 食の「安心」を得る方法
のいずれかに偏ることが多い。このことから，安全と安心のどちらが問われてい
るのかを明確にしておくことが，この類の問題を攻略するコツである。

　①については，リスクマネジメントを意識した回答が好ましい。ただし，安全
性を脅かす物質が化学物質か，生物（菌・ウイルス・微生物など）かによって，つ
まり，ハザードの中身によって対処の方法が変わることに留意したい。そして，
最終的な意見として，リスクマネジメントの実践方法の提案や，科学的に解明さ
れていないハザードに対する継続的な研究活動の必要性を論じることができると
よいだろう。

　例えば，化学物質や新食品であれば，まず使用基準を定めることが考えられる。
通常，使用基準は，動物実験などによって最大無作用量（有害な作用が起こらな
い量）を求めた上で，一日摂取許容量（人間が毎日摂取しても影響がない量）以下

に定める必要がある。つまり，安全性試験をもとにして摂取の可否や基準値の設定をすることが重要となる。そのためには，化学物質単独での毒性，複合毒性など，未解明の毒性の研究を継続的に行うことが前提となる。他方，生物であれば，体内への侵入を防ぐ手法の確保が考えられる。つまり，他の食材への感染を防ぐこと，食品や調理器具を加熱して殺菌することといった一般的な食中毒対策に加え，HACCPの活用といった衛生管理手法に対する言及がほしいところである。また，体内に侵入した菌・ウイルス・微生物の対処法を考えるという切り口も考えられる。ただし，耐性菌の出現といった問題点も発生しうる点には注意したい。

　一方②については，「生産者側は企業のモラルを向上させ，安心を得る必要がある」といった主張だけを表面的に展開することは避けたい。安全性を高めたからといって，必ずしも消費者側の安心感が生まれるとは限らないことを意識した論述をしたい。例えば，「メディアの偏向報道によって社会的不安を引き起こしたために，政府や企業の信頼を低下させた。こうした状態では安全性を保ったとしても，消費者が抱く不安は拭えない。よって，社会技術によって社会的不安を取り除く仕組みも考える必要がある」などと，社会的不安が生じた背景に言及し，産業優先から消費者優先への道筋が描けるとよい。

過去の入試問題例

例　『食料・農業・農村白書』の表を読み，輸入食品の安全性を確保する上での問題点を記すとともに，あなたの考える解決策をあわせて記せ。

（帯広畜産大・畜産学部）

例　食品の安全確保について述べた文章を読み，「不安」を解消するためにはどのようにしたらよいか。①生産者，②行政担当者，③科学者のそれぞれの立場にたって，あなたの考えをまとめよ。　　　（筑波大・生命環境学群）

例　食品添加物の役割について述べた文章を読み，食品添加物に対するあなたの考えを，食品を提供する化学技術者の立場になって述べよ。　（新潟大・理学部）

例　米国食品医薬品局が人工甘味料アスパルテームの安全性に関して発表した英文を読み，フェニルケトン尿症患者以外の人では，アスパルテーム摂取の安全

240

性をどのように判断するのが適切か。本文の内容に基づいて述べよ。

(岡山大・農学部)

例 ピーナッツアレルギーを予防する新しい方法について述べた英文を読み，将来，あなたがお母さん(あるいはお父さん)になって赤ちゃんにキスしようとする時，どんなことに気をつけるか。述べよ。 (山口大・農学部)

例 近年，食の安全と安心に関する報道が社会の注目を集めている。これに対し，農林水産省と消費者庁による検討を経て，食品表示基準が一部改正され，新たな加工食品の原料生産地表示制度が開始された。この制度が今後の食品原料の生産者，食品加工業者，消費者に及ぼす影響について，あなたの考えを述べよ。

(新潟大・農学部)

例 「食中毒発生状況」(厚生労働省)から，食中毒の原因物質A，B，Cについて，事件数と患者数の推移を示した2つの図を読み，図を比較し，病因物質Aによる食中毒と病因物質Bによる食中毒の発生状況の違いについて，述べよ。

(中村学園大・栄養科学部)

🔎 関連キーワード

☑ ハザードとリスク

ハザードとは，健康に悪影響を与える恐れのある生物的・化学的・物理的な要因・物質をいう。食品安全に関するものとして，汚染物質(微生物・化学物質・放射能など)，生産過程に使用される器具や機械などが挙げられる。一方，リスクとは，ハザードによってどの程度健康に悪影響を及ぼすのかを示す確率や程度のことである。

一般的に，健康に悪影響を及ぼす可能性が低いほどリスクが低いものとされる。しかし，発現頻度(健康に害を及ぼす頻度)が低くても，その結果が甚大であればリスクが高いと判断されることがある。例えば，卵・小麦・牛乳・乳製品・そば・落花生などはアレルゲン(アレルギーを引き起こす抗原)になる恐れがあることから，ハザードと捉えられる。これらを含む加工食品はアナフィラキシー(急性のアレルギー反応)を起こす恐れがあり，わずかなアレルゲンであっても生死にかかわることがある。そのため，こうした食品の摂取は食物アレルギーの有病者に対する健康へのリスクが高いとみな

され，食品衛生法の施行規則によって，これらを含んでいることを明示することが定められている。

☑食品衛生法

食品によって生じる危害の発生を防止するために，**食品添加物・新開発食品・残留農薬などについて厳しく規制する法律**のことをいう。1947年に制定された。

例えば，食品添加物・新開発食品については厚生労働大臣が定めたもの以外の使用や販売が禁止されている。また，食品添加物の使用量や種類，微生物の残留の有無，食品中の残留農薬，基準違反の頻度が高い国や地域製の食品販売の禁止，病肉などの販売禁止，輸出国の政府機関による衛生証明書の添付がない肉や食肉製品の輸入禁止，食品中の微生物や添加物の残留基準や製造方法・保存方法が基準に合わない食品の販売禁止，一定基準以上の農薬が残留する食品の販売禁止，飲食店の営業許可制度，食中毒の調査などが定められている。

これらのほか現在では，東京電力福島第一原子力発電所の事故以降，**食品衛生法の下で食品中の放射性物質に対する規制**も行われている（セシウム134およびセシウム137を規制の対象としている）。

☑食品表示法

2015年に施行された，**食品の内容に関する情報を表示させることについての法律**のことをいう。もともと食品表示のルールは，「食品衛生法」「JAS法」「健康増進法」の３つに定められていたが，それぞれ目的や表示のルールが異なりわかりづらかったため，これらの食品表示に関する部分を「食品表示法」として一元化した。

これにより，アレルゲンや栄養成分などの表示が義務づけられ，原材料と添加物は区別して割合の高い順に表示されることとなった。また，表示可能面積が小さい食品に関しても，保存方法や期限（賞味期限または消費期限），アレルゲンなどの表示の省略ができなくなった。

☑イタイイタイ病

1968年に政府により認定された公害病の第一号であり，水俣病などとともに，**日本の四大公害病の一つ**とされている。20世紀初頭よりあったとされるが，1955年に初めて病名がつけられ，世間に知られることとなった。

有毒物質であるカドミウムの摂取によって生じる骨粗鬆症などの骨軟化症と腎機能障害が特徴である。富山県の神通川流域の農業従事者に患者が集中している。富山県や厚生省（当時）の調

5
生活・スポーツ

査の結果，岐阜県の神岡鉱山から排出されたカドミウムが神通川に流れ出たことによる長期におよぶ土壌汚染，およびその農地から取れる汚染作物を食べ続けたことによる体内へのカドミウムの蓄積が原因であると判明した。

☑ 森永ヒ素ミルク事件

1955年に西日本で起こった，森永乳業が製造した乳児向け粉ミルクのヒ素混入による大規模な中毒事件のことをいう。製造工程に必要とされる添加物に多量のヒ素が含まれていたことにより起こった。原因として，製造元である森永乳業ならびに添加物の販売元での毒性検査が行われていなかったことが挙げられる。

この粉ミルクを摂取した乳幼児は，神経障害，麻痺，肝機能障害などのヒ素中毒症状を発症し，現在も後遺症に苦しむ患者が多数いることが知られている。食品公害の第1号とされる事件であり，また被害者が約1万3000人，そのうち死者が130名もあったことから，世界的に見ても大規模な中毒事件であった。

☑ 水俣病・第二水俣病

1956年に熊本県の水俣市で発見された有機水銀による公害を水俣病と呼ぶ。また，1965年に新潟県の阿賀野川流域

で確認された，水俣病と同様の公害を第二水俣病と呼ぶ。どちらも四大公害病の一つであり，工場より有機水銀を含む廃液が未処理のまま排出され，貝類や魚に水銀が蓄積されることにより，それを食べた人に被害が及んだことが共通点である。

症状の特徴として，脳や神経細胞の破壊によるしびれ，麻痺，難聴，視野狭窄，言語障害，運動機能障害などが挙げられ，現在もなお完全治癒の治療法が見つかっていない。

水俣病・第二水俣病ともに患者総数は不明であるが，自治体により認定された患者数は，水俣病で約2300人，第二水俣病で約700人であり，その中には胎児時代の母子感染が原因である胎児性水俣病患者も含まれている。

☑ カネミ油症事件

1968年に西日本で起こった食用油の汚染による食中毒事件をいう。福岡県のカネミ倉庫社製の米ぬか油に，製造工程でのミスによりダイオキシンが混入，その製品を食した人に色素沈着などの皮膚障害，全身倦怠感，肝機能障害などの健康被害が起こった。また，母体を通してダイオキシンを摂取した新生児や乳児に色素沈着が見られた例もあった。

ダイオキシンは体内残留率が高いこ

とから，現在に至っても治癒せずに被害に苦しむ人が数多くいるのが実情である。被害者総数は不明であるが，全国で約1万4000人が何らかの健康被害を訴え，そのうち約2200人がカネミ油症患者として認定を受けている。

☑食中毒

微生物や化学物質が混入した飲食物を摂取した際に起こる症状（下痢・嘔吐・発熱など）のこと。原因物質によって，

① 細菌性食中毒　細菌によるもの。黄色ブドウ球菌・ボツリヌス菌などが産生した毒素や，体内で増殖したサルモネラ・O-157などの病原性大腸菌などを持つ病原菌が原因

② ウイルス性食中毒　ウイルスによるもの。ノロウイルス・ロタウイルスなどが原因

③ 寄生虫食中毒　寄生虫によるもの。アニサキス・クリプトスポリジウムなどが原因。

④ 化学性食中毒　腐敗食品によって生成されたヒスタミンを摂食することなどが原因

⑤ 自然毒食中毒　毒キノコ，フグのテトロドトキシン，ジャガイモのソラニンなどが原因

に分けられている。

食中毒を予防するには，例えば細菌性のものであれば，菌をつけない（清潔を保つ），増殖させない（冷却や乾燥を行う），殺菌する（加熱などを行う）といったことが大切である。

☑黄色ブドウ球菌

皮膚表面や鼻腔，消化管に常在する菌で，肺炎などの感染症や食中毒の原因となる。おもな症状に，エンテロキシン毒素による下痢・腹痛・嘔吐，TSST-1による毒素性ショック症候群（発熱・悪心・ショック症状）がある。

治療は抗生物質による化学療法が主体となるが，薬剤に対する耐性を持つ変種も生まれている。例えば，ペニシリン耐性菌，MRSA（メチシリン耐性菌），VRSA（バンコマイシン耐性菌）などがおもなものであるが，その原因の多くは抗生物質の安易な処方にあるといわれている。

☑ボツリヌス菌

土の中に存在する細菌の一種。ボツリヌス毒素を含んだ食物を食べると，おもに四肢の麻痺，複視や排尿障害，発汗障害などを引き起こす。ボツリヌス毒素は加熱によって無毒化するが，芽胞は高温に耐える。

中毒になった時の抗毒素はウマ血清のみである。なお，食品添加物である亜硝酸ナトリウムには，ボツリヌス菌

の増殖を抑制する効果がある。

☑ サルモネラ

消化管に生息する腸内細菌の一つである。サルモネラ属の細菌には，腸チフスやパラチフスを引き起こすものと，食中毒を起こすものとがある。

前者は人のみに感染し，糞便や糞便に汚染された土壌や水が感染源となる。感染後7〜14日程度で腹痛・発熱・関節痛・頭痛・食欲不振などを引き起こし，40度前後の高熱が1〜2週間続く。また，下痢・血便・便秘のほか，腹部や胸部に斑点が現れる。2週間ほど経つと腸穿孔(腸に穴があくこと)を起こすことがある。

一方，後者は人獣共通の感染症であり，寄生した鶏卵やペットから感染する。腹痛・嘔吐・下痢・発熱・敗血症などを引き起こす。

いずれの場合も，治療は抗菌剤の投与と対症療法が主体となる。

☑ O-157

下痢や腹痛だけでなく，脳症や倦怠感，むくみ，中枢神経症状などの合併症を生む毒素を作り出す腸管出血性大腸菌の一種のことをいう。家畜の排泄物中に含まれており，加工過程や栽培中に何らかの形で汚染された農作物や水によって人間に感染する。

低温や胃酸などの酸にも強く，わずかな量で感染する一方，熱には弱く，75℃以上で死滅することが知られている。このことから，おもな感染源は生肉や生野菜，井戸水などの非加熱食材が中心となり，集団感染しやすいのが特徴である。1996年に学校給食からの集団感染が多発したことによって，その危険性が広く浸透した。また，2011年に焼肉店で発生したO-157集団感染が契機となり，飲食店での生肉取り扱いが厳格化された。

☑ ノロウイルス

胃腸炎を引き起こすウイルスの一属。ノロウイルスに汚染された食品や水，糞便や吐瀉物から経口感染する。

感染すると十二指腸や小腸で増殖し，突発的な嘔吐・下痢・腹痛・悪寒・発熱を引き起こす。感染から発症までの潜伏期間は12〜72時間，症状が治まっても便から1〜3週間程度は排出が続く。有効な抗ウイルス薬は存在せず，治療法は対症療法しかない。

☑ ロタウイルス

乳児の下痢症や嘔吐下痢症の原因となるウイルスで，嘔吐物や糞便から経口感染する。潜伏期24〜72時間のあと，米のとぎ汁のような白色の下痢が3〜9日間続く。中枢神経にも影響する。

5
生活・スポーツ

245

アルコールによる消毒は効かず，対症療法が主体となる。

なお，ワクチンがあり，乳児に経口摂取させる。

☑アニサキス

クジラやイルカなどの海生哺乳類に寄生する寄生虫で，糞便とともに海中に放出された卵は，オキアミ類を経て魚・イカなどの体内で成長する。その魚やイカを食べた人間の体内に入ると胃腸壁に侵入し，激しい腹痛を起こす。

☑ヒスタミン

生体アミン(アンモニア NH_3 の水素原子を炭化水素基 R で置換した化合物)の一種。主として肥満細胞によって産出される。アレルギー作用，気管支などの収縮，胃液の分泌促進，末梢血管の拡張による血圧下降，末梢血管の透過性亢進による浮腫(むくみ)といった症状が現れる。

☑BSE

脳がスポンジ状になり，中枢神経が侵されることにより，痙攣や起立不能などの症状を表す牛の疾患のことをいう。正しくは「牛海綿状脳症」といい，一般的には「狂牛病」として知られている。

治療法が存在しないこと，伝染病で

あることから，BSE に感染した牛は家畜伝染病予防法に基づき殺処分される。また，感染している牛の肉を食べることにより，人間にも BSE に似た症状が現れるとされていることから，感染牛が流通することのないよう，世界各国で監視されている。

日本においては2001年に BSE が確認されたことや，さらに2003年にアメリカにおいて BSE が発生したことを受けて，2005年まで米国産牛の輸入禁止措置が取られたが，そのことにより牛肉偽装事件(次項参照)のほか，牛肉を取り扱う産業界の業績不振などの問題が起こった。

☑牛肉偽装事件

牛肉の産地を偽装して販売したり，助成金の不正受給に関わる事件のことをいう。主として2001年に発生した国内 BSE 問題を受けて，その対策として政府が行った国産牛買取りに関する助成金の不正受給と，小売店舗における産地偽装牛の販売を指すことが多い。

どちらも国産牛と輸入牛の価格差を悪用した悪質な事件である。前者は輸入牛を国産牛として申請することにより，受け取った助成金の差額が利益となること，後者は輸入牛を国産牛として販売することにより，差額が利益となることが特徴である。

偽装事件に関しては，雪印食品の偽装・助成金不正受給事件は，関連会社の不買運動へと広がっただけでなく，農畜産業界全体に大きな打撃を与え，巨大食品グループであった雪印食品の解散へと追い込まれるなど，大きな社会問題となった。

☑ 食品安全基本法

食品の安全性確保のために基本理念と方針，ならびに各関係者の役割と責務を定めた法律である。2003年に施行された。医薬品を除いたすべての飲食物が対象となる。

この法律が制定された背景には，かねてより森永ヒ素ミルク事件(p.243参照)やカネミ油症事件(p.243参照)など，食の安全を脅かすさまざまな事件が発生していたことのほか，特に BSE 問題を契機として，国民の健康保持のためにも従来の関係法律や組織体制を見直す必要性が生まれたことなどが挙げられる。

この法律に基づき，科学的手法により客観的かつ中立公正に食品健康安全評価を行う機関として，内閣府に食品安全委員会が設立された。

☑ 遺伝子組み換え作物

遺伝子を組み換えることにより，特定の性質を持つように改変された作物のことをいう。従来の同種交配による品種改良とは異なり，希望する性質の遺伝子をあらゆる種から採取可能なこと，効率よく改良が行えることが特徴である。

現在日本において遺伝子組み換え作物は，食品安全委員会(前項参照)によって安全性が評価されたもののみが販売・流通している。また，食品表示法に基づき，遺伝子組み換え作物を使用した食品に関しては表示が義務づけられている。

☑ クローン食品

遺伝的に同一である個体を科学的に作り出すクローン技術を用いて生産された食品のことをいう。クローン技術を用いることにより，高品質なものを短期間に作成できるという利点がある。

野菜や果実などの作物に関しては，挿し木や株分けなどの技術を用いて，古くよりクローン食品が生産・流通してきた。農林水産省によると，1991年の時点で，栽培されるイチゴ苗の約60％がクローン技術を用いたものであるとしている。

日本におけるクローン技術の牛肉や豚肉などの畜産物への応用は1998年に開始された。2009年には食品安全委員会によって安全性に問題はないという評価が行われたが，現在も出生頭数は

少なく，食用としては流通していない。

☑ 農　薬

　農業の効率化や農作物を守るために用いられる薬剤のことをいう。おもなものには殺菌剤・殺虫剤・除草剤・成長促進剤などがある。

　農薬を大別すると，化学農薬(化学物質を農薬として用いる)と，生物農薬(農薬と同様の目的で使用される生物。天敵を利用する天敵農薬，微生物を利用する微生物農薬など)に分けられる。

　日本では農薬取締法により，農薬製造者や輸入者の登録制度，販売者の届出制度が定められている。また，残留農薬(食品中に残る農薬)が人体に悪影響を及ぼさないよう，特定の作物には世界保健機構(WHO)と国連食糧農業機構(FAO)によって残留量の国際基準が，そうでない作物に関しては国内基準が設定されている。日本においては，残留基準は食品安全委員会(p.247参照)によって決定され，基準値を超える残留農薬が検出された食品に関しては，食品衛生法により販売や輸入が禁止となる。また，農林水産省は，残留量が基準値内に収まるよう，農薬の使用基準を農薬取締法によって定めているほか，輸入時の検疫によって，その量が検査されている。

　なお，化学農薬は危険であり，無農薬野菜は安全であるという認識が広まっているが，そうとは限らない。いわゆる天然農薬(植物が自己防衛のために，植物の体内に産生した化学物質)の中にも人体に危害を及ぼす恐れがあるものも存在するからである。例えば，パセリやセロリに含まれている5-または8-メトキシプソラレンや，キャベツに含まれるシニグリンには，発がん性があると言われている。人工物だから危険，天然のものだから安全といった概念的な捉え方をしないように心掛けたい。

☑ ポストハーベスト

　収穫後の農作物に農薬を散布することをポストハーベストと呼ぶ。ポストハーベストにおいて使用される農薬は殺虫剤や防かび剤などが主体で，食品の品質を維持するために用いられることが多い。

　日本においてはごく一部の場合以外，食品衛生法によってポストハーベストが禁止されている。一方，海外においては，アメリカのようにポストハーベストを認めている国があり，特に輸出品には長期輸送時の害虫防止や防かびを目的として農薬が用いられることがある。また，ポストハーベストに用いられる農薬は，収穫前に用いられる農

薬と比較して高濃度であること，使用される薬剤には，発がん性などの危険がある薬剤も使用されており，人体への影響が懸念されている。

☑ 放射能と食

放射能とは，放射性物質が放射線を出す能力のことを指すが，高濃度の放射線を浴びることにより，人体に被害が出る危険性がある。また，放射線を浴びることを被曝という。被曝には体の外側より被曝する外部被曝と，放射性物質を含む食べ物や飲み物などの食品を摂取することにより被曝する内部被曝がある。

内部被曝を防止するために，世界各国において，食品における放射性物質の残留基準値が設けられており，日本においては，東日本大震災後の放射能問題に対応して，従来よりも基準を厳しくした新基準が2012年に設定された。また，各都道府県において検査が行われ，基準値を超える場合には該当農作物の出荷が制限されるほか，農業用地の放射線濃度を検査したり除染を行うなどの対応が取られている。

☑ 食品添加物

食品を製造する過程において，一定の効果を得ることを目的として人工的に添加される物質のことをいう。具体的には，保存性を高めるための酸化防止剤や保存料，風味など食品の質を高める香料や着色料・甘味料，栄養を強化するなどの栄養強化剤などが該当する。食品添加物には，天然のものを使用した天然添加物と，化学合成によって作り出される合成添加物がある。

現在，日本においては，安全性が確保できるとして食品衛生法によって定められた添加物のみが使用可能となる。一方で，国により認められている添加物が異なるため，輸入食品の中には日本では無認可なものが含まれていることもある。

なお，ポストハーベスト（p.248参照）によって散布された農薬は食品添加物に分類されている。

☑ リスクコミュニケーション

好ましくない状況や悪影響を及ぼす可能性のある物事に関して，行政・専門家・企業・市民などの関係者間で情報を共有し，互いの立場で意見を交換し合うことをいう。近年発達してきた概念であり，リスクコミュニケーションを行うことによって社会動乱を抑制したり，風評被害などの二次被害を防止したりすることが可能であるほか，適切な情報を交換し合うことによりリスクを最小限に抑えるといった効果が期待できるとされる。

コミュニケーションをはかるためには，マスメディアや印刷物を活用する方法，意見交換会や説明会などの開催，参加型イベントを主催する方法などがあり，現在さまざまな分野において政府や地方公共団体のほか，企業なども市民に向けた取り組みを行っている。

☑ 消費者運動

消費者が主体となって，消費者保護を訴える運動のことをいう。物やサービスの生産主体が巨大企業により独占・寡占化する市場では，消費者の立場が弱くなりがちであることを背景に，20世紀前半ごろからアメリカを中心に消費者主権の動きが活発化した。

日本では，第二次世界大戦直後のおしゃもじ運動（女性による消費者運動の俗称）が契機とされている。例えば，1945年の物資獲得運動や1948年の不良マッチ追放運動などが挙げられる。現在では，商品テストに基づいて企業に抗議したり，消費者の健康を害する商品の不買・告発を訴えたりするだけではなく，環境・経済・政治・情報公開・原発問題など，さまざまな消費者運動が行われている。

☑ 風評被害

風評とは根拠のない噂のことであり，風評によって受ける被害のことを風評被害という。

例えば，1954年に行われたアメリカの水素爆弾の実験の際，マーシャル諸島近海で操業中に被爆した第五福竜丸から放射能に汚染されたマグロが発見されたことが報道されたが，それに伴ってマーシャル諸島から遠く離れた他の産地のマグロも売れなくなったという事例がある。また，東京電力福島第一原子力発電所事故による避難者の受け入れ拒否やいじめのほか，地震などの災害に伴う被災地域周辺の観光客の減少なども風評被害の一例である。

風評被害の多くは，正確な情報が提供されないために誤解や偏見が広がること，それに対して過剰に反応することがおもな原因で起こるとされる。さらに，それに関する過剰報道や偏向報道が行われるとさらに助長されやすい。

☑ 食物連鎖

生物の生態系における，捕食・被食関係のことを食物連鎖と呼ぶ。また，外界に存在する物質を体内に取り込むことにより，その濃度が外界存在値よりも高くなることを生物濃縮というが，食物連鎖によって連鎖の上位者ほど生物濃縮の影響を受けやすくなるという特徴がある。

特に化学物質に関しては，体内の脂質に蓄積して体外に排出されにくいた

め，水俣病(p.243参照)やイタイイタイ病(p.242参照)などのように，生命を脅かすほど高濃度な生物濃縮を起こすことがある。また，原因となる化学物質の散布を停止・除去した後でも，食物連鎖により生物濃縮が進むため，被害が長期化することもある。

生物濃縮を起こしやすい化学物質の例としては，ダイオキシンや農薬などのほか，水銀などの重金属が挙げられる。

☑ HACCP

食品を加工する過程において，原材料の入荷から製品として出荷されるまでの間における重要管理点を設定し，それを継続観察・記録することによって食の安全と衛生を守る手法のことをいう。ハサップもしくはハセップと読んでいる。

万が一重大な危害が発生した場合でも，製造工程中のどこに問題点があったのかを発見することが容易になることで，問題のある商品が市場に出回る危険性を未然に回避できるという利点がある。

もともとHACCPは1960年代のアメリカにおいて，安全な宇宙食を製造するために開発された。日本では1996年に総合衛生管理製造過程の認証制度が開始されたが，これはHACCPを

取り入れたものである。さらに1998年にはHACCP方式を取り入れる企業に対して低利融資などの優遇措置を盛り込んだ「食品の製造過程の管理の高度化に関する臨時措置法(HACCP支援法)」が制定され，HACCP導入を促進している。

☑ 寄生虫感染

動物に寄生して栄養を得る虫を寄生虫というが，その寄生虫に感染することを寄生虫感染と呼ぶ。熱帯や亜熱帯地域の開発途上国に多く見られるのが特徴である。

感染すると寄生虫の種類により，さまざまな健康被害が発生する。経口や皮膚などから感染するが，その多くは非加熱の食材や生水を体内に取り込むことにより感染症へと繋がる。

代表的なクリプトスポリジウム症は，クリプトスポリジウムという原虫の一種が出す卵のようなものに経口感染することにより発症する。感染源はおもに生水で，発症すると下痢や嘔吐などの症状が1週間程度継続する。クリプトスポリジウムはあらゆる環境に存在しており，日本においても1996年に埼玉県の一地域において，水道水による集団感染が発生した。

また，旋毛虫症(トリヒナ症)は旋毛虫に感染することにより，発疹や発熱

などを引き起こす感染症であるが，旋毛虫もまた地域を問わず世界的に見られるのが特徴である。野生動物では熊，家畜では豚への寄生が多く見られ，それらの肉を生食することにより感染する。日本では1981年に，熊肉の刺身を食べたことによって集団感染が発生した例がある。

☑ 企業の不祥事

企業が起こす，社会の信頼を失墜させるような出来事のことをいう。具体的なものには企業自体や従業員の犯罪行為，不正行為，商品の欠陥，不正表示，捏造などがある。

例えば，エレベーターやシュレッダーの製品事故，自動車やガス機器の不具合による死亡事故，牛肉の産地偽装，製品の消費期限や賞味期限の改ざん，粉飾決算による不正融資などの企業や組織が関与する事件以外にも，業務上横領，個人情報の持ち出しによる流出，痴漢行為，飲酒運転，盗撮，セクシャルハラスメント，パワーハラスメントなどのように，行為者は社員個人であっても企業の不祥事として取り上げられることがある。

企業の不祥事に関わるさらに大きな問題点は，企業に対する社会の信頼が失墜することである。そのことにより，株主や従業員，消費者などへも深刻な影響を与える。

企業の不祥事が起こる背景としては，次の2つが考えられる。1つ目は企業外の利害関係者（株主・顧客・消費者など）を無視や軽視した行動を取ることである。もう1つは，経営者や従業員のモラルの低下やミスが常態化することによって発生する。

このようなことから，企業の不祥事への対策としては，

① 利害関係者を重視した活動が行える仕組みを整えること
② 従業員のモラル向上とミス防止策
③ 不祥事の隠ぺい防止策を講じること

が重要となる。

☑ ヒューマンエラー

人為的なミスのことをいう。計画段階での勘違いや思い込みが原因で起こるもの，計画自体に問題はないが正しく実行できなかったことによって起こるもの，物忘れや不注意によって起こるもの，目標を途中で見失って起こるものなどが挙げられる。

☑ コンプライアンス

コンプライアンスとは，法律はもちろんのこと，企業内の規則や社会的規範，さらには企業倫理に反しないように企業活動を行うことをいう。株式会

社においては，商法に取締役や執行役の義務として定められている。

大企業においては，内部統制システムを構築する義務が課されている。コンプライアンス違反は企業犯罪であり，不祥事として取り扱われることもある。その場合，企業は損害賠償訴訟または株主代表訴訟などによる法的責任を負わなければならない。

一方，コンプライアンスは法令遵守のことであるから，モラルに反していても法令に反しなければよいという考えも成立する（法律の抜け穴）。しかし，そうした行為は社会的信用の失墜につながる原因になる。なぜなら，企業が一定の社会的責任（Corporate Social Responsibility，略して CSR）を負っているからである。企業は，さまざまな利害関係者や社会全体へ与える影響に責任を持つ義務がある。

いかに効率よく収益を上げるかということを考えることは企業活動にとって重要であるが，自社の利益さえ追求できればよいという考えに陥ると，コンプライアンスや倫理観を無視することにもなりかねない。

☑ 内部告発

企業や組織内の人間が，所属する企業や組織の不正行為や法令違反を監督省庁や報道機関へ通報することをいう。

このことに関して，欧米では内部告発者を保護する法律が定められているところがある。例えば，イギリスの公益開示法，アメリカのホイッスルブロアー法などである。日本では2006年に公益通報者保護法が成立した。一方，企業・組織では内部告発を制度化するところもある。

しかし，内部告発者に対して企業や組織が制裁や報復を加える例が後を絶たない。また，監督省庁や部署が内部告発を受けながらそれを放置することで，企業や組織の不正摘発が遅れ，利害関係者に大きな被害が及ぶことも起こり得る。

☑ 食品偽装

食料品や飲食店で提供される食品について，本来とは異なる表示が行われて消費者の手に渡ることをいう。例えば，産地や原材料の偽表示，消費期限や賞味期限の改ざん，食用でないものを食用であるなどとして表示すること，別の客が食べ残したものの再提供などがある。

食品偽装は，不正競争防止法の虚偽表示（経済産業省），食品表示法の虚偽表示，景品表示法の優良誤認表示（消費者庁），刑法の詐欺罪（警察）など多くの罪に該当する。

☑ 生活習慣病

生活習慣が発症原因に深く関わっていると考えられている疾患の総称である。従来は「成人病」と呼ばれていた。なかでもがん・心臓病(心疾患)・脳卒中(脳血管疾患)は三大生活習慣病と呼ばれる。疾病の原因はさまざまであるが、生活習慣病は脂質・塩分・アルコール・糖分の取り過ぎといった食習慣の乱れのほか、運動不足や喫煙などによっても起こるといわれている。

日本人の死因の5割程度は、がん・心疾患・脳血管疾患といわれている。これらの多くは、糖尿病・脂質異常症・高血圧・高尿酸血症といった生活習慣病によって引き起こされやすい。また、生活習慣病関連の医療費は医療費全体の3割以上を占めており、医療財政を圧迫する要因となっている。健康寿命を延ばし、かつ医療財政を破綻させないようにするには、生活習慣を改める対策を講じることが欠かせない。

今までの対策は、生活習慣病を抱える人を早期に発見するという保健活動が主体であった。学校・職場・地域で実施している健康診断によって疾病を早い段階で見つけ、該当者に治療を施すなどがその具体化であった。しかし、より医療費を圧縮し、さらに健康寿命を延ばすには予防医学の観点が欠かせない。鍵は、疾病予防と健康維持である。望ましい食生活や運動、禁煙など、生活習慣病の要因となる行為を行わないことが肝心である。

なお、日本では「健康づくりのための運動指針」「食事バランスガイド」「禁煙支援マニュアル」などの策定や、メタボリックシンドロームの該当者やその予備軍への保健指導の徹底なども行われている。

☑ 疾病の原因

疾病は、遺伝要因(両親から受け継いだ遺伝子によるもの)、外部環境要因(細菌・ウイルス・有害物質などによるもの)、生活習慣要因(食習慣・睡眠不足・喫煙などによるもの)という3つの要因によって引き起こされることが多い。

答案例

問題 食の安全について，あなたの意見を述べよ。600字以内

模範回答 食中毒事件や鳥インフルエンザ，BSE問題といった食の安全を脅かす事例や，食品の放射能汚染・食品添加物・残留農薬・遺伝子組み換え食品など，食品の安全性への懸念事項が数多く存在する。こうした懸念を解消し，食の安全を確保するには，食品事業者によるリスクマネジメントが必要だ。

（以上，第1段落）

なぜなら，食品事業者がリスク管理を行うことにより，消費者に対するリスクを避けることができるからである。具体的には，まず食品の製造・流通の過程におけるハザードを把握し，リスクの内容と発生の可能性を予測する。そのうえでリスク回避策を立案，実施し，見直しと修正を行う。そもそも，科学的な根拠を明確に持っている消費者は少なく，消費者自身がリスクの高低を把握することが難しいことを考慮すれば，食品事業者が消費者に代わってリスクエバリュエーションとリスクアセスメントを行うことは重要だ。（以上，第2段落）

今後，食品事業者にはより効果的なリスクマネジメントの実践が求められる。例えば，リスクマップの作成や，ITを活用したHACCP支援など，食品安全を保つシステムを構築することが挙げられる。それに加え，天然添加物の毒性，放射性物質の体内累積に対する健康への影響など，まだ解明されていないハザードについての研究をさらに進めていくべきだ。（以上，第3段落）

解説 第1段落：意見の提示…消費者が抱える食品への懸念を払拭するためには，食品事業者によるリスクマネジメントが必要であることを述べている。
第2段落：理由説明…食品事業者はリスクエバリュエーションとリスクマネジメントを代行することができ，科学的な根拠を持たない消費者のリスクを効果的に回避することの重要性を述べている。
第3段落：意見の再提示…今後，食品事業者には効果的なリスクマネジメントの実践が求められるとともに，未解明のハザードについての研究を進める必要性を論じている。

高齢化

定義

　高齢化とは，全人口に対する高齢者の比率（高齢化率，老年人口比；p.259
参照）が相対的に高くなることをいう。一般的には，高齢化率が7％超で
高齢化社会，14％超で高齢社会，21％超は超高齢社会と区分している。現
在の日本では高齢化率が28％前後であるが，推計によると2050年ごろには
40％近くになると見込まれている。

問題点

　高齢化に伴う最も大きな問題点は，高齢者を支えるために必要なさまざ
まな負担が増加することにある。具体的には，健康保険や年金保険などの
高齢者福祉に関する経済的負担のほか，身内の介護をする際の物心両面の
負担などであるが，それらが特に現役世代に過度にかかるところに問題が
ある。さらに，こうした負担は現役世代の家計を圧迫することになるが，
それが子どもを産もうとする時の懸念材料となる場合もあり，結果的に少
子化（p.264参照）につながりかねない。つまり，若年を中心とする特定の
世代に負担がかかり過ぎると，高齢者を支えるための制度そのものだけで
なく，家族機能までもが維持できなくなり，ひいては将来の人口構成にま
で歪みを生じてしまうのである。

　また，高齢化は経済が衰退する要因となるという指摘もある。高齢者を
支えるための支出によって現役世代の所得が制限されると，消費行動が停
滞する。それに加え，少子化によって日本の労働力人口が減少するため，
生産活動が円滑に行えなくなるというのである。

　一方で，高齢者中心の政治が行われやすくなる危険性を憂慮する人もい
る。高齢化率が高くなると，高齢者に有利な政策を掲げる候補者が当選し
やすいことが予想できるからである。今後，さらなる高齢化率の上昇が予
想されており，若年層に不利な政策が推し進められる恐れがある。

問題点の背景

　わが国で高齢化が進んでいることの背景には、おもに次の2点がある。一つは高齢者の死亡率が下がっていること、もう一つは若年層の人口が減っていることである。

　前者のおもな原因は、衛生状態や医療技術が向上していることにある。特に、高齢者の最大の死因であった生活習慣病による死亡率が減少したことによって、平均寿命が延びた。後者のおもな原因は、女性の社会進出の機会が格段に増え、それに伴う形で女性の晩婚化と晩産化(p.265参照)が顕著になったことにある。その結果女性が子どもを産む機会が減少し、出生率の低下が少子化、(若年層の)人口減につながる図式が定着してきた。

対応策・解決策

　現状の高齢者福祉制度を維持しつつ、日本経済を衰退させないようにすることは至難の業である。よって、将来を見据えた高齢者福祉制度の改善が必要である。具体的には、一つは世代間の人口比を正すこと、もう一つは、歪んだ人口比のままでも耐えうるだけの制度を構築することである。

　このうち前者は、おもに少子化対策や労働環境の改善を講じることである。具体的には、少子化対策であれば保育施設の増設や育児休業制度の拡充など、仕事と家庭を両立させたい男女への支援を通して、子育てしやすい環境を整えることが挙げられる。労働環境の改善については、収入の低い非正規雇用者の正規雇用化など、子どもを産みやすい環境にするために世帯収入を増やすことなどが考えられる。

　また後者は、おもに医療や年金など、現状の高齢者福祉制度を維持するための対策のほか、家族や地域住民が高齢者を支えられる方策を考えることが挙げられる。具体的な高齢者福祉制度の維持策としては、増税や健康保険料・年金保険料の増額などで現役世代に一定の負担を強いる一方で、高齢者の医療費の個人負担額を増やしたり、年金の減額や支給開始年齢の引き上げなども考えなければならないだろう。また、定年制の見直しや定年退職後の労働機会を増やすなど、高齢者が自らの力で収入を得られるように支援することなども考えられる。また、所得や財産がある高齢者より

も生活困難な状況にある高齢者を優先して支援する方策を取り入れることもあり得よう。家族が高齢者を支える方策に関しては，例えば介護休業，介護休暇の制度がある。条件を満たせば，高齢の家族を介護する場合に仕事を休むことのできる制度である。また，地域住民が高齢者を支える方策としては，介護ボランティア制度があり，導入する自治体が増えてきている。

👍 小論文にする時のポイント

　高齢化は，工学部系を中心によく出題されるテーマである。高齢者支援のあり方，世代間の共生，公的医療保険制度(p.267参照)，公的年金制度(p.269参照)，高齢者介護(p.261参照)など，高齢化を「問題」として捉えてその対策について論じさせる設問が大半である。

　高齢化に関する課題に対する回答の際，「高齢者を大切にしよう」「高齢者を守るべきだ」などと，高齢者側を一方的に擁護するような意見を論じるのは好ましくない。それだと，将来における現役世代への過大な負担を踏まえているとは読み取れず，表面的な主張であると言わざるを得ない。また，高齢者を一方的に擁護することは，いわゆる逆差別的な視点を持っているという印象を与えかねない。偏った立場からの論述はできるかぎり避け，高齢者を支えなければならない現役世代側からの視点も加えておきたい。

📝 過去の入試問題例

例　高齢者の見守りについて述べた新聞記事において，孤立した生活を送りがちな高齢者を周囲の人々が見守ることについて，文章中では直接的なふれあいを通じた見守りの例が述べられていた。あなたが高齢者を見守るプロジェクトに参加することになった場合，どのような方法を提案するか考えを書け。

(北海学園大・工学部)

例　2042年以降は高齢者人口が減少に転じても高齢化率は上昇を続けるというわが国の高齢者人口推計について述べた『高齢社会白書』(内閣府)を読み，高齢

5 生活・スポーツ

者人口推計値が最大となる2042年ごろの日本社会は，どのように変化している
かを考え，その社会がどのようなものであるかを述べよ。また，高齢期にさし
かかった人びとの現在の住居および将来の居住形態に関する意識調査をまとめ
た図を読み，虚弱化した高齢者の住まいと暮らしのあり方について，あなたの
考えを述べよ。　　　　　　　　　　　　　　　　　　　　　（千葉大・工学部）

例　高齢化社会の特徴に対応するためには，どんな事柄に留意して住宅や公共施
　　設を整備していくべきか，見解を述べよ。　　　　（首都大学東京・都市環境学部）

例　高齢化社会を迎えた今，どのような課題が考えられるか。また，志望するコー
　　スの分野が，その課題の解決に対してどのように貢献できると考えるか，述べ
　　よ。　　　　　　　　　　　　　　　　　　　　　　（関東学院大・工学部）

例　コンピュータやネットワークが高齢化社会で果たせる役割について述べよ。
　　　　　　　　　　　　　　　　　　　　　　　　　　（同志社大・理工学部）

例　年を取ることと生活の質の関係を述べた英文を読み，高齢者の quality of
　　life を向上させるために，電気電子工学の分野ではどのような貢献ができるか。
　　あなたの意見を述べよ。　　　　　　　　　　　　　　（大分大・工学部）

🔎 関連キーワード

☑ 高齢者

　国連の世界保健機関（WHO）が定め
た分類によると，65歳以上の人を高齢
者と呼ぶ。さらに，65〜74歳までを前
期高齢者，75歳以上を後期高齢者と細
分している。

☑ 年齢区分

　日本では統計上，15歳未満を年少人
口，15〜64歳を生産年齢人口（現役世
代），65歳以上を老年人口のように年
齢別に区分けして，年ごとの人口推移

を示している。

　現状では，全人口に対する老年人口
比（高齢化率）が28.1%，年少人口比が
12.2%となっている（2018年現在）。将
来の人口推移の予測によると，前者が
上昇する一方で後者が減少し，2050年
には老年人口比が40%弱，年少人口比
が10%程度となると言われている。

☑ 平均余命

　ある年齢に達した人が，平均してあ
と何年生きられるかを示したものをい

259

う。特に，0歳のときの平均余命を平均寿命ともいう。

日本では厚生労働省が毎年「簡易生命表」として公表している。日本人の男性の平均寿命は81.25歳，女性の平均寿命は87.32歳（いずれも2018年統計）であり，戦後直後から現在までほぼ毎年平均寿命が延びている。

なお，1947（昭和22）年における日本人の平均寿命は，男性が50.06歳，女性が53.96歳であった。

☑ 高齢社会対策基本法

高齢社会対策を進めるため，1995年に制定された法律。この法律に示された基本理念に基づいた対策の指針として，政府は高齢社会対策大綱を作成している。この指針には，高齢者の健康づくりの推進，保健・医療・福祉サービスの充実，高齢者の社会参加活動の促進，高齢者に配慮した街づくりなどの方針が示されている。

☑ 高齢者にかかる医療費・介護費

厚生労働省によると，2017年における医療費は国民一人当たり平均34.0万円であるが，65歳以上の平均は73.8万円，75歳以上の平均は92.2万円となった。また，2018年における介護保険受給者一人当たりの費用の平均は17.1万円である。

厚生労働省の「健康日本21」は，平均寿命と健康寿命の差の縮小を目指している。

☑ 高齢者雇用安定法

高齢者の安定した雇用を確保するための環境整備などを定めた法律をいう。日本では定年退職制度という雇用慣行があるが，定年退職後に働きたくとも再就職先を見つけることが難しい現実がある。これが高齢者の就労意欲の妨げになっており，その対策としてこの法律が定められた。

具体的には，事業主（企業）は定年齢を引き上げること，定年に達しても継続して雇用する制度を導入すること，定年制度を廃止することのいずれかを行わなくてはならないと定めている。

☑ 孤立死

孤独死（一人暮らしの人が自宅において誰にも看取られずに死亡すること）のうち，社会的孤立のために住居内で死後も他人に気づかれず遺体がそのままとなったケースのことを指す。高齢者の孤立死がニュースなどで話題となることもあり，社会問題として取り扱われる。ふだんから隣近所との付き合いもないなど，社会的に孤立していて誰にも助けを求められなかったことが一因と言われている。

孤立死を回避するためには，自治会などの地域コミュニティへの積極的な参加，訪問介護やボランティア団体による見回り訪問，コンピューターネットワークを活用して安否確認システムの活用，さまざまな対策が必要である。

☑ 高齢者の健康づくり

高齢になればなるほど，加齢に伴う運動機能の衰えや，老化に伴う記憶力の減退などのリスクが高くなる。また，体力や免疫力の低下により，疾患が慢性化しやすくなる。長くなった人生を有意義に過ごすためには，心身に障害がなく，健康で自立的に生活できるようにしなければならない。

衰えや疾患を未然に防ぐためには，生活習慣を改善し，肥満や喫煙などといった健康を妨げる危険因子を減らすことが欠かせない。また，高齢者の医療費や介護費を増大させないようにして現役世代の負担を軽減するためにも，高齢者の健康を保つ努力は欠かせない。そのためには高齢者自身の体力づくり，例えば，寝たきり防止，疾病や認知症予防のための適度な運動の推進，生活習慣の改善などが重要となってくる。

こうした取り組みは健康寿命（健康で活動できる期間）を延ばし，結果として高齢者の生活の質（QOL）を高めることにもつながる。

☑ 高齢者介護

高齢者の日常生活を支援する行為のことをいう。身体の機能に支障がある高齢者の介助や支援などを行うことのほかに，健常な高齢者の心身の自立を支えること（自立支援）も介護の果たすべき役割であると言える。

高齢者はそれぞれに価値観も生活スタイルも異なるので，それらに配慮した援助を行うことが大切である。こうしたことを意識した活動は，高齢者の尊厳（尊く厳かであり，他人が侵しがたい領域）を守ることにもつながると考えられている。

現状では，介護保険制度（p.262参照）による介護支援のほか，リハビリテーションなどによる自立支援などによって要介護者（介護が必要な高齢者）に対する公的支援が行われている。しかし，それによって家族などの介護者の負担が必ずしも軽減されているわけではない。介護認定の評価により受けられるサービスが異なるため，家族などの介護者側が望む介護支援が常に受けられるとは限らない。また，施設利用費の自己負担の多さや，低い介護認定（次項参照）に伴うサービス料の負担の大きさにより，介護サービスの利用そのものを控える家庭もある。

しかしながら，在宅介護は介護者に肉体的・精神的な負担がかかりやすく，

しかも長期化することが多いので，いわゆる介護疲れや高齢者虐待(p.263参照)などの疲弊による惨状も生じている。また，老老介護や多重介護(p.263参照)などが避けられない状況になることも多く，介護者の負担が深刻化している現実もある。

高齢者の尊厳を保ちながら，介護をする家族の負担を軽減するためには，介護支援の仕組みを改善する必要がある。例えば，居住型サービス(介護サービスを提供する体制が整っている集合住居)やユニットケア(特別養護老人ホームの入所者を小グループに分けて，在宅に近い居住環境を整える)を充実させるなどの設備面を整えるほか，適切なケアマネジメント(p.264参照)に努めて介護サービスの充実を図るなどの方法が考えられる。

☑ 介護休暇

介護のために，単発で数日取得できる休暇。1人の要介護者につき1年に5日，複数いる場合は10日まで取得することができる。

☑ 介護休業

介護のために，ある程度まとまった期間取る休業。上限は93日で，最高3回に分けて取得することができる。

☑ 介護支援ボランティア制度

地方自治体が介護支援に関わるボランティア活動を行った高齢者(原則65歳以上)に対し，実績に応じて換金可能なポイントを付与する制度。高齢者の社会参加や生きがいづくり，健康づくりなどを目的としている。同制度を導入した自治体は2007年には2団体であったが，毎年増加している。

☑ 介護保険制度

高齢者の介護を社会全体で支えるための保険制度のことをいう。自立支援(介護のみならず，自立できるように支援する)・利用者本位(利用者の選択によってサービス内容が選べる)と社会保険方式(介護保険料と公費を原資として運営する)がこの制度のおもなポイントである。

従来の高齢者福祉制度は，市町村側がサービス内容を決めるなど，利用者がサービスを選択することはできなかった。一方で，介護をしなくてもすむことを理由とする社会的入院などの問題が発生し，医療費が増加する一因となった。こうした問題に対処するため，高齢者医療と高齢者介護を明確に区別する制度を作ることになった。

介護保険を利用するには，認定審査会による審査(介護認定)を受ける必要がある。そのためには，調査員による

要介護度審査と，かかりつけ医による意見書が必要となる。審査が終わると，要介護度（「要支援1〜2」「要介護1〜5」の7段階）が認定される。要介護度に応じて支給限度額が決まっており，ケアマネージャーがその額と利用者の希望を勘案して介護サービスの内容を決定する。

なお，介護サービス料の原則1割が自己負担となる。

☑ 1・2・4現象

若い世代が負担する介護の大きさを示す言葉である。すなわち，1人の子どもが，2人の両親と両親の親，つまり4人の祖父母を支えなければならないという意味である。

高齢化により要介護者となり得る親族が増える一方で，少子化に伴って介護する側の人数は増えず，若い世代の介護負担は増すことになる。

☑ 高齢者虐待

高齢者への虐待行為のことをいう。暴力などの身体的虐待だけでなく，精神的虐待（侮蔑や恫喝など），ネグレクト（介護放棄），経済的虐待（財産の不正使用など）も含まれる。

高齢者虐待は家庭内で行われていることが多く顕在化しにくく，実態の発見が難しい。そのため，高齢者と接触する機会の多い医療職や介護職による察知や発見が望まれるところである。

なお，2006年に高齢者虐待防止法が定められ，虐待の疑いがある場合は市町村へ通報すること，老人介護支援センターや地域包括支援センターなどと連携・協力して対応を行うことなどが義務づけられた。

☑ 社会的入院

在宅での療養ができる状態にもかかわらず，病院で長期入院を続けている状態のことをいう。その背景には，家庭に介護者がいない，入院中に身寄りを失った，家族が患者の引き取りを拒否するといった事情がある。

健康保険を利用することで，経済的負担を抑えて長期療養をすることが可能になることが，社会的入院患者の増加につながった。しかし，入院を続けることで寝たきり状態を引き起こすなど，患者の社会復帰を妨げる原因にもなりかねない。

現在では，医療費を削減する目的もあって，社会的入院患者を受け入れる療養型病床は削減されてきている。

☑ 老老介護と多重介護

老老介護とは，高齢の介護者が別の高齢者を介護しなければならない状況のことである。高齢化した子どもが親

を介護する，高齢の妻が高齢の夫を介護するといったケースがある。

老老介護状態は，介護が長期化しやすく，体力や気力の問題などもあり，介護者当人の介護疲れやストレスの蓄積，心身の不調が生じる恐れがある。極端な場合には，お互いが認知症を抱えたまま介護を行う認認介護の状態になっているというケースもある。

一方，多重介護とは，一人の介護者が複数の要介護者を抱える状態のことをいう。高齢化に伴う介護期間の長期化の影響で，両親（義父母含む）のほかにも介護が必要な子どもなど，何人かの家族が同時期に要介護者となることがあり，その場合は介護者は大きな負担を負うことになる。

☑ ケアマネージャー
（介護支援専門員）

介護が必要な高齢者の状態を適切に把握し，自立支援に関するサービスを計画する専門職のことをいう。要介護者本人や家族の希望を調べ，それをもとに支援の計画（ケアプラン）を作成する。そして，サービス開始後も定期的に支援内容のチェックや評価をし，必要ならケアプランの修正を行う。この一連の作業（ケアマネジメントという）を行う人がケアマネージャーである。

☑ 介護予防

介護が必要な状態になることを防いだり，遅らせたりすることをいう。具体的には，筋力アップのためのトレーニング，読み書きやウォーキングなどによる認知症予防トレーニング，栄養改善指導，社会参加の推進支援，口腔ケアなどがある。介護予防プログラムなどを策定して，積極的に介護予防を実施している地方自治体もある。

☑ 少子化

全人口に対して年少人口（15歳未満の人口）の比率が低くなることを指す。現在の日本では年少人口率が12％前後であり，推計によると 2065年には10％程度にまで減少すると言われている。おもな問題点としては，
① 行政サービスへの影響
　　現役世代に過度の税負担がかかる一方，現行のサービス水準を保てなくなる恐れがある。
② 経済への影響
　　労働力人口の減少によって，経済活動が低迷する恐れがある。
③ 社会への影響
　　子どもが社会と関わりを持つ機会が減少し，社会性の育成が妨げられる恐れがある。
などがあげられる。

おもな原因は，女性の晩婚化や未婚

化による晩産化や未(無)産化(p.265参照)といわれている。その背景には,女性の社会進出の影響や若年層の人生設計の困難さがある。女性の社会進出は,高学歴化によって高度で専門的な能力を備える女性が増えたことが大きな要因である。一方,「男は仕事,女は家庭」といった性別役割分担の意識も依然としてあり,その結果として男性は長時間労働を行い,子育てを女性に依存する家庭も多い。つまり,女性に出産・育児の負担が集中することになる。こうした負担感から,女性が仕事と結婚(出産・育児)の選択を迫られた場合に仕事を選ぶことが多く,結果的に未婚化や晩婚化につながる。未婚化は子どもを産む機会自体を奪い,未(無)産化を引き起こし,晩婚化の場合は出産の時期が遅れる(晩産化)ことで,出産できるチャンスが減少する。

少子化対策の主たるものは,子育てのしやすい環境づくりと若年層への雇用対策である。子育てのしやすい環境づくりについては,育児休業制度の整備,看護休暇制度(怪我や病気をした子どもの世話をするための休暇)の促進,保育所の充実といった子育て支援策を進めている。また,過度な負担によって子育てと仕事の両立が難しい状況の女性が生じることが,結果的に晩産化・晩婚化・未婚化を生むという指摘があり,男性が子育てに参加しやすい環境をつくる必要がある。例えば,男性の育児休業制度の利用推進や,イクメン(子育てを率先して行う男性)を増やすプロジェクトを推進することなどが行われている。

☑ 合計特殊出生率

一人の女性が生涯を通して産む子どもの平均人数を示す数値をいう。

ある国の男女比が1:1であり,すべての女性が出産できる年齢まで生きたと仮定した場合,合計特殊出生率が2(人)であれば,現状の人口が保たれる(実際にはすべての女性が出産できるわけではないことを加味して,先進国では2.08程度が目安とされている。これを人口置換水準と呼ぶ)。

日本においては,1947年には4.54(人)であったが,2018年には1.42(人)となっており,人口が減少する傾向にあることが顕著である。

☑ 晩産化と未産化

以前と比較して女性の出産年齢が上昇しつつある状態のことを晩産化という。女性の第1子出生時の平均年齢は,1975年が25.7歳であったのに対し,2018年には30.7歳になっており,晩産化の傾向がはっきりと読み取れる。女性の年齢が高くなるほど妊娠率が低下

したり，流産の確率が上昇したりすると言われている。最近では，不妊治療を受けるケースが増えてきている。

一方，出産適齢期であっても出産しない人が増える状態を未（無）産化というが，出産を経験していない女性の割合も上昇している。2010年の厚生労働省の出生に関する統計によると，30歳の時点で出産が未経験の女性の割合は，1949年生まれの女性が26.1%（約4人に1人）であるのに対して，1979年生まれの女性は53.9%（約2人に1人）で，未（無）産化の比率が増えていることが明らかである。

☑特定不妊治療費助成制度

不妊治療に要する費用の一部を助成する制度。婚姻している夫婦に対して，体外受精と顕微授精による不妊治療を受ける場合が助成の対象となる。ただし，女性の年齢が43歳未満である場合に限られている。

☑少子化対策基本法

2003年に公布された，少子化対策を推進するために定めた法律をいう。この法律をもとに，2004年に少子化社会対策大綱という基本施策の方針が定められた。

具体的には，若者の自立支援（就労支援・子どもの学びの支援など），仕事と家庭の両立支援（育児休業制度の定着と取得推進，看護休暇制度の定着，男性の子育て参加推進，妊娠・出産しても働き続けられる職場環境の整備など），子育て支援などが実施計画の中に定められている。また，2015年には子ども・子育てビジョン（新たな少子化社会対策大綱）が改定され，子育て家庭への支援（子ども手当の創設，高校授業料の実質無償化など）と保育サービスの基盤整備（待機児童の解消のための保育・放課後対策の充実など）を実施するとした。

☑幼児教育・保育の無償化

2019年10月から，3〜5歳児クラスの幼稚園，保育所，認定こども園の利用料が無償になった。また，0〜2歳児クラスの子どもについては，住民税非課税世帯は無償になった。

☑次世代育成支援対策推進法

次世代を担う子どもたちが健やかに成長できるような環境を整えるために定めた法律をいう。2005年から10年間の時限立法（実施期間が決まっている法律のこと）であったが，2014年の改正によりさらに10年延長された。

地方自治体や事業主は，次世代を育成するための行動計画を立て，取り組みを行うこととなっている。例えば，

5

育児休業の取得率の下限を定めること，育児のための短時間勤務制度を導入することなどが挙げられる。

☑ 育児・介護休業法

育児や介護に関する休業を保障することを定めた法律をいう。1992年に施行された育児休業法は，1995年に介護休業制度を盛り込む形で改正され，その後何度も改正されている。現在は，原則的な育児休業期間は「1歳まで」であるが，保育園等に入所できないなどの事情がある場合には「1歳6か月まで」の延長と「2歳まで」の再延長が認められている。また，男性労働者の育児休業取得も奨励されており，両親がともに育児休業する制度（パパ・ママ育休プラス）なども利用できるようになっている。

なお，厚生労働省によると，2018年における女性の育児休業取得率は82.2％，男性は6.16％であった。

☑ 諸外国の少子化対策

他の先進国でも少子化が問題視されており，さまざまな対策を講じている。例えば，経済的支援が充実しているのはフランスである。フランスでは，子どもが2人以上の家庭に家族手当が支給されるだけでなく，子どもが3人以上の家庭に対する家族手当の増額，鉄道運賃や文化施設利用料の割引，高校までの学費無料（公立に限る），長期間の育児休業（子どもが3歳になるまで）などが行われている。

また，ノルウェーやスウェーデンでは仕事と家庭の両立支援策が積極的にとられている。父親に育児休暇を取得する義務を負わせる制度（パパ・クォータ制度）をはじめとした，育児休業中の生活安定・所得保障制度などが代表例である。

☑ 公的医療保険制度

公的医療保険制度とは，国民（加入者・被保険者）に対して医療費を一部給付する公的な仕組みのことをいう。昨今，政府は公的医療保険制度の変更を進めている。具体的には，高齢者負担の見直し（自己負担額の引き上げ，療養入院中の食費・光熱費を自己負担とすることなど），後期高齢者医療制度（p.268参照）の創設，医療費抑制（平均入院日数の短縮，生活習慣病予防など），診療報酬の改定など，社会保障にかかる費用の確保と削減を目的としている。

近年，高齢者が増加している影響もあって国家全体の医療費の増加傾向が強い。また，高齢者の医療費は現役世代と比べ高くなっている（p.268参照）。その結果，健康保険料の収入が追い付

かず，各種健康保険の赤字額が増加している。また，それに伴う形で国の社会保障関係にかかる負担も大きくなっていて，質の高い医療や保健医療サービスを提供し続けることが困難な状況になってきている。

その改善のために，医療制度の再構築が行われているのであるが，必要以上に医療費を抑制すると，療養病棟数の減少による入院機会の制限，診療報酬の低下による医療の質の低下や医師不足，診療科の閉鎖などのほか，国民への費用負担の増加によって受診回避が起こるなど，さまざまな面で社会福祉レベルが低下することが懸念されている。

今後は，高齢者人口の増加を背景とした医療費の増大については対策を行う必要がある。医療費は年々増加していて，現在の仕組みのままでは公的医療保険制度を支えることが難しくなってきているのが現状である。しかし，医療費の財源を確保するために患者の自己負担額や保険料，あるいは税を過度に増やすと，医療が必要な患者までもが受診を控えるなど，国民の健康保持に悪影響を及ぼす恐れがあるほか，医療行為に関わる経済活動を萎縮させる可能性もある。

☑ 後期高齢者の医療費の特性

現役世代一人当たりの医療費は平均で21.4万円であるのに対して，後期高齢者(p.259参照)のそれは4.3倍の91.7万円となっている。また，入院の際の費用は現役世代一人当たりが7.0万円であるのに対して，後期高齢者のそれは6.6倍の45.9万円である(いずれも2016年)。

一般的に後期高齢者は老化などにより治療が長期間に及ぶことのほか，複数の疾患を抱えていたり，慢性疾患に罹患したりすることが原因となって，医療費が現役世代より高くなる傾向にある。

☑ 後期高齢者医療制度 （長寿医療制度）

2008年から始まった後期高齢者を対象にした医療保険制度のことをいう。

従来の老人保健制度は国や地方自治体の負担金と健康保険の拠出金によって賄われており，従来の健康保険との併用ができた。したがって，この制度では医療費がかかりがちな高齢者が，少ない自己負担で診療を受けることができるという利点があった。しかし，そのぶん現役世代の負担は大きくなる。こうした世代間の負担の不公平を正すために後期高齢者の健康保険を分離し，高齢者にも一定の保険料負担を課すこ

とにしたのが, 後期高齢者医療制度(長寿医療制度)なのである。

☑ 公的年金制度

老齢になった場合(老齢年金), 病気やけがで障害を有することとなった場合(障害年金), 年金受給者または被保険者(加入者)が死亡した場合(遺族年金)に, その該当者に対して定期的に一定額を給付する公的な仕組みのことである。

日本では国民年金(全ての国民に給付。基礎年金という)と, 被用者年金(基礎年金に上乗せして給付。厚生年金という)と, 企業年金(厚生年金基金など)を併用する, いわゆる三階建て給付の仕組みを採用している。

公的年金は老後の生活を支えるための資金としての役割を担っているゆえ, 安定的に年金支給が行えるような制度でなければならない。日本の年金制度は, 従来から賦課方式(次項参照)を採用しているが, 2004年に法改正が行われた結果, まず, 保険料の水準を2017年まで段階的に引き上げた後に固定することと定め, その保険料と積立金で給付を行う仕組み(保険料水準固定方式)に変更した。一方で, 年金の被保険者(加入者)の減少や平均寿命の延び, さらには社会の経済状況などを考慮して支払いの水準を下げることができる

仕組み(マクロ経済スライド)をとることになった。つまり, 保険料を一定水準まで上げつつ, 給付額は現状維持もしくは減額することもあるという仕組みとなったのである。

年金制度を維持するためには財源の確保が欠かせないが, その方法についてはさまざまな意見がある。例えば, 基礎年金を保険料ではなく国税(国庫負担金)でまかなうべきだという主張(社会保険方式から税方式への転換)がある。一方で, 納付率の向上や国庫負担の引き上げ, さらには積立方式への移行などを行ってでも現状の制度を維持するべきだ(社会保険方式の維持)という主張もある。

☑ 年金制度(社会保険方式による)

年金制度には, 積立方式と賦課方式がある。積立方式は本人から徴収した保険料を積み立てておき, 老後にそれを取り崩す方式である。利点は, 自分で支払った保険料と同額(もしくは利子を含む場合がある)の給付が受けられることである。問題点は, 保険料を長期間積み立てていた場合, 景気変動による貨幣価値の下落が起こりうる(インフレ耐性がない)ということである。よって, 積立方式を行う場合は, 物価上昇に照らして適宜保険料率を修正するなどして, リスクを減らす必

要がある。

一方，賦課方式は現役世代から徴収した保険料と国庫負担金をおもな原資にして，受給者に年金を分配する方式である（世代間扶養）。この方式では，その年に現役世代から徴収した保険料と国庫負担金をそのまま年金として分配するため，景気変動に左右されることが少ないという利点がある（インフレ耐性がある）。しかし，現役世代の人口と年金受給者数とのバランスを欠くと，少ない現役世代で多くの受給者の年金を賄わなければならないといった事態が起こる恐れがある。よって，賦課方式を行う場合には，人口分布に応じて税金投入や積立方式の部分的導入などの補正措置を行う必要がある。

☑ 複雑な年金制度

現状では，国民年金（基礎年金）と被用者年金（厚生年金）と企業年金（厚生年金基金など）という三階建てからなる制度を採用している。また，職業などにより加入する保険も異なり，保険料や給付額も異なる。転職によって加入する保険が複数にわたったりした場合，給付額の算定が難しくなり，どれくらい年金が支給されるのかがわからなくなりかねない。

一方で，納付記録の管理が杜撰だったため，納付した記録自体がなくなる

という「消えた年金」問題までも発生した。このように，制度自体が複雑であるがゆえに起こるさまざまな問題点が指摘されている。

☑ 年金の一元化

複雑な年金制度が原因で生じる問題に加え，年金間の不公平感，年金財政の不安などといった問題を解決するために，年金制度を一元化しようという動きが見られる。

以前の被用者年金は，厚生年金と共済年金（国家公務員共済組合，地方公務員等共済組合，私立学校教職員共済）に分かれていたが，2015年に被用者年金一元化法が成立し，共済年金は厚生年金に統一されることになった。これは，社会保障と税の一体改革の一環であり，年金制度の公平性・安定性を確保することを目的として実施された。

☑ ノーマライゼーション

障害者と健常者の区別なく社会生活を営むことは正常（ノーマル）な状態であるとする考え方のことをいう。これは障害者をノーマルな状態にしようとするのではなく，障害者が障害をもったままであっても健常者と同様の生活が営めるように社会を変えていくことが望ましいというのが本来の意味である。

1950年代，デンマークの知的障害者の家族会の施設改善運動から生まれ，スウェーデンのニリエが広めたとされている。

ノーマライゼーション思想によると，障害者が自らの生活スタイルを主体的に選択することを可能にする。つまり，自らの求めに応じて適宜支援を受けながら生活や行動を行うことができるだけでなく，共生社会(他者と共存する社会)を築くことも可能にする。そして，障害者の障害や制約を取り除くための行動や施策は，障害者と健常者の間にある垣根を取り払うことにつながるとともに，障害者と健常者が協働して社会参加するための一助となる。さらにいえば，あらゆる立場の人々に対して平等にその人の人権を保障する土壌となるのである。

☑ バリアフリー

障害者や高齢者などの社会的弱者が不自由なく社会生活に参加できるように，物理的・社会的な障害を取り除くことをいう。具体例としては，路面の段差を解消するためのスロープ，移動補助のための手すり，スペースの広いトイレや駐車スペース，点字ブロック，電子チャイム(盲導鈴)，多目的トイレ(高齢者・子ども連れ・オストメイトなどに対応)，文字放送，手話通訳などがある。国土交通省では，「人にやさしいまちづくり事業」の一環として，バリアフリー化を推進している。

そのほか「心のバリアフリー」の提唱など，社会的弱者と健常者との間にある心理的障害を取り除こうという動きも活発化している。

☑ ユニバーサルデザイン

多くの人が利用できるように工夫されたデザインのことをいう。バリアフリーとは異なり，対象を社会的弱者に限定していない。デザインのコンセプトは，どのような人でも公平に使えること，使い方が簡単なこと，安全性が配慮されていること，必要な情報がすぐにわかることなどである。ノースカロライナ州立大学のメイスが提唱した。

具体例としては，安全性に配慮したドアやエレベーター，絵文字による案内表示(ピクトグラム)，音声認識によるコンピューター文字の入力や操作，温水洗浄便座などが挙げられる。

答案例

問題 日本の高齢化によって起こる問題点について，あなたの意見を述べよ。

600字以内

模範回答 日本は高齢化率が25％を超える超高齢社会であり，将来的には40％程度になると言われるなど，高齢化はさらに進むと予想される。今後，医療・年金・介護など，高齢者を支えるための負担が増加する恐れがある。これが最大の問題点と言える。 (以上，第1段落)

これらの負担は，現役世代の収入を実質的に減らすだけでなく，介護による時間的拘束が生まれるなど，現役世代の負担が過度になる。それに伴って，高齢者を支えるための制度や家族機能の維持，さらには彼ら自身の生活が困難になるという重大な問題を引き起こす可能性もある。一方で，高齢化は日本経済の衰退の要因にもなる。現役世代の収入が減少すると，経済活動が停滞する。それに加え，少子化による労働力人口の減少で生産活動が円滑に行えなくなる。このように，高齢化は現役世代だけでなく，日本経済にも打撃を与える恐れがある。もはや現状の高齢者福祉制度を維持しつつ，日本経済を衰退させないようにするのは困難である。 (以上，第2段落)

今後は世代間の人口比を正す対策と，歪んだ人口比でも耐えうる対策をともに講じる必要がある。前者では保育施設や育児休暇の拡充などの少子化対策であり，後者では現役世代への負担増だけでなく，高齢者医療費の個人負担増，年金の減額や支給開始年齢の引き上げなども視野に入れる必要がある。 (以上，第3段落)

解説 第1段落：意見の提示…今後の高齢化のさらなる進展により，高齢者を支えるのに必要な負担が増加する問題点を指摘している。
第2段落：理由説明…もはや現状のままの高齢者福祉制度を継続することは困難であること，そしてさらなる日本経済への悪影響が懸念されることを述べ，制度改定の必要性の根拠としている。
第3段落：意見の再提示…今後は，人口比を正すための対策や歪んだ人口比のもとでも耐えられる制度づくりとして，少子化対策や高齢者にも負担を強いる政策が必要であると述べて締めくくっている。

▶ ボランティア

出題頻度 → 工学 理学 農学 ★

定義

いろいろな形で奉仕活動をする人々のことを総称していう。原則的には,自発的・無償にて,社会や公共のために活動を行う人と定義されている。

災害発生時の復旧作業には数多くのボランティアが必要とされる。また,市民にとって必要不可欠でありながら,採算や財政の面から企業や行政が手掛けないサービスや高額な有償サービスについて,ボランティアがそれらを担うことによって事業を補完することが多く見られる。

なお,volunteer の原義は「義勇兵・志願兵」である。

問題点

ボランティアは無報酬で支援を行う存在であり,特に災害現場や社会福祉の現場においては貴重な労働力となっている。

一方で,従来の定義を逸脱するボランティアの存在が問題視されている現実もある。例えば,学校などで強制的にボランティア活動をさせられたり(自発的ではない),進学や就職における自己アピールの材料を集めるために活動したり,「自分探し(p.275参照)のため」「他人から感謝されたいから」などの動機から行ったり(社会や公共のためではない),有償ボランティア(p.276参照,無償ではない)などである。こうした人々は時として当事者としての意欲や問題意識が低いと捉えられることがある。

問題点の背景

従来の定義にあてはまらない人々に頼らざるを得ない状況が生じている背景には,ボランティアの確保が困難なことがある。例えば,無償性の原則を貫くと,自らの生活を優先させなければならない現実や,活動にかかる交通費や食費,宿泊費の負担などにより,長期間の活動を続けることが困難になる。また,自発性の原則を貫こうとすると,十分な応募がなく,

必要な労働力を確保できないことがある。特に継続的な活動が必要な現場では，慢性的な人手不足に陥る場合も少なくない。このような現状から，無償性や自主性，奉仕の精神の有無をボランティアに必ずしも求める必要はないのではないかという主張もある。

対応策・解決策

　確かに無償性・自発性・公共性の原則は重要な要素であるので，ボランティア活動にはこれらを理解したうえで参加すべきであろう。しかし，ボランティアの社会的需要は大きい。特に，災害復旧や市民生活に欠かせない事業に対して無償あるいは廉価で労働力を得るための一つの手段として，ボランティア活動は重要視されている。そのため，より多くのボランティアを募るにはこうした原則を逸脱した存在も認める必要があるのではないか。例えば，最低限の経費や報酬を認めること，参加の動機を不問とすること，学校などからの強制的な奉仕活動も認めることなど，ボランティアの定義をある範囲内で拡張することもやむを得ない。

小論文にする時のポイント

　ボランティアに関しては，頻度は高くないものの，工学・理学・農学の分野を問わずに出題される。

　入試では，ボランティアの重要性を問うものだけでなく，従来の定義から逸脱したボランティアの存在の是非を問うものも出題される。その時，「参加者は感謝され，満足感や喜びを得ることができる」などの自己中心的な根拠や主張だけを挙げることは避けよう。まずは，自発性・無償性・公共性の原則を意識した論述を心がけたい。

　一方，現状においてボランティアがなぜ求められるのか（災害復旧や市民生活に不可欠な事業を廉価で行える，廉価で労働力を確保できる）といった視点を持ち，それを基本にして，どうすれば継続してボランティア活動を行えるのかを意識した主張を展開するとよいだろう。

過去の入試問題例

例 近年，大規模な自然災害が発生し，市民生活が脅かされることが多い。このような場合，ボランティア活動が重要な役割を担っているが，あなたはどのようなボランティア活動ができると思うか，自分が果たせる役割について述べよ。

(東北学院大・工学部)

例 1週間以上の一定期間，特定のNGPやNPO，地域活動に会員あるいはボランティアとして活動して気づいた点を踏まえ，人類文明にとって海洋世界のもつ可能性についての考えをまとめよ。

(東海大・海洋学部)

例 災害時のボランティア活動は，被災者に対する支援として大きな役割を果たしている。東京電力福島第一原発事故の被災者の方々にあなたはどのような支援ができると考えるのか，あなたが入学を希望する学部または学科との関連で書け。

(石巻専修大・理工学部)

例 近年，学校教育において，ボランティア活動を必修科目として積極的に取り入れるところが多くなっている。ボランティア活動は，本来，自主性や自発性を基本とするものであるという観点から，学校教育における必修科目としてのボランティア活動の良いところ，良くないところについて，あなたの考えを述べよ。

(鳥取大・農学部)

関連キーワード

☑ 自分探し

今までの自分の生き方や居場所から離れ，ボランティアや一人旅などの行動やその中での思索を通して自分の個性(価値観や生き方など)を探ることをいう。「自分は何が好きで，何に取り組むべきか」を探るという意味合いが強い。社会が豊かになり，自分という人間を改めて探そうというゆとりが生まれたことが，その背景にある。

中には，個性を探せないことに不安やいら立ちを覚える人，「自分にはもっと多様な可能性があるに違いない」と自己を肥大化させる人もいる。一方でこうした思考は，自己を見つけても，さらなる別の自己を探そうとすることになり，いつまでも自己が見つからないという事態に陥る危険性もある。

☑ 有償ボランティア

対価が支払われるボランティア活動のことをいう。受け入れ先は、ボランティアに対して報酬・生活費・食事・宿泊先などを提供する。青年海外協力隊や国連ボランティア、国際交流基金日米センター日米草の根交流コーディネーター派遣プログラム、国境なき医師団海外派遣ボランティア、日本国際ワークキャンプセンター中長期ボランティア、日本青年奉仕協会の「青年長期ボランティア計画」（ボランティア365）、地球緑化センターの「緑のふるさと協力隊」などがその例である。

しかしながら、安い報酬で労働させるための手段として有償ボランティアが用いられるケースもあり、問題視されている。また、ボランティアの定義に「無償性」を謳っている以上、有償ボランティアという存在そのものが定義に矛盾するという指摘もある。

☑ プロフェッショナルボランティア

医師・法律家・教師などの分野の専門家が、自らの技能を生かして活動をするボランティアのことをいう。

普段はプロとしてその道で活躍している人や、過去そうした技能を持って活躍していた人が、余暇を活用してボランティア活動に参加していることがほとんどである。

☑ ボランティアのマッチング

奉仕活動において、作業内容や活動する場所、組織などがボランティア本人の希望・能力・価値観とマッチングしないことがある。また、作業に必要な人数とボランティアに集まる人数とがマッチングしないこともある。こうしたミスマッチを防ぐ方法として、行政やNPO法人が要請側との調整を行ったうえでボランティアを派遣する仕組みなどが必要になる。

☑ ボランティアの適切な支援

ボランティアの活動内容と受け入れ側のニーズが合致しないケースがある。例えば、ボランティアを受ける人が自分一人で行いたいのに、ボランティアがその行動を援助してしまうことがある。ボランティアは、対象者にとってその援助がどの程度まで必要かをきちんと見極める必要がある。

逆に、対象者がボランティアの支援に依存し続けるといった問題もある。例えば、生活に困っている人へ援助を行うことで、それに頼りきりとなり、結果的に彼らが自立して生活することを妨げる場合である。こうしたことを防ぐには、自立に向けた仕組みをボランティア活動の中に組み込み、それに従った支援を行うことが必要である。

答案例

問題 ボランティアのあり方について，あなたの考えを述べよ。 **600字以内**

模範回答 ボランティアは無報酬で対象者への支援を行う存在であり，特に災害現場や社会福祉の現場においては，貴重な労働力として活用されている。一方，「自分探しのために」「他人から感謝されたいから」という理由で行うボランティア，有償ボランティアなどが問題視されている。それらは，従来の定義を逸脱したボランティアの存在への批判や拒否感によるものである。　　（以上，第1段落）

　こうした問題の背景には，ボランティアの確保が困難なためにこれらの人々に頼らざるを得ない現実がある。例えば，無償性の原則を貫くと，自らの生活優先の必要性や必要経費の負担などにより，長期間の活動が困難になる。また，自発性の原則を貫くと必要な労働力を十分に確保できなくなり，特に継続的な活動が必要な現場では慢性的な人手不足に陥ることも少なくない。　　（以上，第2段落）

　確かに無償性・自発性・公共性の原則は重要であり，ボランティアに参加するならこれらを理解しておくことは必要だ。しかし，市民生活に必要な事業に対して無償・廉価で労働力を得る一つの手段として重視され，需要もある以上，より多くのボランティアを得るには，こうした原則を逸脱した存在も認める必要がある。最低限の経費や報酬の支払いを認める，参加の動機を不問とするなど，ボランティアの定義を拡張することも必要だと思う。　　（以上，第3段落）

解説 第1段落：意見の提示…ボランティアの定義を逸脱する存在（有償ボランティアなど）に対する批判があることを指摘している。
　第2段落：理由説明…従来の定義を逸脱したボランティアが生まれる背景と，低廉な労働力を継続的に確保するためには必要な存在であることを述べている。
　第3段落：意見の再提示…無償性・自発性・公共性の原則は重要であるが，それを貫くと社会的需要を満たせないことを指摘したうえで，ボランティアの定義を拡張してでも労働力として確保する必要があると述べている。

スポーツトレーニング

定義

　スポーツトレーニングとは，能力を向上させるために，目標を設定して計画的に行う鍛錬の総称である。その際，ルーの法則（p.283参照）をもとにしたトレーニングの3大原理が用いられることが多い。それは，

① **過負荷の原理**　日常的な運動よりも高い負荷をかけなければ体力は向上しない。

② **可逆性の原理**　トレーニングの効果は継続すれば持続するが，中断すると失われる。トレーニング期間が長いほど，効果が減退する速度が遅くなる。

③ **特異性の原理**　トレーニングの効果はトレーニングをした部位や動作に現れる。

の3つである。

　なお，競技スポーツ（p.284参照）におけるスポーツトレーニングの定義はやや厳密であり，競技者が最高の成績を上げることを目的とした競技者（アスリート）が行う訓練のことを指す。具体的には，テクニックや戦術の習得とともに，精神と身体の鍛錬を行うことが主となる。最終的には，競技までに知識・経験・身体を完成させること（レディネス）を目指す。

必要性

　スポーツトレーニングの必要性については，①競技スポーツ，②生涯スポーツ（p.284参照）に分けてまとめたい。

　競技スポーツにおいては，競技力の向上とともに怪我の予防のためのスポーツトレーニングが求められる。前者については，フィジカルトレーニング（p.283参照）により筋力やスピードなど必要な基礎体力を効果的に高め，より高度な技術や戦術を得る素地をつくるとともに，メンタルトレーニング（p.283参照）によって心理的スキルを会得させ，セルフコントロー

ルができるようにする。後者については，基礎体力を高めてエネルギー消耗を軽減する効果や，外部からの衝撃を緩和する効果（骨折・ねんざ・じん帯などの損傷リスクの軽減，膝や肩の慢性的な痛みの予防）などを得る。このように，最高の成績を収めるのに必要な競技能力を得るために行われるのが，競技スポーツにおけるスポーツトレーニングなのである。ただし，能力以上の過剰なトレーニング負荷，過密スケジュール，休養・睡眠不足などのために慢性疲労状態が続くと，オーバートレーニング症候群（倦怠感・睡眠障害・食欲不振・体重減少・集中力の欠如など）に陥る危険性や，さまざまな故障の原因になることがあるので，注意したい。

一方，生涯スポーツについては，健康を維持するために重要である。例えば，ストレッチ（筋肉を伸ばすこと）や有酸素運動（p.284参照），無酸素運動（p.284参照）を利用したフィジカルトレーニングを通して，骨や筋肉の強度の保持，関節の柔軟性の向上，適正な体重の維持などが期待でき，怪我の防止にも役立つ。また，メンタルトレーニングを通して，集中力の向上や上がり症の改善といった効果も期待できる。心身の健康を維持することは，生涯にわたって豊かな生活を送るためには欠かせない要素であるが，スポーツトレーニングはその維持のためにも役立つ。

必要性の背景

競技スポーツにトレーニングが求められる背景には，競技力向上への期待がある。そもそも，競技スポーツの究極的な目的は最高の成績を残すことに他ならない。オリンピックでは「より速く，より高く，より強く」という標語を掲げることからもわかるように，競技スポーツは人類の能力の限界に挑戦するものなのである。しかもその記録は日々更新されていくので，より高い競技能力が求められる。

このような状況に対して，スポーツ科学の研究や，その成果を踏まえた選手強化の立ち遅れを原因とする競技力向上対策の遅れが問題視されている。このままでは競技スポーツを続けている競技者や競技団体が，競技力を維持し向上させることは難しいだろう。こうした課題を克服するためには，優れた競技者の育成には不可欠のスポーツトレーニングがいま以上に

注目されなければならない。

　一方，一般の人々にもスポーツトレーニングが求められる背景には，社会の変化によって運動量の低下傾向が続いていることがある。昨今では自家用車の普及といった交通手段の変化，労働の機械化，産業構造の変化などの影響で生活環境が変化するのに伴って，日常的な運動量が減りつつある。こうした状況は体力や身体機能の低下を引き起こすだけでなく，生活習慣病のリスクを高めることにもつながる。また，運動不足は日常生活に必要な機能が低下する要因になったり，転倒事故の原因にもなりかねず，そうなると高齢者の自立的な生活を妨げる。こんな時，スポーツトレーニングを行うことにより介護の予防や健康寿命(健康な状態で生きることができる年齢)の延長が図れる。つまり，スポーツトレーニングは，国民の生活の質(QOL)を向上させる手段の一つであると考えられている。

対応策・解決策

　競技スポーツ・生涯スポーツのいずれにおいても，スポーツトレーニングを実施する際には生物学的な原則を踏まえて，機能を向上させることが求められる。そのためにはまず，次の5大原則を踏まえたトレーニングを守ることが必要だ。

① 全面性の原則　ある要素を向上させるためには，まんべんなく全体の要素も高める必要がある。

② 個別性の原則　個人の体力・技術・年齢・目的はさまざまであるから，一人ひとりに合わせたトレーニングメニューを組む必要がある。そうしないとトレーニング効果に差が出たり，障害を引き起こしたりする恐れがある。

③ 漸進性・漸増性の原則　能力の向上に合わせてトレーニングの強度・量・難度を段階的に上げる必要がある。急激に過剰な負荷を与えると，かえって機能が損なわれる恐れがある。

④ 継続・反復性の原則　トレーニングの効果を得るためには，適度な運動を反復することが必要である。途中でトレーニングを中止すると，トレーニング開始以前の水準に戻る。

⑤ 意識性の原則　トレーニングを実施する時には，その目的を正しく理解する必要がある。

　こうした原則を踏まえてトレーニングプランを立案することにより，トレーニング中の事故を予防したり，効果のないトレーニングを続けて労力を無駄にするのも防ぐことができる。

👍 小論文にする時のポイント

　スポーツトレーニングに関するテーマは，スポーツ推薦入試でよく出題される。したがって，工学・理学・農学の広い領域にわたっている。そして，主として，
① 競技スポーツにおけるトレーニングの必要性
② 生涯スポーツにおけるトレーニングの必要性
が問われる。

　①については，過去に競技スポーツの経験があることを前提として，「あなたがスポーツトレーニングを行った目的とは何か」など，スポーツトレーニングの目的や意義を改めて考えさせる問題が多く出題される。その際，「自分を高めるためにトレーニングを行った」といった表面的な記述に終始したり，スポーツ経験を延々と述べ続けたりすることは好ましくない。トレーニングの究極の目的は競技力の向上にあるわけだから，「自分自身の競技力，つまり競技に合った心身の能力をさらに向上させるために，スポーツトレーニングを行った」などと身体能力・精神力を高めるという目的をもってトレーニングを行ったという意見を述べてみてはどうか。そのうえで，自己の競技スポーツにおけるトレーニングの経験を振り返り，トレーニングの5大原則に合ったトレーニングができていたかどうかを検証するという方向で論じるとよいだろう。具体的には，自分自身にどういう課題があり，その解決のためにどういうトレーニングを行い，そのトレーニングはどのような原則に依拠するものであり，トレーニングによってどういう能力が高まったのか，といったことを詳細に分析するといった具合である。

　②については，「生涯スポーツはなぜ必要なのか」など，一般の人々にはどういうスポーツトレーニングが求められるかを尋ねる問題がよく出される。その際，「一般の人々が人生を楽しむためにスポーツトレーニングが必要だ」といった表面的な論述では思考力を疑われかねない。背景に社会の変化による運動量の低下

があること，トレーニングには骨や筋肉の強度保持・適正な体重の維持・集中力の向上・怪我の防止効果があること，それによって健康の維持ができることといった内容を盛り込む必要があるだろう。

過去の入試問題例

例 以下に示すキーワードの中から2つ以上を選び，その用語について関連する事柄および将来展望について述べよ。

トレーニング効果，トレーニング年間計画，持久力トレーニング，ウエイトトレーニング，柔軟性，サプリメント摂取　　　　　（国士舘大・理工学部）

例 科学はスポーツとどのように関連するかを論じよ。　　　（神奈川大・理学部）

例 練習方法と技量の上達の関係について部活動を通して何を学んだか，また，そのことを機械工学の勉強に生かすためには何が大切か。（愛知工業大・工学部）

例 スポーツについて述べた短文を読み，

問1．体力は①全身持久力②筋力・筋持久力・瞬発力③調整力④柔軟性⑤総合的な体力の5項目からなり，それぞれのトレーニング法が考えられている。県大会入賞レベルの高校スポーツ選手が屋外で行うことを前提して，各体力項目にあわせたトレーニング方法を具体的に記せ。

問2．筋力と柔軟性を高めるトレーニングは自宅でも可能であり，コンディショニングとしても重要視されている。自宅でできる①筋力と②柔軟性を維持向上させるためのトレーニングについて，出来るだけ多くの種類とその方法を具体的に記せ。

問3．日本人スポーツ選手はよく，国際試合に弱いと言われる。あなたが思う原因とあなたならどのように克服しようとするか，具体的に記せ。

（岡山大・マッチングプログラムコース）

例 サッカーの日本代表が予選リーグを勝ち上がることについて，今後の強化策としてどんなことが考えられるか。考えを述べよ。

（崇城大・工学部，生物生命学部）

🔎 関連キーワード

☑ フィジカルトレーニング

　肉体に対する鍛錬のことをいう。おもなものとして，筋力の向上を目的としたウエイトトレーニング（バーベルやダンベルなどで筋肉に負荷を与え，筋肉を強化する方法），体力の向上をめざすサーキットトレーニング（さまざまな運動種目を組み合わせ，各種目を休憩せずに繰り返す方法。ウエイトトレーニングに呼吸・循環機能の持久性トレーニングを加えたもの），持久力を高めるインターバルトレーニング（急走を緩走でつなぎ，それを繰り返す方法。心肺機能が向上する方法と言われている）といったものがある。

　フィジカルトレーニングは海馬（記憶や空間学習能力に関わる脳の器官）の空間認識能力を開発したり，シナプスを柔軟にするとともにニューロンの生成能力を高めたりするものとも言われている。

☑ メンタルトレーニング

　一般的に精神に対する鍛錬のことをいう。意志・意欲・決断力を高めるために行われる。競技者に対しては，競技力を高めるための心理的スキルを習得させることを目的とする。

　具体的には，ピークパフォーマンス分析（競技者の心理的能力を分析する），リラクゼーショントレーニング（競技に対する行き過ぎた緊張や不安を軽減するためのトレーニング），イメージトレーニング（理想の動作を頭の中にシミュレーションすることで集中力を高め，技術の習得を促すトレーニング），心理的コンディショニング（試合までに心理状態を高めるための調整方法を習得する）といった技法が用いられる。

　これらの他には，瞑想系身体技法（心を一つに集中することを通して，癒しやストレスの解消，精神統一，集中力の向上を目指す技法。ヒンドゥー教のヨガなどが代表例）や，自律訓練法（自己催眠によって自律神経の働きのバランスを回復させる方法）などが用いられることもある。

☑ ウィルヘルム＝ルー（1850〜1924）

　ドイツの動物学者。実験発生学（個体発生の機構の因果関係を研究する生物学の分野）の祖と言われている。また，生理学の基本原則であるルーの法則を導いたことでも知られる。

　ルーの法則とは，身体機能は適度に用いると維持・発達するが，用いなければ退化し，過度に用いれば障害を起

こすというものである。

☑ 無酸素運動と有酸素運動

　無酸素運動は酸素を必要としない方法で筋収縮のエネルギーを生む運動のことである。無酸素運動では筋肉内にある ATP（アデノシン三リン酸）を利用するが、ATP の貯蔵量は少ない。そこで筋肉内のグリコーゲンや血糖を用いて、酸素を用いずに ATP を作り出す（嫌気的解糖）。しかし、ATP の産出とともに、痛みやだるさを引き起こすもとになる乳酸を生み出す。

　一方、有酸素運動とは、酸素を消費する方法によって筋収縮のエネルギーを生む運動のことである。血中の糖分や筋肉内にあるグリコーゲンを酸素を使って燃焼させる。無酸素運動よりもエネルギーを生み出す効率が高く、乳酸も生じない。しかし、エネルギーの産出が無酸素運動よりも遅い。

　これらのことから、トレーニングを行う際には
① 乳酸耐性を高めること
② 酸素の供給能力を向上させること
の両者が必要となる。そのためのトレーニングの例としては、LT トレーニング（乳酸が蓄積しにくい強度でトレーニングを行い、エネルギー代謝能力を向上させたり、乳酸を除去する能力を高めたりする）やインターバルト

レーニング（高負荷と低負荷を交互に繰り返すため、最大酸素摂取量を高める効果がある）などがある。

☑ 競技スポーツと生涯スポーツ

　競技スポーツとは、競技に勝利することや、記録の達成や更新を目的とするスポーツを指す。野球やサッカーなどのプロ選手が存在するものや、オリンピック競技に該当するものは、競技スポーツに該当する。

　一方、生涯スポーツとは主として身体機能の維持や向上、あるいは余暇の楽しみなどを目的とし、勝敗にこだわることなく気軽に楽しむスポーツを指す。ゲートボールやグラウンドゴルフなどといったレクリエーションスポーツのように、老若男女を問わずに楽しめるように開発されたものが該当する。また、障害者も含めて、参加者全員が楽しむことを目的とし、障害の有無や体格などで勝敗が左右されないように考案されたユニバーサルスポーツも、広義のレクリエーションスポーツに含まれる。

☑ オリンピックとパラリンピック

　オリンピックとは、国際オリンピック委員会（IOC）によって開催されるスポーツ競技会のことを指す。4 年に一度、夏季大会と冬季大会が開催され、

夏季大会では陸上競技や水泳競技などが，冬季大会ではスキーやスケートなどのウィンタースポーツがそれぞれの主要競技内容となる。夏季大会の1回目は1896年にギリシャのアテネで，冬季大会の1回目は1924年にフランスのシャモニーでそれぞれ開催された。

パラリンピックとは，国際パラリンピック委員会(IPC)によって開かれる，障害者のみが参加可能なスポーツ大会のことを指す。夏季・冬季の両方が行われ，オリンピックが開催された年に同じ都市で開催される。

国際的かつ認知度がひじょうに高いオリンピックにはさまざまな問題点もある。まず，オリンピック開催地においては経済効果が期待できることから，IOCに対する誘致工作が展開されるようになり，なかには金品贈与などの倫理観が問われる手段まで見られるようになった点である。次に，競技に勝利することを目的に，ドーピング(p.286参照)やパラリンピックへの健常者の出場などの不正が図られるようになったことも問題視されている。さらにパラリンピックにおいては，障害の種類や程度によってクラス分けされることから，必然的にメダル総数が多くなり，メダル1つの価値が下がることや，障害を補助する器具の優劣がメダル獲得の有無を左右することがあり，経済的に豊かな選手が有利になってしまうという課題も生まれてきている。

☑ 国際競技が抱える諸問題

スポーツの国際競技が抱える問題点としては以下のことが挙げられる。

まず，選手やチーム間での競技であるべきものが，国家対国家となってしまうことに伴って起こる暴動や傷害事件の発生や，競技大会の政治的利用などである。有名なものでは，オリンピックの聖火リレーは1936年のベルリンオリンピックで初めて採用されたのだが，これはヒトラーがナチスドイツの威信を誇示するために行ったものであると言われている。

また，国際競技の開催地や開催国では高い経済効果が見込めることから，時には不正を伴う誘致合戦が展開されることがある。特に過去のオリンピックの誘致においては，複数の国における不祥事が発覚した。

一方，注目度が高い国際競技においては勝利至上主義となり，選手に対し肉体的・精神的に高い負担を強いる結果，ドーピング(次項参照)などの不正行為を誘発したり，メダルを逃した責任や重圧によって自殺や自傷行為を生んでしまうことさえある。

☑ドーピング

スポーツ競技者の身体能力や競技効果を向上させることを目的として薬物を使用することを指す。現在，オリンピックをはじめとしたすべての競技スポーツにおいて，ドーピングは禁止されている。ドーピングが禁止されている背景としては，フェアプレー精神に反すること，薬物の使用による健康被害の恐れ，薬物汚染につながることへの影響などが挙げられる。

これまでさまざまなスポーツ競技においてドーピング事件が起こり，なかにはコーチによるチーム全員への投与など，確信的なものまで発覚している。一方で，市販医薬品の摂取や点滴などの医療行為の結果がドーピングに抵触する例もあり，選手の体調管理を難しくしているという現実もある。

☑スポーツ障害

スポーツに起因する身体の慢性的障害をスポーツ障害と呼ぶ。多くは，長期間スポーツを続けることにより，運動器に繰り返し弱い負荷がかかることによって起こる。代表的なものはテニス肘や野球肘・疲労骨折・ジャンパー膝・椎間板ヘルニアなどで，一度障害が発生すると経過が長引く場合が多いため，傷害を防止するトレーニングが重要であるとされる。成人スポーツ選手にも多く見られるが，部活動などで日常的にスポーツを行う児童・生徒にも同様に発生する。なお，一度限りの強い負荷によって起こる外傷は，スポーツ障害には含まれない。

☑スポーツ指導者

スポーツの知識と技能を身に付けた指導者のことで，日本体育協会の定める各種指導者資格を取得した人のことを指す。具体的には，各種競技別に指導を行う競技別指導者，スポーツドクターと協力して選手の健康管理やリハビリテーションを行うアスレティックトレーナー，幼少年期の子ども達に遊びを通したスポーツ指導を行うジュニアスポーツ指導員などが該当する。

指導の促進ならびに指導体系の確立を目的として設置された資格であり，指導技術はもとより，医学や科学知識などを幅広く身に付けることにより，スポーツの振興と競技能力向上に寄与するだけでなく，他のスポーツ指導者と連携し合いながら総合的な指導を行うことが，スポーツ指導者の役割だとされている。

☑スポーツ栄養学

怪我の防止や高い競技能力の発揮などを目指した栄養の取り方のことをいう。具体的には，食事環境を整え，目

的に応じて日常の食生活で必要な栄養素を摂取したり，トレーニングと食事のバランスを調節したりすることが挙げられる。即効性はないものの，身体づくりの基礎になるものであり，近年はさまざまなスポーツ選手がスポーツ栄養学を取り入れている。

また，スポーツ指導者(前項参照)のうち，スポーツ栄養の専門知識を持ち，栄養・食事面から競技者を支援する者をスポーツ栄養士と呼ぶ。

☑ スポーツ心理学

運動競技としてのスポーツやレクリエーションスポーツ(p.284参照)のほか，身体機能の向上が目的のトレーニング的要素が強いスポーツなど，すべてのスポーツを心理学的に研究する分野のことを指す。

内容も多岐にわたるが，近年注目されているのが運動競技力向上を研究するもので，特にスポーツ選手の心理をサポートすることを目的としたメンタルトレーニングに関する研究が盛んに行われている。日本スポーツ心理学会では，スポーツメンタルトレーニング指導士の認定を実施しており，スポーツ選手などをスポーツ心理学の観点からサポートしている。

☑ スポーツ生理学

細胞や神経，ホルモンといった人間の生理現象を探究する生理学を基に，スポーツに伴う身体機能の変化やその影響を研究する分野のことをいう。

具体的には運動と，呼吸器・筋肉・血液・神経などの人間の身体各組織との関係や，栄養素・運動・身体機能との相互関係，気温や高度などの外的要因，加齢や性別などの内的要因とスポーツとの関係などが研究対象となる。効果的なトレーニングを行ったり，高い競技力を発揮したりするためには欠かせない知識であり，スポーツ指導者(p.286参照)にとっては必須となる学問といえよう。

☑ スポーツバイオメカニクス

スポーツにおける身体運動を，生理学や物理学的知識を基にして研究を行うスポーツ科学のことをいう。

研究は，さまざまな一流選手の身体運動を計測することによって行われる。運動計測はビデオカメラやセンサーなどによって行われ，計測結果は物理学を用いて解析される。これにより，運動のメカニズムを探究し，効率よい運動への改善，新たな運動の創造を行うことが最終目的であるとされる。これまでの成果として，短距離走で速く走るためには，単に足を高く上げるので

5

生活・スポーツ

はなく，足を速く上げることが重要であることが明らかにされている。

☑ スポーツ基本法

スポーツに関する内容を定めた法律で，2011年8月より施行された。この中で，スポーツはすべての人の権利であるとし，基本理念や国・地方公共団体の責務，スポーツ団体の努力，スポーツ施策の基本が定められている。

1961年に制定されたスポーツ振興法を全面改正した法律である。その目的は，国家戦略としてスポーツ立国を目指すための施策の実現，ならびに時代の変化によってスポーツを楽しむ層が拡大したことを受けて，学校教育を基にスポーツの普及を目指していたスポーツ振興法の最適化を図ることであった。それにより，スポーツ振興法には触れられていなかった，障害者スポーツの推進，プロスポーツの振興などが盛り込まれるようになった。

☑ スポーツ政策

これまで，スポーツ振興を目的としたさまざまな政策がとられてきた。

そのなかの一つである総合型地域スポーツクラブとは，地域住民が学校や公共施設を利用して運営するスポーツクラブのことで，生涯スポーツを目的として1995年より実施されてきた政策である。全国の各市町村での設置を目標としているが，指導者不足や認知度の低さにより，未だ実現できていない。

また，1946年より毎年開催されている国民体育大会(国体)は，競技スポーツの選手育成や地域のスポーツ施設建設への貢献など，スポーツ政策として重要な役割を果たしている。

一方，2011年に施行されたスポーツ基本法(前項参照)や2015年に設置されたスポーツ庁により，新たなスポーツ政策が実施，考案されることとなった。2020年度の文部科学省スポーツ庁予算は，過去最高の351億円となり，内訳の一つとして東京オリンピック・パラリンピックのメダル獲得に向けたトップアスリートの支援が政策として盛り込まれた。

ほかにも引退後のトップアスリートを総合型地域スポーツクラブに配置するという政策がある。これは選手達の選択肢を増やすとともに，地域スポーツの活性化につながるのではと期待されている。

☑ スポーツ教育

スポーツを体系化し，知識あるいは技能として身に付けさせる教育のことをいう。体育の授業中で行われるほか，公共・民間施設などにおいても，生涯学習の一環としてさまざまなスポーツ

教育が実施されている。

なお，体育とはスポーツや武道など を通して心身の成長を促す，あるいは 促すべく指導を行うものであり，小学 校の教科として定められている。一方, 保健体育とは，中学校と高等学校の普 通教育の教科であり，運動を通して資 質や能力・体力を養うという体育分野 と，健康や安全の保持という保健分野 を総合的に学習するものである。

☑ 運動技能の上達過程

運動技能とは身体運動を繰り返し練 習することにより身に付く技能のこと であるが，その上達過程はいくつかの 段階に分かれる。

一般的には，初期においては意欲的 に学習されやすいものの，動作は失敗 が多い試行錯誤の段階，部分的に意識 することにより成功する意図的な調節 の段階，そして運動が確実に行えるよ うになる自動化の段階の3段階を経る ことが多いとされる。

一方，上達が一時的に止まり，技能 が停滞することをプラトーと呼び，一 定レベルまで上達した技能が低下する ことをスランプと呼ぶ。プラトーは練 習を継続することで再び技能の上達が 見られるが，スランプはその要因を明 らかにし，それを解決しないことには 上達は難しい。

☑ 体力・運動能力調査

文部科学省が行う国民の運動能力に 関する調査（通称スポーツテスト）は 1964年から毎年実施されている。1999 年にテスト種目が改定され，新しいス ポーツテストになった（通称新体力テ スト）。新体力テストは，旧テストか ら継承された6項目（50m走・握力・ 反復横とび・ソフトボール投げ・立ち 幅とび・持久走）と，新規採用の3項 目（上体起こし・長座体前屈・20mシャ トルラン）からなる。

青少年（6歳から19歳）については, 水準が高かった1985年頃と比べると， 握力・50m走・持久走（中学生以上）・ 立ち幅とび（旧テストでは小学校低学 年のみ。新テストでは全対象者に拡 大）・ハンドボール投げ（小学生はソフ トボール投げ）が低い水準となってい る（中学生男子の50m走とハンドボー ル投げを除く）。一方，反復横とびに ついては向上傾向にある。なお，新体 力テスト施行後は，ほとんどの項目が 横ばいか，またはわずかな向上傾向に ある。

☑ リハビリテーション

病気や外傷により身体的・精神的な 障害が起こると，それまで本来ふつう に行われていた家庭的・社会的生活が 阻害される。こうした障害のある人に

5 生活・スポーツ

289

対して，残された能力を最大限に回復させたり，新たな能力を開発したりして自立性を向上させ，積極的な生活への復帰を実現させるために行われる一連の働きかけを狭義のリハビリテーションという。この働きかけには，リハビリテーション専門の医師や看護師・理学療法士・作業療法士・言語聴覚士・臨床心理士・義肢装具士・ソーシャルワーカーなどといったリハビリテーションの専門家（次項参照）が携わる。

リハビリテーションを実施し，対象者の生活の質（QOL）をできるだけ障害が起こる前の状態に近づけたり，あるいは障害によって生じる（生じた）問題を軽減や改善することによって，対象者が社会的な自立を回復することにつながる。さらに，自立することで対象者の自己決定を促すことにもつながり，結果的に QOL を向上させることができるのである。そして一方では，ノーマライゼーション（p.270参照）の具体的な実現例となって，その思想推進の担い手としての活躍も期待できる。

今後は，高齢社会の到来に伴い，加齢による疾病や障害を持つことになる対象者が増えるだろう。疾病や障害を持つ高齢者は，加齢による体力や心身機能の低下などにより，若年層のような機能回復や改善が望めない。そうした状況は社会進出を困難にし，社会的に孤立した高齢者や寝たきりの高齢者を生むことにつながる。この状況を少しでも緩和するために，リハビリテーションによる高齢者支援が重要となる。高齢者の QOL 向上と社会的自立のためには，病院や診療所でのリハビリテーション，あるいは通所によるリハビリテーションといった受動的な関与の仕方だけでなく，地域リハビリテーション（p.291参照）の展開などの積極的な関与が求められる。

☑ リハビリテーションの専門家

医師や看護師をはじめ，理学療法士（Physical Therapist；PT，理学療法を用いて身体機能の改善を図る），作業療法士（Occupational Therapist；OT，作業を行うことを通して心身機能の改善を図る），言語聴覚士（Speech-Language-Hearing Therapist；ST，言語障害や咀嚼・嚥下障害に対する治療を行う），臨床心理士（心理に関する障害にかかわる治療を行う），ソーシャルワーカー（社会福祉の援助技術を用いて支援する）などが連携してリハビリテーションに取り組んでいる。

☑ 理学療法

物理的な手段を用いて動作の回復を図る療法のことをいい，運動療法と物

理療法がある。

　前者は関節の動き・筋力・麻痺の回復を図るために，運動を用いて練習と指導を行う。また，寝返りや起き上がり，起立・歩行などの動作訓練も実施する。後者は温熱・電磁波・低周波・マッサージ・けん引などを用いて行う療法である。

☑ 作業療法

　レクリエーション・農耕・園芸・手芸などの作業をすることを通して，ADL (Activities of Daily Living；食事・排泄行為・入浴・寝起き・移動・歩行など，人間が独立して生活するために必要かつ毎日繰り返し行う身体動作のこと)の改善を図る療法のことをいう。

☑ 地域リハビリテーション

　対象者が住み慣れた地域で，そこに住む人々や機関・組織とともに行うリハビリテーションのことをいう。外来や通所によるものだけでなく，施設への短期入所や対象者の家庭へ訪問して行うものもある。

　疾病や障害が発生した当初からリハビリテーションを受けられるようにするだけでなく，障害の発生を予防する，障害を持つ人々ができる限り社会参加することを促すといった役割も担っている。

5
生活・スポーツ

291

答案例

問題 競技スポーツにおけるトレーニングについて，あなたの考えを述べよ。

600字以内

模範回答 競技スポーツにおけるスポーツトレーニングは，競技者が最高の成績をあげることを目的として行われる。トレーニングを通して競技者の能力や知識を向上させられるので，競技者にとってなくてはならないものである。

(以上，第1段落)

こうしたトレーニングは競技力の向上と怪我の予防のために行われる。前者については，フィジカルトレーニングの継続によって筋力などの基礎体力を効果的に高め，より高度な技術や戦術を得ることが可能となる。また，メンタルトレーニングによって心理的なスキルを得て，セルフコントロールも可能になる。後者については，基礎体力を高めてエネルギー消耗を減らす効果，外部からの衝撃を緩和する効果などが期待できる。つまり，最高の成績を収めるために必要な競技能力を得るためにスポーツトレーニングは必要なのである。 (以上，第2段落)

トレーニングを実施する際には生物学的な原則をふまえて，機能を向上させる必要がある。そのことにより事故の予防や，効果の低いトレーニングで労力を無駄にすることが防げる。競技力を維持してさらなる向上を目指し，最高の成績をあげるためにも，スポーツトレーニングで競技者に必要な身体能力や心理的スキルを身につけることは必要だ。

(以上，第3段落)

解説 第1段落：意見の提示…スポーツトレーニングは競技者にとってなくてはならないものであることを主張している。

第2段落：理由説明…スポーツトレーニングによって競技力の向上と怪我の防止の効果が期待できることを，その理由として挙げている。

第3段落：意見の再提示…スポーツトレーニングは生物学的な原則をふまえて行う必要があることを述べている。

6 社会情勢

　自然科学系の学部においても，経済・経営・メディア論など，社会情勢に関するテーマが出題されることがある。ただし，その場合でも工学・理学・農学に関連するテーマに限られる。例えば，食料自給率は本来は国際経済に関する事項であるが，農業とも密接に関わっているので，農学系学部では頻出である。

　ここでは自然科学系学部とかかわりが深い社会科学系のテーマ5つを厳選し，解説する。

取り扱うテーマ

> わが国の食料自給率の低下

> 経済のグローバル化

> 競争戦略

> リーダーシップ

> マスメディアによる報道

わが国の食料自給率の低下

定義

　食料とは食べ物全般を指すのに対して，食糧とは主食を示す。また，食料自給率とは，国の食料供給量のうち，国内で生産された食料が供給される割合のことである。

　2018年度における日本の食料自給率は37％（供給熱量ベース；「国民1人1日当たりの国内生産カロリー÷国民1人1日当たりの供給カロリー」で計算。以下も同様）であり，1990年代半ばごろより40％前後で推移しているが，全体的には下落傾向にあると言える。

　品目別でみると，米（97％）・鶏卵（96％）はほぼ自給できており，きのこ類（88％）・野菜（77％）なども高めである。それに対して，魚介類は55％，肉類は51％，果実は38％であり，小麦12％，豆類7％などはそのほとんどを輸入に頼っている。

問題点

　国際的な食料危機への懸念が最も問題視される点である。世界の人口は増加の一途にあり，特に途上国での人口増加が著しい。2019年現在，国連では世界人口を約77億人と推計しているが，2050年には97億人，2100年には110億人まで増加すると言われている。その増加分の多くは途上国で占められているが，人口増加分だけ食料の需要がさらに高まることになる。それに加え，バイオエタノール（p.298参照）を生産するための農作物需要が高まっており，食用需要と競合する事態が起こっている。

　一方，農産物の供給を増加させることに対しては，世界各地での異常気象のほか，水資源の制約などの多くの不安要因があると言われている。このことは，食料の多くを輸入に頼っているわが国にとっては，将来的には農産物価格の高騰や在庫量の減少のほか，生産国の輸出規制などといった食料安全保障上のリスク（p.298参照）をより一層多く抱えることになりか

ねないのである。

問題点の背景

　わが国における食料自給率に関する問題点の一つは，穀物の輸入依存体質，具体的には米以外の穀物は輸入に依存している点である。例えば2018年の品目別自給率をみると，米（97％）はほぼ自給できているものの，小麦（12％）・大豆（6％）などの自給率は極めて低い。これは，洋食化の流れがあったにもかかわらず米の生産を増加させ，むしろ麦の生産抑制を促す価格政策を取った農政（食糧管理制度；p.299参照）により，輸入を促す結果となったことが一因である。また，アメリカの小麦戦略（p.299参照）によるという指摘もある。さらに，小麦・大豆は稲作に比べて大きな耕地面積が必要となる一方で，連作障害（p.299参照）のリスクを考えると，小麦・大豆の栽培は米よりも非効率だという判断もあっただろう。そのほかにも，兼業化の進行によって，二毛作から米の単作に移ったこと，飼料の自給率は30％未満と低いことも一因と考えられる。以上のような状況から，結果的に，米以外の穀物はその大部分を輸入に頼らざるを得ない状況となったのである。

　もう一つは，日本の農産物市場が外国に対して開放的であることだ。日本の農産物の平均関税率は13％程度であり，アメリカ（4％程度）と比べると高いが，韓国（90％程度）・インド（50％程度）・タイ（40％程度）・EU（20％程度）などと比べてかなり低い。品目別でみると，牛肉（38.5％），バナナ（40〜50％）など一部の品目で関税の高いものはあるが，総対的に見ると日本は市場開放度が高い国と言える。つまり，関税が低い（市場開放度が高い）と輸入農産物が日本の市場に出回りやすいため，自給率が低下しやすいのである。

　なお，EUやアメリカは輸出補助金（p.300参照）制度を採用して輸出を促進し，高い自給率を確保しているが，日本には輸出補助金制度がないという点も理由の一つとなっている。

　食料自給率の低下は食料安全保障上のリスクが最も大きい事案だから，これを回避したり，軽減したりするための取り組みが必要だ。その際，
① 平時における取り組み
② 不測時(不作，国際紛争による輸入の減少や途絶)への取り組み
を分けて考える必要がある。

　①については，まず自給率を上げることが考えられる。米以外の穀物の自給率の低さが問題なのだから，米から小麦・大豆への転換のほか，専業農家を育成して生産の効率化を図ることである。しかし，取り組みについては必ずしも自給率向上にこだわる必要はない。比較生産費説(p.300参照)に代表される国際分業の原理をもとに考えると，「得意な分野に特化し，不得意な分野は他から仕入れる」といった体制を強化することも視野に入れるべきである。例えば，国際協調によって輸入ルートを確保してリスクを分散させる努力をすること，従来よりも多く収穫できる品種や農法の開発など新技術の導入によって得意分野を増やすことなどが考えられる。

　一方，②は備蓄の活用，代替品の輸入，緊急増産，生産転換の準備(花き類用農地の食用農地への転用，高カロリー作物への転換)などを行うことである。また，他国の農地を取得して，そこで農作物を栽培するなども検討の余地がある。さらに，農産物輸出国と自由貿易協定や経済連携協定(p.300参照)を結び，不測時などには優先的に輸入できる条項を入れておくことも一案である。

👉 小論文にする時のポイント

　食料自給率については，農学系統の学部において頻出のテーマである。入試では食料自給率の低さを話題として取り上げ，今後の施策について問う出題が多い。その時，食料自給率の下落は，穀物や飼料の輸入依存や開放的な日本の農産物市場の存在が影響していることを踏まえたうえで論じるべきだ。また，食料自給率の向上は国際的な食料危機への対応を目指したものであるが，危機回避は食料自給率向上だけでなくとも実現できることを念頭に置いた論述をしてほしい。

過去の入試問題例

例 品目別食料自給率，農家数および農家人口の年次変化を示す表を読み，我が国の食料生産に関わる問題点を列記するとともに，あなたの考える解決策を記せ。 (帯広畜産大・畜産学部)

例 食料自給率向上と環境保全の観点から，将来の日本農業のあり方について論じよ。さらに，その将来の日本農業にあなたはどのように関わることができるか述べよ。 (東京農業大・農学部)

例 食料自給率が低下した背景や食料自給率を向上させていくための方策について，あなたの考えを述べよ。 (新潟大・農学部)

例 食料生産の増大だけでただちに飢餓の根絶につながらないこと，人口増大を支え続けた驚異的な食料増産に陰りが見えてきたこと，および日本の農業の問題について述べた文章と，図1「世界の1人当たりの穀物生産量および穀物生産面積」，図2「主要先進国の食料自給率」を読み，文章と図を踏まえて，日本の食料供給を確保するために，我が国は今後どのような農業を展開すべきか，あなたの考えを述べよ。 (岐阜大・応用生物科学部)

例 供給熱量ベースと生産額ベースの食料自給率を示した図1，日本の食料自給率(供給熱量ベース)の推移を示した図2を読み，図1を参考にして日本において生産額ベースの食料自給率の方が供給熱量ベースの食料自給率より高くなる理由をまとめよ。また，図2から，日本の供給熱量ベース食料自給率の低下の原因に関してわかることをまとめよ。そして，供給熱量ベース食料自給率を向上するための方法を述べよ。 (山口大・農学部)

例 図「主要先進国の食料自給率」を読み，日本の食料自給率アップに向けて，今後どのようにしていかなければならないかあなたの考えを記述せよ。

(佐賀大・農学部)

☑ 食料自給率が抱える問題

　日本では食料自給率を供給熱量ベース（食料をすべてカロリーに置き換えて計算）で表すが、こうした推計は諸外国では行われていない。供給熱量ベースの自給率は生産額ベース（食料を生産額に置き換えて計算）よりも低くなる。例えば、2018年度の供給熱量ベースの自給率は37％だが、生産額ベースの自給率は66％である。

　また、この計算によると、国内の生産量が変化せずに輸入量が減ると、自給率が上昇することになる。よって、食料自給率をもとにして食料不足か否かを判断することはできない。そうした場合は、本来であれば栄養不足人口率をみるべきである。

　そして、計算で用いる「国民1人1日当たりの供給カロリー」は、ロス廃棄カロリー（店頭や食卓に並びながらも廃棄される可食部のカロリー）を引くことになっているため、廃棄食材が増えるほど食料自給率が低くなる。

　こうしたことから、食料自給率が示すものは一面的にすぎず、日本の農業の現実を示しているとは言い難いという主張がある。

☑ バイオエタノール

　サトウキビ・トウモロコシ・小麦・てんさい・稲わら・廃木材といった植物を発酵させてつくられたエタノールのこと。植物から作られるので、再生可能なエネルギーとして注目されている。さらに、植物は光合成によって二酸化炭素を吸収するため、バイオエタノールを燃焼させても炭素の収支ではプラスマイナスゼロとなる（カーボンニュートラル）。よって、地球温暖化防止にも役立つとされている。

　しかし、原油の代替として用いられると、トウモロコシなどの穀物がエネルギーとして利用され、食用需要と競合する。また、耕地の拡大によって環境破壊が広がる可能性や、食料が投機の対象として扱われることによる価格高騰なども懸念されている。

☑ 日本の食料安全保障

　食料安全保障とは、生存に必要な最低限の食料を安定的に入手することを保障することをいう。

　日本では食料の多くを輸入に頼っており、何らかの原因で海外から食料の輸入が困難になったり、価格が高騰したりすると、食料の供給に混乱が生じる恐れがある。農林水産省は、平時に

おける取り組みとして食料自給率向上と備蓄を主体とする一方で，不測時（不作，国際紛争による輸入減少や途絶）には国内の農業生産の拡大やカロリーの高い作物への作柄転換などを行うことで対応するとしている。

☑ アメリカの小麦戦略

昭和20年代後半，アメリカは農産物の過剰生産や過剰在庫が深刻となっていたため，余った農産物を輸出するために余剰農産物処理法を制定した。また，アメリカは途上国への輸出を促進するため，小麦・大麦・トウモロコシ・綿花などの余剰農産物を輸出するために各国との間で余剰農産物協定を結んだ。日本は1955年と1956年に協定を結んでいる。

この協定で日本に小麦・家畜の飼料・大豆が大量に流入するきっかけとなり，パン・畜産物・油脂類を用いる欧米型の食生活に変化したと言われている。この時期，日本政府は栄養改善運動を推進しており，余剰農産物の流入はアメリカと日本との利害が一致した結果だという指摘がある。また，アメリカは長期間安定して大量の余剰農産物を提供するために，日本の食生活を欧米化しようという目論見があったのだという推測もなされている。

☑ 食糧管理制度

米や麦などの食糧を国で管理する制度のことをいう。1942年に定められた食糧管理法による。

国は価格を定めて（生産者価格）農家から米穀を買い上げ，消費者に過度の負担にならないような価格（消費者価格）で販売する。しかし，消費者価格よりも生産者価格を高く設定したため逆ザヤが生じ，農家は保護された一方で，国は大幅な赤字を抱えることとなった。また，米の価格が重点的に引き上げられたため，ほかの作物との収益の格差が生じた。

1995年に食糧法が成立し，農家の競争力を高めるため，農家は自由に作物の販売ができるようになった。2004年の食糧法の改正では，誰でも米を販売できるようになったり，米穀の販売が登録制から届け出制に変わった。また，1970年代から続いた減反政策（米の生産調整）も2018年に中止となった。

☑ 連作障害

同じ農地で同じ作物を繰り返し栽培することで生育不良を起こすことをいう。連作をすると，土壌中の微量な元素のバランスが崩れたり，塩害（作物の抵抗力を落とす）・病害（土壌中の細菌やウイルスが作物を病気にする）・虫害（土壌にすむ害虫が作物を食べる）

などを引き起こす。また，ある作物を育てると，ほかの植物の生長を妨げる物質を放出することがある。

　稲作からほかの穀物へ転作する場合，連作障害への懸念から，稲以外の穀物を毎年植えることができない。よって，休耕や輪作を行う必要がある。

☑ 輸出補助金

　輸出の時に国から交付される補助金のことをいう。製品を安く輸出できることから，輸出を促進する効果がある。1980年代に起こった世界経済の景気後退により，EC（ヨーロッパ共同体。EUの前身）域内で発生した余剰農産品を輸出するため，輸出補助金を増やしたことから，アメリカも輸出補助金を増やして対抗し，農産品の価格が急落したことで問題となった。

　なお，日本の輸出補助金はゼロである。ただし，輸出戻し税（輸出企業に仕入れの時にかかった消費税が還付される制度。外国の付加価値税との二重取りを避けるためのもの）が実質的に補助金と同じ効果があるということで，批判の対象となっている。

☑ 比較生産費説

　イギリスの経済学者リカードが唱えた自由貿易と国際分業に関する説のことをいう。

他国より有利な条件で製品を作ることができる（比較優位）なら，お互いの得意分野に特化し，不得意分野の製品は輸入した方が互いの利益になるという内容である。つまり，各国が自由貿易で他国の製品を輸入した方が，保護貿易を行うよりも両者にメリットが生じるという主張である。

☑ 自由貿易協定（FTA）と経済連携協定（EPA）

　自由貿易協定（Free Trade Agreement；略してFTA）とは，特定の国との経済活動の活性化を目的に，関税撤廃や規制緩和を定めた条約である。一方，経済連携協定（Economic Partnership Agreement；略してEPA）は関税撤廃や規制緩和のみならず，経済取引の円滑化・知的財産権の保護・投資・競争政策など，経済に関するさまざまな連携や協力を親密に行うことを定めた条約である。自由貿易の促進によりスケールメリット（生産規模が拡大するほど，生産性や経済効率が向上すること）を得たり，競争で国内経済を活性化させるために締結される。

　日本は，ASEAN諸国・メキシコ・スイスなどとEPAを締結している。TPP（環太平洋戦略的経済連携協定；p.308参照）もEPAの一つである。

答案例

問題 わが国の食料安全保障について，あなたの考えを述べよ。 600字以内

模範回答 国際的な食料危機の背景には，人口増加による食料需要の増大に加え，バイオエタノール生産用の農作物需要との競合，異常気象，水資源の制約などの不安要因がある。食料の多くを輸入しているわが国は，将来的に食料安全保障上のリスクを回避することを考えるべきだ。　　　　　　　　　　　（以上，第1段落）

　わが国が食料を輸入に依存する背景には，米食からパン食への食の欧米化があった。にもかかわらず米の生産を増加させる政策を取り，小麦の輸入を促す結果となった。また，日本の農産物市場が外国に対して開放的であるために輸入が増え，自給率が低下しやすい。こうした状態が続けば，将来的には農産物価格の高騰・在庫量の減少・他国の輸出規制などといった問題が発生した場合に，食料の供給が危機に陥る恐れがある。　　　　　　　　　　　（以上，第2段落）

　よって，リスクを回避する試みが必要だが，平時と不測時の対応を分けて考えるべきだ。前者については必ずしも自給率向上にこだわる必要はない。国際分業の原理から，国際協調によって輸入を確保してリスクを分散させることが考えられる。一方，後者では，備蓄，代替品の輸入，緊急増産，生産転換などに加え，他国の農地取得による生産地の確保なども考えられる。　　　　　　　（以上，第3段落）

解説 第1段落：意見の提示…国際的な食料危機への懸念を踏まえ，食料安全保障上のリスクを回避すべきだという主張を述べている。
第2段落：理由説明…わが国がリスクを抱えた理由を，食の欧米化とそれに対する対応をもとにして説明している。
第3段落：意見の再提示…リスクを回避する方法を，平時と不測時に分けて説明している。

経済のグローバル化

定義

グローバル化とは，国や地域の境界を越えて，地球規模（グローバル）で人の交流や移動，物・資本・情報などのやり取りが行われることを指す。この言葉は社会・文化・環境などさまざまな分野で用いられるが，ここでは経済のグローバル化に的を絞って解説する。

経済のグローバル化は企業活動の効率化を生む。具体的には，

① 商圏の拡大による利益の増加の見込み　国内市場に固執するより，海外市場を念頭に置けば商圏が広がり，より大きな利益が見込める

② コストの削減　地球規模の経済が達成できるばかりでなく，コストを抑えた設備投資や備品の調達ができ，研究開発コストも削減できる

③ 自社製品のライフサイクルの拡大　ある地域で製品が売れなくなっても，別の地域で売れる可能性がある

④ リスクの分散　特定の市場への依存度を低下させることができる

などが挙げられる。

また，富の再配分が世界規模で広まったり，国際的な分業（p.308参照）が進んだりするので，経済の活性化にもつながると言われている。

問題点

経済のグローバル化に伴って，

① 国際的な二極化（p.309参照）

② 底辺への競争（p.310参照）

③ 経済危機の連鎖

④ 文化・経済・言語の多様性の否定

などが起こることが問題である。

①は企業の効率化の動きによって起こる。例えば，企業が労働力や資源が安価な国へと生産拠点を移すことでコストを削減しつつ，グローバル化

によって**スケールメリット**(p.309参照)を得ることができれば，その企業は優位に立てる。その一方で，国内にしか生産拠点を持てない企業は価格面や市場の大きさで対抗できず，衰退する恐れがある。それに加え，グローバル化によって多国籍企業が台頭し，世界経済を支配するようになっている。その結果，国が企業を制御する能力が弱まっており，さらに二極化を加速させる要因となっている。

②も，厳しい競争と企業の効率化によって起こる。激しい競争に耐えるために，生産拠点を海外に移したり，安価な賃金ですむ労働者を海外から集めたりする企業が増えると，産業が**空洞化**(p.310参照)するとともに，国内の失業者の増加や労働賃金の低下など，**労働環境の悪化**につながる恐れがある。確かにこうした問題に対しては，例えば国が適切に規制を緩和したり，法人税率や社会保障費の企業負担分を減らしたりする措置を講じれば，対処はできる。しかし，過剰に税率を下げる措置を行ったり，必要な規制までも緩和を行ったりすると，社会福祉の水準を低下させたり，労働環境のさらなる悪化を引き起こしたりするほか，自然環境の悪化を招いたりすることもある。

③は，一企業がさまざまな国で経済活動をするようになったこと，投資家が国境を越えて投資活動が行える環境が整ったことなどが要因となる。2007年に発生したアメリカの**サブプライムローン問題**(p.311参照)をきっかけに起こった世界同時不況などはその一例である。一企業や一国の経済破綻が世界中に影響を与えることが普通に見られるようになった。

④は経済の効率化によって起こる。効率化を根拠に他国の経済が台頭した場合，自国の経済のみならず，文化や言語までも破壊される恐れがある。例えば，アメリカ式の政治・経済政策が強力に推し進められた結果，アメリカ文化および英語が他国に輸出されていることなどはその一例である。こうした現状は，前述の理由から**アメリカナイゼーション**と言われ，世界各国から非難されている。

問題点の背景

　経済のグローバル化が進む背景には，国内需要の低迷が挙げられる。例

えば日本では高度経済成長期，バブル期を経て，経済の成熟度が増してきた。その過程で産業が発展するとともに消費者の欲求が次第に満たされ，人々の生活が豊かになってきた。しかし，多くの人が豊かな生活を享受できるようになった現在では，かえって切実なニーズを失いつつある。こうした状況下では消費活動はむしろ低迷し，経済成長は鈍化することになる。このように国内の需要が拡大しにくい状況下では，資本を持つ者や企業は開発途上国に新たな市場を開拓しようと試みる。特に日本はもともと国内市場が小さいため，より積極的に海外進出を試みるのである。

対応策・解決策

　経済のグローバル化の進展には問題が多いものの，この流れは今後も続くであろうし，その流れを止めるような方策は現実的ではない。また，インターネットの発達などによって市場の規模が急速に拡大しており，企業側は世界を一つの市場として捉えて戦略を練らなければならないという事情もある。したがって，企業の国際展開を推進し，できるかぎりわが国の企業活動が有利に展開できるように支援する必要がある。そのためには，国際競争に打ち勝つことができるだけの環境を整えることが求められるが，その主体は海外展開・貿易・取引の円滑化であろう。具体的には，海外市場での販路を開拓するための支援，海外企業とのマッチング，海外で売れる製品の開発，海外で活躍できる人材の育成などが挙げられる。

　一方，経済のグローバル化によって弱者が生まれるという事態も避けられない。よって，必要に応じてわが国の産業や労働者を保護するためのセーフティネットを張る必要がある。その主体は資本主義の行きすぎを修正する方策であるが，具体的には，労働者保護，国内企業の保護政策（p.312参照），保護貿易の推進（p.313参照）などが考えられる。しかし，こうした政策は企業の競争力を低下させる原因ともなるため，実施することが適切かどうかは十分に検討しなければならない。例えば，保護政策は効率化を推進する経営者の行動を妨げる。また，保護貿易は結果的に効率性が低下する（ナッシュ均衡）し，保護を受けない産業が損害を受ける。また，先進国がとった保護主義やブロック経済が第二次世界大戦の要因となったことを

踏まえると，これらの施策を積極的に行うことが正しいかどうかは疑問であると言わざるを得ない。

👍 小論文にする時のポイント

　入試では，経済のグローバル化の利点と問題点を指摘させる出題が多い。また，それを踏まえて，グローバル化を推進すべきか，抑制すべきか，いずれかの立場を選択させるという出題もある。こうした出題に対しては，一方的に利点ばかり，逆に欠点ばかりを述べるなど，偏った指摘に終始することは好ましくない。推進・抑制いずれの立場で論じてもかまわないが，賛否両論についても指摘しておくことが望ましい。利点としては「効率化」，問題点としては「国際的な二極化」や「多様性の否定」といった点を指摘することになるであろう。

📄 過去の入試問題例

例　グローバル化の進展に伴い，地域主権のあり方を考えていく際にもグローバルな視野が不可欠で，自分たちで考えることも独自のアイデアも提案せずに，ただ格差を何とかしてほしいという受動的な態度では永久に格差は縮まらないと述べた文章を読み，この文章に関連した自身の考えをタイトルをつけて自由に論じよ。
　　　　　　　　　　　　　　　　　　　　　　（東北芸術工科大・デザイン工学部）

例　農耕文化について述べた文章A，農業技術は農業社会の在り方を決定する重要な要因であると述べた文章Bを読み，上記の観点があることを踏まえた上で，あなたが考えるグローバル化のあり方について，その論理もあわせて論じよ。ただし，あなたの解答における「グローバル化」について定義すること。
　　　　　　　　　　　　　　　　　　　　　　　　（筑波大・生命環境学群）

例　最近，グローバル化が進展している。一方，ロジスティクスは，物資の効率的な生産と輸送に対して社会における重要な役割を果たしている。この両者の関係について，あなたの意見と本学で学びたいことをまじえて，まとめよ。
　　　　　　　　　　　　　　　　　　　　　　　（東京海洋大・海洋工学部）

例 企業の国際化が進み，最近では製品の「多国籍化」も進んでいる。例えば，米国の Apple 社の iPhone は日本企業のディスプレイ，電池，メモリ，韓国企業のプロセッサ等を搭載し，台湾企業が中国本土で生産している。このような「多国籍化」を踏まえて，これからのエンジニアに必要な能力や知識，考え方について，自分の意見を述べよ。　　　　　　　　　　　　　　　（富山大・工学部）

例 国際化の中であなたは，日本農業はどうあるべきだと思うか。
（東京農業大学・短期大学部）

例 経済のグローバル化がすすみ，地方の疲弊が懸念されている。グローバル化によりどのようなことが起きているか，どのような影響が考えられるか，地方の疲弊を防ぐにはどうしたらよいか，あなたの考えを述べよ。
（鹿児島大・農学部）

🔎 関連キーワード

☑ コスモポリタニズム

民族や国家を超えて，人間が平等な立場で一つの共同体に所属するという思想のことをいう。世界主義とか世界市民主義と言われることがある。古代ギリシャの哲学者，ディオゲネスによって提唱された。

現在においては，一つの国家内では解決できなくなった環境，貧困などの問題に対して，世界市民の一員として対応することが必要であるという観点のもとで，コスモポリタニズムが語られることが多い。コスモポリタニズムの発展的なものとして，人種・言語を超えた国家を目指す世界国家構想が挙げられる。

なお，コスモポリタニズムを支持する人はコスモポリタンと呼ばれる。

☑ 外国人労働者や移民の受け入れ

他国から受け入れた労働者が外国人労働者である。また，他国から自国へ移り住む人を移民と呼ぶ。

さまざまな面でグローバル化が進む今日では，外国人労働者や移民を受け入れ，自国内の働き手とする例が多く見られるようになった。労働者を送り出す側にとっては優秀な人材の流出につながり，また受ける側にとっては犯罪の増加や社会保障面での負担が生じるほか，自国民の雇用機会の減少につながるとされるなど，課題も多い。

出生率の低下に伴い労働力が減少傾向にある日本においては，製造業を中心とした非熟練労働の分野において，外国人労働者の受け入れが多く見られる。また，深刻な労働力不足に悩む看護や介護分野においては，看護師や介護福祉士の国家資格を取得して日本国内で働くことを目的として，インドネシアやフィリピンとの経済連携協定（EPA）に基づき，厚生労働省の管轄のもとで，2008年より外国人労働者の受け入れを開始している。

☑ 難　民

人種・宗教・民族・政治的信条などによって迫害されたり，迫害を受けるおそれがあることのほかに，貧困や飢餓から脱するために，他国へ逃れた人のことをいう。有史以来難民は存在していたが，特に第一次世界大戦後，ロシア革命やトルコ帝国の崩壊によりその数が大幅に増え，第二次世界大戦によりさらに深刻化した。現在でも，シリアやアフガニスタンの難民をはじめとして，世界各地に約2600万人もの難民がいるとされている（2018年現在）。

国際問題となった難民に対処することを目的として，1951年7月に難民の地位に関する条約が採択され，また，この条約を補足するために1967年難民の地位に関する協議書が採択された。

この2つをあわせて難民条約と呼んでいる。さらに，難民対処のための国際機関として1950年に国連難民高等弁務官事務所（UNHCR）が設立された。日本においてもインドシナ難民などの受け入れを行っているが，その規模は他国と比べ小さい。

☑ 経済統合

関税や貿易規制，人的制限などを排除して市場経済の統合を図ることをいう。NAFTA（北米自由貿易協定）やEU（欧州連合）は，経済統合の一種である。

経済統合は，加盟国のみで障壁を撤廃する自由貿易協定，制限を廃止するだけでなく非加盟国からの輸入に共通関税をかける関税同盟，貿易制限や労働力・資本制限の撤廃を行う共同市場，共同市場を基礎とし，構成国で経済政策の調整もする経済同盟，経済だけでなく政治的統合まで行う完全な経済統合に分類される。

経済統合すれば，貿易の促進による経済効果のメリットだけでなく，構成国どうしの関係の安定も望める。その一方で，域内の輸入増加による貿易転換によって自国生産性や競争力が阻害されたりする恐れがある。

☑ TPP

環太平洋地域の国々による経済の自由化を目指す経済連携協定のことで，正しくは環太平洋戦略的経済連携協定という。加盟国の間で取引される品目に対して原則的に100%の関税撤廃を行い，加盟国の貿易障壁をなくすことを主眼としている。

TPPへの加盟により，関税撤廃によって貿易が拡大するという利点がある一方で，逆に輸入増加により自国産業への打撃が懸念されている。

2016年に参加12か国が署名したが，その翌年になってアメリカが離脱した。この協定はアメリカ抜きでは発効できないため，日本やメキシコ，オーストラリアなど，アメリカ以外の加盟11か国は2018年に新協定であるTPP11に署名した。

☑ 日本企業における英語の公用語化

日本企業において，日本語の代わりに英語を社内での公用語とし，会議や報告などの日常業務を英語で行うことを目指す動きをいう。現在，楽天・ファーストリテイリング・シャープなどの企業で採用されているほか，導入を検討している企業も多数ある。

その背景としては，国内市場が縮小しているなか，海外市場へ進出するための国際的コミュニケーション能力の一環として英語の必要性が増していることが挙げられる。また，企業が海外進出していくなかで，現地での外国籍社員と円滑にコミュニケーションを取る必要性が生まれてきている点も，日本企業が英語を公用語化する理由である。しかし，英語を公用語化するために企業側のコストを増大させるだけでなく，慣れない英語を使用することにより，業務に支障が出るという懸念もある。

☑ 国際的分業

生産条件に合致する製品を重点的に生産・輸出し，逆に合致しないものは輸入することによって，国家間で分業を行うことをいう。

日本の製造業は，国内での生産量が不足している原材料を輸入し，生産技術によって製品に作りかえて輸出するという形の国際的分業を採用していると言える。この方式では，割安で生産できるものを輸出し，割高なものの生産を減らすことで，合理的かつ効率的な生産を行えることが利点として挙げられる。一方で，重点的な(つねに同種の)生産により産業を固定化させることになるが，そのことがひいては途上国と先進国の固定化につながるという問題点も指摘されている。

☑ 国際的な二極化

　経済格差が，国内のみならず世界的に進展している状態のことをいう。

　経済のグローバル化により雇用機会も世界規模化したことに伴い，かつては先進国や，その他の地域ではごく一部にしか存在しなかった富裕層が国際的に増大する一方で，先進国では中流階級が貧困化したり，開発途上国においても富裕層や中流階級層と低所得者層との経済格差の拡大が目立ったりするようになってきた。高度成長期には「一億総中流」であった日本でも，非正規雇用者の増加に伴って低所得者層が拡大したことや，中国では富を手に入れた富裕層が先進国並みの生活をする一方で，地方の農村では公共インフラすら整っていない地域もあることなどが例として挙げられる。

☑ スケールメリット

　規模が大きくなることによって，得られる利点（メリット）が拡大することをいう。具体的には，一度に大量の商品や資材の仕入れを行うことで，仕入れ価格を下げたり，業務の内容や人材の面などで分業化・集中化・専門化を図って作業効率を向上させたりすることをいう。

　例えば，商品を大量生産することによって低価格で販売できるようになっ

た場合は，スケールメリットが働いているといえる。一方で，規模が大きくなることにより，コミュニケーションの面で障害が出るなど，マイナス面が出ることもある。

☑ 多国籍企業

　複数の国に生産拠点として現地法人を置き，世界的に活動している大規模な企業のことをいう。代表的な多国籍企業に，アメリカのIT企業であるグーグル・アマゾン・フェイスブック・アップル（頭文字を取ってGAFAと呼ばれる）などがある。こうした巨大な企業は，市場に対する支配力が強く独占的になることや，市場となっている地域で課税されないことなどが問題となっている。

☑ タックスヘイブン

　法人税課税がない，または極めて税率の低い国や地域のことで，課税回避地と呼ばれる。代表的な場所として，イギリス領ケイマン諸島，香港，シンガポールなどが挙げられる。多国籍企業のなかにはこうした国や地域に所得を移すことで課税を免れている企業があり問題となっている。現在，国際的な租税ルール作りが検討されている。

☑ 底辺への競争

国内産業の育成や保護を目的として，減税や，労働・環境基準の緩和などを行うことで，税収減によって社会福祉の水準が低下したり，労働環境や自然環境の悪化を招いたりすることを，競争になぞらえて，底辺への競争と呼んでいる。

この背景には，自由貿易や経済のグローバル化とともに海外企業と競争する必要性が生まれたことや，国際競争に勝てずに衰退する国内産業が生まれたことなどが挙げられる。しかし実際には，移転コストや関税などの問題が抑止力となり，底辺への競争はそれほど起こってはいない。

☑ 産業の空洞化

企業のうち，特に製造業を中心に生産拠点を海外に移すことにより，国内の同種の産業が衰退していくことをいう。1985年のプラザ合意以降急速に円高傾向が強まり，日本企業が海外へ生産拠点を移していったこと，さらには90年代には世界の工場と呼ばれるようになった中国の台頭により，そのことが盛んに議論されるようになった。

産業の空洞化は雇用機会の減少や技術の海外流出を招くことのほか，経済成長を支えていた産業の欠落による国内経済の弱体化や，国内でそれまで生産拠点のあった地域の衰退を招くとの懸念もある。

☑ 規制緩和

ある産業や事業にかかわるさまざまな制限を除去したり，緩和したりすることをいう。そのことによって，企業の活発な経済活動を促し，市場や経済の活性化を図ろうとするものである。

日本においては，産業の育成や保護のために多種多様の規制があるが，その規制自体の必要性の低下のほか，諸外国からの圧力などにより，かなりの数の規制が緩和された。規制緩和のおもな例としては，かつてはNTTのみであった電話通信業への新規企業の参入などが挙げられる。

☑ ゲーム理論

一定の条件のもと，複数の行動主体が相互に影響し合う状況を研究する数学的経済学的理論のことをいう。他人の行動ならびに自己が他人に与える影響を考慮しつつ，利益が最大，あるいは損失が最小となる行動を求めることが分析内容となる。

例えば，まったく同じ力を持つA国とB国が対立している時に，仮にA国がB国を攻撃し，B国が戦わなければA国が勝ってA国の利益となるが，B国がこれに応戦すれば共倒れとなって

しまう。したがって，結果としてはともに攻撃はしないが，攻撃されれば応戦するという行動をとるのが最適であるという結論になる。

また，ゲーム理論における最も有名な例の一つに，囚人のジレンマというものがある。囚人A，Bが，共同で犯罪をした時に，いずれも自白しなければ2年の懲役とするが，どちらか一方が自白した時は自白した方を釈放し，他方を懲役10年とする。また，いずれも自白した場合は懲役5年とするという取引を，それぞれで話し合いをさせずに行った場合，囚人A，Bとも自白しないことが最適だが，裏切られることを恐れていずれも自白してしまい，結果として双方が長期の懲役となるというものである。これは，自己の利益のみを考えると最適な状況を逃してしまうことを示す例である。

☑反グローバリズム

経済の国際化に反対する社会運動の一種である。

経済のグローバル化により，国際市場の活性化は図られたが，反面，多国籍企業が開発途上国に対する搾取を増大させ，先進国と開発途上国との間での貧富の格差が拡大している。さらに，先進国内においても，途上国の安価な人件費に対抗するために非正規雇用者

を増やした結果，国民の間で貧富の差が拡大している。また，大規模な開発による環境破壊や，異文化の流入による固有文化の破壊が見られ，結果として世界的に文化が画一化しつつある点も，反グローバリズムが芽生える背景として存在する。

☑サブプライムローン

アメリカ合衆国におけるサブプライム層（優良な顧客よりも一段低い層のこと）への住宅ローン商品のことをいう。信用が低い人に向けたローンであるために債務履行（ローン返済）の信頼度は低いが，その分利率を高く設定している。

サブプライムローンは証券化され，世界中の金融商品に組み込まれていた。2000年前半までは住宅の価格が上昇していたので，これらを含む証券には高い評価が与えられていた。しかし，2007年頃から住宅価格が下落し，返済の延期を望む人が増加したこともあり，その金融商品の債務不履行の危険性が高まった。また，サブプライムローンによって事業を拡大したリーマンブラザーズ証券の損失処理に伴う株価低迷と倒産，それに付随したアメリカ政府の緊急経済安定化法（次項参照）の否決によって世界中の投資家を失望させた。その結果，2008年には世界各地で株価

を暴落させ，世界的な金融危機を招いた（リーマンショック）。

☑ 緊急経済安定化法

サブプライムローン問題による金融不安に対処するために公的資金を投入し，金融機関の救済を定めたアメリカの連邦法のことをいう。2008年に制定された。

この法律では最大7000億ドルの税金を金融機関へ注入することが定められたが，自己責任の考え方が根付いているアメリカ国民の反感を買い，法案は下院で一旦否決された。だがこれにより，ニューヨーク証券取引所で平均株価が史上最大の下げ幅を記録し，同時に世界各国の株価暴落も招いたため，預金者保護策の拡大や企業や個人の減税実施などの追加修正策を盛り込み，ようやく可決された。

☑ ボーダレス化

経済活動が国境（ボーダー）を越えて世界規模で広がり，企業活動の場が国際化している現象のことを指す言葉である。インターネットなどの情報技術や輸送手段の発達，企業の海外現地生産の拡大などにより，国際的な経済活動が従来よりも円滑に行えるようになったことが背景として存在する。

一方で，ボーダレス化が進むことにより，1つの国で発生した事案が他国へも波及する恐れがあるほか，巨大資本となった多国籍企業が自国に参入してくることによって，自国の産業が対抗できずに衰退に追い込まれる可能性もある。

☑ 外資規制

国内企業に対する外国資本の流入に関する規制のことをいう。

現在日本においては外為法（外国為替及び外国貿易法）に基づき，直接投資の条約などがない国からの投資や，通信・放送・航空機・旅客運送などの一部の産業分野において，外国人による投資に対する規制が設けられている。外国資本の流入により海外企業が経営権を獲得したり，外資系企業として新規参入したりする場合があるが，その場合，資本の増加による利益拡大や地域の活性化，あるいは新たな雇用の創出をもたらすことがある反面，所得や技術の海外流出や，厳しい雇用調整による雇用不安などを招く可能性がある。

☑ 保護政策

自国の産業を保護する目的で行う経済政策のことをいう。関税率を上げることで輸入を規制したり，国内企業を税制面で優遇するなどの方策をとることにより，自国の産業の衰退を防止す

ることが目的である。

　自国の産業を守ることで，国内の雇用環境の保護に寄与する反面，自由競争を阻むことにつながり，結果として生産効率の低下や，消費者が安価で良い品を手に入れにくくなるなどの欠点もある。

☑ 保護貿易

　国家政策として，自国の貿易を保護することをいう。具体的には，国外からの輸入品には関税をかけることによって値段を高く設定させて，自国製品を保護することがおもな手法となる。自国内の産業保護と育成を目的とするが，外交的な問題の報復措置として行われる場合もある。

　保護貿易には特徴があり，ゲーム理論のナッシュ均衡という例で説明される場合がある。つまり，ある国で保護貿易を，他国で自由貿易を行った場合，ある国では輸入で他国の製品が制限され，輸出で自国の製品が促進されるために貿易収支が改善する。一方，他国では，輸出が阻害されるために貿易収支が悪化する。その結果，他国でも貿易収支を改善するために，保護貿易を行わざるを得なくなり，結果として自由競争を阻み，生産効率が下がるというものである。このようなことから，行き過ぎた保護貿易は世界経済を停滞させることが多く，国際的に非難を浴びやすい。

答案例

問題 経済のグローバル化を推進すべきか，抑制すべきか。あなたの考えを述べよ。**600字以内**

模範回答 グローバル化とは，国や地域を越えて，地球規模で人の交流や移動，物・資本・情報のやり取りが行われることを指す。経済のグローバル化は企業活動の効率化を生み，富の再配分が世界規模で広まったり，国際的分業が進んだりするので経済の活性化につながる。しかし，私は経済のグローバル化は抑制すべきだと考える。 (以上，第1段落)

なぜなら，グローバル化に伴って国際的な二極化が進む恐れがあるからだ。確かに，企業が労働力や資源が安価な国へ生産拠点を移してコストを削減しつつ，グローバル化によるスケールメリットを得られれば，その企業は優位に立てる。だが，価格面や市場の大きさで対抗できない企業は衰退するだろう。また，生産拠点を海外に移したり，安価な労働力を海外に求める企業が増えると，国内産業は空洞化し，失業者の増加や労働賃金の低下など，労働環境の悪化につながる。 (以上，第2段落)

しかしながら，グローバル化や経済の自由化の流れを止めることは非現実的だ。よって，我が国の産業や労働者を保護するために，労働者保護，国内企業の保護政策，保護貿易の推進など，セーフティネットを張る余地を残した政策をとる必要がある。ただし，こうした政策は企業の競争力を低下させる原因ともなるため，実施することが適切かどうかは慎重に検討すべきだと考える。 (以上，第3段落)

解説 第1段落：意見の提示…経済のグローバル化によるメリットは理解しつつも，グローバル化を抑制する必要があることを主張している。

第2段落：理由説明…グローバル化に伴って国際的な二極化が進むことを理由に挙げて，グローバル化抑制の必要性を説明している。

第3段落：意見の再提示…グローバル化の流れを止めることは非現実的であるということを踏まえ，セーフティネットを張る余地を残した政策を取る必要性を述べている。

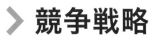

競争戦略

定義

　競争戦略とは，ある市場でどのように優位に立ち，その立場を維持するかを方針として定めることをいう。アメリカの経営学者のマイケル=E=ポーターによると，

① コスト優位戦略　同じものであれば他社よりも安ければ優位に立てる

② 差別化戦略　その商品には代替性がなく，競合する製品やサービスよりも優れていれば優位に立てる

③ 集中戦略　業界の特定のセグメント（部分）に集中すると優位に立てる

の３つを競争戦略における３つの基本戦略として論じている。つまり，競争に勝つためには，いかにコストを下げ，差別化するかを決め，特定のセグメントに集中する必要があるということだ。

必要性

　競争戦略を取ることによって，特定の市場において利益を最大限に得る可能性が高まる。例えば，コスト優位戦略を取ることで，業界のなかで最大のシェアを獲得するチャンスを得ることができるとされる。規模の経済の理論(p.319参照)や経験曲線効果の原理(p.319参照)をもとにして，競合他社に先駆けて安い価格を設定し，資本を大量生産システムの導入のために投入することができれば，圧倒的な低コストを実現でき，価格での他社の追撃を許さないだろう。この戦略は，大企業向けの戦略と言える。

　また，差別化戦略を行うことでも競争で優位に立てるとされる。同じカテゴリーの製品であっても，多機能化・付加価値・ネームバリューなどの面で製品の優位性が強調できれば，シェアを拡大することができる。

　他方，集中戦略を取ると，特定のターゲットに絞り込むことになるので，競合他社よりも効率よく，効果的に競争できる。その後にコスト優位戦略を取るか，差別化戦略を取るか，あるいは双方を達成することによって，

競争で優位に立つことができる。これは，主として中小企業やベンチャー企業向けの戦略といえる。

必要性の背景

　昔は経営目標をもとに，経営計画を立てていた。しかし，経営の環境はより複雑化するとともに，短期間で変化するようになった。例えば，技術革新のスピードが速まる一方で，グローバル化によって国際競争が激化している。それに伴って顧客ニーズも多様化し，流行の移り変わりも速くなったために製品のライフサイクル（p.320参照）も短くなってきた。こうした変化の激しい状況においては，簡単に計画を変更することは容易ではない。一方で，今まで通りの方法をそのまま維持することは，企業にとって命取りになることもあり得る。したがって，経営計画の迅速な立案は，経営戦略にとっては非常に重要なものとなっている。

対応策・解決策

　コスト優位戦略を採用するならば，生産性を高くする方法を考える必要がある。例えば，生産能力が高い人を採用すること，組織を効率よく運営すること，製品のコスト削減に努めることなどが考えられる。ただし，この戦略において勝てる企業は最もコストが安い企業のみであり，市場の変化などによって商品を低コストで作れなくなるリスクがある。

　一方，差別化戦略を採用するならば，他社よりも優位に立つ方法を考えることが求められる。それには，独創性のある人を採用すること，柔軟な組織にすること，他社が真似できない製品を作ることなどが必要であろう。また，差別化を図る時には，
① 商品やサービスによる差別化（速さ，便利さ，高品質，高性能化）
② 提供方法による差別化（速さ，便利さ）
③ 顧客への対応力による差別化（信頼，情報提供）
などの手段を取る必要がある。つまり，差別化戦略では，競合他社よりも優れた価値をどのようにして顧客に提供するかを考えるべきだ。ただし，競合他社による模倣で差別化が打ち消されてしまうリスクを負う。

　他方，集中戦略を採用するならば，市場を適切に細分化することが必要だ。アメリカの経営学者のフィリップ＝コトラーは，市場を細分化する際には，

① 測定可能性（市場の規模や顧客の反応が測定できること）
② 到達可能性（市場の顧客に商品を届けられること）
③ 利益可能性（市場で利益を確保できること）
④ 実行可能性（マーケティング戦略が機能して販売戦術が実行できること）

という 4 つを満たすことが必要としている。ただし，市場を細分化しても，競合他社がその市場のなかにさらなる小さな市場（ニッチ市場）を見つけて集中戦略を取る可能性があるというリスクを伴う。

👍 小論文にする時のポイント

　入試では，
① 特定の市場のなかでどのような戦略を取るべきか
② ある戦略に対してどのような対抗策が取れるか
がおもに問われる。

　①については，企業の規模によって優先して考えたい戦略があることに注意したい。例えば，大企業にはコスト優位戦略，中小企業には集中戦略が挙げられる。

　②については，相手がどのような戦略を取っているのかを把握し，その対抗策を考えたい。例えば，相手が大企業でコスト優位戦略を取っているのならば，技術革新をもたらして競争相手の投資や習熟を無駄にさせるといったことが考えられる。一方，相手が差別化戦略を取っているのであれば，同質化戦略（p.319参照）によって差別化を打ち消せばよい。

📑 過去の入試問題例

例 関税と食料自給率について述べた文章を読み，日本の農作物の輸出競争力を高める方法としてどのようなものが考えられるか，意見をまとめよ。

(筑波大・生命環境学群)

例 中長期的な課題を克服し，競争力を強化するために作成され公表された『ものづくり国家戦略ビジョン』から，ものづくり力を定義し，3つの類型に整理してそのビジョンについて述べた文章を読み，新しい製品・サービスのうちで独創性があり革新的であると考える工業製品を1つあげ，論理的に説明せよ。また，我が国経済が直面する中長期的な課題を解決し，経済発展・成長や豊かさを実感できる社会の創出に貢献すると考えられる工業製品を考案し説明せよ。

(東京工業大・第4類)

例 あなたは本学科で幅広い分野について学び，大学院へ進学し，学位を取得後，現在，企業の研究所で新しい自動車の研究開発を担当していると仮定し，他社との競争の中で予算が削減され，経営者から50%の削減を迫られた。50%の削減では，もはやまともに走る自動車などできるわけがない。あなたは，何を優先し，何を削減し，どのような自動車を作り上げるか。　　(中央大・理工学部)

例 経済学者である筆者が，スポーツにおけるルールのあり方について，ルールを前提とした選手の対応，ルールの設定や変更による有利不利をどう考えるべきかに注目して述べた文章を読み，あなたが取り組んできたスポーツの中のルールにおける公平・不公平感に関する良否についてあなたの意見を述べよ。また，競争とルールに関する著者の考えをまとめよ。　　(甲南大・知能情報学部)

例 「再生医療」の国際競争が激しくなる中で，日本で唯一の再生医療ビジネスが苦境に立たされている現状と原因について述べた新聞記事において，「日本は研究は推進しても製品化は厳しい。このままでは負ける。」とあるが，この現状の原因は何であり，この問題を解決するにはどういうことが必要と述べられているか。文章中から読みとれることにあなたの意見も加えて記述せよ。

(県立広島大・生命環境学部)

🔎 関連キーワード

☑ マネジメント

　組織を管理するための技法のことをいう。ジョン=P=コッターによると，企業におけるマネジメントとは，計画と予算を立て，目標達成への手順を組み立てて経営資源を配分することだと説明している。また，マネジメントは階層とシステムを通して機能するため，

組織の編成や統制，権力・権限に依存すると指摘している。

また，マネジメントの技法を研究する学問のことを経営管理論と呼ぶ。20世紀初めごろに行われたフレデリック＝テイラー，アンリ＝ファヨール，マックス＝ウェーバーという3人の研究が経営管理論の基礎になったとされている。テイラーは管理についての客観的な基準をつくり（科学的管理法），経営学の父と呼ばれている。また，管理原則の父であるファヨールは経営管理を「計画・組織・指揮・調整・統制」の5要素だと定義した。一方，ウェーバーは，組織の支配の形態やその機能性・合理性に注目し，組織構造という概念を生み出した。

☑ 規模の経済

生産量が増加すると利益率が高くなることをいう。原材料は生産する規模にかかわらず一定のコストが必要だが，労働力は規模の経済が成立すると言われている。

市場が成長期（p.320参照）の場合，できるかぎり資本を増やして（借金をして）生産規模を拡大すれば，より多くの利益が得られる。一方，成熟期（p.320参照）の場合，選択と集中の戦略を取ることが重要だ。すなわち，なるべく早い段階で資本を償却して（借金を返

済して），新たな分野に集中的に投資することを検討すべきである。

☑ 経験曲線

今まで生産した製品の量（累積生産量）が増加すればするほど，コストが一定の割合で減少することは経験的に知られている。それを示した曲線のことを経験曲線という。学習によって能率が上がることがコスト減少の要因であると言われている。

経験曲線によって将来かかるコストを予測したうえで，極限まで低い価格を設定すれば，市場において高いシェアを確保できる可能性が高まる。しかし，技術革新などがみられた場合，製品や生産設備の刷新のたびに新たな経験曲線ができるため，見込み違いが生じたり，大量に在庫を抱えたりするリスクもある。

☑ 同質化戦略

同質化戦略とは，競合他社の製品を模倣したものを売る戦略のことである。競合他社が築いた差別化を無効にすることも可能であるとされる。

豊富な資本や経営資源を持つ企業が同質化戦略を取り，コスト優位戦略に持ち込めば，シェア拡大による利益増につながる。同質化戦略は，差別化戦略に対抗する戦略である。

☑市場細分化戦略

差別化戦略に対抗する戦略の一つである。例えば性別や年齢，地理的条件，パーソナリティ，購買頻度などで市場を細かく分割し（セグメント），それぞれに合った製品を販売する戦略のことをいう。

それぞれの需要の大きさ・成長性・収益性を予測し，最も有利な市場を選んで経営資源を集中的に投入すれば，効率的な販売ができ，競争において優位に立てる（集中戦略）。また，細分化したすべての市場に投資することができれば，それぞれの市場で優位に立つことができる（総合主義戦略）。価値観や消費の多様化が進む現代における一般的なマーケティング戦略と言われている。

☑ライフサイクル

ライフサイクルには，ミクロのライフサイクルとマクロのライフサイクルの2種類がある。

ミクロのライフサイクルとは，製品を企画し，設計・製造し，販売・使用をしたあと，再生に至るまでの周期のことを指す。例えば，コピー機のように販売時だけでなく，使用時のサポートでも利益が上がるようにするなど，こうしたサイクルの各段階において収益が得られるように工夫することが必要だ。また，環境への配慮をするために，生産・販売の各段階ごとに環境への負荷を軽減する仕組みを考えることもできる。

なお，こうしたいくつかの過程のなかで製品の情報を一括して管理し，企業の収益を上げるための取り組みをプロダクトライフサイクルマネジメント（PLM）という。

一方，マクロのライフサイクルとは，製品の販売が始まり，終了するまでの周期のことをいう。導入期（認知度が低く，需要は少ない時期），成長期（一度認知され，需要が急増する時期），成熟期（需要は伸びないが，新規参入者の増加により競争が激化する時期），衰退期（需要が減少し，市場からの撤退者が発生する時期）の4つに分類されている。

なお，1962年にロジャースによって提唱されたイノベーター理論（ものごとが流行する時，人々はどういう行動をとるのかを説明した理論）と関連が深い。導入期にはイノベーター（革新者。新しいものを進んで採用する）とアーリーアダプター（初期採用者。流行に敏感なタイプ）に，成長期はアーリーアダプターとアーリーマジョリティ（前期追随者。流行に慎重なタイプ）に，成熟期はレイトマジョリティ（後期追随者。流行に懐疑的なタイプ）

とラガード(遅滞者。流行に関心が薄いタイプ)に，それぞれ分類される。

☑ マーケティング

商品やサービスなどを売るための仕掛けづくりのことをいう。言い換えれば，製品を生み，流通させ，販売・広告をする一連の活動のことを指す。

マーケティングについては一般的に，
① ベネフィット　顧客は商品が欲しいのではなく，商品が顧客にもたらす利益を欲しがっている。
② 差別化と強み　競合商品との違いを商品の強みとして顧客に訴える。
③ セグメンテーションとターゲティング　市場を細分化し，商品を売り込むターゲットを絞り込む。
④ 4P　Product：製品，Price：価格，Promotion：販売促進活動，Placement：流通
の4つの切り口で顧客を絞り込むという考え方がある。

☑ 経営者に必要な能力

経営者に求められる能力は，企業の成長段階(創業期・成長期・安定期・再成長期)によって異なるだろう。

創業期には創造性，成長期にはそれに加え管理能力，安定期にはリーダーシップ能力，再成長期には再び創造性が重視されるという。

また，忍耐力や使命感，謙虚さ，決断力，先見性，行動力，戦略策定能力，リスク対応能力をもつ経営者が優秀であると言われている。ただし，経営者に求められるものは多種多様であり，主張する人によっても挙げる項目が異なるのも事実である。

☑ イノベーション

従来とは異なるものを創造することによって，経済や社会に新しい価値を生み出すことをいう。「技術革新」と訳されることもあるが，新たな技術を開発することだけにとどまらず，従来の仕組みの刷新や組織の改革，新しい市場の開拓など広範な意味を表す概念である。

☑ モノ消費・コト消費

商品を所有することに価値を感じる消費傾向を「モノ消費」，商品やサービスによって得られる経験・体験に価値を感じる消費傾向を「コト消費」という。市場が成熟している現代では，モノ消費だけでは経済を活性化することが難しくなってきており，その商品やサービスによってどんなことを経験・体験するかというコト消費と組み合わせて，経済の活性化を考えるように変化してきている。

6
社会情勢

321

答案例

問題 町工場が生き残るための戦略について，あなたの考えを述べよ。

600字以内

模範回答 競争戦略とは，ある市場でどのように優位に立ち，それを維持するかを方針として定めることをいう。町工場を経営する中小企業の場合，多額の資金を投入する必要があるコスト優位戦略を進めることは現実的ではないので，集中戦略と差別化戦略を組み合わせた戦略を行うことを提案する。　（以上，第1段落）

　業界の特定のセグメントに集中する集中戦略が取れれば，競合他社よりも効率よく効果的に競争できる。一方，差別化戦略を行うことで，競争に優位に立てる。また，何らかの付加価値を強調できれば，国内市場でのシェアを拡大できる。つまり，技術を充実させ，競合他社よりも優れていることをアピールできれば，町工場が生き残れる可能性を見いだせる。　（以上，第2段落）

　そのためには，まず市場を細分化することが重要となる。町工場であれば，自らが有する技術が応用できる分野を探り，それに合わせた製品開発を行ったうえで差別化戦略を推進したい。例えば，ミクロン単位で金属加工できる技術を持つ企業が，その技術を医療分野に応用し，痛みのない注射針を開発した事例がある。このように，差別化への戦略では，異分野への参入も視野に入れ，競合他社よりもいかに優れた価値をどのように顧客に提供するかを考える必要がある。

（以上，第3段落）

解説 第1段落：意見の提示…町工場は中小企業が多いことを踏まえて，集中戦略と差別化戦略を行う必要性を述べている。
第2段落：理由説明…なぜ集中戦略と差別化戦略を重視すべきなのか，その理由を説明している。
第3段落：意見の再提示…集中戦略と差別化戦略を行うにはどうすべきか，具体的に述べている。

リーダーシップ

出題頻度 → 工学 理学 農学 ★

定義

リーダーとは，グループや集団を代表し，統率する人のことをいう。集団を率いる地位を獲得した者がリーダーとなって集団や組織を統率する能力や技術のことをリーダーシップという。

なお，マネジメントとリーダーシップとでは目的が異なる。リーダーシップは集団や組織を変革させるために必要なものであり，マネジメントは集団や組織の機能を効率的にするためのものである。

必要性

多くの集団や組織にはそれぞれの存在意義がある。それは，その集団を社会的な存在として捉え，集団内外や社会全般に対してどのような存在であり，どのような貢献ができるかを示すものである。それを達成したり実現するためには，多くの課題を解決しなければならないが，解決するにしてもさまざまな手段があり，それぞれの集団や組織が置かれた状況や環境，資源も異なる。こうした状況の中で，リーダーは集団や組織の存在意義や価値を最も高める手段は何か，場合によっては集団や組織をスクラップアンドビルド(p.327参照)する覚悟さえも持って選択しなければならない。

リーダーシップには一般的に，指揮(意思決定を行う能力・技術)，統制(労働力や資源を配分・管理する能力・技術)，統御(自他の心的作用をコントロールする能力・技術)という3つの要素があると言われている。リーダーはこれらを十分に発揮し，集団や組織に存在するさまざまな課題を解決することが求められる。

さらに，メンバーをその方向へ統率する役割もリーダーが担う。解決すべき課題が明確になったとしても，一人でできることには限界があり，集団の内外を問わず他人の協力が不可欠である。こうした時にリーダーシップが必要となる。自分の考えに基づいて行動を起こし，周囲の人々に影響

6

社会情勢

を与え，時には集団や組織の枠を超えてネットワークを構築する必要も生じるだろう。リーダーシップには，こうした人を束ねる能力も含まれる。

必要性の背景

　いま優れたリーダーが求められる背景には，グローバル化(p.302参照)や情報通信技術(ICT；p.50参照)の展開，新興国の発展，外交問題の発生，少子高齢化による人口構造の変化，人々の生活環境や価値観の変化など，日本を取り巻く環境が変化し続けている現状がある。それに伴って人々の要望も多様化・複雑化しており，今後もこうした状況は続くであろう。こうした変化に柔軟に対応するためには，よりよい集団や組織を築き上げる能力を持つ優れたリーダーが求められている。

　また，政界や経済界をはじめとするさまざまな集団や組織で，リーダーシップ育成のニーズが高まっている。それは，上述したような状況に対応できない集団や組織の存在があるからだ。集団や組織はさまざまな要因から，時が経つごとに硬直化(変化に柔軟な対応ができないこと)することが多い。その原因として例えば，変化することへのリスクを回避しようとして前例を守る，全員一致にこだわりすぎる，異質な人物を排除したがる，縄張り争いや上位の者の権限が強すぎる，コミュニケーションが取れていない，などが挙げられる。場合によっては，存在意義や目的さえ見失ったり，機能不全に陥ったりする集団や組織もある。そのようになるのを避け，集団や組織が社会情勢やニーズの変化にきちんと対応し続けるためには，リーダーシップが欠かせない。集団や組織が対応すべき課題を発見し，進むべき進路を定め，それに向けて人心を統合することのほか，時には集団の構成員への動機付けや啓発も必要となる。

対応策・解決策

　リーダーシップを発揮するためには，リーダーがフォロワー(リーダーよりも地位的に低い者，部下や後輩など)の導き方を習得し，それを実践する必要がある。そのためにはまず，リーダーとなる者は集団が抱える現実を直視しなければならない。例えば，

① 集団内での自身の位置付け（集団の中での自分の役割や立場）を知る。
② 集団を取り巻く環境（環境がどう変化しているのか）を把握する。
③ 集団内に潜んでいる解決すべき課題を把握する。
④ 課題に優先順位をつける。
などである。

　そのうえで，自己の特性を生かしつつ，全体の士気や意欲を高めるようにリーダーシップをとることが求められる。具体的には，
① ビジョンを明確にする。
② 集団において模範となる言動や行動を心掛ける。
③ フォロワーに達成すべき課題を具体的に与える。
④ フォロワーの視野拡大と転換を行うために知的刺激を与える。
⑤ フォロワーの達成度に応じて支援や助言をする。
⑥ 集団の中核となる人材を発掘し，育成する。
などが考えられる。

　このように，フォロワーに集団が置かれた環境に注目させ，変化の必要性を実感させるとともに，明確な目標のもとに集団構成員全体で変革していくことが必要となる。

👍 小論文にする時のポイント

　入試では，リーダーシップのあり方を問う出題がなされる。出題の切り口は，
① 政治におけるリーダーシップ
② 経営におけるリーダーシップ
③ スポーツなどの団体競技におけるリーダーシップ
など，多種にわたる。

　適切にリーダーシップを発揮するには現実を直視する必要があることから，それぞれの分野の現状を把握したうえで論じることが大前提となる。例えば，政治の世界であれば，日本が抱える諸問題（財政問題，少子高齢化，景気変動，社会福祉など）や，政治機構の現状とそこに潜む問題点を知っておかなければ，どのようにリーダーシップを発揮していくべきかを論じることは難しい。

　上記解説部分では，現在主流となっている変革的リーダーシップ理論（p.327参

照)を参考にして論じているが，ほかにも**カリスマ的リーダーシップ理論**も存在する。両者の違いは，前者がリーダーの掲げるビジョンを，後者はリーダーのカリスマ性をそれぞれ重視している点である。もちろん後者の内容で論じてもかまわない。ただし，前者の場合なら「なぜリーダーシップにおいてカリスマ性を重視する必要がないのか」，後者の場合なら「なぜビジョンよりもカリスマ性を重視すべきなのか」といったことを併せて説明しておく必要がある。

過去の入試問題例

例 あなたは将来，リーダーとして山梨県をどのように活性化していきたいか。活性化させるアイデアや抱負について述べよ。　　　　　　　　（山梨大・工学部）

例 食の分野におけるあなたの考える「リーダーシップ像」について，リーダーとしての自分の経験をふまえて述べよ。　　　　　（東京農業大・応用生物科学部）

例 部活動においては部全体をまとめるためのリーダーシップが重要で，全員がひとつの目的に集中する雰囲気づくりが必要であると言われる。あなたが高校時代に所属した部における経験を例にしながら，部活動のリーダーシップをどのようにとっていくべきか，考えを述べよ。　　　　　　　（神奈川大・工学部）

例 高校生活で打ち込んだ活動で，リーダーシップや協調性を身につけるためにどのような行動をとったか，あなたの体験をもとに述べよ。（東海大・海洋学部）

例 亜熱帯島嶼地域における農業は，さまざまな魅力と課題がある。この点を踏まえ，あなたがこの地域における農業のリーダーだと仮定した時に，この地域に適した農業の振興策について自分の考えを述べよ。　　　　　（琉球大・農学部）

関連キーワード

☑ リーダーシップ理論の歴史

　古代ギリシャ時代から20世紀前半ころまで主流だったのは，**リーダーシップ特性論**（偉大なリーダーには同じ特性があるとする立場。リーダーにはどういう特性があるのかを探った）である。その一方で，20世紀半ばごろからは**リーダーシップ行動論**（リーダーを

作り上げる行動が存在するという立場。どういう行動がリーダーを作り上げるのかを探った）が台頭する。その後1960年代には，リーダーシップ条件適応理論（状況が異なればリーダーシップも変わるという立場）が生まれた。

さらに1970年代にはカリスマ的リーダーシップ理論（リーダーにはカリスマ性があるという立場）が，1980年代には変革的リーダーシップ理論（リーダーにはビジョンと実行能力が備わっているという立場）がそれぞれ登場し，いまに至っている。

☑ スクラップアンドビルド

もともとの意味は，古い建物や設備を廃棄し，新たなものに置き換えることをいうが，転じて，企業において採算や効率が悪い部門・組織・仕組みを整理・廃止し，構築し直すことを意味するようになった。

スクラップアンドビルドという言葉は，さまざまな業界で用いられている。例えば流通業界では，不採算店舗や古い店舗，小さな店舗を閉鎖し，同じエリアに売場面積の大きな新店舗を開店することなどが挙げられる。

また，日本の行政では組織の数を増やさないことが前提となっているので，組織の新設をする時にはその分だけ既存の組織を廃止しなければならない。

この仕組みをスクラップアンドビルド方式と呼んでいる。

☑ 集団浅慮

何かの話し合いをする時に，集団の圧力によって不合理な決定がなされたり，容認されたりしてしまうことをいう。アメリカの心理学者アーヴィング＝ジャニスは，

① 団結力のある集団
② 組織の構造上の欠陥（発言の機会の不平等，規範意識の欠如など）
③ 刺激の多い状況（集団の外部からの脅威）

という3条件が揃うと集団浅慮に陥りやすいと主張している。集団浅慮はリスキーシフト（集団の意思決定は極端な方向に振れやすいという現象）を引き起こすと言われている。

こうしたことを防ぐためには，情報や議論の材料を収集したうえで，議論の内容を精査し，あらゆる可能性を検討することができる環境を整えることが重要となる。ジャニスは集団浅慮を予防する方法として，

① リーダーが各メンバーに批判的に評価する役割を与えること
② 代替案を検討すること
③ 外部の人物と議論すること
④ 専門家と話し合うこと

などを挙げている。

☑ コミットメントエスカレーション

長い期間，時間・労力・費用・資源を投資し続けても結果が出なかったのに，なかなかその投資を中止することができないという現象のことをいう。つまり，過去の行動が自己の意思決定をゆがめるということである。

その原因として，
① 自己を正当化しようとするから
② 面子を保とうとする動機があるから
③ 慣行や制度に従わざるを得ないから
などが考えられる。

☑ 政治的リーダーシップ

大統領や内閣総理大臣といった政治の代表者が取るべきリーダーシップのことをいう。例えば歴史学者であるジェームズ=マクレガー=バーンズは，政治的リーダーシップを，
① 自由放任型リーダーシップ　リーダーは積極的に行動せず，部下の自発性を促す
② 交流型リーダーシップ　リーダーが主導権を握りつつ，部下と協調関係を築く
③ 変形型リーダーシップ　リーダーは表に出ず，部下を動機づけする
の3種類に分類した。

また，政治学者のエルジーは，政治的リーダーシップは，
① 制度　政治の方針を議決する機関と，実際に執行する機関との関係性やそれらをとりまく規範やルール
② 社会的状況　リーダーが持つ知識・経験・資質，社会を取り巻く環境，それに伴う国民の要求
によって定まると述べた。

一方，リーダーシップの類型として，
① 代表的リーダーシップ　国民の利益を守るため，国民の代表として発揮するリーダーシップ。保守的な側面を持つ。
② 投機的リーダーシップ　国民の欲求不満を解消する手段を提供することに偏重するリーダーシップ。根本的な改革はできない。
③ 創造的リーダーシップ　根本的な改革を行うため，創造性を発揮するリーダーシップ。強力なイデオロギーを根拠に扇動するため，独裁的な面を持つ。
といったものがある。

安定的な国家の場合には①を持つリーダーが選ばれやすく，不安定な国家の場合は②③を持つリーダーが選ばれやすいと言われている。しかし，②③のようなリーダーシップは正当性を失うと崩壊する。その意味でも，最終的には①のようなリーダーシップを発揮できるような安定的な国家を目指すことが求められる。

答案例

問題 なぜリーダーが必要か，あなたの意見を述べよ。**600字以内**

模範回答 多くの集団や組織には存在意義や目的がある。それを達成・実現するには，多くの課題を解決しなければならない。そのためには，よりよい集団や組織を築き上げる能力を持つリーダーの存在が欠かせない。　　　　　（以上，第1段落）

　グローバル化や情報通信技術の展開，新興国の発展，少子高齢化による人口構造の変化など，日本を取り巻く環境はつねに変化している。しかし，硬直化が原因でこうした状況に対応できない集団や組織がある。場合によっては存在意義や目的すら見失い，機能不全に陥ったりする。そんな時，社会情勢やニーズの変化に対応し続けるために，集団や組織が対応すべき課題を発見し，進むべき進路を定めて人心を統合できるだけのリーダーシップが欠かせない。（以上，第2段落）

　リーダーシップを発揮するためには，リーダーがフォロワーの導き方を習得し，実践する必要がある。また，環境がどう変化しているのか，集団内の解決すべき課題は何かを把握する能力を養うことが求められる。そのうえで，自己の特性を生かしつつ，全体の士気や意欲を高めるリーダーシップをとることが必要となる。一方で，フォロワーに集団が置かれた環境に注目させ，変化の必要性を実感させることも欠かせない。　　　　　　　　　　　　　　　　（以上，第3段落）

6
社会情勢

解説 第1段落：意見の提示…集団や組織が抱える問題を解決するには，有能なリーダーが欠かせないことを意見として述べている。
第2段落：理由説明…日本を取り巻く環境の変化と，その変化に対応できない集団や組織の存在を示し，その改善のためにはリーダーが必要であることを述べている。
第3段落：意見の再提示…リーダーシップを発揮するためには，フォロワーの導き方を習得・実践する能力が必要であることを論じている。

マスメディアによる報道

定義

　マスメディアとは，特定少数の発信者から，不特定多数の受信者(mass；群衆・社会集団)に向けて一方的に情報を伝達する媒体(media)，もしくはその送り手のことをいう。具体的には，新聞・雑誌・ラジオ放送・テレビ放送などが挙げられる。近年では，インターネット放送，動画共有サービス，ニュースサイトなどインターネットを通じたマスメディアも社会に対して影響を持つようになってきている。マスメディアは，15世紀にヨハネス=グーテンベルクによって活版印刷技術が発明されたことに端を発する。印刷物に見られるようにマスメディアは，一度に大量の受け手に対して，広範かつ同時に，素早く情報を伝える機能を持つ。

　ここでは，マスメディアが伝達する事柄の中から，報道(ニュースや出来事を取材し，メディアを通して伝達する行為)に絞って論じる。なお，マスコミュニケーション(マスコミ)という言葉があるが，こちらはマスメディアを利用して「大衆に情報を伝える活動」のことを指す。

問題点

　一般的に，マスメディアの報道は市民にとって信憑性が高いものだという認識がある一方で，情報の動きが一方的で，メディア側の独断で情報を提供するという性質を持っていることから，次のような問題を引き起こす。
① 情報操作の恐れがある
② 情報の画一化が見られる
③ 予言の自己成就の恐れがある

　①に関しては，マスメディアを利用して人間の感覚や思考・世論を形成しようとする第三者がいることに起因する。人々の思考の多くは他人からの情報をもとにして形作られることが多いが，その情報の大部分はマスメディアが提供している。しかし，その情報が必ずしも事実ばかりとは限ら

ない。マスメディアは提供元(国家・政界・財界など)から情報を得て報道しているが,情報の提供元は自らの都合で情報を操作することもあり,つねに正しい情報だけを提供しているわけではない。場合によっては事実を隠したり,事実の一部分だけを切り取ったり,事実を歪曲したり誇張したりして,情報を改変していることもある。こうした情報がマスメディアを介して人々に伝われば,人々の思考が誤って形成される恐れがある。

②に関しては,情報源が同じであることによって起こる。複数のマスメディアが同じ話題を取り上げても,情報の提供元が同じであれば,報道される内容も同じようなものとなる。例えば,記者クラブ(p.337参照)を通した情報の受け渡しが挙げられる。公的機関への取材は,記者クラブを通してしか行えない。また,記者クラブに所属していないメディアは,契約している通信社からの配信をもとに記事や番組を制作することになる。つまり,情報源や取材内容が同じであることから,視聴者や読者に提供する情報内容がどの紙面,どの番組においても同様のものとなるのは,ある意味必然なのである。こうした情報の画一化の傾向は,報道の多様性を失わせ,視聴者や読者の情報選択の余地を狭める結果となる。

③に関しては,マスメディアが,事実だけでなく予測までを報道することもあることが原因となる。例えば,選挙に関する報道である。マスメディアが候補者の有利・不利を選挙前に報道するといった選挙予想を行うと,アナウンス効果(p.337参照)を誘発し,それが選挙結果に反映されることがある。メディアの報道は,たとえ観測・解釈・予測にすぎないことであっても,受信者への影響は大きい。すなわち,マスメディアが予言したことをマスメディア自身が実現する能力を有するということである。こうした報道は,実質的に世論を誘導することになる恐れがある点で問題である。

問題点の背景

マスメディアの報道が民衆扇動や印象操作・世論操作(p.336参照)につながりやすいのは,情報操作によって偏向的な報道がなされているからである。その背景として,

① 情報発信元とマスメディア各社間との癒着(マスメディア側の問題)

② 市民の検証能力の相対的な低さ(視聴者・読者側の問題)
の2点が考えられる。

　①の例として，記者クラブを挙げる。記者クラブへの出入りを禁止されることは情報収集ができなくなることを意味するから，そうした事態を避けるためには公的機関との関係を維持する方向で取材活動を進めざるを得ない。また，特オチ(p.337参照)を恐れるあまり，他社との良好な関係を維持しようとして自主規制を行ったり，報道協定(p.338参照)を結んだりすることもある。このように，国家・政界・財界などとマスメディア各社の間に癒着が起こると，情報が歪んだり，視聴者や読者に対して偏向した報道がなされたりする危険性がある。

　②は，マスメディアと一般市民との比較をすれば理解しやすい。マスメディアは，情報を収集する能力が高い。例えば，政治家・著名人・学者・行政・企業などとのパイプを活用し，個人では収集しにくい情報を得たり，専門家に情報の妥当性の検証を依頼したりすることもできる。このようにマスメディアは，提供する情報の裏付けなどが得やすいため，一般的に事実の正しさを検証する能力が高いといえる。一方，一般市民は検証のための情報を収集しにくく，情報提供元から「何を知らされていないのか」ということさえも知ることができない。市民の側から事の真相を明らかにすることは困難であるため，検証能力が低いと言わざるを得ないのである。

対応策・解決策

　もしマスメディアが報道の中立性や正確性という社会的な役割意識を欠いた場合，特定の立場の人々が有利になる報道がなされ，多くの一般市民が不利益をこうむることとなる。よって，マスメディアは自らが持つ影響力の大きさを自覚して，一般的な企業以上に公共性を意識すべきである。

　ただし，メディア自身が社会問題を掘り下げて市民に伝え，重要な情報を選び出す役割を担っていることを自覚することも大切だが，同時にマスメディアの中立性を保つ姿勢や仕組みも求められている。現在，関連団体が報道の自主規制を行っている。例えば，放送ではBPO(放送倫理・番組向上機構)，新聞では日本新聞協会，出版では出版倫理協議会などがそ

の役割を担っている。

　報道に対する倫理規定の適用や監視は，健全な報道を行ううえで重要となる。加えて，一般市民がマスメディアや行政・企業の監視を行える仕組みを作ること，NPOなどによる中立的なマスメディア設立など，第三者が報道内容や姿勢を監視できる方法もいろいろと考えられるだろう。

　一方で，視聴者や読者側の情報選別能力の低さへの対策も講じる必要がある。そもそも市民が「情報は発信元によって操作されるものだ」という認識を欠いている点が問題である。この問題を改善するためには，何よりも情報リテラシーの育成(p.55参照)が欠かせない。断片的な二次情報だけで判断せず，インターネットを活用して一次情報に直接触れることや，複数の立場からの情報を同時に見て比較することなどが重要となる。また，インターネットの情報発信機能を活用することで，一方的なマスメディアによる市民の扇動に対応できるだけの姿勢も必要となろう。

👍 小論文にする時のポイント ─────────────●

　入試では，報道の問題点を指摘させる出題が多くを占める。こうしたテーマを論じる時には，「市民はマスメディアからの情報を鵜呑みにするから，マスメディアは正しい報道をすべきだ」など，一方的なメディアへの糾弾に終始することは避けたい。マスメディアの情報は第三者に操作されて市民に伝わる場合があるということ(情報操作の可能性)，マスメディアは事実以外のことも報道するということ(予想報道の可能性)などを念頭に置いておくことはもちろんのことであるが，情報の受け手側に対する取り組み(情報リテラシーの育成)や第三者機関のチェック機能の整備など，発信者と受信者双方に対する取り組みが問題解決につながるといった姿勢で論じておきたい。

📖 過去の入試問題例 ─────────────●

例 報道におけるマスメディアの影響について，あなたの考えを述べよ。

(酪農学園大学・酪農学部)

例 根拠のない報道によってある航空会社の株価が急速に下がってしまった問題について述べた短文を読み，本文の出来事を基に，将来の情報テクノロジーの専門家になるという立場から責任や対策について論じよ。

（青山学院大・理工学部）

例 あるテレビ番組において捏造したデータを用いたことが発覚し，報道関係者の倫理が問われることになった。二度と同じ過ちを犯さないためにも今後のマスメディアのあり方および研究者や技術者とマスメディアの関わり方をどのように考えたらいいのかという点について，あなたの意見を述べよ。

（関東学院大・工学部）

例 食品の安全性について，ほとんどの場合は健康を害するリスクはほぼゼロであり，マスコミの報道が「危ない」を強調し，「消費者の不安」を商売にしていると述べた書籍に対する書評を読み，記者と消費者のあるべき姿について，あなたの考えを述べよ。

（岡山大・農学部）

🔎 関連キーワード

☑ ジャーナリズム

ジャーナリズムとは，現状を報道し，論評する時の理念のことをいう。

国・行政・企業によって情報が独占されたり，ブラックボックス化されているという現状から，ジャーナリズム活動が国民の「知る権利」を代行する行為として求められている。

さらには，さまざまな事件をスクープして事の真相を明らかにしたり，そうした活動を通して社会へ問題提起をしたりする。

しかしながら一方では，誤報・虚報・捏造・やらせといった事実ではないことを報道することが皆無とはいえず，問題視されている。視聴者や読者の感情に訴えようとするあまりスキャンダリズム（スキャンダルを詮索したり暴露したりすること）やセンセーショナリズム（人の興味や関心を引くことを第一とする考え方。扇情主義）に走ってしまうこと，あるいはステレオタイプ（考え方が画一的で，新鮮味がないこと）によって取材対象に先入観を抱いてしまい，事実を見落とすことがあることなども問題である。

こうした行為は事実を歪めるだけでなく，時には人権侵害につながること

もある。そうしたことを防ぐために，ジャーナリストに活動の自由を与えて自らの良心に従って報道に携わること(報道の自立性)，ジャーナリスト教育を施して正確な取材の技法を学ぶこと，ステレオタイプから脱却すること(報道の正確性)，社会的な勢力から自立するとともに視聴者や読者を神聖視しないこと(報道の中立性)といったことが欠かせない。

☑ 情報操作

　虚偽にならない範囲内で，情報を変化させたり制限したり，あるいは追加情報を加えたりすることによって，受け手側に与える理解度や印象を恣意的に操作することをいう。

　第二次世界大戦頃より，国民を誘導する手段として情報操作が盛んに用いられるようになった。現在でも北朝鮮のように，政府が情報操作を行っている国の例もある。また，政府以外にもマスコミや企業も「やらせ報道」や「誇大広告」などの形で情報操作を行うことがあり，しばしば問題となる。

　現在ではインターネットでの情報拡散力が高まっており，情報の根拠が確認されないまま広まり，大きな影響を及ぼすことが社会問題となっている。主としてインターネット上で，真実ではない情報が発信されることをフェイクニュース(虚偽報道)(p.52参照)という。例えば，2016年のアメリカでの大統領選の際には，インターネットを通して多くのフェイクニュースが拡散され，投票行動に大きな影響を与えたという批判が出た。また，最初から虚偽であることを認識したうえで行う架空の報道や，推測を事実のように報道するなど，故意のものについては捏造報道といわれる。

☑ 過剰報道

　マスメディアなどにより，特定の情報ばかりが必要以上に多く報道されること，あるいは必要のない細部にわたってまで報道がなされることをいう。過剰報道は風評被害や二次的被害を生むことがある。

☑ 民衆扇動

　一般大衆がある特定の行動をするように仕向けたり，あおり立てたり，情緒に訴えかけたりすることをいう。発信者の主観を流布させるために行われることが多い。

　有名な例としては，第二次世界大戦中にナチスドイツが行った民衆扇動がある。そのためドイツでは過去の反省から，民衆扇動を行って特定人物を傷つけることは犯罪行為となる。また現在のマスメディア報道においても，事

実だけを客観的に伝えるという本来の報道の姿から外れ，民衆扇動となるような伝え方をすることがあり，問題となることがある。

☑ 印象操作

もともと印象操作は心理学用語で，相手の好みに自分自身を合わせることをいう。転じて，人が特定の印象を持つように言動や情報などを意図的に操作することを指すようになった。

例えば，テレビ番組内で特定の発言に笑い声の音声を付けることにより，その発言はおもしろいものだという印象を与えたり，グラフや統計を虚偽にならない範囲内で操作し，自らの主張内容を視覚の面から強烈に印象づけたりすることがあるが，これらは印象操作の具体例といえる。

☑ 世論操作

世間一般の意見である世論を，自らの意図する方向に向けようとして情報などを操作することをいう。特に，情報の出処が曖昧であったり，世論と言いがたいような偏ったものを使用したり，情報そのものが意図的に捏造されている場合に用いる。

また，マスメディアなどで特定の情報を繰り返し流し，その内容を受け手側に意図的に刷り込むという手法の世論操作もある。かつてはマスメディアを用いたものが主流であったが，インターネットの普及に伴い，オンライン上での世論操作も見られるようになってきている。

☑ マスコミ不信

テレビや新聞，雑誌といったマスコミュニケーション（マスコミ）の報道内容や，マスコミそのものに対して不信感を抱いたり，信じなかったりすることをいう。

マスコミが与える影響は絶大であることから，その報道内容は正確かつ公平であることが必要であるが，情報操作や過剰報道などの横行によりマスコミ不信が生まれる結果となった。また，インターネットの普及により，マスメディア以外にも情報入手源が生まれたことも，マスコミ不信の原因となっている。

☑ 予言の自己実現 （予言の自己成就）

ある予言がたとえ根拠のないものであっても，人々がそれを信じて行動することによって，結果的に予言が現実のものとなってしまう現象のことをいう。アメリカの社会学者マートンが定義した。例えば，銀行が倒産するという根拠のない噂が流れた時に，多くの

預金者がそれを信じて預金を引き出してしまうと，本当に銀行が倒産してしまうような場合である。

☑ アナウンス効果

報道することが人々に一定の影響を与える効果のことをいう。選挙報道の際の「負け犬効果」（ある候補者が不利であるという報道が，かえって同情票を集めやすいという効果），「勝ち馬効果」（有利な候補者がいるという報道が，勝ち馬に乗りたいという組織の票を動かすという効果）などが例として挙げられる。

☑ 記者クラブ

官公庁などの公的機関に記者を常駐させ，継続的に取材することを目的とした，主として大手マスコミ各社によって構成された組織のことをいう。

記者クラブは，市民への情報開示を求めるためとして明治時代に組織されたことに端を発する。しかし太平洋戦争時に，政府の意向を伝えるだけの役割になって以来，現在においても各公的機関や政府関係者との馴れ合いや癒着，あるいは報道機関どうしの記事内容のすり合わせなどが見られ，これが問題となっている。また，新規加入が容易ではなく，特に個人記者や外国報道機関の記者に関しては厳しく制限される点や，加入していない記者は取材活動そのものが難しい点などにおいて，報道の自由を損なう恐れがあるということで問題視されている。

☑ 特オチ

各報道機関が一斉に取り扱っている内容を，自社だけが報道し損なうことをいう。特ダネの反対語である。

ニュース番組であれば最初に放送されるような，新聞であれば一面で掲載されるような内容を特オチすることは大問題だとされるため，記者クラブでは特オチ防止のための横並び取材がしばしば行われている。また，スクープや反感を買うような内容を報道すると，以後の取材において当局によって意図的に特オチさせられる場合もなくはないことから，仮にスクープがあっても報道しないなどの自主規制が行われることもある。

☑ 自主規制

企業やメディアなどが，製品の販売や報道内容に関して，自発的に何らかの形の制限を行うことをいう。問題や事件・事故が起こった場合や，社会通念上，規制するのが望ましいとされるものにさまざまな形や程度の自主規制がかけられることが多い。

具体的な例としては，煙草や酒類の

企業がテレビCMや新聞・雑誌広告をできるだけ子どもの目に触れさせないようにするために，放送時間や掲載媒体の自主規制を行っていることや，放送業界が設けている放送禁止用語などがある。また，さまざまな利害関係の問題から自主規制をする場合もあり，マスメディアにおけるスクープの自主規制などはこれに該当する。

☑報道協定

人命保護や人権尊重などを目的として，報道機関が報道自粛のために結ぶ協定のことをいう。警察などの公的機関の要請によって結ぶ場合もあれば，報道機関が自主的に結ぶ場合もある。いったん報道協定が結ばれたあとは，その協定が解かれるまで協定内容に関する一切の報道を行わないこととなる。

1960年に起こった誘拐殺人事件の犯人が，マスコミ報道に追い詰められたことを殺害動機としたため，それ以後この協定が導入されるようになった。近年では協定が結ばれている事件に関して，関係者と思われる者によるインターネット上の書き込みなどが見られることもあり，この制度のあり方自体に関して見直しの必要性が出てくる可能性もある。

☑コンテンツ

コンテンツとは内容・中身という意味の英単語である。文字・画像・音声などの情報や，それを使用した映画・音楽・アニメ・ゲームなどの創作物のことをいう。従来はこれらはすべてソフトウェアと呼ばれていたが，メディアを動かすために必要なプログラムと，人が閲覧するデータとを区別することを目的として作られた言葉である。プログラム部分がソフトウェア，データ部分がコンテンツである。

また，デジタルデータ化されたものをデジタルコンテンツ，書籍や生ライブや観劇，キャラクターグッズなどをアナログコンテンツと呼んで区別することがある。2004年にはコンテンツの保護や活用の促進を目的として，いわゆるコンテンツ振興法が制定された。

☑スポンサー

資金面で援助をする個人・団体・企業などのことをいう。スポンサーはスポーツ選手などの個人のほか，スポーツ団体，各種イベント，テレビ番組などを援助の対象とする。スポンサーは資金提供をする代わりに自身の宣伝ができることから，広告主とも呼ばれる。

宣伝方法には，スポーツ選手のユニフォームなどに社名やロゴを表示する方法，イベント名や番組名にスポン

サーの名前をつける方法，スポーツ団体名にスポンサーの名前を加える方法，中継のテレビやラジオの番組内で自社のコマーシャルを流す方法などがある。

　また，スポンサーが資金提供する代わりに，スポーツ施設や公共施設などの名称を自由に決めることができる**ネーミングライツ（命名権）**を得ることもできる。スポンサー側は，企業名や商品名を施設などにつけることで，イベントが行われた際にニュースで名称が呼ばれたり，施設を使用する人が名称を意識したりすることによって，自社や商品をPRすることができる。施設を保有する側にとっても，運営資金を得ることができるというメリットがある一方で，スポンサーが変わるたびに施設の名称が変わることになり，施設の名称が定着しにくくなるというデメリットもある。

☑ 国家主義

　国家内において，最優先されるのは**国家そのものや国益であるとする考え方**のことをいう。ナショナリズムと呼ばれることもある。

　国家主義の下では，個人の自由や経済の自由といったものは厳しく制限・統制される。日本は，1920年頃から第二次世界大戦終了後まで国家主義政策を実施しており，治安維持法や国家総動員法を制定して社会運動を取り締まるほか，政府が人的および物的資源をすべて管理できるようにしていた。

☑ 商業主義

　利益を獲得することがあらゆるものに優先するという考え方のことをいう。

　本来は商業とは無関係であった文化やスポーツ，福祉などの分野においても利益追求を目的とした企業の介入が見られるようになったが，それがあまりにも度を越した場合に使われることが多い言葉である。例えば，クリスマスなどの外来文化行事に便乗した過熱商戦や，スポーツにおけるスポンサー企業名の過度な宣伝などは，典型的な商業主義だといわれている。

☑ マスメディアによる人権侵害

　マスメディアが報道を行う際に，事実とは異なる内容や，故意に事実を歪曲した内容などを伝えることにより，報道される側の人権を侵害することをいう。名誉毀損だけでなく，時には失業や転居を余儀なくされるなど，生活環境や家族関係・人間関係の破壊などにつながる深刻な被害をもたらすことがある。

　具体的な例の一つとして，1994年に長野県松本市で起こった松本サリン事件がある。犯行はオウム真理教によっ

6
社会情勢

て行われたものであったが，発生当初は別の人物が重要参考人として警察の捜査を受けていたため，マスメディアは一斉にこの人物を犯人扱いで報道した。その結果，その人物に対して全国から誹謗中傷の手紙が届くなど，著しい人権侵害を引き起こすことになった。

☑実名報道

　事件や事故の関係者や関係団体を加害者・被害者を問わずマスメディアなどが実名で報道することをいう。現在日本では実名報道が原則だが，犯罪報道などで被害者や加害者が未成年である場合や，情報源を隠す必要がある場合などでは特別に匿名報道が用いられている。

　実名報道のメリットは，加害者へ社会的制裁が加えられることになるほか，再犯予防や同類犯罪の予防となることである。一方デメリットとしては，実名報道された加害者の社会復帰が困難になること，本人のみならずその家族にも影響が及ぶこと，実名報道そのものがプライバシーの侵害の恐れがあることなどが挙げられる。

☑クロスオーナーシップ

　メディア関連事業(特にマスメディア)において，同一資本が複数のメディアを獲得し，傘下に置くことをいう。

クロスオーナーシップ制度の下では，同一資本のメディアは基本的に同一内容の報道となるため，言論が一元化しやすいこと，別資本のメディア数が少なくなることによって，メディアどうしのチェック機能が働かなくなり，業界が停滞することなどの弊害がある。

　欧米諸国ではクロスオーナーシップを禁止する法律があるなか，日本では「マスメディア集中排除原則」という総務省令が定められているのみであり，その内容も同一地域内での新聞・ラジオ・テレビの3つの同一資本を禁止するというだけのものである。したがって，現状のように，テレビと新聞が系列化しているケースが多く見られる。

☑第三者効果

　マスメディアにおける影響は自分には少なく，他人には大きく作用するとみなす考え方のことをいう。また，マスメディアが他人に与える影響を考慮した結果，自分自身も他人と同じような行動を取る可能性が高くなるということも第三者効果である。

　例えば，テレビ番組などで特定の食品が健康やダイエットに効果があると放送されると，翌日には売り切れが発生することがある。その場合，自分自身は効果をあまり信じないけれども，他人が買うのを見て買ってしまったり，

多くの他人が信じて買うことで品薄になるのを恐れて，結局自分も買ってしまったりしたら，それは第三者効果が働いたからだと考えることができる。

☑ ポリティカルエコノミー理論

マスメディアは大企業や大資本，権力などによって操作されているとする考え方のことをいう。マスメディアも企業であり，その経営は大企業をはじめとしたスポンサーが支払う広告料に左右されざるを得ない。よって，報道内容は少なからずスポンサーの意向を汲む必要があり，客観性に欠ける場合がある。また大企業の取締役などは，各種の経済団体の役員を務める例が多いことから，ある意味で権力にも影響を受けるともいえる。これらのことが理論の背景として存在する。

☑ アクティブオーディエンス理論

視聴者（オーディエンス）はメディアからの情報を一方的に受け取るのではなく，自分自身で情報を選んだり，メディアを選択したりすることなどによって，能動的に活動しているとする理論のことをいう。

これは，視聴者それぞれが年齢・性別・人種・生活環境など異なる背景を持っていることに加えて，自分自身の経験などによっても各メディアを選択し，個々に情報を解釈しているとする研究結果により生まれたもので，1960年代から1980年代にかけて広く一般化した。

能動的に活動する視聴者であるアクティブオーディエンスに関する研究は現在もなされている最中であり，その結果は各メディアの今後に応用できるものとして注目されている。

☑ 子どもの発達とテレビ

乳幼児は両親や保育者と触れ合うことによって，知識や情緒，社会的なかかわり方や認識力を身につける。しかし，乳幼児期においてテレビに依存した生活をすると，大人とかかわる時間が減り，子どもの発達に悪影響を与えたり，生活習慣が乱れたりする要因となるといわれている。

とはいえ，テレビとの接触度合いと子どもの発達との直接的な因果関係については科学的に解明されておらず，今後研究を進める必要がある。

答案例

問題 マスメディアによる報道の問題点について，あなたの考えを述べよ。

600 字以内

模範回答 マスメディアからの情報は信憑性が高いものだという認識がある反面，メディア側は一方的に情報を提供するという性質を持つ。こうしたことが，情報が操作されて市民に伝わるという大きな問題を引き起こす。 （以上，第1段落）

この問題は，マスメディアを利用して人間の感覚や思考，世論を形成しようとする第三者がいることに起因する。人々の思考は他人からの情報をもとにして形作られるが，その情報の多くはマスメディアが報道している。しかし，必ずしもそのすべてが事実を示しているわけではない。情報の提供元は自らの都合で情報を操作することがあり，提供元と癒着したマスメディアはそのまま報道する。市民が事の真相を明らかにすることは困難であるから，マスメディアを介して操作された情報が市民に伝われば，誤った情報をもとにして人々の思考や世論が形成されたりするという問題を生むのである。 （以上，第2段落）

マスメディアによる報道が正しくなされるためには，メディアの公共性・中立性・正確性の確保が必要だ。メディア自身がこれらを自覚することはもちろんのこと，第三者による監視も必要だ。一方で，受け手側も情報リテラシーを育成して，断片的な二次情報だけで判断しないことや，複数の立場からの情報を同時に見ることなどが重要となる。 （以上，第3段落）

解説 第1段落：意見の提示…マスメディアの性質をもとに，情報操作の可能性について指摘している。

第2段落：理由説明…なぜ情報操作が行われるのか，また，情報操作がどのような問題を生むのかを説明している。

第3段落：意見の再提示…こうした問題を解決するためには，報道の公共性・中立性・正確性を確保することが必要であるだけでなく，受け手側のリテラシー育成の重要性も主張して，具体的な対応策を示している。

7 人文・社会科学関連のテーマ

　自然科学系の学部でも，一般的には人文・教育系や社会科学系学部で問われるようなテーマが出題されることがある。例えば，教育学部系に多い「規範意識の低下」や，社会科学系学部全般で見られる「非正規雇用者」などがその代表的なものである。ここではそれらも合わせて頻出の4テーマを紹介する。

　なお，この章のテーマは出題される大学に偏りがあるのも事実である。そのため，学習するか否かは志望校の過去問分析(p.12「より受験を意識した学習法」参照)などによってキミ自身で判断してほしい。

取り扱うテーマ

> 規範意識の低下

> 労働観

> 非正規雇用者

> 若者の特性

規範意識の低下

定義

　近年，道徳観が欠如したり規範意識の低い児童・生徒がいることが大きな問題となっている。例えば，『低年齢少年の生活と意識に関する調査報告書』（内閣府，2006年）によると，掃除当番などクラスの仕事をさぼることについて，「よくある」「ときどきある」と答えた児童・生徒の割合が，小学生では10.3%，中学生では20.1%となっている。

　また，「青少年の体験活動等に関する意識調査」（国立青少年教育振興機構，2016年）において，児童・生徒の道徳観や正義感の低さが垣間見える結果が出ている。例えば，「バスや電車で体の不自由な人やお年寄りに席をゆずること」という項目において，「あまりしていない」「していない」と答えた人の割合は，小学6年生が47.8%，中学2年生が39.5%，高校2年生が35.3%であった。また，「友だちが悪いことをしていたら，やめさせること」という項目において，「あまりしていない」「していない」の割合は，小学6年生が37.1%，中学2年生が43.8%，高校2年生が42.1%であった。児童・生徒として道徳的観点から見て当然行うべき行為に対して無関心だったり，行ってはならないとされる行為に対して寛容だったりする様子がうかがえる。

問題点

　規範意識が低いと，問題行動を引き起こすことにつながりやすい。すなわち，万引き・窃盗・強盗などの犯罪行為，暴力行為などの非行，少年の凶悪犯罪といった重大な問題のみならず，駅や電車内で地べたに座り込むことや静粛を求められる場で話をすることなど，公共の場における迷惑行為などを起こしやすい。一方で，先生に反抗する，学校をずる休みする，いじめや校内暴力といった学校内での問題も引き起こしやすい。こうした問題行動は社会の中で人々が安心して暮らす時の妨げとなる。

　また，子どもの問題行動に対する罪の意識が低いということも問題である。「中学生・高校生の生活と意識」（財団法人日本青少年研究所，2009年）において，日本の中学生・高校生の規範意識の低さがうかがえる。例えば，家出をすることに関して「その人の自由でよい」と考えている中学生が70.4%，高校生が79.4%であった。たばこを吸うことに関しては「その人の自由でよい」と考えている中学生が22.3%，高校生が30.7%，酒を飲むことに関しては中学生が34.2%，高校生が53.5%，賭け事をすることに関しては中学生が51.2%，高校生が47.3%であった。さらに，言葉で人をいじめるに関しては「その人の自由でよい」と考えている中学生が21.6%，高校生が17.5%，暴力をふるうことに関しては中学生が21.2%，高校生が14.9%となっている。この結果は，問題行動を容認する子どもたちが一定の割合でいることを示している。こうした状況を容認することは，子どもの健やかな成長を妨げることにつながる。

問題点の背景

　これらの問題点の背景としては，まず戦後社会における自由主義・民主主義・資本主義経済の発展や個人主義の台頭が考えられる。その過程で日本の伝統的道徳観であった儒教的モラル（p.352参照）の希薄化をはじめとした文化・価値観・規範意識の崩壊が起こり，結果として個人の価値判断が優先される社会に変化した。一方，日本では，欧米のように価値判断の基準が明文化されていたり，中国や韓国のように儒教的モラルに基づく規範意識が広く国民の間に根付いていたりするわけではない。つまり，日本社会では規範意識が共有されているわけではなく，曖昧で未成熟な状態と言えるのである。

　一方，都市化などにより地域住民や世代間どうしの交流が希薄になった。こうして，子どもたちは大人から基本的な対人関係や社会のルールを教わる機会を失った結果，次世代に伝統的な規範意識が継承されなくなった。他方，対人関係のトラブルを避けようとする子どもたちは他人との関係に深入りせず，気の合う人間どうしで社会をつくる。近年のSNSの普及がその傾向に拍車をかけている。その中で独自の（しかも善悪の判断基準が

曖昧な子どもが築く）規範意識を持たざるを得なくなる。また，保護者も上記の背景から独自に子育てを進めざるを得ない環境下に置かれることがあり，育児への不安から学校教育に過度に依存したり，保護者のしつけ（p.351参照）が行き届かなくなったりする。このようなことから，子どもたちが社会規範を学ぶ機会が減り，規範意識の低下を招くのだといわれている。

また，衝動性（悪い結果になりそうな行動を，あまり深く考えずにやってしまう行動特性）の高さ，自己統制力（自分で自分の行動を管理する力）の低さなどの，いわば子どもたち自身に起因する要因も考えられる。SNSへの安易な投稿が重大な事件となっていることなどは，その顕著な例である。さらに，交友関係や家庭環境など，子どもたちを取り巻く環境の良し悪しも影響を与えている。

対応策・解決策

規範意識を高めるには，日本社会で共有できる規範意識を構築することが必要となる。そのためには家庭内でのしつけを中心とした家庭教育のみならず，学校教育がその役割を担う必要がある。つまり，学校においても社会との関わり方を学べる機会を設け，規範意識を定着させる方策を練る必要がある。

そのためのおもな方法としては，道徳教育（p.352参照）の充実が思いつく。例えば，道徳の時間での学習に加えて，教科教育や学校行事といった機会を通じて，道徳での学習内容に基づいて行動する機会を設けることが考えられる。こうした学習と実践を組み合わせて道徳観を内面化することにより，自己有用感（他人のために自分が役立っているという感覚）や自己統制力（感情や欲求を自身で制御し，目標に向かって根気強く努力する力）の醸成が期待できる。さらには，良好な対人関係を築くための能力や集団や社会に適応する力（社会的コンピテンス），あるいは社会志向性（社会に向き合う時の積極的な姿勢や意識）を高める授業を展開することなども考えられる。

👍 小論文にする時のポイント

　入試では，一般的な規範意識の低下について論じさせるもののほか，「ネットワーク社会におけるモラル」など自然科学系学部の頻出テーマと絡めて述べさせるものが多い。但し，いずれも主として規範意識や道徳心を向上させる方法が問われる。その際，「大人が道徳を教えるべきだ」「教師や保護者が厳しくしつけるべきだ」などと安易に片付けるのは好ましい答え方とはいえない。できれば，規範意識や道徳観を養う必要性を述べ，それに関して，

① 自己有用感や自己統制力の養成
② 社会的コンピテンスや社会志向性の向上

を目的として，それらを得るための内容を具体的に示すとよいだろう。

　例えば①であれば，ボランティア活動や職業体験の活用，低学年の生徒を世話する経験をさせることといったことが考えられる。また②であれば，社会心理学や教育心理学（p.353参照）をもとにして，人間の行動の仕組みや対人関係を学ぶという授業を行う学校の例などが参考になる。

📝 過去の入試問題例

例 マナーの低下や欠如によって引き起こされている例とその対策についてのあなたの考えを述べよ。　　　　　　　　　　　　　　　　　（北海道工業大・医療工学部）

例 最近は，モラルのない行動や倫理観の無さからいろいろな問題が生じている。時事問題や貴方のまわりの身近な例を取り上げ，その問題を解決するにはどうすればよいか，例をあげて答えよ。　　　　　　　　　　　　　　（東北学院大・工学部）

例 情報通信技術者を目指すあなたにとって，IT技術を使う者が守るべきルールについて，説明せよ。　　　　　　　　　　　　　　　　　　　　（東北工業大・工学部）

例 現代の情報ネットワーク社会において守らなければならないルールとは何か。あなたの考えを述べよ。　　　　　　　　　　　　　　　（東京工科大・メディア学部）

例 あなたが考える「大学生に必要なマナー」とは何か。あなたが大学生になった場合，必要なマナー，守るべきマナーについて述べよ。　　　（福岡大・工学部）

例 インターネット上でソーシャルネットワーキングサービスが登場し，急速に

利用者が増えている。実際に本人に会わなくてもネットワークを介してコミュニケーションを図ることができるなどのメリットがある反面，様々な問題も指摘されている。これらを踏まえて，私たちの暮らしを今よりも豊かで便利なものにするために，ソーシャルネットワーキングサービスをどのように利用し，関わっていけばよいかということについて，キーワードを参考にあなたの考え（応用やアイデアなど）を含めて論じよ。

「教育，モラル・マナー，コミュニティー」

(琉球大・工学部)

関連キーワード

☑ 学校の荒れ

学級崩壊（次項参照）や校内暴力（p.350参照）など，学校内で生徒が荒れる状況のことをいう。例えば，岡山県教育委員会では，2011年12月に県内の公立小・中学校を対象に「学校の荒れ」について調査を実施した。その結果，子どもが勝手な行動をして教師の指導に従わず授業が成立しないなど，集団教育という学校の機能が成立しない状態が一定期間続く学級があると答えたのは，小学校が44校（全体の10.6％），中学校が12校（同7.4％）だった。

また，「児童生徒の問題行動等生徒指導上の諸問題に関する調査」（文部科学省，2019年）によると，2018年度における学校内における暴力行為発生件数は小学校36,536件，中学校29,320件，高等学校7,084件であり，2008年度の小学校6,484件，中学校42,754件，高等学校10,380件で小学校で大きく増えている。また，2018年度における不登校児童生徒数は小学校44,841人，中学校119,687人，高等学校80,752人であり，2008年度の小学校22,652人，中学校104,153人，高等学校94,598人と比べると，小学校で大きく増えている。

学校の荒れに対応するには，対象となる子どもたちへの対処や彼らを取り巻く環境を改善する必要がある。それには，学校が組織的に対応すること，教員が適切に生徒指導を行うこと，スクールカウンセラー（p.350参照）やソーシャルワーカー（p.350参照）などの専門家からの協力を得ることなどが考えられる。場合によっては，児童・生徒の自主性を重んじる学校づくりなど，学校組織を見直すことも必要になるかもしれない。また，学校内の荒れを未然に防ぐため，道徳教育や人権教育の

推進だけでなく，学校と保護者・地域との連携を強化することも求められる。

☑ 学級崩壊

学級内において，児童・生徒の振る舞いにより授業が成立しなくなる状態が一定期間継続していることをいう。特に小学校に多く見られる。

学級担任による通常の対応では授業中の私語や出歩き，乱暴行為などに改善が見られず，それがさらに悪化していじめや不登校の問題につながることもある。その中でも，本格的な学習のスタートという大きな環境変化により，学級崩壊が特に起こりやすい小学校1年生の問題行動を指して小1プロブレムと呼ぶことがある。

☑ 不登校

病気以外の理由により，30日以上にわたって学校に登校していない状態のことをいう。不登校になる要因として，いじめや学業成績の不振，無気力，経済的理由などが挙げられる。

不登校は同時に，自宅や自室から出ず社会活動や他人との交流を行わない引きこもりを併発しやすく，引きこもりは長期化しやすいことから，復学が難しくなる場合も多い。文部科学省の2018年度の調査によると，全国小・中・高校における不登校児童・生徒数は約24万人に上り，特に小学校での不登校が増加傾向にある。このような背景を受け，不登校児童・生徒やその家族への支援を行う不登校訪問専門員の資格認定が開始され，実際に支援に当たっているほか，不登校児や不登校経験児童を対象として，既存の学校教育にとらわれない形で教育を行うフリースクールが全国各地に設立されている。

☑ 体 罰

教育のためという名目のもとで肉体的な苦痛を与える行為のことをいう。父母や教員から子どもへの体罰など，管理責任を持つ者から管理される者へ行われる。時にはしつけという名目で折檻（厳しく叱ったり，責めさいなむこと）を行い，暴行や傷害，児童虐待にエスカレートすることもあり，社会問題化するケースもある。

確かに，体罰は記憶に残りやすいということを根拠に，口頭などで注意しても聞かない子どもに対する指導法として肯定する立場もある。しかし，体罰は体や心に傷を与え，場合によっては死亡事故や人格否定，対象者の自殺につながる恐れもあることから，禁止されるべきである。

なお，日本では学校教育法第11条において校長および教員による体罰を否定しており，学校教育としての体罰を

禁止している。

☑ 指導死

　教員の行き過ぎた指導行為により，指導を受けた児童・生徒が自殺することをいう。自殺の原因が明確でなくとも，指導によるものと想定できる場合もこれに含まれる。

　従来から教員による不適切な指導行為や体罰と思われる行為は起こっていたが，近年それを苦にした自殺が増えたことにより論議が起こっている事象である。指導する側の教員や学校側は指導死であると認識しない場合が多く，また，その後の学校側の調査も曖昧であったり，指導内容などの実態を隠したりすることがあったりして，問題点も多い。

☑ 校内暴力

　学校内で起こる，人に対する暴力行為や器物損壊行為のことをいう。児童・生徒間における暴力だけでなく，児童・生徒から教員に対する暴力行為も含まれる。

　1970年代後半から1980年代初頭にかけて，日本全国の主として中学校で校内暴力が相次いだ。発生数が最も多かった1976年には1388校の中学校で校内暴力が起こり，社会問題へと発展した経緯を持つ。1980年代半ば頃より沈静化したが，その裏側では教員による体罰が明るみに出た例もある。その後も，いじめや不登校(p.349参照)，学級崩壊(p.349参照)などの新たな問題が発生するなど，学校内部における問題事案はあとを絶たない。

☑ スクールカウンセラー

　学校教育機関において，心理相談を受け持つ専門職のことをいう。2001年より設置や派遣が開始された。

　心理に関する専門的な知識が求められることから，スクールカウンセラーのうち8割以上が臨床心理士であるほか，任用基準においても精神科医などの心理専門資格，あるいはそれに準ずる者と規定している。児童・生徒からの相談だけでなく，その保護者や教職員からの相談も対象となる。いじめや不登校など，学校内で起こる問題の増加に対して，心理的な面からのアプローチによる解決を目指して設置されたという背景を持っている。常勤ではなく各学校週1日程度の相談となることから，外部の専門家として位置付けている学校が多い。

☑ ソーシャルワーカー

　社会的弱者や生活困難者に対する相談業務を受け持つ福祉専門職のことをいう。

一方，2008年度より，いじめや暴力行為などの問題行動を学校内外の両面から対応する専門職として，スクールソーシャルワーカーの設置が文部科学省によって開始された。社会福祉士や精神保健福祉士といった国家資格を持つ人以外にも，教育と福祉の両分野に関する知識を持ち，過去に活動経験がある人も任用されている。教職員やスクールカウンセラー，児童相談所をはじめとする福祉機関，教育委員会などの各方面への働きかけや協力を通して，問題に対する包括的対応を取ることを職務とする。しかし開始間もないこともあり，現段階ではまだ各都道府県や市町村により，活動内容や職務内容にばらつきが見られる。

☑ 非　行

反社会的な行為のことをいう。軽量の法律違反ならびにそれに準ずる行為が該当し，一般的には青少年によるものを非行と呼ぶ。例えば，万引き・禁止されている場所への出入り・夜遊び・交通ルール無視・恐喝などがこれに該当する。非行の原因としては，家庭内の問題，パーソナリティ障害(特異な個性に起因する精神疾患)などのほか，いじめなどによる孤独感，周囲とうまく交流が図れないことからのストレス，悪い交友関係などが挙げられる。

なお，少年法で定める非行に抵触する行為を行った未成年者は，家庭裁判所に送致される。

☑ 少年犯罪

20歳未満の者による犯罪行為のことをいう。少年法が適用され，未成年者の保護と人格の可塑性という観点から，成人とは異なる措置が取られる。2007年以前は少年院送致は14歳以上であったが，少年犯罪の低年齢化に対応するため，2007年の改正後はそれが12歳以上に変更されたほか，特に凶悪なものに関しては，14歳以上の場合は成人同様に地方裁判所で刑事裁判として取り扱われることとなった。

警察庁が発表した2018年の統計では，少年犯罪検挙人数は約2万3000人で近年大きく減少している一方で，振り込め詐欺等の詐欺罪検挙者が急増している。

☑ しつけ

人間社会や集団の規範・規律・礼儀作法などを身に付けられるように訓練することをいう。特に，人間生活の根源的な事柄に関することを教える。

しつけは社会的な道徳観念やマナーの修得に役立つが，訓練に際して威圧的な態度をとると，しつける相手の反

発を買うこともあるので，慎重な対応が必要となる。また，しつけと虐待や暴力を混同している例も見られ，社会問題化することもしばしば見受けられている。

☑ 学習意欲と生活習慣との関係

学習意欲が低くなる原因の一つとして，生活リズムが乱れていることが考えられる。

そもそも意欲の源は甲状腺刺激ホルモン放出ホルモンだといわれている。このホルモンはA系列脳神経（脳を覚醒し，精神活動の活発化や快さを感じさせる神経）の伝達物質（ドーパミンやノルアドレナリン）を放出させ，脳を活性化する役割を担う。しかし現代では，子どもの就寝時刻は遅くなり，睡眠時間が短縮する傾向にあり，脳を十分に休息させることができないために，ホルモンの産出を妨げている。その背景にはテレビやスマートフォンなどの影響のほか，通塾による疲労，さらには保護者自身の生活リズムの乱れなどもある。こうして脳の不活性化が起こりやすく，意欲の低下を引き起こし，日中の時間帯の学習の妨げにもなっている。

☑ 儒　教

中国の思想家である孔子（紀元前551

～紀元前479）によって体系化された思想のことをいう。人のあるべき姿である五常と，人間関係のあるべき姿を説いた五倫をおもな教えとしている。

五常とは，仁・義・礼・智・信を指す。仁とは人への思いやりを持つこと，義とは物事の正しい筋である義理を通すこと，礼とは上下関係を守ること，智とは勉学に励むこと，信とは誠実であることをそれぞれ意味する。

また五倫とは，父子の親，君臣の義，夫婦の別，長幼の序，朋友の信のことを指す。父子の親とは親愛の情で結ばれた父子のこと，君臣の義とは互いに慈しみ合う君子と臣下のこと，夫婦の別とは互いに役割分担し合う夫婦のこと，長幼の序とは年長者を敬い従う年少者のこと，朋友の信とは信頼し合う友人のことを指す。日本をはじめとした東アジアにおいて今なお強い影響力を持っている。

☑ 道徳教育

道徳性を身に付けるための教育のことをいう。学校教育における道徳教育は，教育基本法（p.23参照）において，「児童生徒が人間としての在り方を自覚し，人生をよりよく生きるために，その基盤となる道徳性を育成しようとするもの」と定義されている。

小学校では2018年度から，中学校で

は2019年度から「特別の教科　道徳」として，以前は教科外活動であった道徳教育が教科化された。教科になったことで，検定教科書が導入され，年間35時間（小学1年は34時間）の授業が確実に行われるようになった。また，児童・生徒の成長を文章で書く形での評価もなされるようになった。

学習指導要領において，道徳教育は「学校の教育活動全体を通じて行うもの」と規定されており，幼稚園から高等学校までのすべてにおいて，学校内の教育活動全般において道徳教育が取り入れられている。

☑ 社会心理学・教育心理学

社会心理学とは，群衆や集団などの社会行動や，社会生活内における個人の行動などを心理学的に研究する分野のことを指す。人は，単独でいる場合と集団でいる場合とでは，明らかに思考や行動が異なることに着目して研究がなされているのが特徴である。

一方，教育心理学とは，教育分野におけるさまざまな事象に関して，心理学的に研究する分野のことを指す。児童心理学，青年心理学，発達心理学，学習心理学，人格心理学と扱う内容が類似していることから，これらをすべて含めて教育心理学とする場合もある。

答案例

問題 児童・生徒の規範意識が低下する原因について，あなたの意見を述べよ。

600字以内

模範回答 規範意識の低い児童・生徒は問題行動を引き起こしやすいと言われている。犯罪行為，非行などの重大な問題だけでなく，いじめや校内暴力など学校内の問題も引き起こす。その背景には都市化によって世代間で規範意識が継承されていないこともあるだろうが，戦後社会における民主主義・資本主義経済の発展や個人主義の台頭の影響があると考える。　　　　　　（以上，第1段落）

　戦後，日本が発展していく過程で，伝統的道徳観であった儒教的モラルの希薄化などで価値観や規範意識の崩壊が起こり，個人の価値判断が優先される社会になった。一方で日本では，欧米のように価値判断の基準が明文化されていたり，中国や韓国のように儒教的モラルに基づく規範意識が根付いているわけではない。つまり，日本社会の規範意識は曖昧で，未成熟なのである。　　（以上，第2段落）

　こうした中で規範意識を高めるには，日本社会で共有できる規範意識を構築することである。そのためにはしつけを中心とした教育を，家庭のみならず学校でも行う必要がある。具体的には，学校が社会との関わり方を学ぶ機会を設け，規範意識を定着させるために，例えば自己有用感や自己統制力を醸成するとともに，社会的コンピテンスや社会志向性を高める授業を行うことなどが考えられる。

（以上，第3段落）

解説 第1段落：意見の提示…児童・生徒の規範意識の低下は，戦後社会の体制変化によって起こったものだと主張している。
　第2段落：理由説明…もともと日本社会の規範意識は曖昧で，未成熟であったことがその原因であるとしている。
　第3段落：意見の再提示…規範意識を高めるには，学校教育の場において道徳観を養うべきだと述べている。

労働観

定義

　労働観とは，労働に対する考え方や意識のことをいう。言い換えれば，人々にとって労働とは何か，なぜ働くのかといった，いわば**労働の本質や意義**のことである。この定義は，個々の価値観や労働に対する捉え方によってさまざまであるが，大きく見ると，**自己のためと他人のため**という2つの側面に分けることができる。

必要性

　労働は自己実現(p.357参照)のために必要である。労働を通して，我々は多くのものを得ることができる。まずは，賃金や報酬といった金銭的要素である。金銭は人間が日々の生活をするためにも，さらにはより豊かな生活をするために必要な趣味や嗜好を満たすためにも欠かせない。また，サービスや商品を提供する労働の過程においては，精神的な充足感や技能を得ることができる。そのような労働のなかで我々は工夫や努力を重ね，自らの能力を試すことのほか，時には同僚や上司，あるいは顧客からの反応を得たり，指摘を受けたりする。この行為を通して達成感や満足感を得る一方で，さまざまな技術や職能も手に入れることができ，その結果として自らが望む自己像に近づいていくのである。

必要性の背景

　労働観が自己中心的な視点で捉えられてきたのは，経済的豊かさを追い求めてきた戦後の日本社会の傾向であると言える。戦後，経済的に厳しい環境に置かれた日本では，経済発展を望む気運が高まった。その結果，高度経済成長期(p.366参照)を経て**大量生産・大量消費**の社会構造を築きあげ，経済発展を遂げた。それとともに，多くの国民が経済的な豊かさを享受し，いわゆる総中流時代を迎えた。そんな中，精神的な豊かさを得るた

355

めに自分のやりたいことができる生活を求める傾向がより強く見られるようになった。労働についてもこの流れに沿って，自己の生活を豊かにする手段として位置づけられてきたといえよう。

対応策・解決策

　労働は豊かさを享受するための手段であるという側面は理解できるものの，社会への貢献という側面は重視されない傾向がある。今後は，労働は他人のために行うものでもあるという捉え方も必要になるだろう。

　労働には，社会や他人に対して商品やサービスを提供するという役割もある以上，我々は労働を通して社会や他人に貢献し，その見返りとして金銭や精神的な喜びという報酬を得るのであるという考え方が必要である。つまり，労働は自己実現のために必要であるとともに，社会や他人への貢献のためにも欠かせないのではないか。もっと言えば，自らの労働は自分の生活はもちろんのこと，社会をも豊かにするための手段でもあると捉える必要があると言えるだろう。

👍 小論文にする時のポイント ─────────────●

　入試では，「何のために働くのか」「働くことの意味」といった労働の本質を問うものが多く出題される。また，「労働から何が得られるのか」といった労働の作用や，ワーク・ライフ・バランス(p.358参照)についても問われることがある。これらに対しては，「労働によって達成感や満足感を得ることができる」などの自己中心的なものと，「労働によって他人に貢献することができる」などの社会や他人への貢献という2つの視点から論じておきたい。

📝 過去の入試問題例 ─────────────●

例　あなたは機械知能工学科でどのようなことを学び，将来どのようなエンジニアになりたいのかを述べよ。
　　　　　　　　　　　　　　　　　　　　　　　　　　　(東北学院大・工学部)

例 日本人にとっては，農民から職人，町工場の技術屋さんからサラリーマンまで，働くことは一種の自己実現であり創造であるという労働観が心の奥底に存在すると述べた新聞記事を読み，あなたが現代社会において技術者として働くことを想像し，どんな労働観や生きがいをもち得るかについて述べよ。

（東京工業大・第三類）

例 人はなぜ働かなければならないのだろうか。また，あなたは将来どんな職業に就きたいと思うか。あなたの考えを具体的に述べよ。　　（日本大・工学部）

例 大学を卒業した後，エンジニアとしてどのように活躍したいと夢を抱いているか。①活躍したい分野（機械工学分野，電子工学分野，情報工学分野など），②活躍したい場所（日本国内あるいは海外），③そのような夢を持つに至った理由を踏まえて書け。　　　　　　　　　　　　　　　（拓殖大・工学部）

例 機械技術者として大切と考えること，および夢について述べよ。

（愛知工業大・工学部）

例 深い意味がなくても仕事をし続けるのは，それ自体でけっこう意味があることなのではないかと述べた文章を読み，「夢を仕事にする」ということについて，あなた自身の考えをまとめよ。　　　　　　　　　　　　（大阪産業大・工学部）

例 これからの働き方について述べた文章を読み，文中では今後，仕事の内容や働き方が変わることが指摘されている。そのような時代に高校生や大学生はどのような学習をする必要があるかを論拠を示して論じよ。なお論拠は自分の考えでも著者の考えでも構わない。　　　　　　　　　　　　　　　（筑波大・情報学群）

🔑 関連キーワード

☑ 自己実現

　自己の内面にある欲求や可能性を，社会生活において実現して生きることをいう。アメリカの心理学者マズローは「健全な人間は，人生において目標を定め，絶えず成長するものだ」と仮定し，人間の欲求を5段階の階層に分け，理論化した。自己実現はそのうちの最も高度な欲求として捉えている。

　自己実現は物質的欲求が満たされた後に現れる欲求とされる。そして，豊かな社会にあるならば自己実現欲求は

357

7 人文・社会科学関連のテーマ

自然に生まれ，それがすべての行動の動機になるとしている。

☑ ワーク・ライフ・バランス

直訳すると「仕事と生活の調和」という意味になる。働きながら充実した私生活を営めるように，職場環境や社会環境を整備することを指す。ダイバーシティ（diversity：性別・年齢などを問わず，さまざまな人材を受けいれること）とともに論じられることが多い。

現在，次世代育成支援対策推進法（p.266参照）の制定により，短時間勤務やフレックス勤務（労働者が始業および終業の時刻を決められる変形労働時間制の一種），さらには育児休業制度の拡充が進められている。その一方で，有給休暇の消化率の向上，男性の育児休業取得率の引き上げなども推進している。

☑ 仕事中毒（ワーカホリック）

私生活の多くの時間を労働に費やし，家庭や労働者自身の健康を犠牲にしている状況のことをいう。原因は，日本人の規範意識にあるという指摘がある。

日本では「自己よりも仕事を優先することが好ましい」という意識が根強くあり，休暇を取ることや家庭生活を優先することに罪悪感を覚える人が多い。その結果，仕事に傾倒するのである。この状態は，過労死を引き起こす原因として，また，女性の出産率の低下の一因として問題視されている。

☑ 過労死と過労自殺

労働の強制や長時間残業といった過度の労働によって突然亡くなることを過労死という。過重労働による精神的・肉体的な負担が，脳や心臓の疾患を引き起こし，死に至らしめる。

同様に，長時間労働などによって精神疾患を引き起こし，それが原因で自殺することを過労自殺という。

厚生労働省では，過労死および過労自殺を労働災害として認定する場合がある。

☑ 働き方改革

2019年4月に働き方改革に関する法律の適用が開始された。これにより，残業時間の上限が定められ，また有給休暇の取得義務も明言された。これまでは働くことに重きを置いてきた日本人の労働観に変化をもたらすことになるだろう。このほか働き方改革には正規雇用と非正規雇用の格差の是正や高齢者の雇用の促進なども盛り込まれている。働き方改革が推進される背景には，将来的に深刻な労働力不足に陥るという予想がある。そこで将来の働き

手を増やすこと，出生率を上げること（長時間労働のピークは30〜40代であり，子どもを産み育てる世代である），生産性の向上を目的として進められている。

☑ 裁量労働制

労働時間を実労働時間ではなく一定の時間とみなす制度。労働時間と成果・業績が必ずしも連動しない職種において適用される。契約で定めた時間分を労働時間とみなして賃金を払う形態で，労働者は仕事の進め方を自分で決められるというメリットがある。一方で，実労働時間がみなし労働時間からかけ離れて長くなってしまっているなどの問題も出てきている。

☑ 国際労働機関（ILO）

労働条件の国際的規制や国際的な労働者保護を通して社会正義を実現し，世界平和に貢献することを目的とする国際的な機関で，略してILOともい

う。第一次世界大戦ののちに結ばれたベルサイユ条約に基づき，1919年に設立された。

国際労働機関は，労働条件の保障・労働時間・有給休暇・団結権の擁護・男女雇用機会均等・強制労働や児童労働の撲滅など，労働者保護に関する数多くの条約を制定し，多数の国が批准している。日本は常任理事国であるが，複数の条約，特に労働時間や雇用形態に関わる条約は批准していない。

☑ ワークシェアリング

少ない仕事を，できるだけ多くの労働者に分け与えることで，それぞれに賃金を確保させようとする試みのことをいう。

多くは，不況時に従業員を減らさないですむようにするための措置として用いられるが，不況による失業率の上昇を抑える働きや，主婦や就労希望の高齢者に労働機会を与える機能も持っている。

答案例

問題 人は何のために働くと思うか，あなたの意見を述べよ。**600字以内**

模範回答 労働観は個々の価値観や労働に対する捉え方で異なり，一義的なものではない。一般的には自己実現のために働くと捉えるだろうが，私は他人のために働く面もあると考える。 (以上，第1段落)

確かに労働は，日々の生活のほか，豊かな生活に必要な趣味や嗜好のために必要な金銭を得る手段として欠かせない。一方で，サービスや商品を提供する労働の過程において，精神的な充足感や技能も得られる。これらの行為を通して，自らが望む自己像に近づいていくのである。 (以上，第2段落)

このように労働は，社会や他人に対して商品やサービスを提供するという役割を担っているのであるが，その行為を通して我々は工夫や努力を重ね，自らの能力を試して，サービスや商品にさらなる付加価値を与える。つまり，社会や他人に貢献しつつ，その見返りとして金銭や喜びという報酬を得ているわけである。 (以上，第3段落)

これからは，労働を自分の生活とともに社会をも豊かにする手段だと捉える必要があると思う。そのためにはキャリア教育が欠かせない。例えば，コミュニケーション能力や将来設計能力の育成など，自己の能力を高める訓練を行うとともに，社会の一員として労働しているという職業観を醸成することも必要だ。 (以上，第4段落)

解説 第1段落：意見の提示…労働観は人によって捉え方が異なることを前提にしつつ，他人のために働くという自らの立場を明らかにしている。
第2〜3段落：理由説明…労働は自己のために行うという立場に理解を示しながらも，労働を通して社会や他人に貢献する役割を担うことの重要性を説明している。
第4段落：意見の再提示…今後，労働を社会や他人に対して貢献するものだと捉えることができるようになるためには，キャリア教育が必要であると述べている。

▶ 非正規雇用者

出題頻度 → 工学 農学 ★

定義

非正規雇用者とは，雇用契約(p.364参照)の期間が限られている労働者のことをいい，その形態としてはアルバイト・パートタイマー(p.364参照)・契約社員(p.365参照)・派遣社員(p.365参照)などがある。

非正規雇用者の数は約2200万人にのぼり，労働者全体の約38％以上を占めている(総務省統計局「労働力調査」2020年)。つまり，実に労働者の3人に1人以上が非正規雇用者なのである。性別では，男性は全体の2割程度，女性は5割以上が非正規雇用である。

なお，対義語は正規雇用者で，こちらはフルタイムで働く，期間に定めのない雇用契約(一般的に定年まで働ける)を結んでいる労働者を指す。

問題点

主として，①非正規雇用者自身に対して，②企業に対して，③国や地方公共団体に対して，それぞれ問題が生じる。

①については，非正規雇用者に対して生活の困窮を強いる点である。正規雇用者と比べて，非正規雇用者の賃金は低めに抑えられる。また，退職金やボーナスの支給もないのが普通である。しかも，昇進や昇給の可能性も低く，将来的にどれくらい収入が得られるのか見通しも立てにくい。こうした状況では人生設計が困難となり，家庭を築いたり子どもを持ったりすることが難しくなる。場合によっては，ワーキングプア(職はあるが低収入の人)になる恐れもある。さらには，企業の経営が悪化した場合，解雇や契約止め(契約期間満了時に後続の契約を行わないこと)のしやすさから，正規雇用者よりも整理の対象となりやすい。

②については，非正規雇用者が増えると労働市場の流動化が起こりやすく，良質な人材が確保しにくい点が問題である。すなわち，非正規雇用者に企業への忠誠心を求めるのは難しく，その結果として仕事に対する責任

感や向上意欲を欠く従業員が増えたり，企業に留めておきたい技術などのノウハウが蓄積されにくくなる。

③については，税収が減ることが問題となる。直接税も間接税も収入が低いほど税負担額が低くなるので，低収入の非正規雇用者が増加すると全体の税収が低くなることは避けられない。もちろん累進課税制度（p.366参照）もあるが，景気が冷え込むと高所得者も減少し，全体の税収も減少することになる。

問題点の背景

戦後，高度経済成長（p.366参照）に伴い，企業は生産の規模を拡大してきた。その結果多くの労働者が求められ，労働者が不足する事態に陥ることもしばしばあった（売り手市場）。そのため，企業側は終身雇用制を武器にして労働者を囲い込む一方で，農閑期の農業従事者や主婦を非正規雇用者として活用し，労働力を確保した。しかし，バブル崩壊後の平成不況を機に，業績が悪化する企業が増えた。企業は事業を存続するために規模を縮小するとともに，コストを削減する必要に迫られた。

その具体策として人件費を削減する目的で正規社員の採用を控えるとともに，安い賃金で，かつ社会保険や昇給・ボーナスといった面でもコストを削減できる非正規雇用者を採用するようになった。さらに，非正規雇用者は契約止めできるゆえに労働力を調整しやすいというメリットもあるため，多くの企業で広く活用されてきたのである。

対応策・解決策

非正規雇用者を正規雇用者にすることが最も直接的かつ有効な手段となると思われる。国では，ハローワーク（p.367参照）や職業訓練などによる就労支援だけでなく，派遣労働者や契約社員を正社員に転換した企業に奨励金を支払うなどの制度を取り入れて，非正規雇用の正規雇用化を後押ししている。また，ワークシェアリング（p.359参照）を導入して正規雇用者の採用枠を増やすことなども考えられるのではないか。

一方，今後に向けては，雇用を新規に生み出すための取り組みも必要と

なる。例えば介護や福祉の分野など，今後需要が増えると思われる産業を活性化して労働力の需要を確保する一方で，そうした分野への就労を促す試み（職業訓練と職業斡旋）を積極的に行うことが必要と考えられる。このように，企業内や産業内で余っている労働力を，不足している企業や産業に再配分する仕組みを整えることも欠かせない。

👍 小論文にする時のポイント

　入試では「雇用形態別の収入格差に関する問題」などのような正規雇用者と非正規雇用者の比較をさせる出題だけでなく，「フリーターやニートについてどう思うか」といった若年層の非正規雇用者に絞り込んだ出題もなされる。こうした時，「非正規雇用者は自分の都合のよい時間に働けるから，非正規雇用も悪くはない」といった非正規雇用を肯定する方向ではなく，問題視する方向で論じる方が賢明である。

　さらに，字数が許すならば，非正規雇用者側の問題点だけではなく，企業や国側に生じる問題点についても述べるなど，広い視野から考察していることをアピールしておきたい。

📝 過去の入試問題例

例　ニートやフリーターを増やさないための方策について，あなたの考えを述べよ。
(専修大学北海道短期大)

例　最近の社会現象の一つにニートがある。このことに対するあなたの考えを述べよ。
(前橋工科大・工学部)

例　最近，学校にも仕事にも行かず，仕事を探そうともしない，いわゆる「ニート」と呼ばれる若者が増えている。また，決まった職業にも就かず，多少収入は不安定でも，好きなときだけアルバイトなどをして生活する「フリーター」と呼ばれる若者も増えている。こうしたニートやフリーターと呼ばれる若者が増えている理由は何だと思うか。また，その対策として必要なことは何だと思

うか。あなたの考えを述べよ。 (麻布大・獣医学部)

例 最近ニートやフリーター，ワーキング・プアという問題に世間が注目している。これらの人達が「ものづくり」に興味を持ち，仕事に生かすためにはどのような対策が考えられるか，あなたの意見を述べよ。 (職業能力開発総合大学校)

例 非正社員が増加し，社会はただの格差ではなく深刻な貧困化を伴う問題に直面していると述べた文章を読み，非正規雇用問題を解決するためにはどうしたらよいか。あなたの考えるところを述べよ。 (信州大・農学部)

例 ニートについて述べた文章を読み，ニートを減らすために日本はどのようなことをするべきか，あなたの考えを述べよ。また，ニートにならないために，大学でどのように生活しようと思うか述べよ。 (大阪産業大・工学部)

🔑 関連キーワード

☑ 雇用契約

人を雇う，または人に雇われるということに関しての必要事項を内容とする契約のことをいう。被用者(労働者)が使用者(企業)のために労働に従事する義務を負い，使用者は被用者に報酬を支払う義務を負う。賃金・労働時間・休日・休暇などの取り決めに際しては，労働基準法や最低賃金法が適用される。また，仕事が原因で怪我や病気になった場合，労働災害補償保険法が適用される。

期間の定めがある雇用契約を有期雇用契約といい，一般に非正規雇用者の雇用契約はこれに当たる。一方，無期雇用契約は，おもに正規雇用者との雇用契約のことである。

☑ アルバイトとパートタイマー

一般に，アルバイトは短時間・短期間の労働者，パートタイマーは(アルバイトと比べて)長期間・長時間の労働者と捉えられているが，労働法では厳密な区別はない。いずれも正規雇用者よりも一日の労働時間が短い，または労働日数が少ない非正規雇用者のことを指す。

どちらも一定条件を満たせば社会保険(厚生年金や健康保険など)に加入する義務が生じるが，履行されていない場合も多い。

☑ フリーター(フリーランスアルバイター，フリーアルバイター)

定職に就かず，アルバイト・パート

タイマーなどの正規雇用社員以外の就労形態で生計を立てている人のことをいう。なお厚生労働省では、「15〜34歳の男性又は未婚の女性(学生を除く)で、パート・アルバイトをして働く者又はこれを希望する者」をフリーターと定義している。

フリーターになった原因は「将来の見通しを持たずに中退・修了・退職した」「自らの技術・技能・才能で身を立てる職業を志向してフリーターになった」「正規雇用を志向しつつフリーターになった」など、多種多様である。一般的に、フリーターの年収は正規雇用社員よりも低い。そのため、フリーターの増加によって税収入が減少するなど、社会的悪影響が広がることも懸念されている。

☑ 契約社員

一般に、企業側と有期の雇用契約を結んだ常勤社員のことを指す。正規社員と同様に、長時間労働を求められることが多い。定年後も企業で働く嘱託社員も契約社員に含まれる。

正規雇用社員の場合は他社との二重契約は禁止されているが、契約社員は他の会社でも働ける。労働者と企業側双方が合意すれば契約を更新できるが、企業側が更新を拒否すれば契約期間の満了とともに雇用関係は終了する。

☑ 派遣社員

労働者派遣事業を行う企業(他の企業に労働者を派遣することを業務としている企業、いわゆる派遣会社のこと)から派遣されて雇用されている社員のことをいう。派遣期間は原則として1年、最長でも3年である。期間を超えて派遣社員に業務を継続させる場合は、その派遣労働者を直接雇用しなければならないという決まりがある。

なお、医療・建設・警備・港湾に関する業務を行う企業には労働者を派遣できない。

☑ ニート neet (not in education, employment or training)

15〜34歳の人のうち、教育や職業訓練も受けず、職業にも就かない人のことを若年無業者という。若年無業者は、いま仕事を探している求職型、就職を希望しているが実際に仕事を探していない非求職型、就職自体を希望していない非就職型に分類されるが、このうち非求職型と非就職型に分類されている人をニートと呼ぶ。

ニートになった原因は「健康上の理由」「就職先が見つからない、決まらない」「労働の他にやりたいことが見つかった」などがある。これらの人たちの中には、読む・書く・話す能力に

7 人文・社会科学関連のテーマ

365

苦手意識を持つ人，自信や意欲を喪失している人，社会集団での関係が築けない人，職場や学校でのいじめがきっかけでニートになった人，ひきこもっている人，精神的な不調を訴える人など，さまざまな境遇に置かれている場合が多い。また，ニートに該当しない中高年無業者の増加も問題になっている。

☑ 直接税と間接税

税を支払う人（納税義務者）が直接納付先（国や地方自治体）に納める税金を直接税という。所得税（所得に対して課される国税），住民税（所得に対して課される都道府県民税や市町村民税）などが代表的な直接税である。

一方，納税義務者と，税金を実際に負担する者（担税者）が異なる税金を間接税という。消費税や酒税，たばこ税などが該当する。

☑ 累進課税制度

高額所得者ほどより高い税率が課される課税方式のことをいう。

高額所得者から税を多く取り，低所得者の税負担を軽くする一方で，高額所得者の富を国民全体に配分する機能（所得の再配分機能）を持つ。また，所得の格差を是正する効果も併せ持つ。さらには，ビルトインスタビライザー効果（好況時には所得が増えるので自動的に増税となり，不況時には所得が減るので自動的に減税になる機能）もある。

☑ 高度経済成長

第二次世界大戦後，資本主義諸国が実施した成長持続政策によって急速な経済成長を遂げた状態のことをいう。

日本では1955年を起点として，1970年代初頭まで経済成長を遂げた。国策により技術開発や重化学工業化が推進され，積極的な設備投資が行われた。企業側は外国の技術を吸収し，規模を拡大していった。こうして関連産業の生産が拡大し，設備投資をさらに行うといった好循環が生まれた。

一方，外国の技術のもと，電化製品・加工食品・石油製品などの生産能力も高まったことから，国内の消費活動や雇用も増大し，さらなる設備投資と発展を促した。こうして大量生産・大量消費の経済システムが構築されていった。

しかし，めざましい経済成長の裏では，公害問題や環境破壊，地価や住宅価格の高騰，労働者の都心部流入による人口集中など，生活環境が悪化する事態も生んだ。

☑ ハローワーク（公共職業安定所）

職業紹介や職業指導（職業に就こうとする人に，職業を選択する際の支援などをすること），失業給付（労働者が失業した時に雇用保険から支給される手当のこと）などに関する事務を無料で行う国の機関。

☑ ジョブカフェ

それぞれの都道府県が所管する若年者（15〜34歳）の能力向上や就職促進を目的に，職場体験や職業紹介などの雇用に関連したサービスを提供する場所のことをいう。若年者就業支援センターともいう。

本施設ではワンストップサービス（仕事に関する情報提供，適職診断，キャリアカウンセリング，セミナー，職業体験，職業紹介などのサービスを1か所で受けられる仕組み）が特徴である。

☑ 地域若者サポートステーション（サポステ）

働くことに悩みを抱える若年者（15〜39歳）に対し，キャリアコンサルタントなどによる専門的な相談，コミュニケーション訓練，就労体験など，就労に向けた支援を行う場所のことをいう。厚生労働省からの委託を受けたNPO法人，株式会社などが運営している。

7 人文・社会科学関連のテーマ

答案例

問題 非正規雇用に関わる問題について，あなたの考えを述べよ。**600字以内**

模範回答 非正規雇用の最大の問題点は，生活が不安定になりがちなことである。その背景には，正規雇用者と比べて賃金が低いことがある。（以上，第1段落）

　確かに，業績が悪化する企業にとって，低賃金かつ労働力が調整しやすい非正規雇用者を積極的に採用したくなる理由は理解できる。しかし，彼らには退職金やボーナスの支給がなく，昇進や昇給の可能性も低い。また，将来どれくらい収入が得られるのかの見通しも立てにくい。さらには，企業の経営が悪化した場合，解雇や契約止めのしやすさから，正社員よりも整理の対象となりやすい。こうした状況では人生設計が立たず，家庭を築いたり子どもを持ったりすることが難しくなる。場合によっては，ワーキングプアになる恐れもある大きな問題なのだ。
（以上，第2段落）

　こうした問題の対策としては，非正規雇用者を正規雇用者にすることが最も直接的かつ有効な手段となるだろう。そのためにはワークシェアリングを導入して，正規雇用者の採用枠を増やすことなども考えられる。一方で，雇用を新規に生み出す取り組みや，労働力の再配分も必要となる。つまり，発展が予測される産業を活性化してより一層の労働力の需要を確保するとともに，労働力が余っている分野からそうした分野への転職を促すのである。　（以上，第3段落）

解説 第1段落：意見の提示…非正規雇用に関する最も大きな問題点は，非正規雇用者の生活が不安定になりがちなことであると述べている。
　第2段落：理由説明…企業側の立場に理解を示しつつも，非正規雇用者側の窮状を強く訴えている。
　第3段落：意見の再提示…第2段落の内容を踏まえ，正規雇用の枠を広げるための対策をとるべきだと述べ，文章を締めくくっている。

若者の特性

出題頻度 → 工学 理学 農学 ★ ★

定義

　若者とは，おおよそ青年期(中学生〜大学生)にあたる人々のことをいう。青年期は，子どもから大人になるための過渡期に位置し，精神的には未熟な面が多いので，批判的に捉えられることもある。一方で，自己に対する関心や欲求が高いと言われている。例えば，自己について深く知りたい，技術や資格を身につけたい，趣味や遊びにこだわる，自分を認めてほしいといった欲求を持つなどの特徴がうかがえる。

問題点

　一般的な傾向として，大人と比べて若者は限られた集団内にいる特定少数の人間と接触する機会はあるが，不特定多数あるいは他世代の人間と接触する機会が少ない。場合によっては他人との接触がほとんどないこともある。こうしたことから，他人や社会との接触に苦手意識を持つ若者も少なくない。

　また，他人からの否定や批判を恐れるなど，精神的にもろい人もいる。なかには，社会へ出ることを拒むピーターパンシンドローム(p.372参照)，モラトリアム人間(p.373参照)と呼ばれる存在になる人，さらには自己に向かう視点と相まってミーイズム(p.372参照)といった自己中心的な思考に陥る人もいる。

　こうしたステレオタイプ(型にはまった考え方や行動)の若者像をもとにして，若者のことを責任感や判断力に乏しく，学力や知識が不足している存在として扱うなど，問題視する大人も少なくない。

問題点の背景

　こうした若者の特性が生じるのは，青年期が人格を形成する時期であり，一方では大人になるための準備期間(モラトリアム時代)であることが背景

にある。

　子どもは家族や仲間との間で親しい関係を築き，その関係内で自己の役割や課題，ルールなどを認め合う（共認関係の構築）。しかし成長するにつれて，実現したいこととそれがかなわない現実との間で葛藤し，時には他者否定や自己正当化を伴ったりしながら自我が芽生える（自我の芽生え）。他方，家族や仲間のなかに存在する親しい関係・役割・課題・ルールなどが，自我を抑制することもある（共認関係による自我の抑制）。こうした過程を踏んで人格が形成され，成長・成熟していくのである。

　一方で，若者は大人としての責任や義務を猶予されることがある。いわば保護すべき存在として扱われ，かなりの自由な思考や行動ができる。この時期が人格形成の時期に重なるのであるが，社会との接触が少ないなど何らかの原因で共認関係が十分に構築されないと，人格形成が適切に行われないことも生じる。その結果，自他と相互に認め合う経験が不足し，自己を肯定的に捉えられないといった状況も起こりうる。つまり，共認関係の構築の不十分さが若者が引き起こすさまざまな問題の原因の一つであると考えられる。

対応策・解決策

　まずはステレオタイプの若者像を払拭し，個々の若者の特性を見ることが必要だ。場合によっては，若者の人格形成を支えるなど，社会や大人による支援が重要となる。例えばボランティアのほか，インターンシップやワークショップ（p.373参照）などといった形での社会参加など，共認関係を築いて自己肯定感を育むための試みなどが考えられる。また社会や教育現場において，若者に一定の役割や課題を与えたり，ルールの遵守を徹底させるなどして，若者を社会の一員として認めて育むことも必要だ。

👉 小論文にする時のポイント ────────────●

　入試では，若者にかかわる問題点を指摘させ，その背景や改善策を求める出題が多い。その時，「若者は自己中心的だ」「社会的マナーが欠如している若者が多

い」など，表面的で紋切り型の主張だけを展開するのは好ましくない。できれば，そのような状況になる背景(青年期の人格形成の過程における問題点)まで踏み込んで述べるようにしたい。なお，青年期の特性については高校の公民科の学習内容である。受験生であれば，当然理解しているものとみなされるので，それらの内容を踏まえた記述にしておく必要がある。

📝 過去の入試問題例 ―――――――――――――――――――

例 人間とロボットの違いについて述べた上で，若者のロボット化について考察した文章を読み，「芸術」「デザイン」「歴史文化」の視点からテーマを発見し，タイトルをつけて自由に論じよ。 (東北芸術工科大・デザイン工学部)

例 思春期の「自己の発見」を，「根源の自己」「見る自己」「見られる自己」の三つの自己がそれぞれに分裂しながら，かつそれぞれに増殖することであると捉え，「見られる自己」を中心に分析して述べた文章を読み，「他人をはかるための，他人用のハカリであり物差しなのだ。そういうハカリで計測された〈見られる自己〉を性格というにすぎない。」と言う著者の主張について，あなたはどのように考えるか。賛成または反対の立場から，具体的な理由をあげて論述せよ。 (東京大・理科Ⅰ類，Ⅱ類)

例 社会の一員であるという自覚が生まれる原点ともいえる他者との緊密なつながりを自ら切断するか，つながりそのものをつくろうとしなくなっている人たちが多くなっていることについて述べた文章を読み，筆者は現代の若者の社会とのつながり方について若い世代に批判的に論じているが，この筆者の意見に対するあなた自身の考えを述べよ。 (山梨大・教育人間科学部)

例 いま一つ覇気に欠ける日本の若者像について述べた新聞記事を読み，いまの日本の若者像について，考えを述べよ。 (三重大・生物資源学部)

例 現代の日本の若者が「苦労」を避け，現実社会から逃走している状況について述べた文章を読み，「現代の日本の状況は，青少年に対し，苦労やつらさに対する免疫をつけるという機能を失っている」と言う筆者の主張に対して，賛成・反対の立場を明確にしながら，自分の意見を述べよ。

(関西学院大・理工学部)

☑ 子どもが大人になるための条件

内閣府が2013年に実施した『民法の成年年齢に関する世論調査』において，子どもが大人になるための条件についての調査を行った。それによると，「経済的な自立」「社会での労働」「肉体的な成熟」「結婚」などの目に見える成長に対する回答率は低く，一方で「責任感」「判断力」「精神的成熟」「社会人としての学力・知識」といった精神的な成熟に対する回答率が高い傾向があることがわかった。このことから，大人と見なされる要件としては，一般に，経済的・肉体的・物理的自立よりも，精神的自立が求められている傾向がうかがえる。

☑ ミーイズムとエゴイズム

ミーイズム(自己中心主義)とは，自分の幸せや満足を求めて自己の興味や関心を優先し，社会に関心を示さないという考え方を指す。

一方，エゴイズム(利己主義)は，自己の利益のみを追求し，社会一般の利害を念頭に置かないという考え方のことである。

エゴイズムは社会を対象としたうえで自己の利益を追求するが，ミーイズムは社会的な視点を一切排除するとい

う点で異なる。いずれも自己都合が基準であり，「社会的視野が狭い人々である」などと捉えられる。

☑ ピーターパンシンドローム (ピーターパン症候群)

いつまでも子どものままでいたいと願い，成熟することを拒否する現代男性を精神疾患として捉えた概念のことをいう。アメリカの心理学者カイリーが名付けた。

精神的・社会的に未熟であるゆえ，社会常識やルールを無視するなど，社会生活への適応が難しい。原因としては，マザーコンプレックス，過保護，幼少期の虐待などからくるストレス，社会からの逃避願望などが挙げられているが，いずれも明確な因果関係は立証されていない。

☑ モラトリアム

社会的な責任を一時的に免除あるいは猶予されている時期のことをいう。青年期(おおよそ中学生〜大学生)がその時期にあたるが，この時期に自己を発見し，社会的な成長をするとされている。

昨今ではモラトリアムが延長する傾向があり，上級学校の卒業を延期した

り，フリーター（p.364参照）生活を続けたり，親元から自立することを拒んだりするケースが多く見られるようになった。モラトリアム人間とは，この猶予期間を故意に引き延ばし，大人になろうとしない人間のことを指す。

☑ ゆとり世代

一般に，2002年から2010年までの「ゆとり教育」を受けた世代（1987〜2004年生まれ）のことをいう。「詰め込み教育」といわれた知識量偏重型の教育への反省から，1980年度の指導要領改訂から徐々に学習内容の精選と授業時間の削減が実施された。この世代の特徴として，知識が少ない，自ら考え行動できない，コミュニケーション能力が低いなどとされる一方で，IT関連に強い，合理的思考を持っているなどといったことも挙げられている。

☑ さとり世代

明確な定義はないが，2010年前後に若者であった世代のことをいう。世代的に「ゆとり世代」とも重なる。一般的には，物欲がない，旅行や恋愛・昇進などに興味を持たない人が多い世代とされる。バブル崩壊後の景気が悪くなった時代に育ち，インターネットを介して多くの情報を持つことから，大きな夢や希望を持たず，現実的かつ合理的に物事を判断するようになったのではないかと考えられる。

☑ インターンシップと ワークショップ

インターンシップとは，学生が在学中に，企業などにおいて自らの専攻や将来のキャリアに関連した就業体験を行うことをいう。関心のある企業や業界に対する理解を深めるとともに，労働観が養われるといった利点がある。

一方，ワークショップとは，創作活動や技術の習得を行うために開かれる会合のことであり，会合の中身に実地の作業などが含まれるのが普通である。研究集会・講習会・研修会などもその一種として含まれることもある。

7

人文・社会科学関連のテーマ

373

答案例

問題 現代の若者に関する問題点について，あなたの考えを述べよ。 600字以内

模範回答 一般的な傾向として成人は，若者のことを自己中心的で，責任感・判断力に乏しく，学力や知識が不足している存在として扱い，問題視する。また，若者の中には他人や社会との接触に苦手意識を持ち，他人からの否定や批判を恐れるなど，精神的にもろい者もいる。 　　　　　　　　　　　　　　　　　　　（以上，第1段落）

　若者にこうした特性が生じる背景には，青年期が人格形成の時期であり，一方でモラトリアム時代であることがある。子どもは共認関係の中で自我を構築し，一方で共認関係が自我を抑制する。こうした過程を踏んで人格が形成されていく。この時期は人格形成時期に重なるが，社会との接触が少ないなど何らかの原因で共認関係が構築されないと，適切な人格形成が行われない。つまり，共認関係の構築の不十分さが，若者が引き起こす諸問題の原因の一つであると考えられる。 　　　　　　　　　　　　　　　　　　　（以上，第2段落）

　よって，若者の人格形成にあたっては社会や成人による支援が重要となる。例えば，ボランティア，インターンシップ，ワークショップなどといった社会参加などで共認関係を築き，自己肯定感を育む試みが考えられる。また，社会や教育現場において，若者に役割や課題を与え，ルールの遵守を徹底させるなど，若者を社会の一員として認めて育むことも必要だ。 　　　　　　　　（以上，第3段落）

解説 第1段落：意見の提示…一般的に言われている現代の若者像を取り上げ，その問題点を指摘している。
第2段落：理由説明…そうした若者が生まれる背景を，自我の形成時期とモラトリアムという青年期の特徴をもとに説明している。
第3段落：意見の再提示…そうした若者に対して，社会や成人が支援することの必要性を述べ，意見をまとめている。

さくいん

③

● 著者紹介

神﨑　史彦（かんざき　ふみひこ）

　カンザキメソッド代表。法政大学法学部法律学科卒業後，大手通信教育会社にて国語・小論文の問題作成を担当するかたわら，大学受験予備校や学習塾で指導する。東進ハイスクール・東進衛星予備校を経て，現在，リクルート・スタディサプリで講師を務めるほか，全国各地の高校・大学において小論文関連の講演や講義を行い，受講者数は10万人を超える。小論文指導のスペシャリスト。また，21世紀型教育を推進する私学の団体21世紀型教育機構(21stCEO)にてリサーチ・フェローを務める。総合型・学校推薦型選抜対策塾「カンザキジュク」を運営。多数の早慶上智 ICU・GMARCH・国公立の合格者を輩出している。

　『大学入試　小論文の完全攻略本』『大学入試　小論文の完全ネタ本改訂版(医歯薬系／看護・医療系編)』『同(社会科学系編)』『同(人文・教育系編)』『同(自然科学系編)』『志望理由書のルール(文系編)』『同(理系編)』『看護医療系の志望理由書・面接』(以上，文英堂)，『特化型小論文チャレンジノート　看護・福祉・医療編』『志望理由書・自己 PR 文完成ノート』(以上，第一学習社)，『改訂版 ゼロから1カ月で受かる大学入試面接のルールブック』『改訂版 ゼロから1カ月で受かる大学入試小論文のルールブック』『ゼロから1カ月で受かる大学入試志望理由書のルールブック』『ゼロから1カ月で受かる大学入試プレゼンテーション・グループディスカッションのルールブック』(以上，KADOKAWA)など著書多数。

[連絡先] カンザキジュク

　https://kanzaki-juku.com
　https://kanzaki-method.com
　E-mail：info@kanzaki-method.com

□ 執筆協力　大久保智弘(カンザキメソッド)　畑地加奈子(カンザキメソッド)
□ 編集協力　株式会社エディット
□ デザイン　CONNECT

シグマベスト
大学入試
小論文の完全ネタ本 改訂版
[自然科学系]編

本書の内容を無断で複写(コピー)・複製・転載することを禁じます。また，私的使用であっても，第三者に依頼して電子的に複製すること(スキャンやデジタル化等)は，著作権法上，認められていません。

著　者　神﨑史彦
発行者　益井英郎
印刷所　中村印刷株式会社
発行所　**株式会社文英堂**
〒601-8121　京都市南区上鳥羽大物町28
〒162-0832　東京都新宿区岩戸町17
(代表)03-3269-4231

© 神﨑史彦　2013, 2020　Printed in Japan

● 落丁・乱丁はおとりかえします。